安藤昌益に魅せられた人びと

みちのく八戸からの発信

近藤悦夫 著

農文協

序にかえて

満を持してと言おうか、昌益ファン待望の一冊が世に出た。『安藤昌益に魅せられた人びと―みちのく八戸からの発信』がそれ。著者は、八戸出身で在野の昌益研究家、近藤悦夫さんである。だが、精進潔斎も空しく著者は脱稿直後、著作が日の目を見る前に不帰の旅発ちをしてしまった。

近藤さんと筆者の出会い、交遊は鮮烈であった。周知の通り八戸は昌益研究のメッカと称される。しかも、天聖寺《てんしょうじ》は江戸期、昌益門下生がこのお寺に集い、シンポジウムを開いたのではと推測されるところ。ここで開かれた現代版昌益シンポジウムで近藤さんが壇上に姿を現わし、颯爽とデビューされたのだ。

その後、近藤さんは地元紙に本書の基ともいえる連載をスタートさせた。ちょうど、八戸市に全国初、いや、世界初の安藤昌益資料館が開設される前後であった。読む人には分かりやすいが、時には研究成果が、推論が、新説が―と変化に富む。

「おい、このタッチ、なかなかだナァ」……。連載を読みこう評価したのが郷土史家でＮＨＫ東北ふるさと賞を受賞、『根城ものがたり』などを著わしている正部家種康《しょうぶけたねやす》さんだ。「私、これから近藤Ｄｒに会いに行くんですが」。「ならば、俺もいいか」……。もちろんである。

こうして近藤、正部家（今は故人）、筆者は月一回程度、居酒屋で例会となった。〝ノミュニケーション〟とは言え、時にはゲストを招き、安藤昌益はじめ、農林業、政治や世情分析などを論じ合う概して真面目な会で「北窓三友会」と名付けた。中国の有名な詩人・白居易の北窓三友詩をもじった命名だ。

正部家さんは世評「昌益嫌い」であった。ところがどうして、大変な昌益通で知識の蓄積からアルコールが進むにつれ昌益像を多彩な角度から切り込む。郷土史家として知られ市立博物館の初代館長や市の経済部長、農業指導者など歴任された方。その博識ぶりはいまさら記すまでもなかろう。

一方の近藤さんは市立図書館で昌益はおろか八戸藩日記や町屋の古文書類をひもとき、東京・足立で活動する「安藤昌益と千住宿の関係を調べる会」や秋田・大館にある昌益の墓、温泉寺などを巡り、知見、仮説の補強や研究テーマを掘り下げていた。

昌益に関わる発掘者、門人、研究者らは多面的な考察を加えられ、本書に登場するのでここでは省く。三友会では町医者・昌益の技能、名声を今に伝える「遠野から流鏑馬にやって来た射手三人が病気になった。町医・安藤昌益の治療を受けたところ全快」へ談は及ぶ。根城復元絵図を示し「根城馬場での流鏑馬修練」や「根城八幡宮」の場所特定、考察であった（一般的に流鏑馬は南部一の宮である八戸・櫛引八幡宮への奉納神事と解されるが、当著書で遠野の射手たちは根城八幡大祭後、櫛引八幡宮にも流鏑馬奉納—と詳しい）。

さらには、「昌益は誰の計らいで八戸に来たのか」や「妻は誰か」という疑問である。昌益の奥方についてこれまで『自然真営道』を発刊した京都の版元（小川屋）一族の娘説が主流であった。これに対し、近藤新説は八戸の大坂屋中村家の縁者—となる。この説も実は三友会で大いに議論され、正部家さん、筆者も興味津々、聴き入ったものだ。

二〇一〇年初冬。近藤さんと筆者は西村嘉《まこと》さんにお会いするため陸前高田市へ出向いた。俊子夫人も一緒である。西村さんは元八戸市立図書館長で昌益研究のオーソリティー。訪問の意図は、やはり本書に記述されるが、帰路、岩手県紫波町へ回った。紫波は志和とも書き、八戸藩の飛び地があったところ。昌益の門弟が「志和代官所」勤めをしていたことも近藤さんは詳細にとらえていた。夕闇迫るころ、その代官所記念館や案内板の写真を撮り「これはいい記録だ」と機嫌も良い。

翌二〇一一年三月十一日はあの東日本大震災。やはり西村さんを見舞いがてら、西村さんとかつて一緒に歓談、我々が宿泊した陸前高田の旅館「海楽」の女将を仮説住宅に見舞った。米は昌益思想の根幹〝命根《イネ》〟、味噌は日本食の源―と味噌や米を携えて。あの大津波で旅館は跡形もなく流されていた。一年余、連絡が取れなかった女将との再会に抱き合って喜ぶＤｒの廉直、人情熱き姿は今でも目に浮かぶ。

昌益と同じく医者を生業とする近藤さんはライオンズクラブや八戸歴史研究会などで活躍し、昌益研究に打ち込む。並の精神力ではなかった。昌益の造語「備道」に惚れ、「〝土活真〟思想を追い、八戸の街の魅力も全国へ発信したい」と心に秘めていた。信念あってこその目標。殊に後半は病と闘い、執念の執筆だが光彩陸離、昌益研究のメッカから新しい扉を開かれたと確信する。

今次の上梓が早すぎた近藤Ｄｒの遺作になってしまった。悔やんでも悔やみきれない思いであることを表しつつ序文にかえたい。

師は逝きて　木槿《むくげ》の花の　二つ三つ

二〇一四年九月十一日

吉田徳壽（『安藤昌益―直耕思想いま再び』著者、八戸在住）

目次

第一話　狩野亨吉

一、戊辰戦争と大館

慶応元（一八六五）年七月二十八日、狩野亨吉《かのうこうきち》は、秋田藩の支城・大館三ノ丸の拝領屋敷で生まれた。図らずもわが身に擦り寄ってくる正体不明の書物。図らずも遭遇した幾多の偶然を狩野みずからが手繰り寄せることがなかったならば、江戸時代中期の思想家「安藤昌益」は歴史上に浮かび上がることはなく、その著作の多くは紙くずとなっていたであろう。そのことに想いを馳せるとき、万感の思いで彼の生涯を受け止めざるをえない。

慶応四（一八六八）年、戊辰戦争の火蓋が切られ、四月、江戸城が明け渡されるや決戦場は東北へと移り「奥羽越列藩同盟」を結んだ陸奥・出羽・越後の諸藩は新政府軍に抵抗した。ところが、東北にあって歴史的に朝廷との結びつきが強かった秋田藩佐竹氏は旧幕府軍と戦う道を選ぶ。

大館が真っ先に標的にされたのは、「大館以外、奥羽に勤王藩なし」と言われるほどの矜持《きょうじ》を保ち、別に比内藩とも大館藩とも呼ばれていたからである。

閏八月九日、盛岡南部藩の精鋭部隊が、比内・十二所口から一斉に進撃を開始すると、軍路にあたる扇田、二井田の村々はたちまち戦火に包まれ、ついに二十二日、大館城下への侵入を許すところとなる。

戦況不利とみた城主・佐竹大和（義純）は、重臣達を集め「城を枕に討ち死にせんとするも止むなし」との覚悟をにじませると、亨吉の父で家老職にあった良知《よしとも》（深蔵）は昂然と立ち上がり、「天下の形勢は我らにあり。一時《いつとき》の恥を忍ぶに何の憂いあらんや」と綴子《つづれこ》（現北秋田市鷹巣）への名誉ある撤退を主張した。その進言が直ちに受け入れられたのは、十六歳で「孟子臆説」一巻を著わすなど藩内切っての理論家で通っていたからである。

安政元（一八五四）年三月、江戸幕府は米大統領の親書を携え再航した東インド艦隊ペリー提督の圧力に屈し和親条約締結に追い込まれた。同年九月、藩主佐竹義睦《よしちか》らに随行し中央の切迫した状況を目の当たりにした良知は、やがて来るであろう動乱の時代を予測し、帰国後ただちに日本の取るべき方向を藩に建議した。その意見書は進歩的な青年藩士に大きな影響を与えるとともに、安政四（一八五七）年十月、『三策』として松下村塾から版行されるほどの好著となった。

城主大和の号令により城内のあちこちに火が放たれると、藩士の家族は着の身着のまま城下を引き払い、良知の妻・千代子も子供達を連れ、羽州街道を下り津軽藩領へと逃亡することになる。

矢立峠を越えれば、津軽藩は目の前である。しかし、どこまでも続く急峻な坂に千代子の気は急き、背中に括りつけられた亨吉はその母の喘ぎ声に死への恐怖を嗅ぎ取っていた。

その時である。一陣の秋風が砂塵を巻き上げ、街道沿いの尾花がいっせいに薙ぎ倒されるや、幼子は火のついたような泣き声を上げる。

「泣きなすな！」

千代子は鬼の形相で叱り飛ばした。

「そったらに泣ぐんずば、谷さ捨てて行ぐしな」

その気勢に呑まれたのか、亨吉はピタリと泣きやみ、谷底に眼を凝らし、身を凍らせた。

無事に藩境を越えた妻子は弘前の藩家老屋敷に匿《かくま》われ、亨吉は能代《のしろ》・鰍沢《かじかさわ》の外戚のもとで終日、海を眺め波の音を聞きながら浜の子供達と遊ぶことになる。

九月二十一日、戦争が終結し大館にもどった狩野一家は、翌明治二（一八六九）年五月、秋田藩の家臣として迎えられることになった良知とともに、秋田城裏門近くの上級武家屋敷の建ち並ぶ、保戸野愛宕町の官宅に移り住むことになる。

戊辰戦争での良知の活躍は中央にも響き渡っていた。そのことから大館城主佐竹大和は折衝役としてどうしても傍に置いておきたかった。そこで、亨吉を二十五石の俸禄で大館支藩の家臣にするという交換条件を出し、良知の久保田（秋田）行きを許したのである。

それ以来、亨吉にとって故郷の山河は久しく思い出の中にしかなくなったが、わずか四歳にして家禄を拝領するという御恩を生涯忘れることなく、やがて男爵となった佐竹大和や大館の人々への献身は生涯にわたり続くのだった。その後、狩野一家は久保田城正門に近い大館藩の連絡所や宿舎のある広小路屋敷に転居したが、亨吉はそこで貴重な体験をすることになる。

屋敷の周りは、小者や中間《ちゅうげん》などの軽輩や足軽の子女たちの溜まり場になっており、小遣いもろくに貰えない子供達相手の小店があったが、亨吉は駄菓子さえも満足に買ってもらえない子供達を目にした。しかし、彼らはいつも感情を押し殺している藩吏の子供達とは違い、気が好くて親切で機転が利きユーモアがあったので、瞬く間に彼らの虜《とりこ》となった。亨吉は塾をさぼり一緒に遊び惚《ほ》うけたが、この幼年期の経験は心の底を支配するようになる。

明治四（一八七二）年、新たに三府七十二県が置かれ、廃藩置県事務取扱いとなった良知は、再び保戸野愛宕町の官宅にもどると、秋田県少属、中属と昇進する。

亨吉は、藩校である明徳館東校（後の明徳小学校）の初等科に入学するが、そこには仙北郡・刈和野（現秋田県大仙市）出身の根本通明《ねもとみちあき》が教師で居た。戊辰戦争で陣馬奉行兼小荷駄奉行として先陣を切り勇猛に闘いながら、否《いや》というほど辛酸をなめた根本は、その反動で呵責《かしゃく》な授業をしては生徒達を震え上がらせた。亨吉は生理的にどうしてもその授業だけは好きになれなかったが、幸いなことに翌年、根本は県の役人となり教職を去った。

しかしその翌年、根本は上京しやがて東大教授となるに及び、再会した亨吉は面罵されることになる。

根本が去り、平穏を取り戻したある日のこと。

「いやぁ、参ったすな」

帰宅した良知が頭を撫でながら照れ隠しに笑った。

「何がですか」

千代子が怪訝《けげん》な顔で尋《たず》ねた。

「亨吉のことだよ。神童だずって騒いでるすな」

親バカぶりを発揮するような良知でもなかったが、自分も幼少の頃から漢籍の才に恵まれたことから、そのうわさ話には満更でもなかった。しかし、そういう周囲の期待とは裏腹に、亨吉はなにしろ身体が弱く、授業が終わると内にこもり小説を読んだり絵を描いたりしていた。

明治五（一八七二）年旧暦十二月三日は、新暦が採用され明治六年一月一日となった日である。

良知が県庁から内務省出仕を命ぜられ、長男・元吉を連れて上京することになったのはその翌年のことで、亨吉は良知の弟・良貴（徳蔵）の監督下に置かれることになる。

秋田県を代表する日刊紙『秋田魁《さきがけ》新報』の前身である『遐邇《かじ》新聞』をこの年に立ち上げた良貴は《旭峯》と号し、江戸藩邸日知館の教授を務めたほどの学者でありながら、良知とは正反対に誰とでも気軽に接したので、大館出身の士族に人気があり秋田県の文化界を牽引した。亨吉少年もこの自由闊達な叔父の影響を少なからず受けた。

明治九（一八七六）年四月、生活が一段落した良知は、妻と十一歳になった亨吉を東京に呼び寄せることにした。「文明開化」とはいえ、まだ鉄路もなく江戸時代と大して変わりない旅で、道案内がつき千代子は駕籠、亨吉は騎馬で、新庄から山形、福島を経て関東に出ると、利根川の船着き場から東京小網町まで船に乗り、麴町の父のもとに落ち着いた。

小学第二校（後の番町小学校）に転入した亨吉は、好きな本をいつでも立ち読みできる東京の生活に嬉々とし、小学生には似ても似つかず道すがら古書店に立ち寄ることが日課となった。それはもはや陶酔に近かった。

翌年の二月、日本史上最後の内戦「西南の役」が鹿児島に勃《お》こった。九月二十四日、西郷隆盛の城山での自刃《じじん》は明らかに江戸時代の終焉を告げたが、最愛の母・千代子が他界したのは、その一週間前の十七日で、それから亨吉の口数はめっきりと少なくなった。

二、東大予備門時代の労作

明治十一（一八七八）年七月、小学校を卒業した亨吉は翌年、東京府立第一中学校（現都立日比谷高校）に進学するも、九月に退学し東京大学予備門に入学することになる。

在学中の明治十五（一八八二）年三月、慶応義塾と並び人気のあった「同人社塾」で漢学を学ぶことになったのは、その創立者中村敬宇《まさなお》の『西国立志編』にいたく啓発されたからである。三田聖人・福沢諭吉の向こうを張り、「江戸川の聖人」と称された中村は旗本の子供として生まれ、十歳にして幕府直轄の教育機関昌平黌《しょうへいこう》の素読吟味で銀三枚の賞を受けたことから、三十一歳で御儒者（教授）に就任したほどの醇儒《じゅんじゅ》である。

慶応二（一八六六）年、語学の才を見込まれた中村は、派遣留学生の監督役として渡英したが、一年あまりで幕府が崩壊したため帰国を余儀なくされる。そのとき友人から贈られたのが、イギリスのサミュエル・スマイルズが著わした『自助論』だった。船中で一読し甚《いた》く感動した中村は、帰国後『西国立志編』として和訳本を出版すると、瞬く間に若者の心をとらえ、福沢諭吉の『学問のすすめ』と並ぶ多大な影響を与えるところとなった。

亨吉の漢学は、父からたたき込まれ、すでに人に教えるほどの力があったにも関わらず、外塾の許可願いを出してまで門を叩いたということは、『西国立志編』からどれほどの感化を受けていたかが分かろうというものである。

その最中、アメリカの生物学者モースが、三度目の来日を果たし、その講演を聴いた狩野は深い感銘を受けた。四十歳という正に油の乗り切った壮年として日本にやって来たモースは、二十歳のときに世に出たダーウィンの『進化論』の影響を受け、それをさらに発展させていた。ダーウィンが提起したのは、「人間は神が創造したのではなく、原始動物から進化した」という自然科学である。しかし、それは人間社会では危険思想となる。「人間は神がつくり給い、世界を司宰する」と唱えるキリスト教徒の反発を招き、日本でも「天皇の祖先がサルだというのか」と危険視され、講演中サーベルを腰にした巡査が目を光らせた。

モースの講演後、狩野はそれまで漠然と考えていた問題意識に一つの方向づけを見出し、「宇宙の奇妙を科学的に解き明かすことにより、社会の混迷を救い幸福に益す」と心に決めるのだった。

時代は違うが、安藤昌益も同じ志《こころざし》を持っていた。無論、このとき狩野は昌益を知るべくもない。

狩野が社会の混迷を救おうと、明治十六（一八八三）年七月に書いたのが「情象論」で、同人社塾で学んだ漢籍の素養を実践に移すかのごとく白文で綴っている。その翌年七月、同じ漢文体で著わしたのが、「情象論」の続編とも言える「大民新書序一」で、人民の小を破壊し大いに目覚めさせ、「大民」へと導くための持論を大上段に振りかざしている。それは、また十八歳の青年らしい清気溢れる文章ともなっている。その序論、「大意」には、「人間は迷うが故にこの世界は苦となる。実際には善悪、上下、男女、生死、動植の別や差別がないにも関わらず、その別を言うのは事実を知らないからだ」とある。

江戸幕府の御用学問となった朱子学では、「善悪、上下、男女」などを異なる別々なものとし、「陽」である「善、上、男」などを尊いもの、「陰」である「悪、下、女」を卑しいものとしていた。その考えに対し、昌益は「自然」にはそのような区別はないとし、別々に見えるものも本来は同じ一つのものである、すなわち「二別一真」であるとし、後に「互性」へと昇華させた。

狩野は、「身体が弱疲して病人となり、人倫が紊《びん》乱《らん》して道徳がすたれる。社会が乱れるのは社会が病んでいるからだ。それは健康そうに見えるのに人体が病んでいるのと同じだ」と言う。

医者としての昌益は病苦の原因を社会に求め、社会を変革しようとした。そして「未病」という文言を登場させ、発病しない内に病いを取り除こうとした。二人は同じ方向を向いている。

狩野が昌益と巡り会うのはそれから十六年も後のことでそのとき昌益の歴史は始まるのだが、東大予備門時代の労作を味わうにつけ、狩野は巡り会うべくして昌益に巡りあったという想いを深くする。

明治十七（一八八四）年九月、五年間に及ぶ予備門生生活を終えた狩野は、東京帝大理科大学数学科に進学し物理学に挑戦する。唯一不得意だったのが数学だが、「未知の宇宙を科学的に解き明かし社会の混迷を正したい」と願う狩野にとって、物理学は避けては通れない学問だった。

そのとき同文科大学で学んでいたのが、気の置けない生涯の僚友となった、松本市（長野県）出身の沢柳政太郎《さわやなぎまさたろう》で、共に水泳に興じたり登山を楽しんだりしながら、狩野もまた身体堅固な青年となっていった。

明治二十（一八八七）年冬、狩野は音楽理論を立てようと、「想像界に超絶的に存在する調和の概念」を追求したが、無謀な挑戦と分かり諦めた。未知の分野に足を踏み入れようとする狩野の姿に、あらゆるものを解き明かそうとする野心を見る思いがする。

翌年七月十日、卒業式を終えた狩野と沢柳は意気揚々と湯島の切通坂を下り、すき焼きの名店「江知勝」あたりに差しかかろうとしていた。照りつける真夏の日差しに角帽を傾《かし》げた沢柳は、「君は将来、何を志《こころざ》す考えであるか？」と藪から棒に訊ねた。真面目な沢柳らしい質問である。

「自分は数学・物理学の研究に没頭し、そのチカラにより精神現象をはじめとした一切の現象を解き明かす覚悟である」

沢柳にだけ打ち明けた狩野の野望であった。

「それは、いい考えだ」

狩野は「ところで沢柳君は？」と逆に問い返した。すると沢柳は、「大政治家となって、大に経綸を天下に行うつもりだ」と胸を張った。

その後、沢柳は貴族院に身を置くが、最終的に教育界で政治的手腕を発揮することになる。

狩野は、一年余の準備期間を経て翌年九月、東京帝国大学文科大学哲学科二年の編入試験に合格しインド哲学を学んだ。

三年生の六月、仏教試験のレポートで「真如《しんにょ》」と「自性《じしょう》」との関係を釈迦がどのように受容し、仏教理論につなげていったかを論じている。

つまり、釈迦は初め、インドの主な六つの哲学流派の内、数論《すろん》（サーンキア）派学者のもとで学んだが、数論派哲学では、〈「真如」と「自性」とは絶対的なもので、相容れることができない〉としながら、一方では「現象（真如）と事物（自性）が合する所に三世《さんぜ》にわたる諸法が生まれるとしている」ので、真如と自性とは相対的関係にあると考え、「結局は真如のみが根元であるという悟りに達した」と釈迦の心の変遷を論じた。若冠二十四歳の若者の論考にしては秀抜としか言いようがない。

明治二十四（一八九一）年七月、無事卒業した狩野は、「本来、数学と哲学は同じ一つのものである」という持論のもとに、数学のメソロジー（方法論）を学ぶべく大学院に進学する。

三、四高赴任と退職

その翌年の初め、狩野は沢柳から「四高（現金沢大学）の教師にならぬか」と勧められ、六月になって東大の外山正一学長からも同様の誘いがあった。大学院の授業は期待していたほどでもなかったが、学問への未練はあったので内心迷った。しかし前年には父が退職し、学費の援助が乏しくなったこともあり、その年の七月、第四高等中学校に赴任することになる。

狩野の渉猟癖は学生時代も続いていたが、職を得て金まわりが良くなるといよいよ高じるところとなった。その一方で、数人もの「貧乏学生」を居候させ学費まで援助した。そこに父からの小遣いも注ぎ込み、それでも足りなくて蔵書を売り払う始末で、挙げ句の果ては学生の痴情沙汰に振り回されるのだが、それでも援助は学生達が卒業するまで続けた。

このように狩野は、学究肌という人物像とはほど遠い人間で、困った他人のためには自分を犠牲にしてまでもとことん奉仕するのだった。

翌年初め、校長の中川元が第五高等中学校（現熊本大学）に転じると、狩野は後任の文部省秘書官・大島誠治が着任する三月まで校長代理を務めることになるが、校内は荒れており学生の衝撃的な自殺もあった。しかし新校長の着任で一安心したのも束の間、方針についていけず辞職を考えるようになる。後任探しに奔走していた十月、教頭に任じられるも、翌明治二十七（一八九四）年三月、ついに四高を退職する。理由は「家事のため」であるが、雑事から解放されやり残した学問を究めたかったからで、むろん再就職の当てなどない。

東京にもどった狩野は、知人宅で夏目金之助（漱石）と再会、二人は急接近した。前年に夏目は帝国大学（後の東大）を卒業し、英語教師として高等師範学校に勤めたばかりであったが、その後神経衰弱と強迫観念に苛《さいな》まれ、明治二十八（一八九五）年、職を辞し逃げるように愛媛県尋常中学校（旧制松山中学、現在の松山東高校）に転任する。

狩野の就職先を心配した周囲が、やれ第一高等中学の数学教授だ、久留米明善中学の校長だ、高知中学の校長だ、音楽学校の教授だ、秋田の県立中学の校長だ、……と枚挙に暇《いとま》がないほど話を持って来たが、狩野はどうしても仕事をする気にはなれなかった。

その最中の明治二十七（一八九四）年六月、日本軍の朝鮮への派兵が決定され、ここに日清戦争の口火が切られる。昌益は『私法神書巻』で、朝鮮出兵を度々批判している。上巻では「神功皇后が新羅を攻めて日本の配下にしたが、後世の害となることを察しなかったのは誤りだ」、下巻では「文禄元年、豊臣秀吉が、後々の朝鮮侵略に備えるという大義名分を掲げ、諸大名に命じて朝鮮に出兵したのは無益な威を振ったものだ」とあり、戦争を無益なものと考える昌益にとって、侵略行為などとんでもないことだった。

昌益にとってその対極にあったのがオランダとア

イヌで、その民族の何よりも優れているところは、自らは他国を侵略しないところにあるという。「オランダには七つの国があるが、地位は同等でこころざしが一つなので戦乱のない平和で裕福な生活をしており侵略されても団結して撃退する。ひとたび結婚すると絶対にほかの人と情を通じたりせず、たとえ妻に先立たれた独り者でも、他人の妻と何かがあれば親族で話しあって死刑にしてしまう。長崎での駐留中に寂しさに負けて遊女と睦んで帰国した場合でも、港に出迎えた妻はその顔色を見ただけですぐに見破ってしまい、さっそく一族に連絡して同様の刑になる」（『続道真伝』「万国巻」）と、昌益は長崎で得た知識を披露している。

さて、極東情勢は朝鮮を舞台に以前からきな臭い様相を帯びていた。もともと朝鮮を属国と考える清王朝、南下政策を掲げるロシア、朝鮮をアジア支配の橋頭堡とし市場確保を狙う日本、これら三国が朝鮮進出の機を虎視眈々と狙っていた。その折悪しくも朝鮮内部では、地主や高利貸の餌食となった農民と、民族主義を掲げる宗教集団・東学とが結びつき、政府打倒を叫ぶ甲午農民戦争（東学党の乱）が勃発した。

脅威に耐え切れず助けを求められた清国は待ってましたとばかりに国境を越え朝鮮に進出した。それを許さじと朝鮮派兵を決めた日本は七月、豊島沖海戦で奇襲攻撃を仕掛け、八月二日宣戦布告すると、黄海海戦で勝利をおさめ、平壌、旅順と次々に陥落させた。

日本政府は、翌年四月に下関で締結された講和条約により、約二億円の戦費で三億一千万円の賠償金、さらに遼東半島・台湾・澎湖島の領有等の権益を手にした。

一方、列強は朝鮮の独立を清国に認めさせた。このことは、いまだ国力のない朝鮮に新たな火種を残すところとなったが、日本政府は挙国一致体制での勝利に自信を深め、国民の国家帰属意識・民族意識の高まりとともに、軍需国家への道をまっしぐらに突き進むことになる。他方「眠れる獅子」として不気味な存在であった清国の軍事力は張子《はりこ》にしか過ぎないことが明らかとなり、敗戦後の清国はなされるまま列強の餌食となっていくのだった。

四、面罵事件と父・良知

前出の根本による面罵事件が起きたのは、それから二年も経たない明治三十（一八九七）年二月二十八日のことで、その年は帝国大学が東京帝国大学へと改称された年でもある。その日、根本通明会長の式辞で始まった在京人による秋田青年会の発会式は順調に進み、「読書法」と題する狩野による講演を最後に万雷の拍手の内に終了した。

根本の記憶にはないが、狩野にすれば小学校一年生以来の再会である。講演を終え席に戻る途中、狩野の目が上座にいた根本と合った。嫌な予感はあったがそのまま通り過ぎるわけにもいかず丁重にお辞儀をした。すると、根本が「貴様はどこの狩野だ！」と野太い声で吼《ほ》えた。

「良知の二男です」と答えると、

「なるほど、今の話を聞いて、親父そっくりに学問の仕損《しそこ》ないだということがよくわかった」と嘲笑したので、会場はそれまでの穏やかな雰囲気が一変し険悪になった。古武士然とした根本の剛毅ぶりは先刻承知のことなので、司会者は大慌てで閉会を宣言し参会者も足早に退散した。

しかし、根本は言い足りないとみえ、肩を怒らせながら数人の幹部の前につかつかと大股で歩み寄り、「この野郎は、狩野良知の息子だが、こいつが言う『目録』などというものは、とても役に立つもんでねぇ。どだい『書誌学』なんて学問などあるものか」と、こき下ろした。『書誌学』（図書学）というのは、図書や関連文献の研究・考証をする学問のことだから、見当違いなことを言われて心穏やかであろうはずはないが、狩野は冷静さを装った。

その前年のことである。帝国大学文科大学教授になった根本は、新任式の講義で長髯に肩を張らせ、「東洋の漢学は自分とともに滅ぶ。おまえ達は俺の目の黒いうちに謹んで講義を聴け」と恫喝じみた言葉を発し学生達を震え上がらせた。それから二年後、根本は秋田県出身者として初の博士号を授与されるが、論文の提出を求めたところ「自分の論文を評価できる者などいるものか」と突っぱねた。結局、大学総長が特別に推薦するということで落着したが、これらの例を引くまでもなく、先制パンチを食らわしておいて相手がひるんだところで優位に話を進めるというのが根本の常套手段である。

狩野はそのことを知っていたので無視していると、ますます態度は苛烈になり狩野を指差しながら、「貴様が引用したシナの本などは皆ろくでもねぇものばかりだ。総じて唐以降のシナには学者はおらん。朱子なども初めはなかなかの人物だと思っておったが、今見るとどうもつまらん」と立て板に水でどうにも止まらなくなった。

自分の存在を誇示したいがために、たまたま狩野父子が標的にされていることは傍目《はため》にも瞭然としていた。しかし、口など挟もうものなら矛先は自分に向けられ、血祭りに上げられそうな恐怖があったので、誰にも割って入る度胸などない。

根本は、明治十九（一八八六）年の講書始めで、明治天皇に御進講したほどの大儒でもある。だから散々罵倒されながらも狩野はジッと耐えその場を切り抜けた。しかし尊敬していた父・良知のことまで貶《けな》されるという、やるせない想いは狩野の心に残った。

五、『自然真営道』現わる

浪々の身も三年が過ぎると、さらに周囲はやかましくなる。それでなくとも肩書きがないと根本のように虫けら同然に扱う人間が出てくる。四高の校長・大島誠治がクビになったので後任にどうか、学習院の大学予科長にどうか、仙台に来ないか、東京帝大の舎監にどうか、どれもこれも狩野自身の理由で断ったが、無二の友である沢柳から「最近の君の窮乏ぶりはどうだ。これでは君の才能がだめになる。友だちはみな心を痛め真剣にどうにかしたいと思っているのだ。人の世話にならんというのなら、それだけの生活をして見せろ」と言われたのにはほとほと参った。

十二月になって第五高等学校（現熊本大学）に転任していた夏目から再々の誘いがあり、やっと重い腰を上げた狩野は、翌年教頭として赴任する。熊本では毎日のように夏目と行き来し、後年に書かれた『吾輩は猫である』の「苦沙弥先生」や、『三四郎』の「広田先生」のモデルともなった。

そのころ、第一高等学校（東京大学の前身）の学校長を務めていた沢柳は、文部省・普通学務局長に栄転することになり、有り難いことに後任に推してくれたため、狩野はわずか十ヶ月の熊本生活を終え、明治三十一（一八九八）年十一月二十四日、弱冠三十三歳で一高の学校長に就任する。そして夏目を英語教師として呼び寄せたことからも二人がどれだけ親しかったかが窺える。

すでに狩野の古書蒐集癖は、専門の古本屋さえも手の及ばない津々浦々まで及んでいた。そして、一高の校長になってからは、ほとんど独擅場と言えるほどのめり込んでいた。無論、東京のめぼしい古書店とのパイプは敷かれており、店主が入れかわり立ちかわり毎日のように和漢洋さまざまな書物を持ち込むようになる。

そんな明治三十二（一八九九）年頃、本郷森川町（東京都文京区）の古書店店主田中清造が、大部の古書を持ち込んできた。狩野は差し出された本を手に取りながら拾い読みすると、

「頭狂いが書いたとしか思えませんね」と吐き捨てるように言った。

「わたくしもそう思います」

静かに本を閉じた狩野は、表紙を横目で追いながら、

「『自然真営道』ですかぁ？　この題名からして聞いたこともないですね」とあきれ顔で言った。

そして、しばらく間をおき、「それに、確龍堂《かくりゅうどう》良中《りょうちゅう》というのも、いやに気取った名前ですね」と冷たく突き放すと、「後世の贋作《がんさく》ではないのかね。一体どこから手に入れなさった？」と訝《いぶか》しげに訊ね

た。

「内田天正堂さんからです。内田さんは浅草の和本屋・浅倉屋から購入されたということで、話によりますともともと所有していたのは、千住仲町の橋本《はしもと》律蔵《りつぞう》という方だそうです」

「それにしてもその方の蔵書がなんでまたここに?」

「実をいいますと、明治十五年に律蔵さんが亡くなられますと途端に財産争いが起きまして、家屋敷はおろか一切合財《がつさい》が他人の手に渡ることになりました。これもその中の一つでして、代々『開《あ》けて読めば眼がつぶれる謀叛《むほん》の書』と言い伝えられていたため、土蔵の奥深くに封印されておったようです」

「ほお? それで『極秘』とか『門外不出』という蔵書印が各巻に押されているのですね」

「いいえ、この印を押したのは内田さんです」

「ええっ、なんでまた内田さんが……」

「実は内田さんは、律蔵さんから『自然真営道』の存在について内々聞き、以前からその価値を知っていたようです。それが他人の手に渡ったと知り、『そりゃ大変だ』とばかりに買い取りに走ったそうです。この印は所蔵したときわざわざ作らせたものでございます」

「ほぉ、それほどまでとは」

狩野は膝を詰めた。

橋本家の斜向《はす》いに「鮒与《ふなよ》」という川魚問屋がある。その姓は《内田》であることから、内田天正堂との関係が取り沙汰されてきたが、いまもってその関係は不明である。

「謀叛の書と言われながらも護ってきた律蔵さんにしても、それを買い取って門外不出とした内田さんにしても、それが本当であれば大変な運命を背負った書物ですね」

「手前どもも、そのように承知しております。俗事に恬淡《てんたん》とされていた律蔵さんの生き方に、狩野先生と通じるものがあるなと常日頃から考えておりました。そこに偶然にも律蔵さんの古書が転がり込んだものですからお持ちした次第です」

「私なぞは、橋本さんの足元にも及びませんが……。

ただし橋本さんのように俗世間から離れた暮らしができたらいいなというのが、ささやかな夢ではありますが……」と狩野は視線を空《くう》に泳がせた。

するど、店主は「狩野先生、なんとかこの本を先生の手元に置いてもらえませんでしょうか」と手を合わせ哀願した。

「田中さん、せっかくですが、この書物はよしにしましょう。わたしがいま興味があるのは日本の科学思想史ですから」

「そうですか。でも暇にあかして読んでみたのですが、ところどころに東北の方言が出てくるんですよ」

「ほぉ、すると書いた人が東北の生まれということですか?」

狩野は興味を示した。

「はい。先生と同じ東北じゃないかと、つらつら考えておりましたが……」

「どれ、どこに出て来るのですか?」

店主は最初の巻である『大序』をパラパラとめくると、

「ここ、これですね」と指差した。

そこには、「食ヒハ」とあった。

「なるほど。確かに『食いば』でなく、『食えば』が正しいですね」

と頷きながら狩野は大いに笑った。

というのは、秋田を出て二十三年も経っているのに、狩野自身いまだに「イ」と「エ」を混同していたからである。

それも鼻にぬける音だから、聞いている人はますます分からなくなるやっかいな代物《しろもの》だった。

「それに、『秋田城都の住』という記述もありましてね」

「ええ!? 本当ですか? 確かに私と同県人ですね。でも今回はよしにしましょう」

うまい話には乗るまいという猟書家特有の警戒心が頭をもたげた。

「そうですか。そこまでおっしゃられるのなら致し方ありません。でも、この本の価値を分かってくださるのは、日本広しといえども狩野先生しかいませんよ。この本はもう八年もの間、何軒もの古本屋を転々と彷徨《さまよ》い歩き、先生が買ってくださらなければ反故紙になる運命にあります。それでもいいんですか?」

目に見えない力に押されるかのように、急に田中の態度が毅然となった。

「なんとか先生の手元に置いてもらえませんか。何か因縁を感じるんです」

田中が苦しげに懇願すると、その気勢に飲まれたのか、狩野は言葉を返した。

「あなたの純粋な気持ちがよく分かりました。じゃ置くだけ置いといてください」

その言葉にほっとした店主の顔は、世人とは思われないほど慈しみに満ちあふれた。

六、甦る『自然真営道』

それから五年後の明治三十七（一九〇四）年二月、日本はロシアに宣戦布告し、日露戦争の火蓋が切って落とされる。

九年前の日清戦争勝利による下関条約締結直後から燻《くすぶ》っていた火種は、日本による遼東半島の領有であった。ロシアとその同盟国フランス、そしてロシアの矛先を中国に向かわせたいドイツの三国は歩調を合わせ遼東半島の返還を日本に仕掛けてきた。いわゆる「三国干渉」である。

当然、怨嗟《えんさ》の声は巷間《こうかん》に満ちたが、戦争で疲弊していた日本にはその強圧に抗し切るほどの国力はなく、官民一体で「臥薪嘗胆《がしんしょうたん》」を合い言葉に、ただひたすら軍備拡張を進め、対ロシア戦に備えるしかなかった。

一方、日清戦争で深手を負った清国は、露・仏・独・英・米のなすがままに要衝の地を次々と租借されたため、国内では当然のごとく日本排斥運動が起きた。明治三十二（一八九九）年末、山東省を発した義和団は「扶清滅洋」を掲げ、翌年六月北京に入ると各国大使館を襲撃し日独の外交官を殺害した。世に言う「北清事変」で、列強国は二万人を派兵し鎮圧に当たり、特に一万人を送った日本は極東での発言権をものにした。

ところが、そのどさくさに紛れ満州に軍を進めたロシアは、いつのまにか占拠し朝鮮侵略を狙った。

明治三十五（一九〇二）年、ロシアの南下を阻止すべく締結された「日英同盟」をアメリカが支持すると、日本はそれをバックに満州からの撤退を要求したが、ロシアは独・仏との強固なスクラムを盾に梃子でも動かない。それゆえ戦端は開かれるべくして開かれたのである。

日清戦争でも見られたように日本のお家芸は奇襲にある。帝国連合艦隊は旅順を攻撃しロシアの誇る太平洋艦隊を黄海で全滅させた。それは宣戦布告の直前で、朝鮮を制圧した陸軍は鴨緑江を渡り満州へと進軍し壮絶な戦闘の末、明治三十八（一九〇五）年一月、旅順・大連を陥落させた。

その頃、ロシアのお膝元では「血の日曜日事件」が起こり、それが発端となり、瞬く間に革命運動が全土に広がった。日本は好機とばかりに満州戦線に全兵力を結集させると、三月、奉天を落とした。

そこでロシアは最後の賭けに出た。バルト海から黄海までバルチック艦隊を回航させるという起死回生策をとったのである。艦隊は大西洋、喜望峰と回り半年近くもかかりインド洋へ出た。しかしそのほとんどがイギリス領のため兵糧・燃料の補給もままならず、戦意は萎《な》えるばかりであった。情報をいち早くキャッチした日本海軍は周到な作戦を立て五月二十七日、日本海対馬沖に姿を現わした艦隊を迎え撃ち、翌日壊滅させた。

その明治三十八（一九〇五）年のこと、書籍を整理していた狩野の脳裡に、ふと『自然真営道』の存在が浮かんだ。本当にその年だったのか、本当だとすれば何月だったのか、狩野の記憶は定かではないが、「安藤昌益の会」代表の石渡博明《いしわたひろあき》は、ロシアの「血の日曜日事件」と関係があるのではないかと推測する。

しかし、そのとき『自然真営道』は狩野の手元にはなかった。あまりの内容に辟易した狩野は数年前、東京帝国大学の呉秀三《くれしゆうぞう》医学博士に「狂人研究の参考にしてはどうか」と貸し出していたのだった。

呉は、日本の近代精神医学の父ともいわれ、「わが国十何万の精神病者はこの病を受けたるの不幸のほかに、この国に生まれたるの不幸を重ぬるものというべし」という名言を遺した。

元治二（一八六五）年、広島藩医・呉黄石の三男として江戸青山の上屋敷で生まれた呉は、十六歳で父母を相次いでなくすという逆境にもめげず、帝国大学医科大学に進学し、学費捻出のため在学中から医学書を執筆・出版した。幼少期から漢籍に親しんでいたことから『自然真営道』を読みこなす力は充分にあったものと思われるが、同書に触れた書物を著わしていないところをみると「あまりの内容に辟易した」のは呉も同じだったのかも知れない。

呉に返却を求めて、やっと届いた『自然真営道』の字面を、狩野は物の怪《け》にでもとりつかれたように血走った眼で追い始めた。すると次第に心臓が高鳴り、顔は紅潮し、体が震え、最後は旧友にでも会ったように思わずその一巻を抱きしめた。やがて興奮を抑えられなくなった狩野は、「われ、ついに巡り会えたりぃ。この確龍堂良中こそ、わが日本の国土が生んだ最大の思想家にして、世界思想史上にも特筆すべき人物なりぃ」と叫んだ。

七、裏張りから「年始状」

空白を埋めるべく『自然真営道』に没頭する狩野は、「これほどの見識を持っていた人の本名が知れないのは残念だ」という想いにとらわれた。そこで「私制字書巻」の自序にある署名捺印に手掛かりを求め、「鶴間が本名である」とした。後にこの「鶴間良龍」は「確中良龍」に外ならず、昌益独特の遊び心で「確龍良中」をアレンジしたものだと、後出する渡辺大濤《わたなべだいとう》が口添えした。

最後に残された手段は、表紙に使用された反故紙を一枚いちまい剝がして見ることしかない。それにより狩野は、『自然真営道』の第三十六巻、「人相視表知裏巻」の表紙の裏張りから大変な発見をする。

まさに執念としか言いようがない。そこには、「金二百疋を贈る」旨が記され、文末に「正月五日　安藤昌益様」、その下に「関立竹、上田祐専、福田六郎、中居伊勢守、高橋大和守、神山仙庵、嶋守伊兵衛、北田忠之丞、澤本徳三郎、中邑忠平、中村右助、村井彦兵衛」の名が並記されており、その後にも何人か記入されていたらしいが、断絶されていて不明だった。

狩野は、おそらく師である昌益宛に、弟子たちが出した年始状であろうとし、確龍堂良中と安藤昌益は同一人物と断定した。それは、あくまでも推定の域を超えるものではなかったが、この仮説により昌益研究は大きく前進することになり、この推定が間違っていなかったことが後々証明されることになる。

この「年始状」は小片であるせいか、これまで考察されてこなかったきらいがある。そこで筆者は出された年代と列名の順序について検討を加えてみた。すると年代については、藩日記に記録された各人の事跡との照合により、寛延三（一七五〇）年、宝暦三（一七五三）年、宝暦四（一七五四）年のいずれかで、昌益の八戸在住が確実な延享元（一七四四）年から結構くだり、昌益思想が充実期に入ってからのものであることが判明した。そして、差出人の序列については、職域別でも年齢順でも、昌益門下での地位の順位でもなく、入門の順であることが分かった。入門順位であれば新しい入門者があっても次々に書き加えていくだけで、いちいち序列を替える必要がなく確かに合理的な方法である。

一方、『自然真営道』の第二十五巻「真道哲論巻」所収の「良子門人　問答語論」には、地元八戸の発言者として六名の姓と号名が記載されている。発言順に挙げると、「神山仙確」「嶋盛慈風」「北田静可」「高橋栄沢」「中村信風」「福田定幸」である。年始状と照合することにより「神山仙確」は神山仙庵、「嶋盛慈風」は嶋守伊兵衛、「中村信風」は中邑忠平か中村右助であろうと狩野は推定した。

明治三十九（一九〇六）年、青森県立第二高等女学校（明治四十二年に県立八戸高等女学校と改称、現県

立八戸東高等学校）の初代校長として千葉師範学校から赴任した内田幾次郎を頼り、神山仙庵、嶋守伊兵衛、中村信風の事歴について調査依頼をした。内田が八戸在住の南部虎雄と戸村老人に調査を依頼したところ結果がまとまり、仲介役を務めた東京府立第三中学校（現両国高校）校長八田三喜《はったみき》宛に三月、内田からの返書が送られて来た。

八田は、金沢の第四高等中学時代の狩野の教え子で、しかも前述の学費援助を受けた最初の学生の中の一人であった。そのことから生涯にわたり狩野の学風を慕い、没後も年譜を作成したり狩野宛の数万枚に及ぶ書簡類を差出人別、年代順に分類した。それは狩野の父・良知の分についても同様であった。八田からの書面には、神山仙庵の藩医としての事跡が記され、「嶋守伊兵衛なるもの発見し得ず」、「中村家は二三軒あるも信風なる祖先は見出し得ず」とあった。八戸からの色よい返事を期待していた狩野は、あまり得るところがないと分かり落胆した。

八、京都帝国大学文科大学長

その一方で、京都帝国大学に文科大学の新設計画が進んでおり、明治三十九（一九〇六）年七月五日、文部次官となった沢柳の推挙により、狩野は倫理学講座担当の教授に任じられ、同時に文科大学学長の発令を受けた。内田銀蔵博士の尽力により、まず哲学科が九月十一日に開設され、翌年に史学科、さらに翌年文学科が開講されやっと三学科がそろった。

その内田が旧蔵していた多数の資料が京都大学にあることが分かり、その調査が始まったのは近年のことである。それらの中には昌益医学の継承をうかがわせる書物が含まれていた。内田の生家は稿本『自然真営道』が発見された橋本家の斜向いにあることからその謂《いわ》れを聞いていたものか、それとも狩野から昌益に関する情報を得て蒐集したものか、昌益関係のものとは知らずにまったく偶然に集めていたのかについては定かではない。

新設大学のよさは、教授と学生とが開学の心意気を共有できるところにある。それがまた理想的な教育環境を醸《かも》し出すのだが、草創期に費やす教授陣のエネルギーたるや並大抵のものではない。狩野は新天地での馴れない会議の連続で心労が重なった。大学創設に参画した教授陣の中で、狩野だけが外国留学や大学教授の経験がなく、しかも博士号を持っていなかったから尚更であった。

一方で、独創的な体系に基づいた狩野の講義は型破りで、残存している明治三十九（一九〇六）年九月二十六日から翌年の六月までの講義ノートからは「哲学を科学的に解き明かそう」とする狩野の面目躍如たるものを感じ取ることができる。

初講義の冒頭で取り上げたのは、稿本『自然真営道』第一巻『字書巻』に登場する「學」の字解についてである。

「安藤昌益曰《いわ》く、弟子師前に座し、衣冠を正しくし、両手をつき、文（書）を見るに象る。蓋《けだ》し採るに足らざるも能《よ》くその義を現す。この字と問とを合し学問と言えばかえって普通なる語となる」とあり、「採るに足らざる」と突き放しながらも「學という字の意味をよく表している」と昌益の解釈を讃えているところに狩野の着眼の小気味好さを感じる。

狩野が講義に心神を傾けていた十二月十四日、父・良知が他界する。父の危篤を電報で知った狩野は、予定されていた書籍購入の商談をキャンセルし、午後九時半発の夜行列車に飛び乗った。翌十五日正午、実家に着いた狩野は、留守を守っていた姉・久子からすでに午後六時に死亡したと告げられる。奥の間で被覆巾を開くと、目を閉じた父は微笑んでいるように見えた。しかし、もう何も語りかけてくれることはなかった。狩野はしばらく言葉を失った。

葬儀は平田篤胤《ひらたあつたね》の子孫・盛胤を祭主とし、儒書の一節を弔文として捧げる「儒家神道」形式でしめやかに執り行なわれた。狩野の栄達を我がことのように喜び、それを支えに生きてきた父を失った。狩野もまた「生きる支えを失った」と今更のように死を悼《いた》むのだった。

翌年三月三十一日、京都帝国大学の十周年記念式典の前日、文部大臣祝辞を代読するため沢柳は京都を訪れた。狩野は宿泊先の旅館俵屋に訪ね旧交を温めた。沢柳がその前に下加茂にある狩野の自宅を訪ねたとすれば、無二の親友である二人のことだから、以下のような会話もあったのかなと想像の羽を広げてみる。

「亨吉はいるか?」

玄関戸を開けて呼ぶと奥の方から返事だけが聞こえてくる。

沢柳は声を頼りに部屋を探しあてドアを開けると、中は足の踏み場もないくらい一面に書物がうず高く積み上げられており、その隙間から顔だけが覗いている。

「おいおい、この本の山はなんだ」と言いながら中に入ろうとすると、狩野が素っ頓狂な声をあげた。

「来るな、来るな、こっちへ来るな」

「おい、おい、せっかく訪ねて来たのに、いきなり『来るな』とは、ひどいじゃないか」

「すまん、気を悪くしないでくれたまえ。実は床が今にも抜け落ちそうで、歩くだけでミシミシと音を立てているんじゃ」

京都に引っ越してからも、書店が持ち込んでくる書物を片っ端から読み、読んでしまうと振り向きもせず、辺《あた》り一面にただ積んでおくだけなので本は増える一方である。

「こんなに、ほこりを被って……、少しは整理しろよ」

世話好きな沢柳は節介を焼いた。

「実は、恋人ができてな。その女といると飽きない。だからほかに何もいらなくなった」

女ができたと聞いて意外な気がしたのは、懸想《けそう》だつような狩野でなかったからである。

しかし、狩野の紅《くれない》に染まった頬を見て、沢柳は半ば信用している。すると、

「というのは冗談で、これこれ、これが恋こがれている女!」と『自然真営道』の一冊を、高々と掲げ

てみせたので沢柳は思わず見上げた。

「女というのは、それかぁ。飯を食わせる必要もないし、口答えもしない。お前は本当にいい女房に巡り合えたのぉ」

沢柳も茶化してみせた。

「これから、わしは世界を股にかけた恋をするんじゃ」

狩野は語気を強めた。

「寝ても覚めても、あなたと一緒か。お前は果報者だの」

苦言ばかり聞かされていた沢柳の満足した顔を狩野は久し振りに見た。

「ところで、こんなに袖にされた本があるんだったら、どこかの大学図書館にでも寄付したらどうかね。『狩野文庫』とか命名して学生に資するのは……」

沢柳はそう勧めた。

すると、狩野はこともなげに一言、「構わん。持って行っていいよ」と答えたので、沢柳は顔をくしゃくしゃにして、「そうか、俗事にこだわらない、お前らしい生き方だな」と歓んだ。

その後の明治四十四（一九一一）年、東北帝国大学の初代総長となった沢柳は、狩野との約束通り文学部図書館に『狩野文庫』を開設し、そこに運び込まれた書籍は四十年間にわたり十万八千冊にも達した。

九、「内外教育評論」

狩野が、狩野の第一高等学校校長時代の生徒である木山熊次郎《きやまくまじろう》の取材に応じることになったのは、明治四十（一九〇七）年の末である。石渡博明の調査によると、木山は明治十三（一八八〇）年、倉敷紡績の創業者の一人・木山精一の次男として岡山県倉敷市阿知に生まれ、一高から東京帝国大学哲学科に進み同大学院を卒業した。すると狩野とは高校・大学の同窓で十五年後輩ということになる。以下、木山の事歴に関する部分を石渡にのっとり綴ってみる。

卒業後、木山は同郷で先輩にあたる秋山定輔が主宰する「二六新報」の記者をしながら、日本女子大学で教鞭を執るという才気あふれる青年であった。が、この取材の年、すべての職を辞し単身で出版社を立ち上げることになる。というのは、官僚政治のなすがままになっていた教育界に新風を吹き込もうと決意したからである。そこで世に問うたのが「内外教育評論」（以下「評論」と略）で、「二六新報」の反藩閥、反財閥の社風そのままに反骨の筆を揮《ふる》おうとしたのだった。

取材が始まると木山は緊張の面持ちで開口一番、狩野に言った。

「狩野先生のこれからの教育や研究に対する夢みたいなものをお聞かせいただければ……」

後輩という気安さもあってすっかり打ち解けた狩野はソファーに深々と身を沈めている。

「もし暇があれば、日本の文明史とまでは言わぬまでも、日本国民の知力の発展史なるものを研究してみたいと思っているんだが……」

心に秘めた念《おも》いを押し殺しながら狩野は感情を込めた。

「それには、徳川時代が一番適当なんだな。それ以前の歴史をあまり知らないこともあるが……」

狩野には珍しく自嘲した。

「かつて『和算』について研究してみたら、関孝和《せきたかかず》というなかなか偉い数学家が日本におってね、この方面では世界に誇るに足ると思って安心したんだ。つぎに『天文』をと思って調べると、これも本多利明《ほんだとしあき》を初めとして中根元圭《なかねげんけい》、志筑忠雄《しづきただお》という世界に誇れる人物がいたんだな。その他の方面でも、歴史上ではほとんど知られていない人の中になかなか偉い人間がいるんだな」

そこで、狩野は喉を潤した。

「そして、哲学的方面はどうかと言うと、なんと日本では唯一の、大なる哲学者とも言うべき人物がいたんだなぁ」

狩野は、溢れ来る感情を押しとどめようとするかのように部屋の片隅に視線を移した。

「それは、どなたですか？」

「安藤昌益という男だ」

木山はギョッとした。その名を初めて耳にした驚きよりも、急に狩野の人相が変わったような気がしたからである。

「木山君が知らないのも当然！　大方の人が知らないんだから。なぜかと言えば、この人の書を誰も読んだことがないんだから」

狩野は、してやったりと口髭を撫でるとニヤリとした。

「いつ頃の方なのですか？」

「百五十年前、第八代将軍徳川吉宗の頃の人間ということは分かったが、むろん当時その書は出版されず、写本が残っているだけだ」

昌益の著作の内に出版されたものもあることが分かり、その実物が最初に発見されたのは、それから二十二年後の昭和六（一九三一）年二月のことである。

「しかし、ちょっと中身を見ただけでは、少しも分からんのだよ」

「狩野先生でもですか？」

「むむ。私は最初『狂人が書いたものだろう』と思って、入手後も当分はよく読まなかった。中には狂的のような論が書いてあるし、文字の使用などもまったく独特だから遠ざけてたんだな。しかし段々に読んでみると、なかなか捨てがたい面白い所がある」

木山は妙な感覚に引き込まれた。

〈歴史に名をとどめず誰も知らないのに、日本史上で唯一の本物の思想家とは……〉

そして、邪推した。

〈そんなことって、ありうるのだろうか？　ひやかされているんじゃないだろうか？〉

木山の不審顔を読み取った狩野は、

「さあ、それではその書物をとくとご覧にいれよう」と言いながら奥に引っ込み、一尺（約三十三cm）に四尺位の細長い木箱を引きずって来た。木山が中を覗くと、その中に件《くだん》の書物がギッシリと詰まっている。積み上げると、中背の大人の背丈ぐらいにはなるだろうか。

「本人は医者だったと見えて、医学上の知識は当時の人としては随分あったようだ。それに動物や植物のことも多少は調べていたらしい。性質はごく温和なほうで、鋭く説く所は偉いことを言うが、何も社会に激し、不平を感じての考えでもないらしいんだな」

狩野は、その一冊をパラパラとめくり、目線で追いながら語った。

「不思議な人物ですね」

木山は感嘆した。

「むむ。日本の哲学者といえば、誰しも『三浦梅園』をあげるがね、私の読んだところでは、はるかに大規模で哲学観が深い。比較にならないくらいすごい。だから、この人が非凡であったことは認めねばならぬとシャッポを脱いだわけだが、とにもかくにも、一大系統をなした思想である」

そう言い終えた狩野は、口唇を真一文字に結び自分を納得させるかのように大きく頷いた。

「そんなにすごい方ならなおさらのこと、先生はどうして世に発表されないのですか?」

「それは、哲学観が一種の社会主義、または無政府主義に類しているからだ」

「要するに、危険思想だから、いま発表するのは好ましくないということなのですね」

「そういう懸念がある。彼の説は仏(仏教)にあらず、老(道教)にあらず、まったく独特で、種々考えた末に、人の世・宇宙の大原理を『互性活真』と観じたんだなぁ」

狩野はしばらく「互性活真」について説明を加えたが、木山には何のことやら俄《にわか》には飲み込めない。それもそのはずである。「互性」と「活真」こそが昌益思想の根元をなしているからで、その天元《てんげん》を抑えたからこそ、狩野の昌益理解は深まったと言える。

「そして、彼は、いまは法律制度をもって束縛せる『法世』である、とうてい基本性、すなわち『互性活真』に適《かな》っていないと観じたんだな。そこで、人世社会の理想は『自然世《しぜんせい》』にあると考えたんだ」

「『自然世』というのは、どんな世の中なのですか?」

「その本旨は農本主義だな。人間は穀物を食って生きているので、穀物と同じ元素でできている。だから人間は農作に従事することが最も自然に適っている。この農作のために誰でも、いやしくも人間たらば、おしなべて平等に働かねばならぬと言うんだな」

「食の問題から説き起こして、万人耕作論、そして人間平等論ですか」

木山は感心してみせた。

「この見解をもってして、釈迦や孔子のような聖人は、『法世』では善人だが、『自然世』においてはいまだ聖人でなく、『不耕貪食の徒』だと言うんだな。秀吉や家康などに至ってはツマラヌ『法世』の人間だと痛快に罵倒している」

「『不耕貪食』というのはどういう意味なのですか?」

「読んで字のごとく、自ら耕さず、お百姓さんが汗水たらして収穫したものに寄生して貪っているだけの人間ということだ」

木山は目を丸くしてのけぞった。

「あの時代に、そこまで言ってのけたなんて……」

「その通り! 江戸時代の中期にあって、絶対的で独尊不易であった儒教・仏教などの政法や教法を、そして太閤や将軍をことごとく否定したんだから」

自分に向けられた鋭い視線に、木山は睨みつけられたように感じた。

「書物の構成はと見ると、字書を最初に、儒書、仏書、韻字、韻学、制法、神書、運気、医、本草、易と順次に論じているんだな。これまでの書物はみな宇宙人生の根本を調べていない、世界の第一原理をとらえていない、みな『法世』の教えであるとし、『互性活真』が根本になければならない、社会の本源は『自然世』になければならないとその哲学観を数十巻にわたって述べているんだな」

「すごいですね。現代でもこれだけ真面目に深く思索に耽っている人は、日本にはいないと思いますね」

木山は感慨を込めながら言った。

「むむ。さらに昌益は、それによって立つ法の世の中、すなわち『法世』を、自然の道による『自然世』に向かわせようとしたんだよ」

　狩野の語気は強まった。

「その中間道程として、『民族的農本組織』を建設し万国に普及させることによって、全人類社会の改造を成し遂げようとしたんだな」

「すごい人なのですね。それなのになぜ埋もれていたのですか?」

「むむ。痛いところをついてきましたね。考えるに、おおっぴらになると、その時代に重大な問題を引き起こす性質のものだから……」

「確かに幕藩体制は、御法度《ごはっと》という厳重な法により守られていたのですから、致し方のないことですかね」

「そう。それだからにしてだなぁ、極めて謹慎な態度をとり、軽卒な行動を避けたために、広く世人の耳目に触れることなく、その結果がついにこの破格的人物の存在を忘れさせることになったと思うんだなぁ」

「昌益さんが、そのような思想を持つに到ったのは、何がきっかけだったのですか」

「それもいい質問です。世間に不合理なことが広く行なわれるのを見て、いかなる原因でそのような訳の分からぬ社会になったのかと詮索したのが始まりでしょう。しかし、彼がただ単にその不合理に憤慨しただけだったら、涙の人で終わったでしょう。そして、普通一般の革命家とかその雷同者の列に堕したに違いありません。しかし、彼は情の人であると同時に智の人だった。だから、熟慮熟考を重ね、いよいよ十二分に理由を突き止めたと思うまでは軽卒に決起しようとは思わなかったんだよ」

　狩野の話はとどまるところを知らず、昌益思想の概要説明だけでもたっぷり二時間を要し、取材は結局のところ終日かかった。

　木山は、拝借した『自然真営道』の主要な巻を自宅で読んでみたが、理解は原稿をまとめるには程遠い。そこで短文の談話として掲載することにした。

「評論」新年号の目次には、雑録の部として「大思想家あり……某文学博士」とあり、まったく奇妙きてれつなことこの上ない。しかし木山にとっては種々の状況を考慮した精一杯の論文であった。明治四十一（一九〇八）年一月八日、世に出たこの論文により、安藤昌益は、二百数十年の眠りから覚め、大衆の前に甦ることになる。それはまた、発刊第三号を迎えたばかりの「評論」の快挙ともなった。

この反響に力を得た木山は、いよいよ筆鋒鋭く社会の暗部をえぐり出していく。鼎《かなえ》をあげるほどの木山の筆力に根をあげた教育界は、官立大学の教授職や博士号を用意し懐柔しようとした。あるときは文部大臣を先頭に総理大臣までもが自宅に押し掛けた。が、木山は「公私混同するべからず」と阿《おもね》ることがなかった。しかし、何から何まで一人でこなしていた出版事業の過重な負担は、次第に木山の身体を蝕み、第三号の発行からわずか三年後、三十二歳の若さで木山は天に還るところとなった。

十、波紋広げる「評論」の記事

「評論」に掲載された短文は、湖面に投じられた一石が引き起こす波紋のように多方面に影響を与え始めた。最初に飛びついたのは「日本平民新聞」で、見出しには「百五十年前の無政府主義者安藤昌益」とあった。

その記事を読んだ狩野は「しまった！」と思った。というのは、時あたかも独占資本主義の台頭に抵抗するように社会主義労働運動が活発化し、治安警察法の発動とともに取り締まりが強化されていたからである。それを象徴する事件がその二年後に起きた「大逆事件」で、「無政府主義者はテロリスト」との讒言《ざんげん》により天皇暗殺を企てたとでっち上げられ、幸徳秋水ら十二人が死刑に処せられたのである。

他方、八戸では「評論」の読者であった八戸高等女学校（現青森県立東高等学校）の教諭・菅原（旧姓平野）周蔵が、同明治四十一（一九〇八）年夏、校内懇話会の席上で「八戸に安藤昌益という医を業としたすぐれた哲学者がいたことを誇りに思う」と語り、「このような偉人がいたことを八戸の人が知らないのは残念だが、君たちはこのことを忘れないでほしい」と熱を込めた。

菅原が触発されたのは、「評論」に述べられた「日本では唯一の、また大なる哲学者とも云うべき人がある。……生国は秋田県だ、その後八戸の辺に行ったらしいが、……、本人は医者であったと見えて、……」という狩野の弁、そして文末の「この大思想家とは誰ぞ、博士が種々研究して知り得た所では、安藤昌益という名である」という木山の一文である。昌益は「男女」と書いて「ヒト」と読ませ、男女の平等が人倫の基本になければならないと説いた。八戸の人々が昌益を知るところとなったその口火が、女生徒を前にしての弁であったことにもまた感慨深いものがある。

『明治叛臣伝』の著者田岡嶺雲《たおかれいうん》も「評論」の論文に胸の高鳴りを抑えることができなかった一人で、翌明治四十二（一九〇九）年九月、「北辰会」の近藤喜衛《こんどうひろえ》（初代八戸市長）のもとに調査依頼の書状を送った。

十八歳のときから湊要之助、北村益《ます》らの「青年会」で活動していた近藤は、会の抜け切れない士族意識に不満をもち、明治二十七（一八九四）年、脱会を決意した。そして、弱冠二十二歳で西村宗徳、柳川保蔵らとともに「北辰会」を結成すると、商家の青年子弟の育成に力を尽くした。

月日はめぐり、明治四十（一九〇七）年、三十五歳になった近藤は「公民会」に所属していた八戸町長・遠山影三に助役として迎えられる。それも束の間、遠山はその年の選挙で北村益に敗れ、長年続いた「公民会」町政は終焉を告げる。当然、近藤も町政から退いた。町長選挙敗北の要因をマスメディア戦にあると総括した近藤は、翌年「奥南新報」を創刊し、それまで八戸唯一の新聞であった北村益主幹の「はちのへ新聞」と激しい言論戦を展開してゆく。

日光でしたためられた田岡からの書状が、在京中の近藤へ届いたのはその最中、明治四十二（一九〇九）年九月のことである。要点だけ書き出すと「八戸に安藤昌益といふ医にして学者ありしと聞く　此人の見識頗《すこぶ》る面白き処ある様に覚ゆ　詳細を知たしと思ふ　何か著述等あらば手に入る工夫はなきや何方か国の方へ御問合せ下されまじく哉　若し写本等にて印行本なくば筆耕料は払ひ申すべく写させてもらひたくと存じ候　御面倒な事を御願ひ申し候て恐縮ながら御尽力願ひ奉り申し候　吾は当分此地へ留るつもり　十一月にもならば帰京すべし　日曜日に御遊びに御いで下さりたく　如此候　雲」とあり、それから三年後、四十二歳で他界することになる運命を微塵も感じさせない闊達《かったつ》な文体である。

近藤は、「奥南新報」に「柏崎記」を連載していた郷土史家の渡辺馬淵《ばえん》に調査を依頼した。「柏崎」は八戸藩の城下町の地名で、往古に岬であったことに由来しているが、その連載は明治四十一（一九〇八）年十二月十六日から四十三（一九一〇）年八月四日まで百七十回続いた。

八戸歴史研究会の精鋭田名部清一《たなぶせいいち》が、『八戸地域史』一九九三年号に寄せた「みじか史」によると、渡辺は本名を知三郎と言い、八戸藩の貢進生として盛岡藩藩校・日新堂、そしてその後帝国大学に併合される大学南校で英語や冶金学等を学んだが、時あたかも幕末から明治維新となる騒擾《そうじょう》のときで、動乱を避け帰国を余儀なくされた。その後、地元に還り教育界・官界に身を置きながら過去の奥羽地方の歴史や江戸藩邸の事跡について書き続けたとある。

渡辺は、「昌益といえば文化・文政時代の頃の平田昌益という学者しか存知あげません」と前置きしながらも調査を続け、その後三回にわたり報告書を提出したがついに手掛かりを得ず「安藤昌益なる人物は八戸に居なかった」と結論づけた。「柏崎記」に対する世間の評価は高く、渡辺に絶大な信頼を寄せていた近藤はそれ以上詮索することはなく、周囲の熱い期待をよそに明治期の八戸の昌益研究には見るべきものがなかった。

十一、市井に身を埋める

『自然真営道』を読み込むうち、狩野の心には変化が見られるようになる。それは、ある一文に目を止めたときからで、意訳すると次のようになる。

「孔子の弟子である曾参《そうしん》は、あまたの門下生のなかでも一人抜きんで、師の孔子をも超えたことから、魯《ろ》の国主が召し抱えようとした。しかし、曾参は『召し抱えてくださるというのなら天道だからお受けしたいとは思いますが、人に施す者は人に奢《おご》り、人に施される者は人に諂《へつら》うようになります。ですから、わたしが受ければ魯の国主に諂わないともかぎりません。もし諂えば天道を盗むことになりましょう。ほんらい与えるだけでおごらず、受けても諂わないのが天道です。ですからわたしは、受けられないのです』と辞退した。これを聞いた孔子は、『われより勝《すぐ》れたるは、仕官を断ったその言なり』と言ったきり黙ってしまった」。昌益は附言して「孔子は聖人でありながら、転定・直耕・活真の妙道を知らなかった。先聖をまねて不耕貪食して転道を盗み、妄惑を追い禄を得ようと流浪する。転下を治めることが、転下を盗み盗乱の根となることも分からず、先聖の盗みにおのれが盗みを重ね、『鳥獣虫魚』四類の罪に落ちることさえ分からなかった。なんとも悲しみのいたりだ」というのである。

一読して、狩野は眼を剥《む》いた。そして自分の人生と重ね合わせてみた。そこに映し出されたのは、あちこちに仕官し流浪している自分の姿だった。もともと宮仕《みやづかえ》を嫌っていた狩野には、仕官を至上のものとしていた父・良知の死によって、仕官そのものが意味を為さなくなっていた。そこに接したこの昌益の一文が骨身にこたえた。

それに、内藤湖南《ないとうこなん》の事件が追い打ちをかける。秋田県鹿角郡毛馬内に生まれた内藤との縁は一高の校長時代に溯る。明治三十五（一九〇二）年のこと、「大阪毎日」の俊秀なジャーナリストで、蔵書家でもある内藤を狩野は教授に招こうとした。内藤も喜んで応じたが「大阪毎日」は待遇を上げ中国旅行をだしに引き止めた。しかも「大阪毎日」では国粋主義を掲げた三宅雪嶺《みやけせつれい》が健筆を揮《ふる》っており、明治二十（一八八七）年に上京した時、内藤が雪嶺の薫陶を受けた恩もあったので招請は実らなかった。しかし、どうしても諦め切れないでいた狩野は、再度の要請を試みたのである。

狩野は、内藤の他にも幸田露伴や夏目漱石など在野で活躍している人物を招こうとした。漱石こそ自分の都合で断ってきたが、内藤と幸田の採用には文部省の頑迷な抵抗にあった。繊細な狩野の精神が正常でおられるはずがない。心身のバランスを失い神経性胃腸炎に罹り下痢を繰り返した。やっとの思いで文部省から内藤と幸田の内定を得た狩野は、明治四十一（一九〇八）年十月二十一日、病気を理由にわずか二年間在職しただけの大学長の職を惜しげもなく捨てる。

青江舜二郎著『狩野亨吉の生涯』（明治書院、一九七四年）によると、最終講義となった明治四十（一九〇七）年六月三日のノートには、「道徳覚（道義心＝道心）即良心ノ特性ハ政府即権威ノ養成スル所ト一致ス」と記されているという。すなわち「良心の特性である道徳というものは、政府が国民に押し付けたものだ」と講義したというのである。

青江は「それが明治期の、しかも官学の講義においてなされたことが私の注意をひくのだ」と言い、そして「亨吉は一高時代にすでに彼が発見した安藤昌益を読んでいた。もちろんマルクスはそれ以前に目を通している。当時の寮生のグループ活動……の集会……で彼は、つぎの人間の社会は共産主義であろうとはっきり言っているのである。……。だがそれは官学に禄を食む教育者としては軽々に口にすべきではない」、「一高においても、京大においても亨吉はこの誓いを決して破らなかったが、ここに至ってはっきりこのように言い切ったのは、もはや彼は京大をやめる決心をしたからであった。直接の理由は……官僚主義体制の虚飾と頑強さをつくづく思い知ったから」であると推測した。

翌年、東京小石川区雑司ヶ谷町の実家にもどった狩野は、それまで蒐集してきた骨董や蔵書を切り売りし、生活の糧とするようになる。と言えばいかにも生活に窮しているようにも聞こえるが、狩野のもとには、古書・古美術は言うに及ばず、古時計・オルゴール・金銀細工・刀剣まで何でもあったので、掘り出し物で一儲けしようとする古物商が引きも切らず出入りしては目当てのものを買って行くのだった。狩野はそうしているうちに骨董品の鑑定にのめり込み、その売買を生業《なりわい》としながら、昌益思想の研究を続行することになる。

大正二（一九一三）年、狩野の自宅に黒塗りの公用車が横付けされ、宮内省の教育掛が降りてきた。狩野の教育者としての功績を惜しんだ友人達が、後に昭和天皇となる裕仁親王の侍従に推薦したのである。しかし再三の依頼にもかかわらず狩野は固辞した。世事にわずらわされず昌益に没頭したいという気持ちからではあったが、危険思想とみなされていた昌益を研究していることが世に知れ、あとあと問題になることを恐れたためでもあろう。狩野を世に引っぱり出したいという動きはその後もあった。昭和六（一九三一）年の御講書始めの講師に選ばれたのだが、宮内省からの通達をその任ではないと断り、代わりに内藤湖南を推薦した。

十二、渡辺大濤

家出

渡辺信治（後の大濤）は、新潟県中頸城《なかくびき》郡の山あいに広がる板倉村達野《たての》（現上越市）の豊かな稲作地帯で、明治十二（一八七九）年四月二十日に生まれた。代々庄屋を務めていた渡辺家は、三里以上も離れた現在の信越線新井駅まで地所づたいに行けるほどの素封家《そほうか》であったが、祖父の代に油田開発で失敗し、それからの生活は決して楽な方ではなかった。

近くにある菩提寺の境内は、格好の遊び場を子供たちに提供していたが、信治は次男の気楽さもあり物心ついた頃から住職の住まいにまで出入りするようになっていた。それは仏壇に上がった美味しい食べ物が沢山あったからで、その供物を辺りの目も気にせず貪る少年を住職は我が子のように可愛がり、読み書きや仏教の貴さを教えた。やがて仏教に興味を持つようになった少年は、その魅力に取り憑かれるようになり、思春期を迎えると「人間とは……、世の中とは……、性とは……」と、次からつぎへと湧き上がる疑問に悶々と悩み、隘路《あいろ》に迷い込むようになる。そして、「都会に出るしか本願を叶える道はない」と思い詰めるのだった。

明治二十六（一八九三）年、十四歳になった信治は、「おっかぁ！　おら、東京さ出る」と上がり框《がまち》に片足を乗せるなり母親のナホに打ち明けた。

母はうろたえた。

「何すっと、東京で！」

「おら、宗教を極めたいんずら」

信治の毅然とした物言いに母は信念を読み取ったが、そのとき住職のある言葉を思い出した。

それは、夫の傅治右衛門に、

「信治君の考えはとても独創的で、一度説明するとちゃんと憶えているから、『将来宗教家になったらいい』と本人に勧めておきましたよ」と語ったことで、住職の言葉を真に受けた息子が、その気になって舞い上がっていると思ったのだった。

「何考えでるんだが。ほにほに住職さんにも困ったもんだ」

「すたども、あまりにも狭く……、息が詰まり……」

信治の最後の言葉は涙声で消えた。少年にとって、鄙《ひな》の学び舎はあまりにも小さ過ぎた。狭小な世界と自我との間に葛藤が起き疎外意識に苛《さいな》まれた。

「わは、ぜったい東京さ行ぐ。それに食い扶持《ぶち》も一人減るへで助かるべ」

家計のことまで心配していたのに……、両親に理解してもらえない寂しさを生家に置いたまま少年は飛び出した。

仏教哲学そして基督教

東京に着き、ふと印刷屋を経営している親戚がいることを思い出し訪ねると、

「そんなに、悩んでいたのか！」と優しい言葉が返ってきた。

「そのうち、親御さんにもわたしの方から伝えておくから」

親不孝をしたと思っていた少年の心が安らいだ。

「よかったら、うちで働きなさい」

身寄りのない異郷の渡辺にとって、その温情が何よりも有り難く、版組みと新聞配達に精を出しながら必死に働いた。

渡辺が、右も左もわからない都会のど真ん中に立ちすくみ、それでも怯《ひる》まなかったのは、真理を究めたいという情熱を失わなかったからで、学費が貯《た》まると「哲学館」（後の東洋大学）の門を叩いた。

哲学館は、安政五（一八五八）年、新潟県三島郡越路町（現長岡市）の浄土真宗大谷派・慈光寺に生まれた井上円了が、「諸学の基礎は哲学にあり」という理念のもと、明治二十（一八八七）年に創始した。

夢にまで見た仏教哲学を学べると思うと、渡辺の総身は希望であふれた。しかし、通学して間もなく、自分の求めている仏教との間に齟齬《そご》を感じ始める。期待があまりにも大きかったため、現実社会と格闘すればするほど、逆に仏教の閉鎖性が目についてきたのだった。それは失望に近かった。

学費が続かなくなった渡辺は退学を決意し、独自の道を模索することになる。そのためには漢学の基礎が必要と分かり、下谷黒門町の三宅静修斎（道明）の「静修塾」に通ったが、娘を押しつけられそうになったのに嫌気がさし逃げ出した。しかし、その漢籍の素養が後々思わぬところで役立つことになる。

若者の興味はあらゆるものに広がり尽きることはない。それが青春の特権なのであろう。自分の可能性に賭けてみようという情熱さえあれば、たとえその結果が徒労に終わろうとも血や肉となる。失うものは何もないのである。そんなある日、教会（中央会堂）の前を通りかかった渡辺の目に「礼拝説教」の立看板が飛び込んできた。一歩なかに足を踏み入れると、聖歌隊の歌声が満堂に美しく響きわたり魂を奪われた。それからの渡辺は聖書に魅せられ、原書を読むために英語を独学し、さらに本格的に学ぼうと立教学院（後の立教大学）に通い始める。

幸いにして給仕の学内アルバイトがあり学資の心配はしなくて済んだが、なにせ用事があると授業中でも呼び出されるから勉強どころではない。それにも関わらず渡辺の高い英会話能力はロイド学長の認めるところとなり、通訳の仕事でロイドの愛娘とあちこちを回った。

限られた時間を有効に使うために渡辺が工夫したのは、目的意識を持って受講することだった。そうすると授業内容が手に取るように分かり吸収が早いと知ったのである。その成果で卒業時の成績が首席となり、メソジスト教会で知り会った珍田捨巳《ちんだすてみ》牧師の目に止まり、アメリカ留学を勧められるところとなった。しかし、留学には百円の保証金が必要で、そんな大金などあるわけはなく、成績二番の学生に譲りさっさと卒業した。

珍田は、弘前藩士珍田有孚《ありざね》の長男として生まれ、地元の東奥義塾を卒業後、アメリカのアスベリー大学で学んだことからアメリカの国情に通暁《つうぎょう》していた。当時の日本では有為な存在で、外交官時代、日露戦争講和条約締結の影の立役者となり、その後もクリスチャンとして裕仁親王（後の昭和天皇）の教育係を務め、親王の即位後も侍従長として皇室の信が篤かった人物である。

その珍田から英会話能力を認められた渡辺は、卒業後も聖書の研究を続け布教活動にも立ったが、のめり込めばのめり込むほど同じキリスト教徒でありながら他派には排他的なところが目につき、自分の生き方と相容れないものを感じとるようになる。やがて、思想的に行き詰まった渡辺は、あらゆる宗教に失望し心の支えを失った。

「大地の宗教」を創始

それからの渡辺には、子供の頃から好きだった絵を描いて過ごすしか苦悩を慰める手立てはなかった。東京に出てから十五年の歳月が飛ぶように過ぎ去ろうとしていた。振り返れば振り返るほど、なんと無為な日々だったろうと自責の念に駆られる毎日だった。

ところが、明治四十一（一九〇八）年三月、渡辺は不思議な啓示を受けることになる。早春の野外に画架を立て、風景を写生していた時のことである。

眼前に陽炎《かげろう》が立ち上がり、あまりの美しさにしばし見とれた。すると「大地は生き物ではないか、大地は呼吸しているのではないか」という想いが忽然と沸き上がり、はたと「吾がための我は死にけり　世のための我として生まれんと思う」という御言葉《みことば》が天から降りて来たのである。

それは、渡辺の精神生活に大転換を画す出来事だった。やがて、ペンネームを《大濤》とし、土の哲学を説く「大地の宗教」を創始するようになる。渡辺の最終目標は宇宙的大総合学を大成させることにある。大地と人間生活との関係を研究し、地上に終始する人間の思想系統を究め、世界平和を目指そうとする壮大なものであった。その教理を確立させるために、渡辺は物理学から天文学までをも究めようとする。無論、独学である。そして、啓蒙書として『霊土教とは何《ど》んなものか』の執筆にとりかかり、それと並行して『万国精神総動員』の構想を練る。

明治四十三（一九一〇）年、三十一歳になった渡辺は、十歳年下の大友たみと結婚する。たみの父親は、印刷屋の社長の親友だったから、たみは渡辺の職場によく出入りしており、知り合ってもう十年も経っていた。文字通り糟糠の妻となる良き伴侶を得た渡辺は、精気を身体中にみなぎらせ、八面六臂《はちめんろっぴ》の活躍をするようになる。

十三、渡辺との出会い

上野の下谷御徒町に、渡辺大濤がよく出入りしていた通称「芋繁」という名代の焼芋屋があった。焼芋屋といっても今の喫茶店のようなもので、物資や食糧の乏しい大正時代のことであるから、ケーキが焼芋、コーヒーが緑茶と考えれば想像がつく。

その店主の奥村繁次郎と渡辺とは「非常に親しかった」。一説には「苦学時代の親友」ともあり、親しくなった経緯は定かでないが、奥村は薬草に造詣が深く、食物の研究に蘊蓄があったことから話の種は尽きず、出入りしている内に渡辺の「命の大地思想」に共鳴したのかも知れない。それにもまして渡辺はどんな相手にでも頓着なく取り入り、いつのまにか懐に入り込む才には長けていた。よく言えば物怖《ものお》じしない、悪く言えばずうずうしさが身についていたのである。

ある日の「芋繁」で、鳥打帽子にひげをたくわえ、一見威風あたりを払うような和服姿の客人がやけに気になった。大きな風呂敷包みから書物を取り出しては、対座している親友らしき人物と何やら難しい話をしている。渡辺がじっと聞き耳を立てていると天文学の会話らしい。ちょうどその頃、渡辺は「宇宙的大総合学」の完成のため天文学と格闘しているところだったので、みじろぎもせず盗み聞きしていた。

二人が帰った後で店主に訊ねると、元京都帝国大学文科大学長の狩野亨吉と東京帝国大学教授の吉野《よしの》作造《さくぞう》だと教えてくれた。吉野は、明治四十三（一九一〇）年四月から大正二（一九一三）年七月までの三年間、欧米に留学し「デモクラシー」を学んだ。代表作となった「憲政の本義を説いて其の有終の美を済《な》すの途《みち》を論ず」を『中央公論』に発表し大きな反響を呼んだのは、大正五（一九一六）年のことである。その時事評論は、デモクラシーを「民主主義」と訳し、普通選挙、議会政治の重要性を説いたもので、吉野は一躍、大正デモクラシーを代表する論客となった。

さて、渡辺が狩野と出会った時期は、通説では大正四（一九一五）年、あるいは大正五（一九一六）年頃と言うが定かではない。

昭和十八（一九四三）年二月に渡辺自らが作成した「安藤昌益著『統道真伝』の由来」と題する覚え書きには、狩野とは「三十余年の親交」とあり、逆算すると大正二（一九一三）年以前からの付き合いということになる。一方で、知遇を得たのは吉野と狩野の二人が歓談していた時だと渡辺自身が述べているので、吉野が海外に留学していた時期を除くと、留学前の明治四十三（一九一〇）年三月以前ということになる。さらに狩野が京都に居た明治四十一（一九〇八）年十月二十一日までの二年間を除外すると、狩野の帰京後から明治四十三（一九一〇）年三月までの一年半の間となり、そうなると三十三年から三十五年間の親交となるので「三十余年の親交」と言えなくもない。

農文協刊「安藤昌益全集」月報（一九八三年三月発行）に掲載されている、安藤昌益研究会作成の「渡辺大濤略年譜」には、「明治三十八、九年頃、狩野亨吉と出会い、安藤昌益を共同研究するなど、生涯師友の関係をもつ」とあり、それが事実とすれば、三十七、八年の親交ということになるが、明治三十八年と言えば、狩野が『自然真営道』百巻本を類《たぐ》い稀なる書物と認識した年である。しかし、この頃に狩野と渡辺が出会ったことは、どの史実からも浮かび上がってこない。また、前掲の『狩野亨吉の生涯』によると、狩野の日記に渡辺の名前が頻繁に出て来るのは、大正十二（一九二三）年以降であるという。が、いずれにしても「三十余年の親交」という記述が、渡辺のあやふやな記憶と誇大な意識からきているとすれば、これらの議論は成立しない。

渡辺の事歴は、このことに限らず錯綜しており研究者を幻惑させる。渡辺大濤著『農村の救世主安藤昌益』（農文協、一九九五年）の「渡辺大濤略年譜」から狩野との出会いの記事を除いたのは賢明な処置だったのかも知れない。話を元に戻そう。

あるとき渡辺は意を決して、居合わせた狩野に天文学についての疑問をぶつけた。すると「一度、遊びに来たまえ」と気軽に応じてくれたので自宅を訪ねた。狩野の十四歳年少にあたる渡辺は緊張の面持ちで慎重に言葉を選びながら「『宇宙的大総合学』を体系づけるために天文学について学びたい」のだと大望を述べ、大地に開眼したときのことや「霊土主義」のことなどを順々に説明した。

すると狩野は「その大地に開眼したというのは重要なことです。安藤昌益が著わした『自然真営道』を読みますと、まず驚かされるのが『自然』という言葉の行列です。恐らく古今東西の書物で、こんなに多く『自然』という言葉を連発している書物は見当たらないでしょう」と答えたので、その書物の存在を初めて知った渡辺は引きつけられた。

「言うまでもなく、『自然』は誰にでも大切なものですが、それが往々にして忘れ去られる傾きがあります。例えば親兄弟や、水や、空気や、大地や、太陽、その有り難さは誰でも知っています。しかし、文化が開けてくると、『自然』というものを忘れる人が多くなり、さては着物とか金とかを有り難がり、進んでは思想を有り難がり、そうしたものを所有する族《やから》を尊んだり羨《うらや》ましがったりして、その結果、親に孝行を尽くすことを旧弊と取ったり、米を供給してくれる農民を賎《いや》しいと取ったりするようになるのです」

「そのことは私も常日頃感じていることです」と渡辺が思わず身を屈《こご》めたのは、小作人から搾取している名主の家系に生まれたからであるが、渡辺は自らが唱える「大地の宗教」に確信を覚え、その日は天文学書を借りて帰った。それから度々、渡辺は狩野宅に出入りするようになり『自然真営道』を学びながら宇宙的大総合学を大成させる機会に恵まれた。ある時、漢文体の『自然真営道』を意外と苦にせずに読んでいる渡辺に気付いた狩野は「どこで漢籍の素養を修めました？」と訊ねた。

「三宅道明先生から教わりました」

その名を聞いて狩野は思わず大笑した。

「三宅先生といえば根本通明先生のお弟子さんですね。大変な方に習いましたね」

渡辺は何のことやら分からず首を傾《かし》げている。

「いやなにね。三宅先生のことではなく、その師の根本大先生のことですよ」

渡辺は半分納得した。

「実は、小学校一年生の時、根本先生が教師をされておりまして、怖いものだから授業をよくサボっていたんですよ。それが東京で遇うことになりましてね。そのとき面罵されたんですよ。そのことが今だに頭から離れないのです。恐ろしかったですね」

狩野は思い出したのか、肩をすくめながらその時のやりとりを説明した。

「実は、私も娘さんを押し付けられそうになって怖くて逃げ出したんです。師弟というのは独善的なところまでも似るものなのですね」

その会話に二人は意気投合した。

それからの渡辺は暇を見ては、枠組みした絵絹に「龍」の絵を描くようになる。無論、全体像である。

ぶつぶつと「龍の全貌は類がないから難しい」とつぶやきながらも、確龍堂良中と号した安藤昌益への想いが、渡辺の絵筆を動かせた。このあたりに渡辺の純粋さを見るような思いがする。

十四、米騒動と「実行団」

大正七（一九一八）年は、米価が急騰した年である。世界史上初の社会主義革命によりロマノフ王朝が打倒され、ソビエト政権が樹立されたのはその前年のことで、そのロシア革命に干渉すべくチェコがロシアに侵攻すると、その救援と称し、米・英・仏・伊が派兵した。軍国主義的様相を深めながら侵略の機をうかがっていた日本は、ここぞとばかりに便乗し、シベリア出兵を決めた。輸送船には大量の兵糧を積み込まなければならない。当然のごとく米相場を操ろうとする地主や米商人が出荷を制限する。国内の米価はあっという間に二倍から三倍に値上がりした。

その事態に業を煮やしたのは、出稼ぎの留守をあずかっていた富山県中新川郡水橋町（現富山市）の主婦達であった。八月三日、三百名が「いっさいの米を県外に出すな！」と穀留《こくどめ》を要求し示威行進を始めると、四、五日で県内各地に波及した。

明治政府が施行した版籍奉還は、版（藩）と籍（土地）を国の所有とするものである。しかしながらそれから数十年経っても土地は旧態然とした地主制度に縛られ、しかも地主の肥大化は資本主義の発展をも阻害するようになったため、資本家対地主の対立は燻《くすぶ》っていた。その一方で、小作人の窮乏は目を覆うばかりで、出稼ぎでやっと糊口を凌《しの》いできた不満が爆発したのである。

富山県各地の騒動は八月九日の内に、高松市、岡山市、名古屋市、京都市、大阪市と飛び火し、東京市から東北地方南部へと瞬く間に拡大するや様相は一変した。それらの都市暴動を主導したのは、小作人ではなく中小企業の労働者達だったのである。産業資本を蓄積した大企業の資本家は、国家と結びつき国家独占資本となっていた。都市近郊の下請け中小零細企業は圧迫され、そのしわ寄せが労働者に押し寄せていたのである。「大正デモクラシー」の高揚に後押しされ、地主対小作人、大資本家対中小資本家、資本家対労働者の対立が一体となり全国的騒動に発展するや、政府は産業的、社会的、政治的構造変革を余儀なくされた。

渡辺はいよいよ昌益思想の正しさを実感する。

「人間は米によって養われる。米を生産する農民こそ命の恩人である。しかるに直耕（耕作）しない者が貪り食うとはけしからぬ。農民こそ転子（天子）なのだ」

渡辺は声を震わせて怒った。

大正十（一九二一）年、渡辺は『万国精神総動員』を脱稿させ、ガリ版（謄写版）で刷った冊子を、狩野と吉野に贈った。狩野の絶賛に意を強くした渡辺は、出版予定の『霊土教とは何《ど》んなものか』の巻頭言を依頼し「霊土教に対する感想」という狩野の序文が巻頭を飾った。

渡辺は、宗教界にも押し寄せた「宗教デモクラシー」の波に乗り遅れまいと「霊土主義実行団」を結成し、いよいよ教化運動に乗り出す。霊土主義の根本原理は、「万物は皆、土より生ずる」ということに尽きる。

「いっさいの生物は、土から生じる植物を食物として生育し、大動物は小動物を、その小動物はさらにより小さい生物を栄養として生育し繁殖する。死しては動植物も動物も土に還元する。そして、物理化学的影響を受ける。天体もその光を分光して調べると、地球上に存在する物質と殆ど同一であると推測される。鉱物のみならず動物もまたしかり」という論である。

そして、最後に「霊土一如　互悟本性　罪障消滅　見真成仏」と三唱するのだ。

同年六月二十五日の狩野の日記には「午前渡辺大濤来。霊土団へ十円寄贈」とあるので、渡辺は狩野にまで資金援助を仰ぎ活発に活動していたようだ。日記に渡辺の名が出てくるのはこの頃からで、以前から出入りしていたとしても日記に綴るほどのことではなかったようである。

十五、『自然真営道』焼失

遡ること大正六（一九一七）年、文部省で全国中学校校長会議が開催され狩野も招かれた。席上、西洋史の重要性を唱導している東大教授の箕作元八《みつくりげんぱち》から『自然真営道』に関する質問があり、狩野も懇切丁寧に回答した。そのやりとりを聞いていた、帝国大学初の哲学教授井上哲次郎《いのうえてつじろう》は、「これは面白いから、その書を大学で借りて謄写しておこうじゃないか。それに万が一、失われることがあれば国家的損失だ」と発言した。

明治時代の道徳教育を牽引した硬骨の士・井上は、七年近くのドイツ留学で欧米哲学を学び、帰国後その哲学を広敷した。しかし、外国を見て来た井上には日本人の国家意識の希薄さが目についた。その状況に我慢ならず、宗教人も国家を尊ぶべきだという論を張った。それがどのようにして『自然真営道』の書写と結びついたのかは知るよしもないが、写本を作るべきというのは恐らく井上の直感だったのだろう。しかし先を見通した井上の発言にも拘らず話は立ち消えとなった。現代のようにコピー機もない時代であり、謄写料も千余円という、大学にすれば高額なことから致し方のないことではあったが、井上の杞憂は後々的中することになる。

狩野は、大正十二（一九二三）年三月、吉野作造から「東大に八千円ばかりの金があるから、稿本『自然真営道』を買い取りたい」という熱心な誘いを受けた。そのきっかけとなったのは、吉野が狩野の自宅でそれを目にしたことで、そのところ相談がまとまり三十日、狩野が「眼の黒い内は決して手放さない」と誓っていた三種の珍本、稿本『自然真営道』と「藤岡由蔵日記」（二百六十冊）、慶長年間から大正時代までの約千冊にも及ぶ各種の暦本を、石本恵吉を介し東大図書館に移管することに決した。

狩野が雑司ヶ谷から同区内の西青柳町へ引っ越したのは大正八（一九一九）年のことで、さらに大正十二（一九二三）年三月二十八日、同区内の音羽町に転居した。愛蔵書の東大移管はこの引越しの二日後であるから両者は無関係ではないだろう。音羽町での狩野は、片岡という親戚の「鑑札」の名義を借り、入り口に「明鑑社」という看板を初めて掲げた。すると京都から戻り、古物・古書の売買をしていた十四年間は、通俗ではモグリ、法的には違法営業、角を立てなければ道楽ということになる。

その年の八月、渡辺は「大地を信ずる村」の建設協議のため、後述する大阪の依田《よだ》荘介《そうすけ》宅に逗留していた。それが一段落つくと「東京の仕事を片付けてくる」と言い残し、三十一日の夜行列車に乗った。翌午前十一時五十八分、静岡県に入った頃、渡辺はかつて経験したことのない大きな揺れで座席からはじき飛ばされ列車は急停車した。その時の渡辺は、マグニチュード七・九という大地震が関東地方を襲っていたことをまだ知らなかった。ちょうど昼食の支度中の大地震はあちこちに火災を発生させ、折からの強風で死者・行方不明者十万人を超える大惨事となった。しかも食糧略奪という懸念に便乗して朝鮮人が暴動を起しているというデマを流す者がおり、いわれなき多くの朝鮮人が殺され、社会主義者の弾圧にまで広がった。

その地震発生時、自宅に居た狩野はドシンと大きな揺れに襲われると大慌てで外へ飛び出した。同居していた姉の久子はしばらく帰りを待っていたが、いつまで経っても帰宅しない。どうしたものかと心配していると、荷車に缶詰やら乾パンやら食料品を山と積み込み人足に引かせて戻って来た。そうこうしているうちに、避難民が次からつぎへと駆け込んで来る。食料をただで配っていると聞きつけたからである。

夜になっても狩野は自宅の前に高張提灯を掲げ、停電で真っ暗になった路地を照らしてあげるやら、町内を見回るやらじっとしていない。翌日からは町内の自警団にも加わり年末まで不休で警備に当たった。別に金銭が有り余っているわけでもない。むしろ貧乏な方である。なのに自分のことを差し置いて困っている他人のことを真っ先に考え行動する。これが狩野の真骨頂なのである。

九月五日、やっとの思いで東京にたどり着いた渡辺は、妻子の安否をあちこちに尋ね回るが探しあぐね、近くの護国寺まで来たということで八日、狩野宅を訪れた。渡辺は何日間か寄宿しながら妻子が千葉に無事なことを確認した。

そのときの狩野は『自然真営道』に大変なことが起こっているとは夢にも思わなかった。実は、大震災は東大図書館をも業火で包み、稿本『自然真営道』は無論のこと、狩野の貴重本もすべて灰燼に帰してしまったのである。後日、報告を受けた狩野は「こういうことになるとは夢にも思わなんだ」と頭を抱え込んだ。気を取り直し、貸し出したことのある二、三の友人にも訊いてみたが、誰も抄写していなかった。なにしろ狩野が命よりも大切にしていた書物ばかりだったので、失ってみると尚更のこと「副本を拵《こしら》えておけばよかった」と悔やんでも悔やみ切れなかった。しかしすべて後の祭りだった。

『自然真営道』の東大委譲に伴う契約伺い書には「自然真営道一部（七十八冊）金弐千円」とあり、九十三冊のうち十五冊は移管されなかったことが分かる。狩野が後に記すところによると、稿本『自然真営道』は本来百一巻九十三冊であるべきところ『生死之巻』二冊（第三十八〜九巻）は貸し出しており、それが誰かは分からずじまいだったという。狩野には「貸して下さい」と言われれば「ああ、いいよ」と事も無げに応じる人の好さがあり、それが裏目に出たのである。すると移管されなかった十三冊はいったい何々なのか疑問は残る。

後の昭和四（一九二九）年秋頃、『自然真営道』のうち十二冊の存在が確認された。震災前の大正七（一九一八）年八月頃、国史学教授・三上参次《みかみさんじ》に狩野が貸与したものだという。三上は、慶応元（一八六五）年、播磨国・姫路藩士の子として生まれたというから、狩野と同年であり、帝国大学和文科を卒業後、同大史料編纂掛に入った。史料編纂官を経て明治三十二（一八九九）年、東京帝国大学教授となり国史学科の史学科からの独立に尽力した。そして明治三十八（一九〇五）年には史料編纂掛主任、昭和七（一九三二）年、帝国学士院会員を代表して貴族院議員を務めた。

三上が借り出した十二冊の中には昌益思想の結実点を示す物もあり、それほど価値のある書物の貸し出しを忘れていたというのも腑に落ちないが、そのことに狩野は何も言及しておらず、譲渡された七十八冊の目録も有ったのか無かったのか定かではない。そのため東大に売却された七十八冊の中に三上に貸与された十二冊が含まれていたかどうかも不明であるが、東大に譲渡される前に三上が借り出しているところを見ると、含まれていなかった可能性は高い。

そうなると狩野が田中清造から購入した時、すでに一冊を欠いていたことになり、依然として謎は残る。恐らく当時は、昌益の著作や伝記に後世これほど多くの研究者が血眼になるとは考えても見なかったのだろう。そのため目録も作成されなかったのであろうか。

予期せぬ『自然真営道』の焼失により、どん底につき落とされた狩野は、自らが書き留めていた読書ノートと記憶だけを頼りに悲痛な面持ちで昌益研究に立ち向かうことになる。

十六、「目録」に『自然真営道』

しばらくして、福岡高等学校教授・浅井虎夫から宝暦四（一七五四）年版「新増書籍目録」（阪元、京都錦小路新町西へ入ル、永田調兵衛）中巻に「孔子一世弁紀二冊　安藤良中　自然真営道三冊　同」という記載を見い出したとの報告を受ける。

狩野は、「安藤良中」という名号に仄《ほの》かな灯《あか》りを見た。というのは〈「安藤昌益」と「確龍堂良中」は同一人物〉という、自らの推定を補強するに足る報告だったからで、寄宿していた渡辺にもその件を伝えた。

「浅井虎夫という方が、『自然真営道』が公刊されているという記録を発見したと報告して下さいました。私はその本をいまだに見たことがないのではっきりは申し上げられませんが、すでに出版されたものとすれば誰か読んだ人もいたでしょう。それなのにいままで安藤昌益の名が口にのぼらなかったところをみると、なんら反響も示さずいつしか忘れ去られてしまったものと思います」

「なぜ、そうなったのでしょうね」

渡辺は唸りながら質問した。

「考えるに、文章がまずくて分かり難いのに呆れたからではないでしょうか」

狩野の理由が意外と単純だったので渡辺も呆れた。

「それに公刊されたものは恐らく穏健な文章となっているのでしょう。稿本の『自然真営道』は、畢生《ひっせい》の精力を傾注した思索の結果を、『百年後を期して書き残すのである』との決意のもとに筆を執ったものです。だからこそ、なんら憚《はばか》るところなく、もっとも大胆に思うがままに文章を操《あやつ》ることができたのです。あるときは同情にかられ、あるときは義憤に激せられ、たちまち雄弁となり、古来聖人と尊ばれ、英雄と崇められた人物を引きずり降ろし、叱責罵倒の標的とし、気焔万丈、まったく当たることができない勢いを示し、極端な場合には敢然決死の態度で痛烈肺肝を貫く言をなしているのです」

狩野は一気呵成に想いを並べた。

「では、昌益は激情家で、危ない人間だったのですな」

渡辺は狩野に目を据えた。

「ところがどっこい、そう思いきや、昌益は純粋な平和主義の人で、平和を唱えながらすぐ腕力に訴える族《やから》とは違っていたのです」

「なぜです？」

「昌益が『自然真営道』で、常に言っているのは、『我が道に争いなし、吾は兵を語らず、吾は戦わず』ということです。だからこそこの考えが形を変じて『百年の後を期して書き残すのである』という語になったのです。そこはもっとも味わうべきところで、私はその文言が数ヶ所にわたって書かれているのを『自然真営道』に見いだしました」

稿本『自然真営道』の全部に目を通したのは唯一、狩野だけであるから説得力がある。

「なぜこのような考えになったかと言いますと、略本三冊を公刊しながら、全本『自然真営道』を公にしていないことからも容易に想像がつきます。もし、この猛烈な完本を出版したとなれば、昌益と為政者との争いになることは火を見るよりも明らかなことです。ですから、『自然真営道』百巻本を出版しなかったということは、昌益が徹頭徹尾争いを嫌っているということの証明になり、争いをやめようというのが昌益の主張です」

昌益はこの世に「争い」を引き起こした張本人として《源義経》と《楠木正成》を挙げている。

源義経について人々は、「判官贔屓《ほうがんびいき》」があったにも関わらず、兄・頼朝の挙兵を「義兵」とまで言い切っているのである。楠木正成の「忠臣」像は明治政府によって作られたものであるが、南朝を樹立した後醍醐天皇に呼応し湊川で戦死した。その足利尊氏との戦いに、八戸根城《ねじょう》南部《なんぶ》氏の礎を築いた南部師行《もろゆき》も馳せ参じ、石津川（大阪府堺市）で非業の死を遂げた。そのことから、八戸で楠木は好意的に受け止められている。それにも拘らず昌益は、正成を批判のまな板に乗せているのである。

狩野は続けた。

「だから彼はまず遠回し的に略本を公刊して世人の啓発に勉め、機が熟したところで全本を示そうとしたに違いありません。人騒がせをしてまでも功名を急ぎ、けっきょく自分の主義主張を棒に振るというようなことがありますが、昌益はそのような愚策には出なかったのです」

「もしその公刊された三巻本が発見されれば、事ははっきりしますな」

渡辺の言の通り、後に刊本『自然真営道』を発見した狩野は、略本と決めつけていた自分の見解が間違いであることを知った。

十七、『統道真伝』現わる

翌大正十三（一九二四）年末、上野黒門町の文行堂書店に立ち寄った狩野は、林若吉（別名・若樹）とバッタリ出会った。

「これから下谷の吉田書店へ本を漁《あさ》りに行くところですから、一緒に行きましょう」と熱心に誘われたが、だいぶ夜も更けていたのであまり気乗りはしなかった。

それでも無下に断らなかったのは、林は十歳も年下なのに江戸通の猟書家として大半の書物に目を通している類《たぐ》い稀なる学識者だったからで、〈書誌学のよもやま話でもしながら、ぶらぶらと行くのもいいかな〉と思い直し同道することにした。

書店に着いた二人は、薄暗い裸電球の下に並べられた古書を順々に見て回っていた。

すると狩野の目に、『自然真営道人相篇三冊』という付箋《ふせん》が飛び込んで来た。

思いがけない出物に「これは珍しい」と思わず手に取ってみた。

それもそのはず、稿本『自然真営道』の第三十五巻～第三十七巻を構成する「人相視表知裏巻」は、関東大震災で焼失していたからである。その外題は「人相、表を視て裏を知る巻」とでも訳したらいいのだろうが、焼失前に見ていた物と装丁《そうてい》も字体も明らかに違い、それに紙質が新しいので近代の写本と推測し購入した。

翌大正十四（一九二五）年五月初旬、文行堂書店に立ち寄った狩野に店主は「この本も、例の書（「人相視表知裏巻」）に関係したものではありませんか？」と古写本五巻五冊を提示した。

見ると、「確龍堂良中顕」と署名があり、明らかに『自然真営道』系の物と知れたので購入した。

それが『統道真伝』（狩野本）である。

後述する寺尾五郎《てらおごろう》は「これは昌益の手稿原本から、門弟が直接に手写ししたものと想像される古い写本である」と農文協刊の『安藤昌益全集』（以下、『全集』と略）に記している。

『統道真伝』を考証していた狩野と渡辺は、昌益の手稿が門弟により書写されている間に錯簡が生じていることに気付き、第五巻としてあった「糺仏失」《仏の失《あやま》りを糺《ただ》す》を第二巻とし、以下繰り下げた（渡辺本）。

後に寺尾は、第一巻としてあった「糺聖失」《聖の失《あやま》りを糺《ただ》す》と、第二巻「糺仏失」とは、もともと「糺聖釈失」としてあった一巻であろうとし、『統道真伝』は全四巻であるとした。

「聖釈」とは、「聖人と釈迦」を縮めたもので、『自然真営道』の筆力をすでに体感していた狩野は偶然手に入った『統道真伝』を読んで、「内容からも修辞の上からも稿本『自然真営道』とは著しく違っており、巧みに修飾した当意即妙な言葉を用いている『自然真営道』の表現からすると見劣りがする」と感じた。しかし、その一方で「消沈していた意気が恢復したような気がした」。

稿本『自然真営道』の大半が焼失してしまい、すべてを読むことのできない我々にとって『統道真伝』は昌益の中期の思想を総合的に知りうる唯一の書であることは間違いない。

寺尾は彼一流の言葉を用いながら、『全集』のなかで『統道真伝』を絶讃している。

「伝統イデオロギーの粉砕をめざし、まことに舌鋒鋭く切りこみ、熾烈かつ矯激な調子で戦闘的な批判を展開し、痛罵・嘲笑の限りを尽くしている。したがって全著作のうち、文章の調子が最も高く躍動しており、激越な言葉が口角泡を飛ばして発せられ、読んでいて痛快であり、彼の著作のなかで最も面白いものと言える。昌益ならではの名文句・名台詞《せりふ》が目白押しにならんでいる。……」と。

その発見からほどなく、渡辺は『統道真伝』を借り出し手元に置きながら、後に『安藤昌益と自然真営道』として上梓される原稿を書き始めた。そして、早くも八月には「自然真営道」と題する素描をまとめた。

十八、八戸行と『世界思潮』

昭和二（一九二七）年六月二十二日午後四時過ぎ、狩野は八戸駅（現八戸線・本八戸駅）に降り立った。

狩野が、八戸行を思い立ったのは、行きつけの文行堂で古物商・佐藤陽次郎と対面したからである。佐藤が、ちょうどよい出物があると「蔵書目録」を見せたので、目ぼしい書物を注文し前金として二〇円を渡した。明くる日、佐藤は自宅までやってきて別の物件を提示したのでまた一〇円渡した。

佐藤は、八戸のことにやけに詳しく「実は、神山仙庵の子孫を知っているので、会って色々話を聞いてみたらどうか」という。

狩野は色めき立った。

「八戸に行くんだったら段取りをつけまっせぇ」と、佐藤は調子がいい。

それで八戸行きを決意したのだった。

ところが、八戸駅で落ち合うはずの佐藤は来ていない。駅前の茶屋で夜の八時半まで待ったがとうとう現われず、仕方がないので三日町まで歩き、松和本店と階上銀行の間にある若松ホテルに宿泊した。

翌朝八時、駅に戻りとりあえず佐藤に来八を知らせる電報を打った。あらかじめ佐藤から、神山仙庵の子孫の神山久興は小中野尋常高等小学校で教諭をしていると聞いていたのでタクシーに乗った。あいにく授業中のため約束を取り付け湊町に出ると、近くの公園を散策しながら桜屋旅館で昼食をとった。午後から神山と面談したところ「昌益のことを知らない」と言う。そのうえ「大正十三年の大火で焼けたので先祖のことは皆目分からない」と首を捻るだけであった。おまけに佐藤は現われず、二時に学校を後にした。

期待が大きかっただけに、狩野は落胆の色を隠せない。気を取り直そうとまた湊町に出てそこから人力車で鮫まで行き蕪島《かぶしま》の小高い山に登り、午後三時十七分の列車で尻内駅（現八戸駅）に戻ると夜行に揺られ帰京した。

ところがその翌日、佐藤がぬけぬけと自宅にやって来た。さすがの狩野も、蔵書目録を突き返し出入り禁止を伝えた。後日、佐藤があちこちで詐欺を働いていると書店仲間から知らされた。狩野には、たとえどんなに胡散臭《うさんくさ》い人間でも寄って来る者は拒まず、騙されていると分かるまで付き合う人の好さがある。それが狩野の甘さだと言ってしまえばそれまでのことであるが、その結末を予測しながら話に乗ってみるところが、また狩野の人間性でもあった。

実はこの年、狩野は親交を深めていた岩波茂雄から岩波講座「世界思潮」への執筆を頼まれていた。あるいはその資料収集もあって八戸くんだりまで足をのばしたのかも知れない。

岩波ほど出版人としての気骨と識見を秘めた人間はいない。明治十四（一八八一）年八月、長野県諏訪郡に生まれた岩波は、大正二（一九一三）年、手がけていた古本屋から岩波書店を創始し、出版事業の先兵となるべく「岩波文庫」を創刊した。

この三年後に刊行することになる渡辺による『安藤昌益と自然真営道』の草稿はすでに完成していた。渡辺はその原稿を狩野に送り、借りていた『統道真伝』を一時返却した。狩野はそれらを手元に置き原稿を書き進めると、昭和三（一九二八）年五月、稿本『自然真営道』に関する血のにじむような研究成果を、岩波講座「世界思潮」に実名で掲載し、多大な反響を呼ぶことになる。

狩野には、命ある内にどうしても明らかにしておかなければならないことがあった。それは、安藤昌益の出生地がどこかということである。稿本『自然真営道』第二十五巻所収の「良演哲論」には「良中先生……倭国羽州秋田城都ノ住ナリ」とある。そのことから秋田生まれの可能性は高いが、それが本当なのか、秋田とすればそれがどこなのかという想いは狩野の頭から終生離れることがなかった。

狩野は、当時、「秋田 魁《さきがけ》新報」の主事で、秋田県を代表する文化人・安藤和風《わふう》（通称、正式な読み方は、はるかぜ）に調査を依頼した。和風は部下を動員してまで昌益の足跡を探した。しかし秋田郷土史研究の黄金期を画した和風でさえ何も得ることができなかった。

　思いあぐねた末、昭和三（一九二八）年八月十六日、秋田県比内町扇田の郷土史家・明石荘助（北樵《ほくしょう》）を訪ねる。〈明石が所蔵している書冊の中に、昌益に関する何らかの手がかりがないか〉と想いが至ると居ても立ってもいられなくなったのである。しかし、結果は徒労に終わり、失意のうちに即日帰京した。現実は冷酷である。その扇田から犀川を挟み二キロメートルほどの二井田に昌益は眠っていたのである。

　一方、八戸では同年四月、原稿本『八戸藩史料』が完成し、それまで謎に包まれていた藩政時代の記録を誰でも閲覧できるようになった。八戸在住の金子真三郎は、そこに高橋大和守と中居伊勢守の名前と事跡を認め狩野に報告した。

　翌昭和四（一九二九）年の秋頃、すべて焼失したと思われていた『自然真営道』のうち十二冊が、東大の史料編纂部署に現存していることが判明した。前述したように『自然真営道』が東大に移管される前、三上参次教授が狩野からたまたま借り出していたのが幸いしたのである。その十二冊とは、「大序」巻、第二十四巻「法世物語巻」、第二十五巻「真道哲論巻」、第一巻から第九巻までを構成している「私制字書巻」三巻、「私法儒書巻」三巻、「私法仏書巻」「私制韻鏡巻」「私法神書巻上」で、狩野はあたかも震災を逃れた家族に再会したかのごとく喜んだ。

十九、『統道真伝』の書写

　渡辺は、狩野が「世界思潮」への発表で一区切りつけたのを好機として『統道真伝』を再度借り出していた。そのところ、京都大学の三浦周行博士から「写本をとっておきたいので、貸してくださいと言ってきた」と狩野が言うので、渡辺は同年十二月「作業を中断」し、『統道真伝』は京都大学へ送られた。京都大学では写本の専門家・小林嘉吉に依頼し、翌年五月二日に完成させた。そのことは奥付からもはっきりしている。

　三浦は、明治四十（一九〇七）年、史学科が開設された時、国史資料の収集を嘱託され、翌々年教授に任じられると内田銀蔵とともに史学科の基礎を固めた。退官したのは昭和六（一九三一）年七月であるから、三浦が昭和五（一九三〇）年に『統道真伝』の写本を作成させたという記録と年代的には矛盾がない。

ところが渡辺は、狩野から借りた『統道真伝』を書写し、昭和四、五年頃に完了させたと言っていることから、ほぼ同じ時期に『統道真伝』は、京都大学と渡辺の双方にあったことになるが、渡辺が「中断した作業」を『統道真伝』の書写とし、昭和五年に京都大学から返却されてから書写を再開し年内に完成させたとすれば年代的には矛盾しない。

稿本『自然真営道』十二冊が新たに見い出されたことから、渡辺はもう一度草稿に手を加え直し、満を持して昭和五（一九三〇）年十一月、木星社書院から『安藤昌益と自然真営道』を世に問うた。

結局、同書は昌益研究に関する戦前唯一の単行本となり、後々の研究に貢献する。出版までの紆余曲折については、渡辺が昭和二十五（一九五〇）年十二月の『思想』第三一八号に「『忘れられた思想家―安藤昌益―』雑感」を寄せている。それによると最初、出版を勧めたのは中央公論社の依嘱を受けた吉野作造だという。「支那漫遊の旅費をくれるという約束で」原稿を書いた。しかし「いわゆる危険な文句を削除し、また削除して、遂に三回まで書き直したが……出版を躊躇していた」。そのところ「もう少し危ない文句を除いて岩波書店で出版してみてはどうかと岩波茂雄氏から相談があった矢先、その頃上智大学を出て出版業を始めたばかりの木星社の主人公が横合《よこあい》からその原稿を奪うようにして持っていって遂に世の中へ出したのである」とある。それが、ありのままの事実を書き出しているかどうかは確かめようがないが、当時の出版界が「時代の呪縛」にあっていたことだけは確実に言えよう。

その呪縛とは、言論干渉というファシズムの不気《ふ》味な地鳴りである。第一次世界大戦の好景気で膨らむだけ膨らんだ日本経済は関東大震災で叩かれ、その後に次から次へと襲ってきた恐慌でぶちのめされた。政府は経済再建至上主義を掲げそれに逆らう者は容赦なく排除し、企業・銀行の独占支配・国家統制の強化は世界的なファシズムの台頭と連動し第二次世界大戦を準備していくのである。

正に、鎖国時代にあって昌益が唱えた「世界が一つの気で動いている」という「一気の進退」の負の連鎖である。

渡辺は『安藤昌益と自然真営道』を出版した年の十一月二十一日から翌年七月まで、新宿中村屋を皮切りに全国三十余箇所で絵画作品展覧会を開催する。その展覧会の目玉はなんと言っても二百号とも三百号とも言われる大作、「大地礼讃」であった。その作品は見応えがある上、思想的内容に満ち溢れていたことから来客が後を絶たず、いずれの会場も盛況だった。

渡辺がその大作を描き上げたのは、東京市が建てた罹災母子のための寮付き授産施設「婦人向上会・愛の家」の一室である。渡辺が舎監として住み込むことのできたその部屋は、震災で住居を失いばらばらになっていた一家にとっても文字通り愛の家となったのだが、渡辺はそこに都合三年いたというから、入居したのは昭和二（一九二七）年頃になろうか。すると震災後からの四年間、渡辺は狩野宅に居候していたとも考えられる。

二十、出所不明『自然真営道』

昭和六（一九三一）年二月のことである。刊本『自然真営道』三冊を発見したとの報告が京都の大屋《おおや》徳《とく》城《じょう》から狩野のもとにもたらされた。六月、渡辺はその真偽を確認するため、狩野の代参として京都に赴いた。

大屋は早稲田大学卒業後、大谷大学の図書館長を長く務め、その後東大寺勧学院の講師をしながら朝鮮や中国の仏教史跡を歴訪するという機会に恵まれた。そのため特に仏教教典の刊行史には蘊蓄《うんちく》があった。

大屋に会いその書を一見したところ、確かに版本で『自然真営道』とある。その日の京都は梅雨のただ中にあり蒸していた。渡辺は額に吹き出す汗を拭《ぬぐ》おうともせず大屋に訊ねた。

「これは、どこから手に入れられたのですか」

「某書庫の図書を整理しておりましたら、ぐうぜん発見しました」

「どこの書庫ですか」

「今はその出所《でどころ》は申し上げられません」

「なぜですか」

渡辺は思わず急《せ》き込んだ。

「内緒で持ち出して来たものですから」

四十九歳になる大屋は実直に答えた。

「よく持ち出せましたね」

刊本『自然真営道』の価値を知り尽くしている渡辺にとって、無断で持ち出せたことが不思議でならない。

「所有者がその価値をよく知らないもので」

渡辺は納得したが、何処にあったかどうしても知りたい。知ることができなければ東京に戻れないと思った。


「某書庫というのが、たとえばお寺とか大学とか、その位は教えてくれてもいいんじゃないですか？」

執拗に食い下がったが、大屋は「そのような信義に反することはできません」と渡辺が手を替え品を替え聞き出そうにも頑《かたく》なに拒否した。

当時、比叡山専修院や高野山大学の講師をしていた大屋が、大谷大学教授に抜擢されたのはそれから間もなくのことである。大屋の篤い信義を見れば宜《むべ》なるかなである。

後日、別の人から「その書庫というのは南禅寺じゃないか？」という話を渡辺は聞かされたが、今もって杳《よう》としてその行方は知れない。

関西に来たついでに、渡辺は「真道哲論巻」の「良子門人　問答語論」にある京阪の昌益門人の足跡を調べることにした。

前出の「良演哲論」には、「明石龍映　倭国帝都京三条柳ノ馬場上ル」「有来静香　帝都　京富ノ小路」「志津貞中　摂州大坂西横堀」「森映確　摂州大坂道修町」と四人の発言者の姓と号名、並びに住所が記されていた。

渡辺は、最初に三条柳ノ馬場上ル辺りで、明石龍映の後裔を探したが見つからず、同姓の医師に面会できただけだった。富ノ小路の有来静香については探しようもなかった。

その晩は、大阪の依田荘介宅に泊まり、翌日大阪市内道修町の森映確、西横堀の志津貞中を調べたが何も得るものはなかった。依田宅で夕食をとりながら、渡辺はしきりと二日間の追跡が徒労に終わったことを嘆いたが、依田は安藤昌益に関するさまざまな知見を聞くことができ、ますます『自然真営道』への関心を深めるのだった。

二十一、刊本『自然真営道』現わる

そのところ、翌昭和七（一九三二）年四月、狩野自らが刊本『自然真営道』三巻（慶応本）を神田五軒町の文行堂書店から見出す。東京の古本市に出した甲州（山梨県）の古本屋から文行堂書店が購入したもので、本物を手にして狩野は震えた。


渡辺もそれが京都で見たものと似ていることを確認した。

一読した狩野は、それが百巻本の略本ではないことを知った。しかもその末尾に「自然真営道後編近刻」「孔子一世弁紀　近刻」という宣伝文句が並記されていたことから、入手した刊本『自然真営道』は前編であり、宝暦四（一七五四）年の「新増書籍目録」に記載されていた『自然真営道』というのは後編であることが判明した。

奥付には「宝暦三癸酉三月　書林　京都　小川源兵衛」とあったが、後にこの刊本は、書林の相役の一方が削り取られ、原稿の一部が改変されたものであることが判明した。というのは、「江戸　松葉清兵衛」「京都　小川源兵衛」と並記された『自然真営道』が、昭和四十七（一九七二）年八月、島守（旧三戸郡南郷村、現八戸市）の村上家から発見され翌年確認されたためである。

いずれにしても、安藤昌益の三代表作である、稿本『自然真営道』、写本『統道真伝』、刊本『自然真営道』のすべてが、狩野の手によって見出されたことになる。

その昭和七年のことである。狩野は渡辺から「雑誌に原稿を書かなければならないので何かありませんか」とせがまれた。吉野作造から依頼されたその原稿は『中央公論』に掲載予定のものだった。

狩野は「この論文でも読んで批評したらいいんじゃないの」と書画鑑定の自作論文を手渡した。それから間もなくして、「どうもわからない内容がある」というので相談に乗っていると「雑誌社から原稿をせかされているので書画の論は止めにしたい」という。

「じゃあ、どうするの」と聞くと「先生から日頃聴いておった『人類の三大妄想』についてちょっと書いて見たら一晩で書けてしまった」といって狩野に見せた。「三大妄想」とは《カント》が抱いた妄想のことであるが、一読した狩野は顔を曇らせる。それは渡辺との雑談で語ったもので、とても原稿にするような代物ではなかったからである。

「これは、僕が死んでからならよいが、そういうことは僕が自ら筆を執るとか話すとかすべきことで、僕の承諾なしで書くということではないんじゃないの？」と渡辺を諭した。しかし、雑誌社とはすでに渡りがついていたとみえ、そのまま「狩野亨吉述、渡辺大濤記」として掲載されてしまった。それを読んだ狩野は〈自分の言うことを聞かない、それ以上に物事の順序を知らない非常識な男だ〉と怒った。

原稿の発表について狩野は常に慎重な態度を取っていた。世に出た時どんな反応が起きるのか、それにより自分がどのような立場に置かれるのか真っ先に考えた。そんなことには微塵も考えの及ばない渡辺だったが、文才にかけては狩野の数段上を行っていた。

二十二、中道等と『韻鏡律正』

一方、昭和九（一九三四）年、中道等《なかみちひとし》（砂金《いさご》貝人）は、旧八戸藩士・小笠原家から発見された『確龍先生韻鏡律正』という題簽《だいせん》で「中村蔵書」印のある古書（慶応大学図書館所蔵）を狩野に贈った。

　明治二十五（一八九二）年、宮城県で生まれた中道等が八戸中学（現県立八戸高校）に入学したとき、四期先輩に、将来「八戸郷土研究会」を創始することになる小井川《こいかわ》潤次郎《じゅんじろう》がいた。

　小井川はすでに郷土史研究の成果をあげており、「白銀コロバシ」「甚句」「アイヤ節」が柳田國男に認められ、この分野での日本の先駆と称されるようになっていた。

　小井川の活躍にいたく刺激された中道は中退すると、独学で民俗・歴史・考古学を学び始める。間もなく柳田國男に認められ、柳田の著作のいくつかを代筆するなど鬼才ぶりを発揮する。小井川は中道の鋭い感性を恐れたわけでもないが、けっきょく二人は相並び立つことがなかった。

　中道の業績はあまり知られていないことから、このさい紹介してみる。

　二十三歳になった中道が、青年実業家とともに「八戸実業研究会」を立ち上げ、会長におさまったのは、大正四（一九一五）年のことである。

　彼の才気ぶりを紹介するに打ってつけなのは、当時政府により行なわれていた農村青少年に対する「通俗教育普及運動」への苦言である。

　西村嘉《にしむらまこと》著『八戸の歴史』（伊吉書院、一九七七年）から要約すると「近時各所にいわゆる通俗教育なるものが起こった。その根本目的はどこにあるのか。ただ漫然と会合し講釈し、漫然と散る。……。いわゆる下層人民が、高等教育を有する階級に比べて、現代的精神を体得していないというのは大きな誤解だ。下層階級こそ、……時代の推移を暗黙のうちに是認しているものだ。それは何ら学識の束縛がないからこそ、もっとも鮮やかに現代的気風に感染しやすいのだ。かつまたこれらの階級は他に比べてむしろ徹底と気力を有し、愛慕し欽仰《きんぎょう》する」。「だからいまさら通俗教育により彼等に何を与えようとするのか」。欽仰というのは、上の者を尊びうやまうことであるが、中道はこのように下層階級の側《がわ》に立って政府に怒りをぶちまけたのである。

その後、中道は第一次の『青森県史』編纂に携わり、大正十二（一九二三）年頃、資料収集のため小川原湖から三沢市にかけて探訪した。その全八巻は大正十五（一九二六）年十月に出版されるところとなったが、その実力が評価され、後に『三沢市史』の原稿を頼まれる。それは中道の単独執筆による労作で、昭和三十六（一九六一）年三月にでき上がり、三年後の昭和三十九（一九六四）年六月に発刊された。その後、小川原湖博物館々長を務めていた中道等は、昭和四十三（一九六八）年八月二十二日、七十六歳で死去した。

『確龍先生韻鏡律正』は、京都了蓮寺（浄土宗）の僧侶《文雄《もんのう》》の著作『無相沙門文雄僧谿撰』の『韻鏡律正』一巻の写本であることが、前述の寺尾五郎により明らかにされ、「おそらく昌益の死後、その蔵書を整理した門人が誤って『確龍先生』と書いたもので、確龍先生すなわち昌益の著書でないことは明白であり、これは《確龍先生所蔵、写本韻鏡律正》とすべきものだ」とした。

『韻鏡律正』は、延享元（一七四四）年刊行の『磨光韻鏡』の奥付に「続刻書目」として掲載されている。そのことから、昌益が八戸に在住していた延享年間には原稿ができあがっていたと考えられるが、ついに公刊されることはなかった。しかし、遠く八戸からその書写本が発見された。

寺尾は思いをめぐらせた。

「なぜ、まだ刊行されていない文雄の手稿が昌益に渡っていたのか」「文雄と昌益の間に親交があったのだろうか？」「待てよ。文雄が一部ないし数部作った写本を、何らかのルートで昌益がたまたま入手したということもあり得るなぁ」「文雄の弟子が写本したものを貰いうけたということもあるなぁ」「だが昌益自身が、文雄に直接面談しその許可のもとに写本したという可能性も消えない。この場合は昌益自筆ということになるなぁ」と考え込んだ。いつもながら、寺尾の思考回路はいったん動き始めると止まらなくなる。そのために何日間も筆が止まることも珍しいことではなかった。

昌益が出国したという記録は藩日記にはない。そのことから、出回っていない書物の写本がなぜ八戸にあったのかその疑問は今もって解けていない。

《文雄》は、元禄十三（一七〇〇）年に生まれ、宝暦十三（一七六三）年に死没しており、昌益とほぼ同年代を生きている。平成十一（一九九九）年、昌益の『儒道統之図《じゆどうとうのず》』の発見により昌益の京都在住が確実になり、しかも昌益は仏僧の経験もあることから、二人が「韻鏡」を研究する同士として刺激し合い確かな親交があったと見ることもできる。

「音韻学」は現代人には馴染みの薄い学問であろう。しかし江戸時代、並みいる学者はこの学問にしゃかりきになった。むろん昌益もである。それは渡来した経典を日本では翻訳することなく、漢音や呉音、唐音でそのまま郎誦《ろうしょう》したことによっている。『全集』での寺尾の「音韻学」に関する筆致は細緻を極めている。わずか数ページの中にその学問の流れを教えてくれているが、この昭和九（一九三四）年の中道による『確龍先生韻鏡律正』の発見は事実上、戦前最後の昌益研究新資料となった。というのは世界中が血みどろの最終決戦に向け走り出し、昌益研究どころではなくなってきたからである。

二十三、日米開戦に死す

溯ること昭和二（一九二七）年、孫文の遺志を継いだ蒋介石は南京に国民政府を樹立し、満州軍閥出身の張作霖率いる北京政府を打倒すべく進軍を開始していた。

昭和六（一九三一）年九月、身の危険を察知した張作霖は、南満州鉄道で満州へ撤退すべく秘密裏に列車に乗った。ところが奉天郊外の柳条湖沿いに差しかかったところ、日本関東軍の仕掛けた爆薬により列車もろとも破壊され死亡する。関東軍は、中国兵のしわざと偽り、瞬く間に満州全土を制圧した。これが世に言う満州事変であり、日中戦争から太平洋戦争へと続く「十五年戦争」の口火となった。

日本政府は、戦局を満州だけにとどめておけば問題ないと高を括《くく》り、またそれを国民も支持した。ところが関東軍は、翌年一月、世に「第一次上海事変」と言われる北京への侵攻を開始し、激烈な戦闘態勢に突入する。その一方で三月、領有した満州を満州国として独立させた。

この度重なる侵攻により、経済的制裁を受ける危険が予想されたが、日本政府は急場しのぎの国家的まとまりで切り抜けようとした。そのところ四月、中国の訴えにより国際連盟は英国のリットン卿を委員長とする調査団を満州へ送る。

時代は脱帝国主義へと傾いてはいた。が、列強諸国はいったん手にした植民地と権益を手放す気など更々なかった。そのため正面切って日本だけを吊し上げることができなかったのである。調査団内部には日本を抱き込み、満州を国際管理下に置こうという流れもあり、連盟内でも最終的に融和すべきであるという声が支配的であった。そのことから多少の批判を受けても連盟にとどまることができるというのが日本政府の分析であった。

ところが十月、提出されたリットン勧告は「満州は中国の領土である。満州国は認めない。日本軍は即時撤兵せよ」と厳しいもので、翌昭和八（一九三三）年二月、国際連盟の圧倒的多数で勧告案が可決されると、主席全権松岡洋右《まつおかようすけ》は席を蹴り連盟を脱退する。

国際的緊張関係を少しでもやわらげようと昭和十（一九三五）年、日本政府は国民政府との和解を目指したが、軍部は鼻の先であしらい、中国への介入を止めようとはしなかった。実は、昭和元（一九二六）年の金融恐慌以来、日本では七人の首相がころころと代わり、内閣の統治力が減退していた。当然のごとく政府は軍の独走を制止できず、日本外交はいつのまにか完全な分裂状態に置かれてしまっていたのである。

そのような政治的状況下で、西北方面から共産主義勢力が台頭を見せ始める。日本に残っている最後の手立ては「共産主義の脅威に備えなければ大変なことになる」と防共協定を呼びかけることしかなかった。しかし、列国は容易には乗ってこない。国際的に孤立した日本は、昭和十一（一九三六）年、ナチスドイツへと接近する。

ところが翌年七月七日夜間、盧溝橋周辺で演習をしていた関東軍に銃弾が撃ち込まれる。これに反発した日本軍は、翌八日早暁、中国軍を攻撃し交戦状態に入ったのである。その盧溝橋事件に端を発した「第二次上海事変」は日中戦争への起爆剤となるのだった。

アメリカは日本に対し中国からの撤退を強く迫った。しかしそれはせっかく手にした満州の権益放棄につながるもので、絶対に容認できるものではなかった。アメリカは止むなく日本と中国との和平を模索する。

しかし、あえなく中国に拒否され、経済的封鎖で窮地に立たされた日本は、昭和十六（一九四一）年十二月七日、日本時間八日未明、「大東亜共栄圏創成」という大儀のもと、ハワイ・オアフ島のアメリカ太平洋艦隊を奇襲攻撃し、太平洋戦争へと突入した。

狩野は、開戦まもない昭和十七（一九四二）年正月、絞り上げるような声で渡辺に告げた。

「西洋で十八世紀に勝敗の決まった問題を二十世紀の今日、また繰り返そうというのだ。神がかりや曲学阿世の徒が国家を滅ぼすようになった。もう二年もすれば、アメリカの飛行機が空を覆って来襲し、ここら一帯は全部焼け野原になる」

狩野は本土決戦を予想し、戦火から蔵書を守るべく運び出す決心をした。その朝、正装した狩野は自宅を離れる愛蔵書に深々と礼をした。その目にはうっすらと涙さえ浮かんでいた。すべてが終わったと思った。

戦争を憎み、戦争のない万人平等の「自然世」を夢みた安藤昌益との仲を、こともあろうに現実の戦争が引き裂こうとは……。

切なく、やるせない思いが幾度となく狩野の胸を突いてきた。

※　※　※

狩野が極貧のうちに七十八歳の生涯を閉じたのは、

その年の暮れも押し詰まった十二月二十二日である。それから二年後、天を覆うような空爆機が来襲し、狩野の予想通り日本は焦土と化した。

昌益が、狩野と同郷であることが判明したのは、昭和四十九（一九七四）年のことである。市史編纂事業に明け暮れていた大館市の郷土史家石垣忠吉《いしがきちゅうきち》は、一関家の古文書から昌益関係の記録を発見し、自らが「掠職《かすみしよく》手記」と命名した《聖道院》（八幡神社社司）の覚書から、昌益は死去するあしかけ五年前の宝暦八（一七五八）年、二井田村（現大館市）に帰郷したことが判明した。次いで二井田村の温泉寺から「過去帳」と「墓石」を探し出し、昌益は恐らく二井田に生まれ、古里で他界したことを明らかにした。時すでに、狩野の他界から三十二年が経過していた。

安藤昌益は、地上に『自然真営道』の光が再び射し込むことを願い、託身できる人物を天界から探し求めていたのであろうか。安藤昌益は、奇《く》しくも同郷人により見い出された。そして、安藤昌益が同郷人であることを知らずに狩野はこの世を去った。

愛郷の念を絶やすことなく、昌益思想の発掘と称揚に生涯を捧げた狩野亨吉にとって、それはあまりにも不憫であったとも言える。今は、ただその霊の安からんことを祈るだけである。

第二話　依田荘介

一、購入した『統道真伝』

前出した大阪在住の依田荘介が、自宅の入り口に「霊土主義実行団大阪支部」の看板を掲げたのは、大正十一（一九二二）年のことで、それは渡辺大濤が妻の実兄である大友良輔を通して依頼したものである。

依田が大友と知遇を得たのは、社団法人・実費診療所病院・大阪支部病院で事務員をしていた大正七（一九一八）年、二十歳の時で、それ以来「霊土主義実行団」の忠実なシンパとなった。

依田は、基督教の信者だった父の影響を受け、幼児期から日曜学校に通っていた。しかし青年期を迎えると、既成宗教の空虚な説法に飽き飽きし、無宗教となる若者が目立ってきたこともあり、信仰から離れた。その折も折、大友が「霊土主義」の科学性を熱っぽく伝道したので、依田は瞬く間に共鳴し信奉者となったのである。

依田ほど律義で、なおかつ信義に篤い男はいない。口数は少ないが、物事を弁《わきま》え、自分の信じた道をとことん突き詰めて行く男である。実は昭和十七（一九四二）年十二月二十二日、狩野亨吉が他界した日、渡辺は依田宅に逗留していた。翌日、朝刊を開き狩野の死去を知った渡辺は、さすがに肩を落とし瞑目《めいもく》したままであったが、しばらくして出た言葉は「私の大切な本も、先生の手許に行ったままだなぁ。あとを整理される方にそれが分かるだろうか」だった。

そのとき依田は、渡辺の顔にかつて見たこともないようなおぞましい異相を読み取りギョッとした。その様には〈狩野が所有していた貴重本のいきさつを知る者はいなくなった。その帰趨はいまや自分の手中にある〉とでも言いたげで薄気味悪ささえ感じた。渡辺の心の中に起きたある変化を知るのに時間はかからなかった。

戦時下の翌昭和十八年二月、渡辺は小脇に大きな風呂敷包みを抱えながら再び依田を訪ねる。依田の前でおもむろに包みをほどくと「この本の保管を、君に委嘱する」といって目の前に差し出した。

その中身は、狩野が発見し購入した『統道真伝』五冊、刊本『自然真営道』三冊、「人相視表知裏巻」三冊、それに焼失を免れた稿本『自然真営道』十二冊の青写真本、安藤昌益に関する調査依頼に対する報告返書、『自然真営道』の表紙裏張りから出て来た書状の紙片、残りは渡辺の自著『安藤昌益と自然真営道』一冊であった。

一通り説明を終えた渡辺は「これらの本の価値はいくらとは計算できないが、いま写本をつくるとしたら、どのくらいかかるか生前の狩野先生が計算された金額である」と料金を提示した。そして、一呼吸おくと「この代金だけは出してほしい」と有無を言わせない形相で迫った。

その時の依田は「大地食糧研究所」を主宰しており、約三千冊にもなる関係図書を所蔵していた。だから「わたしが所有している図書に、これらを加えることができれば光栄です」と何のてらいもなく答えた。すると渡辺は顔を明るくさせた。それを見た依田も頬を紅潮させ「『食糧（米）こそ人である』と断じられた安藤昌益先生のご著書は、私個人の所有物だとは決して思っていません。責任をもって保管いたします」とどこまでも潔《いさぎよ》かった。そして、要求されただけの金銭を払った。

そのとき依田に見せたのが、渡辺自らが作成した前出の「安藤昌益著『統道真伝』の由来」と題する覚書である。そこには『統道真伝』が狩野に渡った経過が記され、その後に「昭和三年以降、狩野博士との永い間の経済関係から、『統道真伝』の保管を渡辺大濤に委嘱せられた。……されば利のためにこれを犠牲にすべきものでないと信ずる予は、今年老いて永くこれが保管の任に当ることを得まいと思うに至ったので、いっさいの誘惑を退けて、これを莫逆の友・依田荘介氏に今後の保管を委嘱することになった。ここでこの書の思想内容に触れないが、狩野博士の在世中、統道真伝五巻の伝来を明らかにして、これを書き添えておくのも意義があろうとの議があったにもかかわらず、起草を勧められた予は、梵文原典の詳解に忙しかったので、これを実現せぬ内に、狩野博士は卒然として逝かれた。今この一文を草するにあたり、三十余年の親交を回想して、まことに感慨無量なるものがある。安藤昌益の著書に対して全人類が感謝感銘する時代が必ず到来することを確信してここに擱筆する」とあった。

「三十余年の親交」の真偽については前述したが、「昭和三年以降、狩野博士との永い間の経済関係から、『統道真伝』の保管を渡辺大濤に委嘱せられた」という文言には、はからずも渡辺の「あざとい」一面が表われている。

というのは、昭和三（一九二八）年は、狩野が岩波講座「世界思潮」に実名で「安藤昌益」を掲載した年に当たり、それを機に渡辺は『統道真伝』を借り受け『安藤昌益と自然真営道』の原稿を書き進めていた時期である。このことから「委嘱せられた」というより、むしろ「昭和三年以降、返却しないでそのままにしておいた」とする方が妥当と思われる。

依田がそのことを知らなかったのか、それとも知っていて黙認したのか不明であるが、依田が素直に『統道真伝』の購入に応じたのは、渡辺という師に対する忠誠心によることは、その後の彼の行動を見れば明らかである。

二、護り通した『統道真伝』

『統道真伝』購入の翌昭和十九（一九四四）年四月、日を追って本土に迫り来る戦火から家族を守るために、依田は大阪を引き揚げ神戸へ転居することにした。世界に一冊しかない貴重な書物にもしものことがあればと、やっとの思いで楠木材を探し出し木箱を作らせ、さらに杉材の外箱で『統道真伝』は厳重に保管されたが、やがて神戸にも敵機が襲来するようになり、空襲警報のたびに木箱を担いで防空壕に避難した。

年が明けた四月、沖縄本島に上陸したアメリカ軍は、島民を道連れにした日本軍の徹底抗戦にもかかわらず、六月二十三日に全滅させ日本の犠牲者は十九万人近くにも達した。

いよいよ本土への空襲も熾烈《しれつ》を極め、あまりの激しさに依田は木箱をどこか安全な場所に移さなければならないと苦悩した。その結果、知り合いの紹介で六甲山麓の上水道給水場に預ける目処が立ち、身の危険も顧みずリヤカーで搬入した。

六月五日、早朝から警戒警報が鳴り止まない中、依田は朝食をとっていた。ラジオから「敵機紀州沖ならびに高知東南方海上に集結しつつあり、多分目標は京都か……」との放送が流れ、ホッとしたのも束の間、轟音に驚き上空を見上げると、浮塵子《うんか》のごとき三百五十機もの爆撃機が唸《うな》りを上げながら襲来してきた。高度は千メートル以下。恐ろしいくらい機影がはっきりと見てとれた。

「いままで見たこともない低空だな」と思う間もなく、不気味な音をたてながら焼夷弾が槍衾《やりぶすま》のごとく落下してきた。一瞬、「運び出しておいて良かった」と思ったが、振り返ると辺り一面は火の海と化し、自宅は三千冊の蔵書とともに炎上していた。その晩は類焼を免れた知人宅に身を寄せ一夜を明かしたが「よくも無事であった」と溢れくる想いはただそれだけで傍に寝ていた息子をギュッと抱きしめたら思わず涙が溢れ出た。

翌日、木箱が無事であると分かり「不幸中、最大の喜びだ」と憔悴し切った依田の心は救われた。そして「自分に託された安藤昌益の書物とともに再起しよう。この思想を掲げて戦後処理に立ち向かおう」と、まだ終わってもいない戦争にきっぱりと訣別すべく自らを鼓舞するのだった。

依田は家族を連れ、焼け野原になった神戸から福岡県直方《のうがた》市の親戚の元に疎開することにした。命より大切な『統道真伝』の入った木箱を首から提げ、必需品だけを背負い、一昼夜かけて辿り着いた依田は「よくもまあ無事で。よく来た、よく来た。さあ上がれ」という伯父の声を聞いて〈これで安藤昌益は戦禍を免れ、安全を得た〉と胸をなでおろした。

渡辺に『統道真伝』と家族が無事であると電報を打ったのは六月十四日のことであったが、暮れも押し詰まった十二月十九日、手土産の絹綿布団を背負いながら、ひょっこりと渡辺本人が現われた。突然のことで〈こんな遠地に〉と信じられないくらい驚いたのも無理は無いが、痩せていて苦労のあとが歴然としていたのにはもっと驚いた。

渡辺の口から出た最初の言葉は、意外なことに「君がこんな山中に逃避しているのは根本的に間違いである。なぜ都会に出てこないのか」であった。依田は「いらないお節介」とばかりに反駁したが、それを言いたくてわざわざ直方くんだりまで来たのでないことは顔にはっきりと読み取れた。すると渡辺は「いま『実話安藤昌益』を創作していて、それと『反阿弥陀経』の出版に約七万円ほどかかる」と打ち明けた。

ほとんどの人が満足に生活できない時代である。本の出版など考えている場合でないことだけは誰に聞いたって分かる。依田は〈やはり、金の無心だったか〉と思いつつ「その資金はどうされるのですか?」と、わざととぼけてみせた。すると「誰かに『統道真伝』を提供して……」と依田の『統道真伝』を勝手に売って工面したいと、いけしゃあしゃあと言うのである。

「いっそのこと、外国へ渡して五十万円くらい得てはどうでしょうか」

渡辺の魂胆を見透かすように依田は現実にはありえない話をした。すると渡辺は「それも一つの方法だな」と、はぐらかした。生活の足しにしようと、あれこれ理由を並べ立て『統道真伝』を奪いに来たことは明らかだった。しかし依田がそのことを口にしなかったのは、渡辺を師と仰ぎ尊敬していたからだった。

翌日の会話も出版費用に終始した。依田は、「土地を開墾し、昌益思想を実践するための道場を造り、資金を得たらどうでしょうか」と提言した。

「それは、いい考えだ」

渡辺は大いに発奮したが、それは上辺《うわべ》だけのことで、その後の会話にはいっさい乗ってこない。翌日になって、渡辺は突然「帰る」と言い出した。帰り際に、年越しの足しにと五百円、他に『解説梵文観音経』を焼失させた慰謝料と合わせて六百円をそっと手渡すと、渡辺は「安藤昌益に使用する」と受け取った。ただ生活費を手に入れたいだけなのに「すまん。ありがたい」とは言わず安藤昌益にこじつける。

依田はせめてもの恩情にと弁当を作り小竹駅まで見送ることにした。峠の上にさしかかると、遥か遠く英彦山麓《ひこさんろく》に朝靄《あさもや》が薄く漂い、点在する民家に一筋の陽光が差し込んでいた。えも言われぬ幽境に二人は立ち止まってしばし見とれた。

反射的に画帖を広げ、一心不乱に絵具を走らせる渡辺の顔に赤味が差し始め、ときどき歓喜の声があがる。子供のようにはしゃぐその姿を観察していた依田は〈やはり、先生は芸術家なのだ。自然人なのだ〉とつくづく想った。だから世間の小面倒くさい駆け引きに向いているはずがない。

この人はいつも「自分がこの世で本当に成し遂げたいこと」と「苦労をかけて明日の米にも事欠く家族への愛」との狭間で揺れ動いてきたのではないか。安藤昌益を知ったことにより人生に歓喜し、安藤昌益を手にしたことにより苦難を背負った。ただそれだけのことではなかったのかと依田は想いを深くした。

別れ際、渡辺は「君はこの町に落ち着き、開墾により理想の村を作れ」と依田を激励した。生活苦から這い上がるために安藤昌益を利用しながら、そんなことはとうに忘れたかのように理想ばかり口にする。依田はその中に抗《あらが》えない哀しみを見た。その哀しい姿は、覇権主義の旗を掲げ、悲惨な戦争に国民を巻き込み、何もかも奪い取りながら、事が終わると何もなかったかのように平然としている権力の姿に似ていた。

三、売却寸前の『統道真伝』

戦後の日本は、それまでの膨大な軍事支出や占領軍の施設費、そして新しい施策出費を工面するために巨額の紙幣を増発せざるを得なかった。そのため凄まじい勢いでインフレーションが進行し、貨幣価値は下落した。そのうえ食糧や生活物資はすべて統制下におかれ、そうでないのはアイスキャンデーぐらいのもので、戦争の後始末は罪のない国民に容赦なく押し寄せたのだった。

当然のごとく闇取り引きが横行し、生きるために塩がとれる地方は、塩を背負って米のとれるところへ出掛けた。途中警察官に追いまくられ水田に足をとられ仰向けに倒れたら、リュックに詰め込んだ塩が融けて、文字通り水泡に帰したという哀しい話もある。

破綻寸前の国家財政を建て直すために政府が目を

つけたのは、国民の預貯金や手持ちの現金などの個人財産であった。昭和二十一（一九四六）年二月、金融緊急措置令発動により新紙幣が発行されるや、国民が所有していた有価証券や旧紙幣は押印され金融機関に預金させられた。そのうえ新紙幣との交換は一人百円に限られ、挙げ句の果て引き出したくても家族一人につき一日の限度額があり、預貯金に頼って生活していた人々は耐乏生活を迫られた。しかも半年後に発令が解除されたときには新紙幣しか使用できず、交換が追い付かなかった財産は国にまんまと取られる破目となった。

同年六月一日、渡辺から依田に手紙が来た。その頃の渡辺は、福浦村（福島県）に疎開しており、そこを拠点にあちこちへ出掛ける生活は数年以上に渡っていた。書状には、出版資金の足しにするために、ある資本家に『統道真伝』の売却を掛け合ったが「現物を見ていないのに融資するわけにはいかない」と断られたと記してある。当然至極の話である。「所有者の承諾もなしに金を引き出そうとするなどもっての他である」と依田は憤まんやる方なかったが、渡辺は「融資ができなかったのは依田のせいだ」というのである。

十二月二十七日の手紙では『統道真伝』の話は影を潜め、生活の困窮に対する泣き言ばかりが並べられていたが、その裏には、生活苦は『統道真伝』を囲い込んでいる依田のせいだと言わぬばかりの論調が読み取れた。

翌昭和二十二（一九四七）年二月、依田は頴田村《かいた》（現福岡県飯塚市）の助役に迎えられるも、間もなくの選挙で現職村長が落選し、その後の村議会議員選挙の結果も反村長派が優勢となったため退いた。その後、依田は政争に巻き込まれ警察の聴取を受けたが、あやうく難を逃れたのを区切りとして七月、妻子を残し神戸に戻ることにした。神戸の地を踏んだ依田は多くの友人に迎えられ、終生変わらぬ友情に涙した。

四、奪い去られた『統道真伝』

七月二十二日、依田は一年七か月ぶりに渡辺と再会する。渡辺は復興資金の足しにと「小品であるが自作の洋画を提供したい」と申し出た。最初に餌を撒いておくのが渡辺の常套手段なことは先刻承知のことだった。しかも誰しも食うのに困っている時に絵画を金銭に換えるのは容易なことではない。そう思いつつ、お人好しの依田はその心遣いに感謝したが、とりとめのない話をしているうちに、渡辺はついに語るに落ちた。

「君には信仰もない。そして哲学もない」

依田は二人の関係が抜き差しならぬところまできていると感じた。胸にムッとこみ上げた感情を押し殺すように、依田は、

「私は唯物主義者ですから、いずれの既成宗教も信仰する気はありません」と突っ撥《ぱ》ねた。そして、

「今まで私は、大濤先生も同じ考え方だと思っていましたが間違いでしょうか?」と逆に問い質した。

すると渡辺は返答に窮し、自らが創始した「大地の宗教」について滔々《とうとう》と語り始めた。

話を聴きながら、依田は苛《いら》ついてきた。

「その程度のことなら私でも知っております。決して他人にひけをとることのない理解者だったと自負しています。しかし、それが直ちに信仰者であると言えるでしょうか?」

依田が言いたかったことは、宗教の良き理解者と信仰者とは違うということである。それでなくとも「大地の宗教」は宗教ではなく、渡辺自身が言っているように科学である。だから、そこには理解はあっても信仰は存在しないはずなのである。形勢不利と見た渡辺は話題を変えた。

「『統道真伝』は、どうするつもりか?」

「私も、その処遇については、目下悩んでおります。理解ある方は金はなし、金ある人は儲けることしか考えないんですから、……」

話はいつまで経っても隘路に入ったままで、そこから抜け出せそうにはなかった。

〈過去の一切のこだわりを捨て、清算すべき時が近づいている。もうこれ以上『統道真伝』に拘り合い、人生を無駄にしている場合ではない〉と依田は心のどこかで自分を納得させようとしていた。

　渡辺は思うような結果が出ず、家族に合わす顔がないのかしばらく居候していたが、そのうち手持無沙汰に帰って行った。

　十一月八日、依田のもとを再び訪ねた渡辺は現金を差し出した。

「そんな、訳の分からない金は受け取ることができません」と依田は突き返した。すると今度は「出版の益金はすべて提供するから……」と泣き言を口にした。黙っていると「原稿を書いたらいいんじゃないか」と言う。

「目下は家族を飢餓から救うために精一杯で、原稿を書く余力などない」と依田は相手にしなかった。

〈もう、そんな巧言には乗せられない。三十余年騙《だま》され続けて来たんだから〉、依田は口唇を咬んだ。

「あなたが大切にされていた『大地礼讃』の絵画や、もろもろの蔵書は戦火ですべて灰になったではありませんか。私も大切にしていた蔵書や商売道具一切も焼失しました。しかし『統道真伝』だけは護ってきました。それはあなたが、『君の手で残してほしい。依田家で保管してくれ』と、私に託してくれたからです。だから真っ正直にその信頼に応えようとしてきたのです」

　依田は思わず落涙した。

「しかし、あなたは『よくぞ、護ってくれた』と誉めてくれましたか？　会うたびに何とかして本を取り戻そうと画策するばかりではありませんか」

　依田は渡辺の顔をみつめたが、涙で霞んでよく見えなかった。

「もう、これ以上騙されるのはイヤです。もう、すべてを諦めてお渡ししますから、持ち帰って結構です」

　渡辺は一言も発せず、静かに『統道真伝』を風呂敷に包むと出口へ向かって歩き始めた。

　依田はその屈めた背中に向かって「あなたは、いままで『統道真伝など価値あって、価値のないようなものだ』と言ってこられましたが、私の暴言に反論することもなく持ち帰ろうとなされるからには『相当な価値がある』と自信を持っておられるのでしょう。今あなたが所持されているお金の額についてはお聞きしました。それでは東京の家族を支えるには足りません。もちろん私の将来を切り拓くためにも、とても足りるものではありません」と聲を絞り上げた。

　渡辺は振り向きもせず足を止めじっと聴いていた。

〈自分だけが騙され通したのだ。今日までの努力も、自分の誠意も無駄となった〉

　依田は自分に対し情けなさを覚え、口惜しさで一杯になった。

「自分の幸福だけを願い、相手の不幸には一顧だにしない。そんな人格の持ち主が安藤昌益について研究し、その思想を発表したとしても、それは昌益がもっとも嫌った『小人の学者』に当たるのではありませんか」

　昌益は刊本『自然真営道』の自序の冒頭に「ああ、養い難き者は、小人の学者なり」と記している。

「昌益は泉下で泣いているでしょう。アア、すべてが悪夢だった。愛児と死別したにも等しい。金は一銭も欲しくない。騙され通した方が幸福です」

　依田の声は小刻みに震えていた。

　渡辺は、依田の言葉に一言も応えることなく、『統道真伝』を小脇にきつく抱えたまま、冷え切った夜道に消えた。

　こうして昭和二十三（一九四八）年十一月八日、戦禍を逃れた『統道真伝』はついに依田から奪い去られた。

　昭和二十五（一九五〇）年頃、渡辺はほかの資料とともに『統道真伝』を金六十円で慶応義塾大学に売却し、現在は大学図書館に架蔵（慶応本）されている。が、話はそれで終わらなかった。

　昭和三十（一九五五）年、渡辺は、八戸の郷土史家野田健次郎《のだけんじろう》を介し、『統道真伝』を金六十円で八戸市に譲渡したいと持ちかけたという。それは実現しなかったが、すると『統道真伝』が慶応大に売却されたのはそれ以降で、まだ渡辺の手元にあったということなのだろうか。あるいは八戸市に持ち込んだのは、渡辺が写し取った写本だったのか。前出西村嘉に確認したところ、紙質は古いものではなかったというから、渡辺の書写本であった可能性は高く、どこまでも渡辺は『統道真伝』をだしに金策しようとしていたことが分かる。しかも慶応本が、本当に狩野の所有していた『統道真伝』なのか、未だに論争があり、人騒がせな渡辺の挙動ではある。

『統道真伝』の数奇な運命について、八戸市立図書館編『安藤昌益』に発表した依田は、それから間もない昭和四十八（一九七三）年夏、想い残したすべてから解放され、真っすぐな一本の筋を遺し天国へ還った。

第三話　ハーバート・ノーマン

一、結核療養と父の影響

ハーバート・ノーマンは、明治四十二（一九〇九）年九月一日、カナダ・メソジスト教会（後に合同教会と改称）の宣教師ダニエルの次男として別荘地・軽井沢で生まれた。母から家庭教育を受けながら、ノーマンは近所の子どもたちと伸び伸びと遊び、中学から神戸のカナディアン・アカデミーに進学すると、一年次の半年間カナダのオークウッド・カレッジエイト高等学部へ留学した以外は神戸で過ごした。

ところが、大正十五（一九二六）年六月の卒業直後、結核菌に冒されていることが分かり、軽井沢療養所で半年間、カナダのアルバータ州カルガリー郊外の療養所で一年間の闘病生活を余儀なくされる。誰にでも思いがけない転機というものは訪れるものである。それをどのように生かし飛躍の糧《かて》としうるかは、その人間の持っている資質にかかっている。ノーマンにとっての転機とは、この一年半に及ぶ療養所生活にほかならず、これを「思う存分好きな書物を読むことのできる時間を天が与えてくれた」好機と受け入れ、後に本人が語ったようにそれまで眠っていた「万巻の書の猟書癖」を開花させたのである。

やがて病いを克服したノーマンは、カナダのアルバート・カレッジ五級に一年間在学し、トロント大学ヴィクトリア・カレッジで古典学を四年間、渡英しケンブリッジ大学トリニティ・カレッジで中世史を二年間専攻し、カナダへ帰りアイリーン・クラークと結婚した。

ノーマンが最終的にたどり着いたのは、やはり日本史で、渡米するとハーバード大学燕京《エンチン》研究所で二年間、コロンビア大学で二年間、念願の研究に没頭することになる。それはあたかも異郷の空の下にありながら抑え切れない日本への思慕をつなぎ止めるかのようでもあった。その後、昭和十四（一九三九）年七月、三等書記官としてカナダ外務省に入省したノーマンは、翌年六月、駐日カナダ大使館の語学官として日本へ帰ることになる。

しかし、両親、姉夫婦、兄夫婦が暮らす日本での水入らずの幸せな生活は束の間でしかなかった。というのは、前年九月、ドイツのポーランド侵攻に端を発した戦火は拡大の一途をたどり、軍靴《ぐんか》の足音が日本にもヒタヒタと押し寄せてきたからで、外国人敵視の目に耐えられなくなった両親はカナダに帰国することになる。

ノーマンの父・ダニエルについて、後出の松田智雄《まつだともお》は、「長野県人のなかに溶け込んだ人だった。かれは、信州に三十三年間住み、信州人になり切ってしまったことを誇りとしていた。ことに自身が農民の心と農業技術への関心をもち続け、晩年になって農村伝道に専念したことは生涯の重要な仕事だった。ハーバート・ノーマンにこの精神が伝えられていたことは疑いをいれない」と述べている。

であればなおさらのこと、戦争の非情さに引き裂かれたダニエルの心中は不条理に満ちたものであったに違いない。自らが日本の大地に蒔いた種を息子のノーマンが育て刈り取ってくれることを願いながら昭和十五（一九四〇）年十二月、日本を後にした。

二、羽仁五郎との学習会

戦争への不安を振り払おうとするかのように、日本史の研究に没頭していたノーマンは、岩波講座「日本歴史」の『明治維新』の中に内容が難しくて理解できないところがあったので、昭和十六（一九四二）年七月、執筆者の羽仁五郎《はにごろう》に「その内容について講義してくれないか」と頼んだ。

羽仁が「一週間に二、三回ぐらいなら……」と答えると「毎日、お願いします」という。「毎日じゃ、大変じゃないか」と労《いたわ》ると、「私は、この秋にはカナダへ帰ることになるかもしれないので、申し訳ないが毎日お願いします」と頭を下げたので、「じゃあ、毎日やろう。しかし午前中だけだよ」と羽仁は応えた。

「午前中だけ」の意味が分からず、怪訝《けげん》な顔のノーマンに、「実はいま保護観察中でね。特高警察が動き出すのは昼飯を食ってからだから」と答えたので、事情を飲み込めたノーマンは笑みを浮かべた。

歴史の真実を解き明かそうとする行為自体が左翼思想とされ、官憲の目を避けながら学問をしなければならない不自由で不幸な時代だった。しかしノーマンはそれを怨むでもなかった。幸いなことにノーマンの借家は人目につきにくい郊外にあったので、警察にも怪しまれることなく、七月から丸二ヶ月間の予定で、マンツーマンの講義が始まった。

『明治維新』の冒頭では「久しきに亘った徳川幕府封建支配をして遂に倒壊せしめ、たとえ至難なる諸条件のもとにせよ自由への第一歩を踏みいだしたことは、たしかに、明治維新がわが日本人民の国民的誇りたる所以である」と言った。ノーマンは「『日本資本主義発達史講座』にお書きになったことと違うのではないですか？」と訊ねた。

羽仁はそこまで目を通しているノーマンに恐れ入ったが、「その後、特高に捕まり保護観察中という事情もあるが、プロレタリアートと農民というふうな限定した固い考え方ではなく、人民全体というふうに考えていくとこうなるんだ。機械的なマルクス主義の適用では駄目なんだ。よく研究し、かつまた読者のことも考えると、ぼくの理論になるんだ」と裏話を披瀝した。

ノーマンは、ちょっと見逃してしまいそうな、明治維新の「ええじゃないか」についても質問した。羽仁は自説を展開し「『お蔭参りが大きくなった、自然に起こったものだ』という従来の説明は誤りであって、幕末に高まって来た百姓一揆の方向を転換させるために『ええじゃないか』を挑発して推進させたものだ。そのような政治工作をやったのはおそらく西郷隆盛だったと推定する」と関東大震災後の朝鮮人虐殺の例をひいて説明した。

その羽仁の妻が、「婦人之友」を創刊し、自由学園を創立した八戸市出身の羽仁もと子（旧姓松岡）の娘・説子であることも興味深い。

ノーマンはこのように、物事には真摯に、人には実直に接したので、多くの知己に囲まれ世界史的視野のなかで日本史を捉えることのできる希有な研究者として成長していった。ところが、ハワイ真珠湾攻撃により、ノーマンは公使館内に軟禁状態に置かれ、昭和十七（一九四二）年夏、交換船・浅間丸でカナダへ強制送還されることになる。戦争終結により、カナダ外務省から出向を命ぜられ日本の地を踏むことになるのは、それから三年後のことである。

三、奈良本辰也

出会い

昭和二十二（一九四七）年秋、奈良本辰也《ならもとたつや》は、東京駅に着くやその足で岩波書店に向かった。

「カナダの外交官ハーバート・ノーマンさんが、あなたにお会いしたいとおっしゃっていますが、会ってくださいますか？」と、秋田県出身の有能な翻訳者大窪愿二《おおくぼげんじ》から連絡があったのはほんの一週間前のことである。奈良本は立命館大学の助教授になったばかりで、ノーマンとは面識こそなかったが、戦時中の昭和十八（一九四三）年、ノーマンの母国カナダで出版され、陸井三郎《くがいさぶろう》により『日本における兵士と農民』として和訳された本を読み終え、感動の余韻に浸っていたところだったので「それは願ってもないことです」と二つ返事で答えた。

大正二（一九一三）年十二月十一日に生まれ、昭和十三（一九三八）年、京都帝国大学文学部史学科を卒業した奈良本はその後、同大学院に進んだが、間もなく豊岡中学校（兵庫県豊岡市）の校長から誘いを受け教諭となった。その翌年三月、今度は京都市から声がかかり、市史編纂所に勤務することになる。

戦災に遭ったのはその時で、昭和二十（一九四五）年五月、生地の瀬戸内海に浮かぶ大島（山口県）に一家で疎開した。終戦を迎えてもなお奈良本は進退に迷い、挙げ句の果てチフスで脳を冒され、半年間の闘病生活を強いられた。京都に戻ろうと決心がついたのは年を越した三月で、支度を終えると家族とともに列車に乗った。

山陽本線の車窓からは、ことごとく色を失った町並みが見えるだけで、広島に近づくにつれ「今後数十年にわたり不毛の土地となる」と新聞紙上で報じられた通り、瓦礫と化した原野が一望に広がってきた。

やがて広島駅に停車すると、現在広島平和記念碑（原爆ドーム）として保存されている県産業奨励館やいくつかの建物がわずかに跡を留めているだけだった。

「ここまで痛めつけられた日本が回復し、本当の平和がやってくるのはいつの日のことであろうか」

奈良本は暗澹たる気持ちで、その荒涼とした世界を見やっていた。その光景はまさに昌益が唱えた一気の進退の「負の遺産」に外ならなかった。

京都での奈良本は幸いにして立命館大学の専任講師の職を得ることができ、やっと気を取り直し新たな論文を発表した。ノーマンからの誘いがあったのはそのころだった。

書店で待ち構えていた大窪は、さっそく奈良本を車の助手席に乗せるとカナダ大使館に向かった。大使館の正門を抜けて間もなく、大窪はとある一角で車を止めると「あの方が、ノーマンさんですよ」と遠くを指差した。どこまでも広く澄み切った秋空の下で、無邪気にテニスに興じている一団の中にノーマンはいた。

柔らかい日溜まりの中のその姿は、奈良本には一種の羨望とともに美しく輝いて見えた。しかし、そのときの奈良本には、それからわずか九年後、その光景を溢れくる哀切の念で幾度となく思い起こすことになろうとは思ってもみなかった。

心温まる交情

応接間で大窪と雑談しながら待っていると、背広に着替えたノーマンが姿を見せ「あなたにお会いできることを大変心待ちにしておりました」と流暢な日本語で挨拶した。そして一息つくと「実は、あなたがお書きになられた『日本社会主義思想の一源流—安藤昌益について』を読ませていただきました」と、秋田屋書店発行の『知慧』二月号に掲載された論文について触れ、「わたしは日本の民主化のためには、まずその思想的伝統を探り出すことが先決であると考えてきました。その時あなたの論文に接することができ大変興味を持ったのです」と柔和な物腰に親しみを込めた。

その論考は、疎開先の実家で手探りの状態で書いたものだったが、ほとんど冷暗下で格闘してきた奈良本にとって、ノーマンから受けた予期せぬ称賛は何事にも代え難いものだった。その時、奈良本にはある疑問が浮かんだ。

「GHQにおられるのに、あなたはどうしてそんなに日本の民主化に腐心していらっしゃるのですか」

奈良本は、GHQを日本の民主化とは無縁な鬼畜集団だと思っていた。しかもノーマンは三十余人の部下を抱える対敵課報部（CIS）調査分析課長として、スパイ活動の責にあったから当然の質問であった。

ところがノーマンは意に介さず、逆に奈良本の苦衷《ちゅう》を思いやるように「自分の生まれ育ったこの日本を、私はこよなく愛しています。だから日本がなぜこのような悲惨な状況におかれるようになったのか、異国の地に居ても日本への想いは片時も頭から離れることはありませんでした。私は日本の歴史をたどることにより、これからどのように日本の民主化を図り、この国を立て直していったらよいのか、その糸口を探すために日夜我がことのように格闘しているのです」と身を捩《よじ》らせた。

このノーマンの決意は、後に日本国憲法の草案に携わり、日本側の姿勢を貫いたことからも裏付けられたが、奈良本はその瞳の奥底に狂おしいほどの真心を読み取った。

「ところで、あなたはどのようなきっかけで安藤昌益を取り上げるようになったのですか?」

今度はノーマンが訊ねてきた。

「実は学生時代、わたしは暇さえあれば京都大学の国史資料陳列館の書庫に入り、社会思想史の関係資料を探していました」

卒業を一年後に控えた昭和十二(一九三七)年春、誰も気づかないような書庫の奥に和綴の五冊本を目にした。

「手に取ってみますと『統道真伝』という影写本(京大本)で、内容を見てびっくりしました。釈迦も孔子も完膚《かんぷ》なきまでやっつけられていて、実に思い切った言葉が綴られていたからです」

奈良本は学生時代を思い出したのか眼を輝かせた。

「そして、惹《ひ》かれるまま読み続けていますと、しばらくして誰かが『世界思潮』に狩野博士の論文があると教えてくれ、そこでその知見をまとめ『近世における近代的思惟の発展』として卒業論文の中に取り上げることにしたのです」

ノーマンは納得した。

「しかし、そのときの私の論文は、安藤昌益を近世思想史上のどこに位置づけるかということが主題で、社会的評価までは手が及ばず心残りに思っておりました。そこで昌益を現代的に評価する作業に取りかかったのです」

奈良本は順を追って丁寧に説明した。

「それに戦後民主主義の方向が、どうも日本のすべての過去に断罪を下しながら突き進んでいるようで、内心忸怩《じくじ》たる思いもあり、わたしたちの過去にも学ぶべき伝統があるのではないか、『伝統に根づかない思想は、所詮浮草にすぎないだろう』という想いは強くなるばかりでした」と奈良本は胸につっかえていた想いを打ち明けた。

するとノーマンは、「奈良本さんのそのような姿勢には素晴らしいものがあります。わたしの思いと一脈通じるものがあるようですね」と感慨を込めながら大きくうなずいた。

敬愛するノーマンから再度の称賛を受け、奈良本は意を強くして続けた。

「大塩中斎（平八郎）が見直され、百姓一揆が掘り起こされ、権力への抵抗が華々しくとりあげられる一方で、『日本には社会主義はおろか、民主主義さえも育たなかった』と、いたずらに封建的な資性のみをあげつらい、思想の次元でそれをとらえ切れなかった今までの学者に私は情けなさを覚えておりました」

「それで、社会主義思想の源流として、安藤昌益を取り上げることにしたのですね」と、奈良本の意を汲《く》んだノーマンは、自分の想いを述べ始めた。

「実は、私は、昭和十五年から二年ほど駐日カナダ大使館の語学官をしていたとき安藤昌益に興味を持ちました。今回、嬉しかったのは、待望していた歴史家がやっと現われたという想いを強くしたからです。といいますのは、私は日本の歴史家に一つの危惧を持ち続けていました。それはその思想を考え出した人間の全体像に迫ることができないために、その人が持っていたであろう機智や、その人がまわりの人に与えたであろう人間的温かさを浮き上がらせることができなかったということです。わたしはあなたに期待します。これからもあのような論文をどしどし書いてください」

奈良本は感激した。そしてノーマンから受けた珠玉の片言は、奈良本の心のどこかに生涯にわたり存在したはずである。それから数次にわたり二人の知的な交流は続き、大窪が英訳した奈良本の記録をノーマンが読み、新たにあぶり出された疑問に奈良本が答えるという形で効率よく進められた。

四、夢と消えた『全集』

そうこうしているうちに、「昌益思想の研究会を持とう」ということになり仲間達が集まりだした。その面々は、奈良本とノーマンを中心に、三枝博音《さいぐさひろと》、丸山眞男《まるやままさお》、服部之総《はっとりしそう》、平野義太郎、野原四郎、松田智雄の八人である。

奈良本が用意した『統道真伝』の読書会も佳境に入ると、『安藤昌益全集』を刊行しようという話になり、作業が進められるようになる。昭和二十三（一九四八）年二月、出版社を白日書院とし、編集事務は陸井三郎、校訂者はノーマン、奈良本、三枝、丸山、服部の五人とすることに決まった。

その一方でノーマンは講演に引っ張りだこで、五月に東京大学で「安藤昌益について」、十月に日本学士院主催の大会で「イギリス封建制に関する若干の問題」、十一月に慶応義塾大学で「説得か暴力か」と続いた。

その間に、『安藤昌益全集』全六巻の予告を「世界の社会科学」創刊号の表紙裏面に掲載できるところまでこぎつけた。全集は、翌年一月から隔月の配本となり、第一巻の原稿が白日書院に手渡され、版組みに入るなど発行に向けての作業が着々と進んでいた。ところが何としたことか、白日書院は経営難から業務停止に陥る。再起への願いも虚しく、ついに倒産に追い込まれ、全集発刊の夢は露と消えた。

その果実は、平凡社刊「日本哲学全書」の第一、三～六、十七巻として結実し、奈良本は自らの訳注により昭和四十一（一九六六）年、岩波文庫から『統道真伝』上巻、翌年に下巻を出版した。

そして、ノーマンも渡辺大濤を大使館に招いては昌益に関する情報を収集し、『統道真伝』を借り受け原典に溯るなど研究を続け、昭和二十五（一九五〇）年一月、『忘れられた思想家―安藤昌益のこと―』と題し、上下二冊の岩波新書として上梓することになる。この発刊により安藤昌益は大衆の手の届くところまできた。その意義は大きく、数多くの人々が新書に啓発され昌益に興味を持ち始めた。

渡辺が、ノーマンから贈呈されたその新書を手にしたのは、三ヶ月間の旅行を終え疎開先の福島に戻ってからである。その一週間後に出掛けた旅行中も片時も離さず読み耽《ふけ》り、その書評は「『忘れられた思想家―安藤昌益―』雑感」として、『思想』第三一八号に掲載された。

ノーマンの新書は原文が英語だけに海外にも多くの情報を発信した。

その頃、ソ連邦科学アカデミー東洋学研究所（以下、「ソ連アカデミー」と略）では、後に林基《はやしもとい》が翻訳し『日本近代史』上巻として出版（大月書店、一九六〇年）されることになる原稿を執筆していた。その内容については、安藤昌益に関する部分だけに留めるが、他国の歴史を自国に都合のいいように捩じ曲げ、公正な評価を与えようとしない国々がいまだに存在する現状を見るにつけ、当時のソ連邦の日本歴史に対する的確な分析は傾聴に値する。

ソ連アカデミーは、「封建社会崩壊期の日本」の「反対派イデオロギーの成長」の項で「安藤昌益は、十八世紀前半に書かれたその著書が、比較的最近に研究され公刊されるようになったことによってはじめてひろく知られるようになったものである」と岩波新書の出版を高く評価し、当時の国学や心学の社会思想の諸潮流から「ひとりはっきりとぬきんでていたのは安藤昌益である。彼はもっとも偉大な思想家で徳川封建的絶対主義の仮借なき攻撃者であった」と昌益を位置づけた。

一方アメリカでは、テツオ・ナジタ（当時、シカゴ大学歴史学部日本学教授）が、「昌益国際フェスティバル・八戸」での記念講演で語ったように、「研究者にとっては一つの職業として、日本研究が大いに発展を見たのですが、不幸なことに、彼等は、ノーマンによる昌益の掘り起こしに反応を示しませんでした」。「一九五〇年代後半から一九六〇年代」までの「安藤昌益の運命は、Ｅ・Ｈ・ノーマンの運命と結びついて」いたのだった。そしてその理由が以下に明らかとなる。

五、悲劇生む帰国

四年二ヶ月にわたる任務を終えたノーマンは帰国の時を迎え、『忘れられた思想家』を出版した年の十月六日、明治記念館で送別会が開催された。招待客の一人、東大教授渡辺一夫《わたなべかずお》は、フランス留学の経験を生かし、フランソワ・ラブレーやトーマス・マンの著書を翻訳していたので、ノーマンとは佳《よ》き仲間だった。渡辺はその後、翻訳不可能と言われた『ガルガンチュワとパンタグリュエル』の和訳により、読売文学賞や朝日賞を受賞し、他にも岩波文庫版「千夜一夜物語」の全訳により読売文学賞を受賞するなど、フランス文学の大家となった。

生涯にわたり弟子をつくることを嫌い、教え子を「若い友人」と呼んだ渡辺の生き方は昌益に通ずる。高校在学中の大江健三郎が、渡辺の『フランスルネサンス断章』を読んで以来すっかり心酔し、師と仰いだことは逸話として残っているが、徳のある人間とはそういうもので、一門を形成しようとしなくても、いつの間にか人が慕ってくるのである。

「いやぁ、あのときのことは今思い出しても、汗顔の至りです」と、渡辺はノーマンに会うなり頭を掻いた。

「ああ、あの時のことですか。すっかり忘れておりました」と何事もなかったように軽く受け流された渡辺は、「ということは、『忘れられた渡辺一夫』ということになりますかね」と返したので、ノーマンは心底から笑った。その話というのは、公使館で開かれたノーマンの誕生会でのことだった。

宴もたけなわというのに、渡辺は寝不足とカナディアン・ウィスキーが祟《たた》り、不覚にも眠りに落ちてしまった。ふと眼を覚ますと、広いサロンにはまったく人の気配がない。周章狼狽し、ソファーから飛び出しざま時計を見ると午前二時になろうとしている。

おそるおそる部屋から首だけ出し廊下を見渡すと、はるか彼方で立ち話をしているノーマン夫妻を認めた。ノーマンも渡辺に気づき「よく眠られましたね。もう一杯やりましょうか」と、何事もなかったかのように声をかけた。渡辺は平身低頭し、「お祝いの席にお呼ばれされながら、なんとも失礼なことを致しました」と詫びるのが精一杯だった。

翌日、渡辺は詫状をしたためた。夜深くなって電話のベルが鳴った。電話口に出るとノーマンだった。「友人と一杯やって上機嫌になりました。ちょっとお邪魔してよろしいですか？」

渡辺はいつも二時、三時まで起きているので、深夜の来客はそれほど苦にならない。それに直接、昨夜の非礼を詫びたいと思っていたので「欣《よろこ》んで、お待ち申し上げます」と答えた。

それから間もなく、ウィスキーが三分の二ぐらい残っているビンをぶらさげながら、多少酔った足取りでノーマンがやってきた。渡辺の詫び言には「どういたしまして」と応えるだけで、いつもの四方山話に終始するだけだった。ところが今度はノーマンが眠りかけをしてしまった。ふと目覚めたノーマンに対し、

「どうですか？　今日はノーマンさんがこの部屋でお眠りになりませんか」と、半ば冗談を交え声をかけると、ノーマンはソファーから飛び跳ね「サンキュー」と何度も繰り返し渡辺の手を握って来た。それから一時間ぐらい愉快に談笑したノーマンは、「本当に失礼致しました。こんな遅くまで」と言って、いつものように静かに帰って行った。

ノーマンという人間は、相手に気づかいのできる優しい男である。丸五年に及ぶ滞在中、日本のために多くの業績を遺したのも頷ける。

送別の会もたけなわになると、さすがの奈良本も高揚し、久し振りに会った友人と立話に夢中になっていた。すると肩をたたく者がおり、振り向くとノーマンだった。

「もう一度、最後のお別れをさせていただけますか」

ノーマンの眼がなぜか潤んで見えた。外交部の一室に案内されると、そこには都留重人夫妻、辰野隆、村上堅太郎、丸山眞男がすでに待っていた。ノーマ

ンは腰を低くしながら一人ひとりの手をきつく握り丁重にお礼を述べて回った。奈良本には、ノーマンの頭の中を佳《よ》き思い出がクッキリと巡っているのが手に取るように分かった。しかし、その清心な笑顔のなかに、どこか魂を置き忘れてきたかのような翳《かげ》りを感じた。

八日後の十四日、「至急帰国せよ」との報せがノーマンのもとへもたらされる。自分の身に何が起きているのか、ノーマンはすでに確かな情報を得ていた。

六、カイロに死す

いよいよ、愛する日本と引き離されるという冷厳な事実を突きつけられた時、彼の脳裡に浮かんできたのはある過去の情景である。それは真珠湾奇襲攻撃により、日本からの退去を余儀なくされた時のことだった。

〈また、悪魔が生身を引き裂きに来た〉

歴史の歯車が耳元で不気味に軋《きし》み、ノーマンは戻らぬ永遠の旅路につくことになる。

母国の政争に巻き込まれた駐カナダソ連大使館書記官グーゼンコが、スパイ情報を手土産にカナダへ亡命したのは、五年以上も前の昭和二十（一九四五）年九月のことだ。

が、こともあろうにノーマンは、それに連座する危険人物として浮上していたのだった。帰国したノーマンを待っていたのは、カナダ国家警察（RCMP）の六週間にも及ぶ過酷な取り調べであった。

ところがアメリカ連邦捜査局（FBI）は、でっち上げのレポートを既に送付しており、その強権に逆らうことができないまま、新たに作成されたカナダ国家警察の調書は完全に無視された。

昭和二十六（一九五一）年、朝鮮戦争の真っただ中、狂信的な反共主義者として怖れられていた共和党上院議員・ジョゼフ・マッカーシーを中心とするアメリカ上院司法委員会治安小委員会（SISS）は、アメリカ連邦捜査局と通じ、議会ぐるみで赤狩りの火ぶたを切る。

そしてアメリカ上院司法委員会治安小委員会は、国務省内に共産主義者のスパイ網があるとし、被疑者を次々と公開聴聞会のまな板に乗せては血祭りに上げ始めたのである。同年八月、アメリカ上院司法委員会治安小委員会査問の席上で、元共産党員の経済学者ウィットフォーゲルは「一九三八年夏、みずから主催したコミュニズム研究会にノーマンは出席しており、明らかにコミュニストだった」と証言した。アメリカ・カナダ両国のマスコミは一斉にこの証言を報道する。

いち早く反発したカナダ外務大臣ピアソンは、ノーマンの潔白を表明するやカナダ国家に対する主権侵害だと、アメリカ上院司法委員会治安小委員会へ厳重に抗議した。

ピアソンは、その姿勢を毅然と貫くかのごとく同年九月、サンフランシスコ対日講和会議の首席代表としてノーマンを随行させ、その功績を讃えるべく、署名に使用した金製の万年筆を出席者の眼前でノーマンに贈呈する。しかし、周囲の期待が大きければ大きいほど、繊細なノーマンの心は沈んでゆくのだった。

「事態は、もとに戻ることはないだろう。心に毒のように浸潤したシミを、もう消すことはできない。これから自分はどのようにして無実を晴らしていったらいいのだろう」

ノーマンの苦悩は深まるばかりだった。翌年二月二十六日、スパイ容疑に関する二回目の調書についての集中審議が開始される。

ノーマンが、ケンブリッジ大学に学んだのは、昭和八（一九三三）年から二年間で、二十年も前のイギリスでの学生時代のことについて追及されたのである。

「あなたは共産党には入党していなかったのですね」

アメリカ上院司法委員会治安小委員会委員長・ライアンは念を押した。

「ケンブリッジに、もう一年いたら……」とノーマンは正直に答えた。

ライアンは、すべての外交文書を精査し、ノーマンの学生時代のコミュニズム関与を認めながらも、その判断と見識は合意されているカナダの外交政策の範囲内にあるとの報告書をまとめた。

昭和三十一（一九五六）年八月、ノーマンはエジプト大使兼レバノン公使としてカイロに赴任した。

ところが、翌年の三月末になり、アメリカ上院司法委員会治安小委員会によるノーマン攻撃が再燃する。それが、スエズ危機の中で極度の疲労状態にあったノーマンに追い討ちをかけた。

四月四日朝、ノーマンは、ナイル川沿いにあるビルの屋上を、足元をふらつかせながら、行きつ戻りつしていた。そして、意を決すると身を投げた。四十七歳。その瞬間、日本はおろか全世界が真摯で偉大なリベラリストを失った。

第四話　山田鑑二

一、土に鍬入れる生活

傷まだいえぬ終戦の翌年から話は始まる。

八戸市に隣接する三戸郡階上村《さんのへぐんはしかみむら》（現階上町）の修練農場に新たな職を得た山田鑑二《やまだかんじ》は、昭和二十一（一九四六）年六月二十一日の早朝、鰯売りの掛け声で目が覚めた。

「何年ぶりかなぁ」と寝床の中で懐かしい声音を楽しみながら物思いに耽《ふけ》っていた。というのは、下北地方事務所（現むつ市）勤務のため、しばらく八戸を離れていたからである。

山田はふと銀行の用事を思い出し、街に出ることにした。寄宿先にしていた下組町の叔父の家からは歩いても、ものの十分とかからない。ところが、銀行はまだ開いていなかった。午前八時を過ぎたばかりで、それも当然だった。

そこで、上杉修《うえすぎおさむ》を訪ねることにした。八戸中学で同級生だった上杉は、山田の一つ年長にあたる四十八歳。中番町で「亀の湯」という銭湯を経営していた。

「よぐ来たなさ」

戸口に出た上杉は懐かしそうに声をかけたが、それでなくてもガラの小さい山田があまりにも痩せこけていたので、「相変わらず苦労してるようだなす」と気遣った。

「とごろでサトさんは元気だすか？　婿どりどはへっても、サトさんもよぐできだ人だなす」

「うん。サトは、いづも、わのわがままを許しでけるすけ」

山田は人懐っこい顔で正直に応じた。

大正十二（一九二三）年、山田はサトと良縁を得て伊東から山田姓となった。伊東家の先祖は豊臣秀吉に仕官していたが、朝鮮出兵がいよいよ敗色濃厚となり撤兵を余儀なくされた文禄二（一五九三）年、嫌気がさし大阪から八戸へ来住した。

やがて八戸城下に大坂屋という屋号で商家を構え、五代目伊兵衛の時、長男・喜四郎は七代目を継ぎ、次男・六三郎は別家である大坂屋中村家に養子に入り《忠兵衛》として跡を継いだ。

ところが、伊兵衛は四十五歳で他界したことから、止むなく迎えた六代目との間に生まれたのが《忠平《ちゅうへい》（ちゅうべえとも）》である。ゆえに忠兵衛と忠平とは父親こそ違うが兄弟ということになる。その後、忠平も大坂屋中村家に養子に入り、忠兵衛の息子右助《うすけ》とともに昌益の門弟となった。しかし、山田はそのような先祖の来歴を知らずに昌益に惹かれることになるのである。血というものは争えない。

結婚後、山田は、サトの長兄・文一が営んでいた甲文呉服店を手伝っていた。二十八日町にあるその呉服店は、山田家五代・文次郎が創業したもので、先祖が甲州から来住したことから甲州屋という屋号を名乗っていた。文一は文次郎を襲名し盛業してはいたが、大正十三（一九二四）年五月の八戸大火で罹災した。不運は続くものである。さらに翌年には小中野大火があり、いよいよ窮地に立たされた。

「店の手伝いをしながら、本を読み漁《あさ》っていだども、焼け出されでドブさでも落ぢだような気持ちっこになって、本をやめるが、店をやめるがどっちがをとらねばならなぐなっでなさ、あのときだば本当に悩んだなす」

結局、山田は本を選び、大正十五（一九二六）年「八戸書院」を開いたが長続きはしなかった。その後、昭和五（一九三〇）年、山田は西村菊次郎らとともに八戸消費組合を設立し、貧しい生活者の擁護に乗り出す。常任理事を務めるかたわら、組合事務所の二階に「八戸無産者実費診療所」を開設し、弘前から岩淵謙一医師を招いた。人道主義を終生にわたり貫いた、父・伊東喜平から受け継いだ松明《たいまつ》の灯りが、めらめらと燃えてきたのである。

岩淵はその後の昭和三十四（一九五九）年、八戸に大流行した小児まひの蔓延を食い止めるためソ連からワクチンを輸入すべく奔走した。それにより多くの子供達の命が救われたが、その人道的快事を見ることなく六十三歳で倒れた。

「つらかったすべえ……」

上杉の目に、うっすらと涙がにじんだような気がした。が、顔をそらしたので眼鏡のふちに隠れてよく見えない。

「仕方ながべ。どっちも一生懸命貧しい人だちのごどを考えだ結果だもなす」

上杉の慰めに山田はくちびるをかんだ。

「人間、儲げればよぐないなさ。どうしても」

山田は、ポツリと言った。

実は無産運動の最中、利益を患者に還元したいとする山田と、党活動の資金にすべきだとする仲間との間で論争が起き、山田ら五人が脱退した。

「あれがら、あんだもよぐがんばったなす」

山田が家族を連れ、関根（むつ市）の第三農場に入ったのは、組合離脱の傷心がまだ癒えぬころだった。

「入植してから、何年になりやすか?」

「昭和九（一九三四）年の六月がらだすけ……」

寡黙な山田はそれだけ言うと、次の言葉を探せずにいた。青森県下北郡田名部町（現むつ市）から北へ八キロ入った所に水川目原野は広がっている。山田一家は、そこに入植した。

「わは理想に燃えでだども家族には苦労をかげだ」

水川目は灌木も生えない湿地帯である。幾度となく凶作に見舞われたうえ、やせた地味《ちみ》に適した作物の選択は困難を極めた。

「堯三《ぎょうぞう》君もちっちゃいのに、よぐがんばったなさ」

「うん、三歳だったすけ。長男の耕三郎が十歳、長女のリラが六歳。女房のサトもよぐがまんしだ。足掛け七年いだ」

入植しながら書物あさりに八戸に出てはその足でよく訪ねてきていたので、上杉には山田の気持ちが痛いほどよく分かった。

「それからだべぇ、満州さ渡ったのは」と上杉は山田の顔を覗き込んだ。

「土地を開いで耕しで、わんつか三ヶ月だげだったどもなさ」

山田は水川目に家族を残し、昭和十四（一九三九）年六月、吉林省開拓団の興亜青年勤労報国隊青森中隊第三小隊長として渡満した。

「昭和十六（一九四一）年の二月のごったども、特高（特別高等警察）の取り調べを受けでなす、満州さ行げなぐなってなさ」

それは一時帰国していたときの出来事である。

「それはまた……」

「なんでもながったども、一ヶ月もしつこぐ調べられでなさ」

「そういえば、しばらぐ姿がみえながったもなす」

「あのどぎだば、本当に富治さんには世話になったなさ」

富治はサトの次兄に当たる。父親の常次郎は甲文呉服店を創業した文次郎の妹の三男であったところ山田家に養子にはいり、醤油部である甲文醤油合名会社を創業した。

その跡を継いだのが富治だが、甲文醤油はこくがある美味さで評判となり盛業していた。そのため、山田は生活費の援助まで受けることができ、その世話で八戸醤油味噌工業組合に書記として勤めた。ところが昭和十九（一九四四）年、組合は解散に追い込まれたため、山田は穂積組に入社することになる。

　現在でも穂積建設工業として県内有数の大手株式会社である穂積組は、当時も積極的な事業を展開して日本でも一、二を争う浚渫《しゅんせつ》工事を請け負っていた。

「それからだもなさ、痩せだのは。慣れない仕事で五貫（約十九キログラム）も体重が減ってなさ」

「いまは、何貫だすか」

「十二貫（約四十五キログラム）ぐらいだごった」

　山田は、のんびりと構えている。任された現場監督の職務は、文人肌の山田にとって過酷ではあったが貴重な体験でもあった。

二、安藤昌益に心酔

「ところで、いまは何を読んでらすか？」

「マルクス、クロポトキンにホイットマン……」

「安藤昌益は、やってないすか？」

　上杉の口から昌益という言葉が出たので、山田はちょっとびっくりした。

　というのは、一昨日のこと、ふと昌益のことが気になり、マルクスやバクーニンとの関連について思いをめぐらせていたからだった。

「安藤昌益は、やりだすと切りないなさぁ。次から次へど夢が広がって時間が足りなぐなるなさぁ」

　そう言って、山田は節くれだった天井板を見あげた。

「そごさ行くど、あんだは順風満帆でいいなさぁ」

　他人のことを羨《うらや》むような山田ではないが、言葉は不意に出た。

「釜焚きは他人に頼んでいるども、大鋸屑《おがくず》っこ運んだり、なが（中）洗っだり、湯っこ加減みだりで結構忙しいすよ」

「すたども、わのように首根っこさ、タクワン石ぶらさげで歩いでいるのどは訳が違うすけ」

　山田には珍しくいじけた。

　八戸でタクシー業を最初に手がけたのは上杉で、

大正十一（一九二二）年、警視庁の甲種免許を取得すると、盛岡からフォード社製リムジン自動車の中古を購入し、食品業を営んでいた義兄の藤田金五郎宅に居候したうえ電話まで拝借して事業を始めた。それは、最初の一年で自動車一台分の黒字を産み、それを元手に大正十四（一九二五）年、乗合営業権をもつ業者七人とともに「八戸乗合自動車営業組合」を結成すると、乗り合いバス事業へと手を拡げた。

そうして事業が順調に運んでいた昭和七（一九三二）年、ふんどし町といわれるほど東西に細長い八戸市には乗合バスが必要と考えた神田重雄市長は市営バス構想を打ち出す。そこで組合は営業権とすべてのバスを市へ売却することになり、上杉はその資本を元手に公衆浴場を始めたのだった。

「ところで、以前あげだ狩野博士が載ってる『世界思潮』は読んでらすか？」

山田は思い出し顔で言った。

「はい、ちゃんと読みあんした」

その本をもらってから、もう二十年近くにもなる。

「あれは田村書店から購入しだ、貴重な本だすけ」

当時、田村書店はヤグラ横丁と表通りとの交差点の東南角にあった。藩制時代、その場所には昌益が幾度となく見上げたであろう火の見櫓が建っていた。

すると上杉は本棚へ手を差し伸べ、一冊の古本を取り出した。

「もう五、六年も前になるべが。上組町の川柳堂さ行ったら、置いであってなす」

上杉は手あかのついた単行本を大切そうに山田の前に差し出した。

それは、渡辺大濤の『安藤昌益と自然真営道』であった。

「暇をみで読んでみだんども、そごに『安藤昌益は、秋田に生まれて医道その他の諸学を研究し、後奥州の八戸に移って医を業としていて、その門人のほとんどが八戸の人々である』と書いであってびっくりしだすけ」

上杉はずれ落ちたままになっていた眼鏡を右手で

鼻梁に戻した。

「その翌年だっだど思うんども、田面木小学校校長の小井川潤次郎先生のどごさ行ったらなす、近藤喜衛先生がいでなす、たまたま安藤昌益の話になったのす」

「ほお、それで？」

「すたら、近藤先生は『安藤昌益は架空の人物だ』どおっしゃられるので、わは『実在の人物で八戸に居たことがあります』ど思わずくっちゃべったのす」

「あんだらしいなさ。嘘つけないもなさ」

「渡辺先生の本こ読んでらがら、熱入ってなす。そしたら近藤先生が『そうか。実在の人物だとしても八戸に二、三日ぐらいはおったかも知れんが……』と言われるんで『いや、八戸に住んでいたんですよ』ど念を押しだのす」

「あんだも、そったら偉い人によぐ言ったもんだなさ」

「うーん。興奮しでだごった。そしだら小井川先生が『何か参考になる資料はないのか』ど、間に入っでけだすけ助かってなす」

上杉は、普段見せない童心顔を見せた。

「確かに、今のどごろ八戸がらは何も見つがってないもなさ。それで、安藤昌益を何とが男にしで上げだいど思ってなす、ひそかに昌益の研究に情熱を燃やしているどごでがんす」

「あんだは、よぐよぐ昌益に縁がある人だなさぁ」

山田は眉間を開き感嘆した。

三、成田昌彦と高城駿

「実は七年も前（昭和十四年）の事だんだども、自由民権に熱心だった成田芳雄さんのお孫さんで、町内に住んでる成田昌彦さんがら『月刊評論』の購読を頼まれでなす。成田さんの口ぐせは、『地方文化のなかにこそ日本の本来の姿が残っている』ということで、『評論を通して、それを発掘して正しい日本文化の本流を探りたい』と熱ぐなってへ（言）ってらったのす。昭和十二（一九三七）年の創刊がら七年も続いでいだんだども一昨年廃刊になってなす。

まもなぐ成田さんも亡ぐなったのす。それでありし日を偲んで目を通しているど、昭和十四（一九三九）年の十一月号に、高城駿《たかじようしゆん》というペンネームで、『八戸の医師安藤昌益の世界観』と題して狩野先生や渡辺先生、そして三枝博音先生の評論を紹介してるのを見つけでなす」

「それはどごの人だべ」

「青森の二十歳そごそごの藤井正次《ふじいしようじ》という人だど、成田さんがしゃべってらった」

「そんなに若い人がなんで、昌益を研究してだすか？」

「それが弘前高校二年生の時、赤の疑いで捕まって退学になるず過去があってなす。投稿しだどぎは法政大学の学生さんだったようでがんす」

埋もれたままになっていた高城駿の経歴は、元教諭で青森県文化財保護審議会委員を務めた稲葉克夫《いなばかつお》によって、昭和五十六（一九八二）年一月に解明された。

引用すると、「大正八（一九一九）年十月十五日、青森市の靴問屋に生まれ、昭和四十一（一九六六）年四月十二日、四十七歳で死去。昭和十（一九三五）年一月、官立弘前高校文科の時、左翼思想被疑者として検挙され、同二月九日、論旨退学となった。のち法政大学に入り秋田雨雀ら新劇人と交際、戦後日本共産党に入って労働運動を指導したが除名され、後年は大塚甲山や樋口配天を研究した」（『八戸の安藤昌益』八戸市、二〇〇二年）である。

「その連載は、次の年の三月号と十二月号で終わり三回だけだったんども、それを読んで、また昌益に興味を持ってなす」

上杉はそう言うと大きく息を吸い込んだ。

「成田さんには頭が下がりやすんだ。『飢才凌鑑』を掲載した時はなす、何回も発刊停止処分を受けあんしたんども、めげずに私財まで抛《なげう》って、地方文化の発掘に命を懸けで奔走しておりやしたんだぁ」

「確かに成田さんの勇気だば、安藤昌益にも通じるものがあるなさ」

山田は話に乗り気な風で、自らの昌益論を披露し始めた。

四、昌益論で意気投合

「わの想像では、狂っている思想や世相をどうにかするべど格闘する内に、『日本という国が儒仏道（儒教・仏教・道教）という外来思想にかぶれ、上下の別を立てで、それまで日本人が自然に営んでいた直耕を忘れてきたのではないか』と気づいたんではながべが」

山田は饒舌になった。

「そうだなす。昌益さんは、いつも『なぜ？』という問いかけを忘れなかったんだべな」

「うん。そうしている内に、『天は貴く、地は卑しい』ずみだいに、何さでも二つに別げでる、儒教の朱子学ずものの過ちに、ハタと気づいたんではながべが。権力者が民衆を支配するために都合のいいように、すべてのものを『二別』にしたために、身分差別や男女差別や勧善懲悪とかの固定観念がはびこってきたど考えたんでながべが。そごがら別々にさせられていたものが、実は一つの真なるものだどいう『二別一真論』にたどり着ぎ、その珠玉となったのが、別々に見えるものも本当はその性質を互いに持っているどいう『互性』という言葉だなさ。それで支配者が現われる前には『二別』はなかったど考え、『自然世』どいう理想社会を求めるようになったんだなさ」

山田は昌益思想の形成過程について核心となる持論を述べるとさらに続けた。

「天にあるお天道様は、大地に働き掛けて人間や動植物に施しを与えているんだども、これは天の『直耕』と言えるなさ。その中で人間だけが大地を耕すことができるんだなさ。そごで自然から生まれてきた人間にも『直耕』というものが備わっでいるど考えたんだなさ。それが昌益さんの言う『備道』だなさ。そごがら『不教・不習』という考え、無理に教えたり習ったりしなくても、人間の身体には本来、『教習』が具わっているという考えが導き出されてくるんだなす」

山田は双眼に力をこめ了解を求めると、上杉は
「その通り。わも『直耕』どいう一語の中に、天と地という『互性』の関係が滲《にじ》み出でいるど思うなす」と身を寄せた。

「昌益先生の言う、『人は万々人《ばんばんにん》なれども一人なり』どいう発想も、人間は同じ自然がら生まれできだがら、みな同じだどいう考えだなさ」

「人間はみな顔には眼があり耳があり鼻や口や舌を備え、身体には手足と胴体があり、喜・怒・哀・楽・平という同じ心を持っている。そういう意味では平等だもなさ」

上杉は同調した。

「その後に『一人なれども万々人なり』ど続けるところが凄いなす」

山田は思わず膝をくずし酔いしれた。

「うんだ。『同じ一人の人間でも、一人ひとりはそれぞれの個性を持っていて異なる人間だ』ずことだべ」

「『そのおかげで、人間は区別がつき世界が成り立つ』というんだもなす」

山田はすっかり昌益に浸り切っている。

「だがら、自分の顔が気に食わなくでも、自分のごとを醜いと憎んではいげないし、美しい人を見で羨んでもいげない。自分の心が曲がっていでも、自分はだめだと卑下してもいげない」

「昌益さんは、『同じからざるが故に吾有り』と優しく諭すんだもなす」

山田は感極まって首を幾度も縦に振った。

「人間を勇気づける、素晴らしい言葉だなさ」

山田の昌益論に、上杉も同意を示した。

「昌益さんの思想の根底に横たわっているのは人間の絆だもなす。そして限りない人間愛だもなす」

山田は、上杉に穏やかな眼差しを向けた。

「うん。『人は万々人なれども一人なり』は同じ人間であるという人間同士の絆だべ、そして、『一人なれども万々人なり』は個々の人間に対する限りない人間愛だべ」

二人はすっかり意気投合した。

五、江渡狄嶺

「二十年近くも前になるんだども、憶面もなく江渡《えと》狄嶺《てきれい》先生に手紙を差し上げたことがあるのす」

山田が『世界思潮』を書写し書評とともに江渡に送ったのは、昭和三（一九二八）年六月のことである。「さすが、山田君だなさ。そったらに前から狄嶺さんを知っていだすか？」

八戸の隣町五戸町出身の江渡は、大正時代に入ってから『自然真営道』の存在を知り、「昌益について著作したい」と秋田の堀井《ほりい》梁歩《りようほ》に語っていた。

地方で安藤昌益に初めて注目したのは江渡であり、大正期の地元での昌益研究者は江渡をおいて外にはいない。その思想の詳細に関しては、八戸市立図書館発行『安藤昌益』に「安藤昌益の思想継承者としての江渡狄嶺」と題して、当時の狄嶺研究の第一人者で、筆者の八高時代の恩師でもある故月舘金治教諭による玉稿が寄せられているのでご参照いただきたい。

狄嶺は少年期に徳富蘆花やトルストイの影響を受け、東京帝国大学を卒業すると明治四十四（一九一一）年、『百性（原文通り、あるいは百姓か）愛道場』を開設し、土に鍬を入れる生活を実践しはじめた。大正十四（一九二五）年、「農民の思想家としての安藤昌益、農民の学者としての佐藤信淵、農夫としての二宮尊徳、農政の改革者としての田中正造」とそれぞれを評価し「日本の四農」と称した。安藤昌益について、ほとんど資料らしい資料が流布していない時代のことであるから、その炯眼は敬服に値する。

昭和二（一九二七）年、江渡は青森県内在住の有志を集め「民族自己の道建設社」を創設し、八戸からは山田夫妻、四戸正利、角鹿吉兵衛、橋本文次郎、近田新九郎、木村忠治らが名を連ねた。この会の結成は『世界思潮』発刊の前年に当たる。

まったく異なる土地でまったく違う人物が、それぞれの立場から安藤昌益に対する熱い思いを胸に活動していたという事実に驚愕の念を禁じえない。その後、八戸地方での昌益思想は、江渡から同郷の門下生である東京農業大学教授・菊池万輔へ、そして山田鑑二へと脈々と引き継がれて行った。

「あんだは、江渡先生をどごで覚えだすか?」

「親父が傾倒しでだすけ」

山田鑑二の岳父・伊東喜平は、伊東家第十二代当主・伊東七六（理平）の長男でありながら十八日町に分家した。そのとき、後に十三代となる茂兵衛の後見役としてあったため、家に縛られることがなく比較的自由な身であった。八戸町会議員、三戸郡議会議員を務めるかたわら書をよくし、晩年に処分した蔵書は貨車一台分でも足りなかったという。その上、あらゆる思想に通じていたことから、八戸社会主義の草分けと目《もく》され、「八戸の石田梅岩」とも評されたが、自分にはまねのできない江渡の生き方を羨望のまなざしで見ていた。そのところ、三沢村猫又に居を移し、古間木駅から海岸に至る道路北側の開発に乗り出した矢先の大正十四（一九二五）年十一月五日、人生の幕を閉じた。享年五十八歳であった。


伊東の交遊範囲は広く、医学博士の富士川游《ふじかわゆう》が、安藤昌益調査のため近藤喜衛のもとを訪ねたのも、伊東の紹介によるもので、八戸では有為の人材であったが、これからという時に鬼籍に入った損失はあまりにも大きかった。富士川について、八戸市立図書館編『安藤昌益』で、中里進が「京都から八戸を訪ねた」と記していることから、筆者は、てっきり京大の教授だろうと思い込んでいたが、東京を拠点に在野で活躍した医学ジャーナリストであることを知った。しかも生年は狩野亨吉と同じ慶応元（一八六五）年で、没年は二年早いだけだから、二人はほぼ同時代を生きたことになる。

富士川の生涯は、世のため人のために自分ができることを踏まえ時代に先駆けたことから、力強く輝かしい業績に満ちあふれている。医師・藤川雪の子として芸州・沼田郡安村（現広島県広島市）に生まれ、明治五（一八七二）年の壬申戸籍作成時に、佳字である「富士川」に改名したというが、広島医学校（現広島大学医学部）を卒業後、上京し中外医事新報社に入社したことが彼をして無類の蔵書家とならしめた。

　というのは、社用で全国各地を飛び回り、地元の医書や関係資料を収集する機会に恵まれたからである。彼の卓越さは、「いかに医学・医療技術が進歩しても、医道が確立されていなければ、十分とは言えない」というところにある。そのことが富士川を埋もれている医学資料の発掘に駆り立て、未開拓であった医学史を打ち立てようという野望に繋げた。そうは言っても、まず古文書の解読、資料の鑑識眼を必要とする。そうして集められた資料を分類し系統づける作業がまた容易ではない。だから誰も手をつけていない、というより誰もが簡単に手をつけられない分野だったのである。

　そこに彼は果敢に挑戦し、明治三十七（一九〇四）年に刊行なった大著『日本医学史』で、太古から明治中期までの日本医学の発達変遷史を詳細かつ系統的に著述したことから、初めて日本の医史学が確立された。

　実は、彼には呉秀三との共著・共同編集が多い。同郷で、しかも医者の息子同士で、一歳だけ年下であったことによるのかも知れないが、明治二十八（一八九五）年、二人で医史社を興しているほどだから親しい間柄であったようだ。思い起こすと狩野亨吉が最初興味がなかった『自然真営道』百巻本を預けていたのが呉秀三である。ひょっとしたら富士川は安藤昌益についての情報を呉秀三から得ていた可能性がある。だから、わざわざ八戸まで訪ねて来たのかも知れない。しかし、蔵書の寄贈先が呉秀三が在職していた東京大学でなく、なぜ京都大学だったのかという疑問は残る。恐らく京都大学と切っても切れない因縁があったのであろう。その富士川が遺した蔵書の中から、昌益医学の継承を彷彿とさせる多くの書物が、立正大学院生だった山崎庸男《やまざきのぶお》の手により発見されたのは、昭和四十四（一九六九）年夏のことで、後述する。

六、昌益の墓さがし

山田は時間が過ぎるのも忘れ十二時過ぎまで上杉と語り合うと、『安藤昌益と自然真営道』を借り、銀行に寄って帰宅した。同書についての感想文を書き上げたのは、それから一ヶ月も経たない七月十二日のことで、さっそく上杉に送った。

その書状は、『いたどり』第四号に「安藤昌益のこと」と題して掲載された。それは八戸で昌益について活字となった最初であるが、八戸市在住の無為の郷土史家・江刺《えさし》家均《かひとし》が保存していたため、近刊の新編『八戸市史』に復刻することができた。

その中で、山田は「もし私が渡辺大濤氏が利用できただけの文献があったならば、渡辺氏と大分異なったものができるように思われます」と自分流の解釈があることを示し、「渡辺氏は農本共産主義者としてあります。たしかに農本主義には相違ないが、この著書からは、共産主義者は、認められません」と述べた。恐らくこの文章は、『安藤昌益と自然真営道』の「四　安藤昌益の思想の特徴と彼の文章」を読んでのことと思われる。そこには、法世から自然世に移行させるために昌益は、「農本共産主義に依らねばならないと説いている」とある。

しかし、この「農本共産主義」は、渡辺が最初に言い出したことではない。『世界思潮』の中で、狩野は諄々《じゅんじゅん》と法世の弊害について説き、昌益は「これを見るに忍びず、……考えたものが即ち農本共産主義である」と述べている。前述したように、山田は『世界思潮』を書写し、狄嶺のもとへ送っている。そのことから、当然承知のことであったと考えられるが、渡辺のことだけ取り上げたのは興味深い。戦後、山田は日本共産党に入党し、自作のノボリを片手に農地委員に立候補したほどであるから、自らが考える共産主義者と昌益とが重ならないと思ったのも実感だったのだろう。

ある日、再会した山田と上杉がその後の研究成果を披瀝しあっていると、上杉はふいに思いついたように、

「昌益が八戸に居だということは、必ずお墓があるはずだなす」と山田の顔をマジマジと見詰めた。

それは発想の豊かな上杉らしい思いつきだった。

「うんだ、墓を探して見るのもいい方法だなさ」

二人は翌日から市内の墓をしらみつぶしに当たることにし、歴代藩主の菩提寺である南宗寺の墓所に入った。

「おい上杉、これ、臭くないが！」

「どれどれ『先生の墓弟子一同』？」

「これでながすっぺが！」

山田は、「明日、近藤先生に会う用事があるすけ訊いてみるべぇ」と目を輝かせた。

翌日、緊張しながら山伏小路（通称、山の下）に邸宅を構えている近藤を訪ね、「毎日のように上杉と二人で安藤昌益の墓探しをしているども、昨日それらしいのを見つけましてなす……」と説明すると、「それは、佐藤という柔道の先生の墓だ」と一蹴された。

その一言に、山田の全身から力が抜けていった。

その話に上杉は、さすがに落胆した様子だったが、すぐに気を取り直し「絶対出る。八戸から絶対出るすけ。わが絶対に見つげでやるすけ」と力強く山田を慰めた。

階上中学校に奉職中の山田が、卒業式の会場で倒れたのは、春まだ浅い昭和三十六（一九六一）年三月のことだった。それから半身が不随となり不自由な生活を強いられた。山田が、この世に別れを告げたのは、昭和四十四（一九六九）年六月十六日のことである。

父・喜平は「内村鑑三より一つ足らんでいいから」という想いで「鑑二」と命名したという。群馬県高崎市に生まれ、札幌農学校に学んだ内村鑑三は無教会主義を説き非戦論を唱えた。山田は父の想いを胸に自分の信ずる道を歩み、直耕と人道に生きた。貧しくはあっても多くの知人や親類に支えられた鑑二は、愛に満ちた時代を生きたともいえよう。

物情騒然、困窮の時代にあっても確かな愛は存在する。何を愛と感じることができるのか。それはその人が持っている感性の豊かな広がりによっている。愛とはそういうものだ。現存する日記は、二男の堯三氏により全十七巻にまとめられ、激動の時代を映す鏡となっている。

第五話　上杉　修

一、八戸藩の史料

八戸南部地方の民俗学的研究の成果は、大正四（一九一五）年に小井川潤次郎が創始した「八戸郷土研究会」によるものが大きく、上杉修も会員として名を連ねていた。当時、藩政時代の研究には、昭和四（一九二九）年発刊の前田利見《まえだとしみ》編纂による『八戸藩史料』が最新のものとしてあった。前田は八戸藩の図書係を皮切りに学術畑を歩き、廃藩置県によって教育界に身を置くことになるが、その後いくつかの村の村長を歴任していたとき藩日記を任された。そのため晩年は郷土史の研究に打ち込むことになりその先駆者となった。

『八戸藩史料』の元になっているのは『八戸南部史稿』で、大正七（一九一八）年、八戸郷友会総裁・南部利克《としなり》子爵から藩日記の閲覧を許された前田が、重要な記録をピックアップし、十年の歳月を費やしてまとめたものである。『八戸南部史稿』には、藩が創設された寛文四（一六六四）年から明治四十（一九〇七）年までの主要な歴史的項目が、江戸時代については歴代藩主別、年次別に記録されている。文字通り藩政を俯瞰しうる唯一の入門書となっており、その重要性に鑑み、市史編纂室室長を務めていた三浦忠司《うらただし》が、平成十一（一九九九）年十二月、口語文に訳して八戸市から刊行した。

『八戸藩史料』以外では、明治二十三（一八九〇）年四月出版の中里忠香による『向鶴』、それに渡辺村男が著わした『八戸見聞録』ぐらいしかなかった。西村嘉著『八戸の歴史』に詳しいが、『八戸見聞録』全八巻は、弱冠二十六歳の渡辺が寝食を忘れ、わずか三十日余で書き上げたもので、明治十四（一八八一）年八月二十四日の行幸に間に合わせなければならないという切迫した事情があった。

千載一遇の機会を得た渡辺は、八戸の地理・歴史・伝説・風俗、特に北奥の地に埋もれていた根城南部氏の南朝方としての勲功を、明治天皇にぜひとも知ってもらいたいという素志を見事に貫徹した。その渡辺は、さぞかし八戸に生まれ先祖南部氏の徳を慕い研究していたのだろうと思いきや、さにあらず筑後（福岡県の南部）柳河藩の藩士出身で、開設された公立八戸中学に二十四歳のとき赴任してきたという。在職わずか二ヶ年余で八戸を去ったが、青年達に大きな影響を与えたと西村は記している。

『八戸見聞録』は、八戸市立図書館の所蔵で、さすがに貸し出し禁止だったので館内で読むしか手立てはなかった。八戸図書館の歴史は古い。八戸藩には諸士により創られた「大仲間」という制度があった。当時の書籍は地方では入手困難でしかも高価なことから、個人ではとても手が出せない。そこで江戸へ登る藩士にお金を出し合い、お目当ての物を買って来てもらい仲間で回し読みするのである。

知識に飢えていた八戸人だからこそ作り出せた組織で、多くの書籍があったからこそ、明治五（一八七二）年、学制発布の二年後、現在の図書館にあたる「八戸書籍縦覧所」を開設することができたのである。

それは、近代図書館としては東京、京都に次いでおり、両館はその後間もなく制度改正などで消滅したので、「八戸書籍縦覧所」は現存する図書館としては最古のものとなっている。

その長い歴史を持つ図書館が、昭和四（一九二九）年五月一日の市制施行に合わせ、鷹匠小路から堀端町二番地に移転したことから、自宅と目と鼻の距離となった上杉は毎日のように通い詰めるようになる。その年、上杉が郷土研究会の仲間とともに『八戸見聞録』を読んでいると、図書館書記（現在の図書館長）の駒嶺賢治《こまみねけんじ》から、「御上（南部家）の土蔵には、八戸藩制時代の日記や色々な古い記録がたくさん収蔵されている」という話を聞かされた。

文久三（一八六三）年に生まれた駒嶺は、大正十四（一九二五）年に長者小学校校長を退職後、地引村（旧福地村、現三戸郡南部町）村長を四年間務めたが、旧八戸藩の第十二代当主に当たる南部利克子爵と親交が篤かったこともあり、前田利見の後継として、昭和三（一九二八）年から図書館書記を務めていたのである。

駒嶺の話を聞いた上杉は〈廃藩置県のとき南部家が東京へ持って行ったと聞いていたが、まだ南部家にあるんだな〉と期待に胸をふくらませた。それで「お願いしたら見せて頂くことはできるのですか？」と訊ねると「それは不可能でしょう」と言下に否定された。

その一言で上杉は〈藩日記というのは、それほど近よりがたいものなのだな〉と認識を改めた。確かに、藩日記と一口に言っても、そこには外に知られたくない記録もあるだろう。家中の恥をさらすことになる記述もあるかも知れない。


上杉のあまりの落胆ぶりに駒嶺は「あるいは曝書のとき、はるか彼方から眺めることはできるかも知れないが……」と付け加えた。曝書というのは書物の虫干しのことで、たいていは土用の晴天の日に行なわれる。

それでも上杉が諦め切れない顔をしていたのか、駒嶺は「それでは、御屋敷に上がったとき、一度伺ってみましょう」と応じてくれた。しかしその話はそのままになり、上杉にもどこか納得するものがあったのか催促することもなかった。しかし、大事な藩日記にもしものことがあってはと気になり、折に触れて南部家のまわりをパトロールしていた。

二、売られる八戸藩日記

昭和二十四（一九四九）年、南部家は財産税の支払いに難渋し、土蔵の収納物を売却することにした。話を聞きつけた上杉は、急に差し込んだ一筋の光明を頼りに小井川とともに南部家へおもむいた。灰黒の重たい雲が今にも垂れてきそうな梅雨空だった。

いつもながらの茶褐色の和服にモンペ姿の小井川は、雨の降らないうちにと大股で歩く。それでなくとも身の丈・六尺もある小井川の健脚ぶりは山歩きで鍛えたものだから、上杉との距離は次第に離れていく。小走りでやっと追いついた時には、小井川は踏み石の上に日和下駄を脱ぎ、土蔵の中へヌッと入るところだった。しばらく二人は、管理人が広げる書画や刀剣、ほこりをかぶった骨董品などの一つひとつを見てまわっていた。

「小井川先生、この有田焼の大皿は見事なものだなす」

上杉は、江戸時代の名品を手に取りながら、えらく感じ入っている。すると小井川が耳打ちした。

「そんなに物欲しそうな顔をするな。高く買わされるぞ。いいか、骨董には絶対に目をくれるな。藩の歴史に関係あるものだけ探せ」

あまりの品々に心を奪われ目的を忘れかけていた上杉は思わず我に返った。管理人は、二人の目的が骨董や書画にないと気づき、「文書や書籍については、当家では必要といたしませんので、欲しい物がありましたらどうぞ持ち帰って結構です」と困り顔で言った。

二人は渡りに船とばかりに顔を見合わせほくそ笑んだが、そう言われても文書類はあちこちに雑多に積み上げてあるだけで、本当に価値のあるものか、俄《にわか》には判別がつきかねていた。すると突然の雨粒が、激しく土蔵の屋根をたたきはじめた。しばらくして、豪雨の中を番傘に白装束姿の三八城《みやぎ》神社の使いの者が白鼻緒の高下駄を鳴らしながらやってきた。まったく偶然の来客には違いなかったが、男はいかにも切羽詰まった顔をしている。

「実は、破損している宝蔵の窓から雨が吹き込み、預かっている藩の日記類が濡れております。お引き取りいただければ幸いですが……」

その蔵物はこの春に南部家から移送されたもので、小井川が閲覧したく何度も交渉したが叶わず諦めていたものだった。管理人は、土蔵のことだけでも手がいっぱいなところに、三八城神社の物まで面倒をみなければならないことになり、顔には当惑の色がありありと窺えた。

　三八城神社は南部家代々の藩主を祀ってきたことから戦前は勝手も利いたが、国家神道が禁止された戦後とあってはそうもいかなくなっていた。話は二人をそっちのけで込み入ってきたので、小井川と上杉は見立てを切り上げ出直すことにした。

　その後、南部家から古文書類の取り扱いについて相談を受けた小井川は坊主頭を右手で打ち、「創藩以来の重要な記録だから公共の施設で買い取ってもらったらどうか」と一計を案じた。すると南部家では「それでは、市役所と交渉しましょう」と了承した。時の市長は、公選初の夏堀悌《なつぼりてい》二郎《じろう》である。

　深刻な食糧不足によりその確保が市政の喫緊の課題となっていた時代である。藩日記の購入予算など計上すれば議会から猛反発が出るのは目に見えていた。役所の内部でも様々な議論があり「なんとか八戸市に残しておきたい」という意見も出たが、つまるところ購入資金のやり繰りがつかなかった。後から〈そんなものは何の役に立つのか〉という暴論も吐かれたと聞き、上杉は啞然とした。

　結局、役所が出した結論は「うちでは必要ありません」ということだった。それからは何度交渉してもその一点張りで取り付く島もなく、最後には「そんなに重要なものなら、南部家で保管したらいいんじゃないか」とまで言われる始末だった。その顚末を耳にした南部子爵は「ならば屑屋を呼べ。屑屋へ目方で売ってやる」と顔を真っ赤にして怒った。

　居合わせた上杉は、南部のただならぬ剣幕に多くの貴重な古文書が「灰塵に帰する」と直感した。上杉にとって、それはとても許されることではなかった。「そのようなことをおっしゃらずに」と必死に南部を慰留し、「私がいただきますから、屑屋にはお下げにならないで下さい」と何度も頭を下げて懇願した。

　すると、南部は機嫌を取り直し、「欲しいか？　そんなに欲しければ上杉にやる」と言ったのでほっと胸を撫で下ろした。「しかし、量が多いよ」と未練がましい。南部が移り気なのは上杉がよく知っている。

「はあ、なんとか手分けしていただいて参ります。ところでいかほど差し上げたらよろしいのでしょうか？」

「皆で、あとから相談せよ」

上杉は平身低頭でその申し出を受けながら外に出ると、いつになく興奮している自分に気づいた。

三、野田健次郎が在住確認

搬送の段取りがついたのは、その年の八月二日のことだった。朝から小井川と天満宮宮司の野田健次郎など数人で手分けしてリヤカー二台で番町の上杉宅まで幾度となく運んだ。そう遠い距離ではないが、日盛《ひざか》りの暑気のせいか次第に疲労がたまってきた。

上杉は額に噴き出す汗を拭いながら、三八城神社の境内に聳《そび》える杉木立の梢を見上げた。すると、何かを暗示させるかのように、そこだけが巨大な風の力を受けグラグラと揺れて見えた。

日が暮れ、妻に任せてあった番台に座ると、心の奥底から喜びが込み上げ、上杉はその感情を幾度となく噛みしめた。

運びこまれた資料は「藩日記」が主で、他に「日記抜書」、藩士一人ひとりの事蹟を記した「勤功帳」、八戸藩士の出自と系譜や事跡を記録した「系譜書上」であった。翌日から上杉宅には数人の郷土史研究者が詰めかけてきたが、上杉が実際に解読を任せたのは野田と小井川だけで、他の会員はその様子を指をくわえ傍観しているだけだった。

野田はまず初めに日記類の概要を調査した。そのいずれもが八戸藩成立の翌年である寛文五（一六六五）年から書き始められていたが、『御目付所』と『御勘定所』は、慶応三（一八六七）年までで、『御用人所』『御目付所』だけが明治時代まで続いていた。そして『御目付所』と標記されたのは、明和二（一七六五）年からであることも分かった。そのことから野田は、「八戸藩日記」と言うよりも、正しくは「御日記」と呼ぶべきであるとした。

明治時代の分を除くと、『御目付所』は二百六十八冊で、欠けていたのは九年分、『御勘定所』は百十七冊で、闕本《けつぽん》は十六年分にわたっていた。『御用人所』は百四十四冊で、貞享二（一六八五）年から宝暦二（一七五二）年までは切れ切れであった。他に江戸屋敷の『御用人所』が五十四冊あった。

解読作業が順調に進んでいたあるとき、「野田さん、なに調べでらすか」と上杉が背後から声をかけてきた。

「藩の神社仏閣とか、年中行事を調べております」

「あんだの専門でありあんすもなさ」

自分のことばかり調べているように言われ野田は苦笑した。

「野田家は古ぐでありあすんだ」

周りから誰かが言った。

「そういえばあんだんどごぁ、山伏の出だずもなさ。それで熱心に調べでらすか」

上杉の言葉に、真面目で物静かな野田は眼鏡の奥で目をしばたたかせた。

「山伏は山伏でも、野田さんは藩制時代の修験者の総録・常泉院の直系になりやすんだ」

また、誰かが口添えした。

「それは失念しておりやした」

上杉は頭をかいた。

ところがその先祖への念《おも》いが、野田を瓢箪から駒が出るような歴史的発見へと導くことになる。

解読は年を越し、昭和二十五（一九五〇）年四月十三日の夜になった。上杉は居合わせた郷土史家と話し込んでいた。

「経師屋《きようじや》に払い下げられだ物もいっぱいあってなす、買い戻しに苦労したなす」

「聞いでらども、物欲しそうな顔っこ読まれで、ただ同然の紙くずっこが高ぐ売れそうだずって、値段っこ吊り上げられだずもなさ」

上杉は否定もせず、「みにぐい世のなか見だよって、生ぎるのが嫌になりやした」と顔を渋くした。

「ほんに、ほんに。資産家でも土地を手放して貧乏になっでいる時代だもなさ。出回ってる安い土地ば買わないで、古紙同然のものを買うんだすけ。家族も何もあぎれ（呆れ）返って反対するのも当たり前だなさ」

その慰みに上杉は思わず苦笑した。

「でも、感謝しでやすんだぁ。金っこ足らないど聞いで、みんなで集めでくれでなす」

「全部で、なんぼかがったすか」

「誰さも言われながすんども、五万円はかがったなす」

「そったらに、かがったすか！」

驚いたのも無理はない。当時は新円が封鎖され、今の感覚にすると一千万単位の金額に相当するからである。

「これも、安藤昌益を八戸がら甦らせだいどいう、みんなの心意気の結集でがすんだ。ほんだども、まだ見つかりやせんもなす。かならず出でぐるど期待しておりあんすども」と上杉は口唇を咬んだ。

そのとき、その気勢に押されるかのように野田の体がピクっと動いた。


〈安藤昌益？　たしか藩日記にあったあの人ではあるまいか〉

野田は記憶の糸を手繰り寄せると間違いないことを確かめた。そして「上杉さん、安藤昌益なら出てきましたよ」と目を向けた。

「野田さん、それは本当だすか！」

「間違いないと思います」と言いながら、野田はくだんの藩日記を探し出しページをめくり始めた。

上杉には、その時間がとても長く感じられた。

「ここ、ここだなさ」

差し出されたページに、確かに「安藤昌益」の名を認めた。

上杉は、よほど前後不覚になっていたのか、それを乱暴に取り返すと目を釘付けにした。そして、感激で震え畳の上にへたりこんだ。腰が抜けたのである。

「野田さんありがどがす。こったらにうれすいごどは……」と、やっとの思いで言うと、野田に手を合わせながら、おいおいと泣きくずれた。上杉の脳裡を、近藤と論争し「必ず出る」と言い張った日々の悔しさがぐるぐると回った。今、自分の主張の正しさが現実となってみると、嬉しいというより張りつめていた気が抜けるものだと実感した。もう、上杉の目には涙があふれ、文字を定かに判別できないくらいである。突如の大発見に、欣喜雀躍した面々は作業をすぐさま取り止めると、祝杯を上げ深夜まで痛飲した。

四、遠野武士への治療

昌益の名が載っていたのは、延享元（一七四四）年八月九日の遠野武士の治療の記録で、『一　射手就二病気一御町医安藤昌益去る六日より療治申付』、そして八月十五日にも「一　八戸弾正殿役者三人先頃病気にて御町医安藤正《（ママ）》益療治申付快気仕候付為二薬礼一金百疋正《（ママ）》益殿へ差出候処　上より被二仰付一候儀故受納不レ仕由御奉行申出」とあった。

「八戸弾正殿」というのは寛永四（一六二七）年、盛岡藩により遠野（現岩手県遠野市）へ仕置された八戸氏二十七代・信彦のことで、盛岡藩筆頭の一万二千石を食《は》み、「藩中、藩あり」と言われるほどの力を有していた。

その遠野から流鏑馬《やぶさめ》の神事にやって来た射手三人が病気になったが、町医・安藤昌益の治療を受けたところ全快し、お礼の金百疋を「上から命ぜられたことだから」として受け取らなかったというのである。

『八戸の神社寺院由来集』（八戸市立図書館市史編纂室、二〇〇二年）所収、「八戸祠佐嘉志《ほこらさがし》」によると、遠野の一行は七月二十七日に八戸に到着するとすぐさま、根城八幡宮の別火所で潔斎に入り、八月一日から根城馬場での流鏑馬修練を開始し、八月九日の根城八幡宮例大祭で騎射稽古を兼ねて藁団的《わらだまと》による流鏑馬を奉納したという。

根城八幡宮は、八戸藩ができてから十年後の延宝二（一六七四）年五月十二日に建立され、八月十五日に御堂入りがなされたが、現在は姿を留めていない。

さらに、小井川の「八戸の四季」によると、一行は乗り役（射手）三人、あとは上下役人と合わせて三十人で、例大祭には七戸から三十四人、三戸から九十七人、盛岡藩からも代参が馳せ参じたというから当時の一大イベントであった。考えてみれば、根城は南部氏の太祖の地であるから当然と言えば当然のことであろう。

実は八月九日の藩日記には、八半時（午後二時頃）、「根城」から戻って来た使者が伝えた前段があり、昌益による治療に触れている。長いので要点だけ記すと「不快になったことを気遣い医者まで派遣して下さり、お蔭で養生することができたため段々快方に向かい、今日から神事を勤めるまでになりました。その旨を早速罷《まか》り出て申し上げたかったのですが、宮籠りの最中でもあり終わり次第報告にあがりたい」とある。

昌益に療治を依頼したのは六日であるから、九日宵の刻からの流鏑馬奉納という神事を控え切羽詰まった状況にあったことが分かる。藩が狼狽したのも無理からぬことで、それが快復し流鏑馬神事に間に合ったことから、藩が昌益に対し金子を用意したのも頷けるというものである。

この一件で浮かび上がったのは、昌益に対する藩の絶大なる信頼である。側医ならともかく毒を盛られる危険性があることから町医一人で治療にあたらせることはまず考えられない。しかし昌益一人に治療を任せたということは、すでに昌益の医者としての信頼と力量は城下に響き渡っていたと考えられる。この時の社人支配頭は高橋大和守で、すでに昌益の門人となっていたことから、藩へ推挙したのは高橋であり、その後ろ盾があったからこそ藩は治療に当たらせたのであろう。

九日の奉納流鏑馬を無事終えた一行は翌日、南部一の宮・櫛引八幡宮へ移動し、十四日の晩に円座的《まと》で四番、十五日は木羽的で七番の流鏑馬を奉納したという。とにもかくにも長丁場の大役だった。

第六話　八戸在住発見後の研究

一、小井川潤次郎と八戸郷土研究会

安藤昌益の八戸在住記録が発見されたことにより、「八戸郷土研究会」（以下、「研究会」と略）は活気づいた。その財産をどのように生かしてゆくかは、ひとえに文化的底力にかかっているが、それは一朝一夕にでき上がるものではなく、歳月をかけて醸成されていくものであろう。

　研究会には、上杉や野田のほかにも法師《ほうし》浜《はま》桜白《おうはく》（明治三十三年生）、金子善兵衛（明治三十六年生）、音《おと》喜《き》多《た》富寿《とみじゅ》（明治三十八年生）らの先輩がおり、郷土史研究を支える土壌と裾野の広がりがあったからこそ、単なる発見に終わらず八戸を昌益研究の一大メッカにならしめたと言える。それは、「昌益思想が八戸で創られたのは、八戸特有の風土があったからだ」とすることが片手落ちであるのと同じことである。

　昌益力も去ることながら、その思想を理解しうる文化力、そしてその思想を支持し発展させうる人間力があったからこそ、昌益は孤立することなく世界的思想家に押し上げられたのであり、それは歴史的に培ってきた「八戸力」結集の成果であると言っても過言ではない。

　八戸在住時、昌益の周りには門弟以外にも天聖寺住職で才気煥発な夢遊上人、その先住・守西上人をはじめとする多くの仏僧、文武両道に才を発揮した八戸藩士で儒学者の岡本高茂、世界的な和算家・真法恵賢、有能で進取の気性に富んだ家老・紫波《しわ》源之丞、階上岳《はしかみだけ》に燈台を造営した津要玄梁《しんようげんりょう》和尚らが活躍していた。まさに、文化的高揚期のまっただ中に安藤昌益は来住したのだった。

　昌益は、恐らくそこまでとは知らずに八戸に来たのであろうが、やがて多くの人々と知己を得て、そのバックアップのもとに思想を開花させた。昌益が最終的に目指したのは、男女、上下、善悪等の差別や区別のない、万人直耕、無盗・無乱の平等で平和な「自然世」であり、それを説くことにより、門人はじめ多くの領民に生きる希望と勇気を与えたのである。

そして、百年後に託して百巻本を完成させたとき、昌益は「自らの思想を開花させるためにこそ天がこの地を選ばせたのだ」と感涙に咽び泣いたに違いない。事実、その予言通り百年後に明治維新を迎え、少なくとも四民平等の時代は到来した。このような昌益在住時代を第一次八戸ルネッサンスと呼ぶならば、上杉・野田が先陣を切って歴史研究を開花させたこの時代は、第二次のそれと言えよう。

そして、上杉と野田の二人を輩出したのが、ともかくも研究会であるから、その創始者である小井川潤次郎について、少しく紙面を割く必要があるだろう。

明治二十一（一八八八）年、八戸の十六日町に生まれた小井川は、青森県立第二中学校（後の県立八戸中学校、現県立八戸高校）卒業の年、地元に青森師範学校二部が開設されたことから遊びがてら受験した。そうしたら合格したので教師の道を歩むことになる。

小井川の書いた『褓子《ほろこ》の話』の序文に、民俗学者柳田國男は一文を寄せている。

「人生の咏歎者として、八戸の人々はそれぞれに興味の深い個性を備えて居る。中でもその頭取じみた或一人の如きは、ちょっと込み入った趣味があり、意地があり、又数奇といってよい境遇の変遷がある」

「頭取じみた或一人」とは、言うまでもなく小井川のことで、「ちょっと込み入った趣味」とは菊作りのことである。名手の父・元吉から手ほどきを受けたもので、各地の品評会で多くの入賞を果たし、中央紙にも度々取り上げられたほどの白眉であった。

「数奇といってよい境遇の変遷」が始まったのは、湊高等小学校での新任時代からである。網元の長谷《はせ》川藤次郎《がわとうじろう》から菊作りを頼まれ出入りしていたところ、反長谷川派から睨まれ、とつぜん新井田高等小学校へ転任を命ぜられた。

安政二（一八五五）年、三重県で生まれた長谷川が魚粕《ぎょかす》に目をつけ八戸にやって来たのは明治二十（一八八七）年のことで、漁具を開発し地引き網漁を始めたことから、地元漁民とのいざこざは絶えなかった。それがさらに鯨解体業も始めたものだから「海が血で汚れ、魚が獲れなくなる」と反対運動が勃《お》き、やがて鯨会社焼き打ち事件に発展する。小井川はその騒動に巻き込まれたのである。

次いで五戸にとばされると、理由のないまま十ヶ月の休職を命ぜられ、それが明けると明治高等小学校へ回され、

「お前は八戸の学校で教職に就こうと思うな。八戸の政治家の黒幕に狙われている」と脅かされた。その一言で、小井川は「こうなったら徹底的に八戸を外から観察していくしかない」と柳田の言う「意地」を通した。その意思を貫き、大正四（一九一五）年、二十七歳にして研究会を立ち上げた小井川は、縦横無尽に健筆を揮《ふる》い、県からの依頼で九月に脱稿させた「館村郷土誌」は、官を辞し朝日新聞社で本格的な研究執筆活動に入った柳田國男から高い評価を受けるところとなった。

柳田の知遇を得た小井川は、柳田を八戸に招き講演会を開催するなど、研究会は柳田民俗学と極めて近いところを歩むことになるが、余勢を駆った小井川は、民俗研究の成果を続々と「奥南新報」に発表する。それらは、後の昭和二（一九二七）年四月に三戸郡教育会から発行される「三戸郡誌」、依頼を受けてから四年かけてまとめ、昭和三十四（一九五九）年三月に発行された「大館村誌」に結実し、特に後者は昭和五十七（一九八二）年、国書刊行会から復刊されたほど貴重な書誌となった。

ところが、頼みの綱としていた「奥南新報」は、昭和十六（一九四一）年十一月三日をもって廃刊となる。日中戦争の激化とともに、天皇のもとに挙国一致を図るべく国民精神総動員体制が布《し》かれ、言論統制強化をもくろむ「大政翼賛会」が結成されたのは、その前年の十月のことである。その政体を批判し真正面から論陣を張っていた「奥南新報」は、新

聞の一県一紙への統合を断固拒否し廃刊への道を選択した。それ以来、研究発表の場は、『いたどり』や『民俗展望』という機関誌に移行せざるを得なくなった。

戦時中の昭和十八（一九四三）年三月、田面木《たものき》小学校校長を最後に教職を退いた小井川は、その後も昭和二十二（一九四七）年から七年間、親友の小沼勉校長に請われ小中野中学校の社会科の講師を務めながら、長者山山麓にある自ら虎杖園《いたどりえん》と命名した町営の自宅に仲間を集めては、軽妙な話に花を咲かせる自適な生活を送っていた。

それが、藩日記の入手により一変することになる。小井川は藩日記について、昭和二十五（一九五〇）年二月の『いたどり』第八号に「八戸藩の日記と八戸藩史料」と題して初めて発表した。

タイトルにある「八戸藩の日記」とは、上杉所蔵の『八戸藩日記』のことで、「八戸藩史料」というのは、『八戸南部史稿』『奥南温古集』『青森県史』を指している。

小井川は、入手した藩日記の寛文五（一六六五）年の記録を、前掲のいわゆる「八戸藩史料」と比較検討し、「私らが仕方なしだが拠つて来た八戸藩の記録、奥南温古集をはじめとして、八戸藩史稿など兎に角この謂ふところの御日記をいゝ加減に見て来てゐたのである」と結論づけた。

以下、現代文に直し適宜句読点を置き掲げると、「偶然といっていい機会を得て、この日記が私たちの手にはいったのだから、これを原拠にしていい加減なものでない真面目な八戸の郷土史を編むことぐらいは義務づけられたと言っていいと思うが、これだけの大部を読みこなすだけでも、私一人の手では容易ではなかった。皆でそれぞれ手分けをしてこの仕事にかかっていかねばなるまいと思う」と研究へ決意を込めそれまでの解読作業に苦言を呈した。

こうして研究会の活動は、民俗史的研究から藩日記の解読へと力点が置かれるようなり、近藤喜衛も毎日のように姿をみせるようになった。

次いで小井川は四月十七日、「安藤昌益は延享元年に八戸で町医をしていた」と題して、『八戸郷土研究会月報』創刊号に発表したが、そのタイトルには似つかず昌益の弟子であった神山家の系譜について筆を費やした。そのため、第三号で「間違ったところが多かったので、この分は『いたどり』に訂正というよりは、すっかり書き換えて載せることにしてある」と断り書きを入れるところとなった。

小井川が、柳田の古稀記念論文集に寄稿した「オシラの鈴の音」により、日本民俗学会名誉会員に推挙されたのはこの年で、民俗研究の筆はとどまるところを知らなかったが、藩日記に頭を切り換えるのには戸惑いがあったようだ。

二、野田の新たな発見

一方、野田は解読作業の手をいっときも休めることはなかった。その執念が実り、昌益に関する新たな記録を次々と見出す。昭和二十五（一九五〇）年五月十七日、延享二（一七四五）年二月二十九日の口上書に、『御町医安藤昌益相談之上薬相用四、五日以来少々快方……』と、町医・安藤昌益が国家老・中里清右衛門の服薬相談に乗った記録を発見し小井川に報告した。

小井川は「これは大変なことだ」と唸り、六月の『八戸郷土研究会月報』第三号に発表した「御町医安藤昌益」では、「願書と口上書で医者の名に出入りがある」ことに注目し、「口上書で内田祐怡《ゆうい》と町医の安藤昌益の二人が加わりそれから快方に向った事になっているのに、願書にその二人を逸しているのは今から考えるとすこし変だなと思われる。前年遠野の射手衆を療治した時もわざわざこの昌益をとりあげたところなど何かありそうな気がする。とに角一風どこか変った存在であったように想像される」と記した。内田祐怡とは後の《上田祐廷》のことで、その娘婿が昌益の門弟となった祐専である。

同年七月二十四日、さらに野田は、宝暦八（一七五八）年七月二十七日の条に、「町医・安藤秀伯」が昌益の門弟である北田市右衛門（忠之丞）を治療した記録を発見し、同時に宝暦十一（一七六一）年三月十五日の条に「三戸山本由益」が周伯方に宿泊した記録を、さらに宝暦十三（一七六三）年二月二十九日の条に「町医・安藤周伯」が母親を連れ、医学修学のため京都への通行手形を願い出たことを示す「一、御町医安藤周伯母召連上方ヘ罷登候節所々通証文被成下度趣願出」、同年三月一日の条に、許可されたことを示す「一、御町医周伯勤学上京之儀可為勝手次第旨被仰付之随て母召連候付所々通証文願出可被成下旨御町奉行へ被仰付」という記録を相次いで見い出し、「安藤周（秀）伯とは、安藤昌益の息子であろう」と推定した。

安藤周伯による北田の治療については、稿本『自然真営道』の成立と関係が見られるので後述するが、「周伯方への宿泊」については「昌益方」となっていないことから安藤家の当主は周伯とみられ、昌益がすでに八戸を去っていたことを窺わせる。「御町医安藤周伯母召連上方へ」については、三月一日の条に「上京」とあることから「上方」とは江戸ではなく京都を示していることが分かる。

後の平成三（一九九一）年頃、青森県十和田市の柏村貞義であろうとされているが、彼は『京都医学史』の中に関連資料を見出す。それは『山脇門人帳』（下巻）が紹介されている記事の宝暦十三（一七六三）年十二月二十五日の箇所で「江戸に於いて陸奥・南部」の「安藤周伯・享嘉《みちよし》　二十八歳」が「国領帯刀《こくりようたてわき》」の取次により山脇東門に入門しているという記録である。

後の昭和四十九（一九七四）年、安藤昌益の「過去帳」と「墓石」が見出され、宝暦十二（一七六二）年十月十四日の死没が明らかになったことを踏まえ、和光大学人文学部教授の安永寿延《やすながとしのぶ》は、安永寿延編著・山田福男写真『増補写真集・人間安藤昌益』（農文協、一九八六年、以下『人間安藤昌益』と略）の中で、「彼（周伯）が上方へ（医学の）勉強に行くのは、最初から東洋の門をくぐることが目的であったにちがいないが、東洋も昌益と同じ宝暦十二年に死没したため、とりあえず、紹介者・国領帯刀なる人物を介して、江戸で東門への入門手続きを行い、やがて京都へ上ったのであろう」と解説した。

ここで注目したいのは、宝暦十三（一七六三）年三月初旬に八戸を出た安藤母子が、年末まで長期にわたり江戸に滞在しているという事実で、そのことから旅籠ではなく親戚あるいは知人宅に身を寄せていた可能性が高いということである。このことと後に明らかになった、昌益の息子と思われる「安藤昌益」が江戸に現われたこととを併せ、昌益の妻と江戸との浅からぬ縁が想定される。

三、『宗門改帳』の発見

鮮やかに蘇る家族とその周辺

昌益没後の妻子の足跡が明らかになってから六日後の昭和二十五（一九五〇）年七月三十日、野田は大変な発見をする。

宝暦十一（一七六一）年から十三年までの「御用人所」日記のうち三冊が、延享三（一七四六）年五月十日に作成された『宗旨改組合書上申御帳』（以下『宗門改帳』）の紙背《しはい》を使用していることに気づき、詳細に調査したところ、十三日町の住人の中に「同宗（門徒）同（願栄）寺　昌益　四十四　有人〆五人内　男二人　女三人」とあるのを見出したのである。

それにより、昌益の生年が元禄十六（一七〇三）年であること、十三日町の持ち家に妻と息子一人・娘二人の五人家族で住み、浄土真宗大谷派（東本願寺）願栄寺の檀徒であったことが判明した。

さらに、その記録の右側には、「忠平　二十七　男二人・女八人」、さらに右側に「忠兵衛　四十四　男十一人・女十人」、昌益の左側には「文次郎借屋　涼庵　七十七　男二人・女四人」とあり、これらの三世帯はいずれも昌益と同じ願栄寺の門徒だった。

早速、願栄寺に足を運んだ野田は、過去帳から《忠兵衛》と《忠平》を確認し、それと藩日記の記録とにより、昌益の門人・中邑忠平は、「中村忠兵衛の弟で、屋号は大阪屋」、中村右助については「父は忠兵衛といい、代々忠兵衛を襲名し屋号は大阪屋で……。忠兵衛の父は隠居して推円（右助の祖父）と名を改めていた……」と『安藤昌益と八戸藩の御日記』（岩田書院、一九九八）に解説した。

推円の御抱え医だった富坂涼庵

野田は、前掲書で『宗門改帳』を解説して、昌益が「五人組仲間である忠兵衛（大阪屋、姓中村）、忠平（忠兵衛の弟）、涼庵（姓富坂）と同じ真宗願栄寺の檀徒として書き上げてあるのでも、その交際が深かったであろうと思われる」と述べ、昌益と親交のあった人物として《富坂涼庵》を加えている。

藩日記には、「御町医富坂涼庵」として藩の重臣を治療した記録が幾度か出てくることから、医者として実力をそなえ、家中にも信頼があったことは間違いない。

その涼庵の出身は越前で、京都の有馬涼及《ありまりょうきゅう》に弟子入りしたことから、「涼」の一字を拝名したといわれており、年齢から察するところ、師と仰いだのは初代の有馬涼及（一六二三～一七〇一）であろう。

涼及は存庵と号し、後水尾院（一五九六～一六八〇）に特徴されることにより法印にまでのぼりつめた国手であるから、その弟子である涼庵の力量も推して知るべしといえよう。

実は、大坂屋中村推円は、延享四（一七四七）年五月、藩に「湯治の用事」を願い出、大坂へ旅行している。

当時、八戸から温泉に出掛けるとすれば、大湯（秋田県鹿角市）か薬研（青森県むつ市）が通常であるから、大坂までわざわざ足を伸ばしたということは、湯治は単なる口実だったのだろう。筆者は、本来の目的は、刊本『自然真営道』の出版代金を小川屋源兵衛の元へ届けることにあったのではないかと思っているが、それはそれとして涼庵が高齢を押して道中医として随行しているところをみると、推円の「お抱え医」だったと考えられる。

抗生物質のなかった時代では、感染症にかかると手の施しようがなかった。そのため現代では想像もつかないほど病気に対する恐怖心が強かった。それは幕府をはじめ諸家が血眼になって優秀な医師を抱えようとしたことにも表われている。

それと同様に、大店の当主ともなれば、その健康状態が商売の盛衰に直結することから医者を側に置こうとした。史料にも財力のある商人の身内に町医者が散見されるのはそのためである。

例えば三日町の豪商・越前屋治兵衛の弟は、種市春庵という藩医で、藩から京都への勤学を許されている。その願い書には「養父・徳庵は先年京都の名古屋玄医（一六二八～一六九六）のもとで学んだので、自分もそのようにさせて頂きたい」とある。すなわち、町人階級であるにも関わらず医者に見込まれ養子になり医の道に入るというパターンである。

このように、大商人は跡を取らなくてよい優秀な子供が身内にいれば医者に仕立てたり、「お抱え医」を置いたりしており、富坂凉庵がお抱え医だったというのは、決して奇異なことではなかった。

推測される中村家との姻戚関係

野田は、校倉書房刊『安藤昌益全集』（以下、校倉『全集』と略）第十巻で、『宗門改帳』を解説し、「昌益は十三日町に住んで、借家でなく一戸を構えている。今日でも中心街であるが、当時も豪商が住む街で土一升金一升の土地である。恐らく大阪屋一族の口入れもあっただろうが、土着した生活、八戸へ根を下した生活であったろうと思われる。さればこそ、著述も出来たことであろう」と、昌益と大阪屋とのつながりに言及していた。

上杉も野田と同じように、「昌益の居住した十三日町は八戸の繁華街の中心地で、中村家との婚戚関係があったから、一町医の身で家を構えることができたのだろう」と、昌益と大坂屋中村家と血縁関係を示唆していた。

二人がそのように推測した理由は、昌益一家が一等地に持ち家を構えていたこと、大坂屋中村家の「忠平」と「右助」が昌益の門人で、同じ願栄寺の檀徒だったことに拠っているが、つぶさに藩日記に目を通してきた二人が、そろいもそろって昌益と大坂屋中村家との浅からぬ関係を強調している。

その推定は、昌益の八戸来住由縁を彷彿とさせるものではあったが、当時はほとんど話題にさえのぼることがなかった。それもこれも、大坂屋中村家の実体が明確でなかったために致し方のないことではあったのだが……。

『永世紀念録』に見る大坂屋

大坂屋伊東家・第十四代恒蔵が、昭和五十四（一九七九）年八月に上梓した『永世紀念録』は、親戚の行き来が途絶え、系図も不明確になったのを憂えた伊東家・第九代宣福が、盛岡本町で織物機屋を営んでいた笹屋村井良助を何度も訪ね、文政十一（一八二八）年に完成させたものを口語訳にしたものである。

『永世紀念録』には、父親とともに豊臣秀吉に仕えていた《伊東吉四郎》が、仕官に嫌気がさし浪客となり、妻と娘が相次いで病没したこともあり、文禄二（一五九三）年、息子陸之助と異母兄とともに大坂から奥州へ下向したとある。そして、八戸に居を定めた吉四郎父子は「大坂屋」の始祖となり、異母兄は盛岡で村井姓を名乗り「笹屋」の始祖となった。

しかし、吉四郎を継いだ息子の陸之助は病弱で跡継ぎもなかったため、吉四郎の異母兄・村井氏の三男・六兵衛の息子を引き取り跡継ぎとし《陸兵衛《ろくべえ》》と名付けた。二十歳の頃、陸兵衛は新井田村・吉左衛門の援助により、十八日町角に家屋敷を建ててもらい、やがて三代目伊東吉左衛門として父親の名前である《六兵衛》を名乗ることになる。

元禄二（一六八九）年、六兵衛は造酒業を手がけ、八戸城下の造り酒屋の草分けとなり、第二代藩主南部直政（在位一六八八～一六九九）の代に御目見得商人となると、「御町開き方」として八戸の街作りに励むなど、藩の有力商人として活躍し、老年になって《目方》に改姓した。それは、異母兄・村井氏の次男・市兵衛が、おそらく母方の姓であろう目方を名乗り、八戸城下・廿三日町に出店していたことに刺激されたからという。

その後、妻子を病気で失った六兵衛は、田代村の《由里》を後妻に迎え、《伊兵衛》と一女をもうけた。しかし、伊兵衛がまだ幼いときに六兵衛は他界する。そこで廿三日町の村井伝助の舎弟分として、水戸・

中湊小浜出身の男を由里に入婿させ、二代目六兵衛として伊兵衛の養育に当たらせた。

やがて、三代目六兵衛となった伊兵衛は、西町屋石橋徳左衛門の娘との間に、長男喜四郎（五代目六兵衛）と次男《六三郎》、そして二人の娘をもうけたが、伊兵衛は、四十五歳のとき志半ばで病死する。その跡に、郡山日詰町（現岩手県紫波郡紫波町）を生国とし、当時鍵屋甚兵衛という薬種屋を営んでいた《高橋勘左衛門》の息子が入婿し四代目六兵衛となった。こういう結婚形態を、当時は「後家入婿」と呼んでいたようであるが、彼は盛岡の大店・村井市左衛門に奉公していたというから見所があったようだ。四代目六兵衛は、石橋徳左衛門の娘との間に一男一女をもうけたが、その一男が《忠平》である。

その後、大坂屋目方家の次男六三郎は、大坂屋中村推円の養子となり《忠兵衛》として跡を継ぎ《右助》が生まれる。そして忠平も推円の養子に入り、寛保三（一七四三）年に別家する。

このことから昌益の八戸在住時代、八戸城下には大坂屋は、少なくとも本家の目方六兵衛家と、中村忠兵衛家、中村忠平家の三軒があったことになる。

古くない大坂屋中村の来八時期

そこで、昌益と縁の深い大坂屋中村家に話を絞ると、延享二（一七四五）年の「八戸御目見得町人由緒調」には、「十三日町、忠兵衛、出身地大坂、寛文年中（一六六一～七三）来八、三代通信公の代（一六九九～一七一六）に御目見得、酒商売」とある。このことから初代大坂屋中村家の出身地は大阪で、御目見得商人となるまで二十六～五十五年が経過していることから、比較的若い頃に来八したものと推定される。

その寛文（一六六一～七三）年間は、寛文六（一六六六）年から初代目方六兵衛が「御町開き方」を務め、街作りに励んでいた時期と重なる。そのことから、先祖が大阪出身である六兵衛が大阪にいた親族を八戸に呼び寄せたのであろう。そこで仮に寛文八（一六六八）年に十五歳で八戸に奉公に出されたとすると、初代は承応二（一六五三）年の生まれということになる。

さらに中村家も同じ屋号で目方家と同じ酒商売を生業としていたということは、大坂屋目方家に草鞋を脱ぎ、奉公が認められ、暖簾分けしたものと考えられる。藩の規則では養子縁組をする場合は、まず親戚から探さなければならないことになっている。大坂屋目方家から中村家へ相次いで二人も養子に入ったことからしても、以前から両家は縁戚関係にあったことは間違いない。

そこで推円は、大坂屋中村家の何代目かということになるが、イノシシ飢渇《けかつ》が襲った寛延二（一七四九）年十一月四日の藩日記には「推円は近年、特に一両年乞食に手当をしていることが藩主の耳に達し、藩主から紋服を賜わることになった。推円は耳が遠いので御意を書付にして渡した。しかも老衰なので息子の忠兵衛が代わりを務めてもよいと奉行所に言っておいた」とあることから、この時点で推円はかなりの高齢で仮に八十歳とすると、寛文九（一六六九）年の生まれとなる。

前述のように初代の生年を、承応二（一六五三）年とすると、大阪から八戸に来住したのは推円の一世代前ということになり、推円が養子でないとすれば親の兄弟姉妹は関西に住んでいたことになる。あるいは推円が大阪から養子に入ったとすれば、もっと血縁的に近い縁者が大阪周辺に在住していたことになる。そして昌益が関西でその縁者と所帯を持った可能性も現実味を帯びてくる。

妻は大坂屋中村推円の縁者

前出の寺尾五郎は『安藤昌益の闘い』（農文協、一九七八年）で、「昌益の妻は多左衛門の娘ではないか」という仮説を立てた。その理由は、昌益が『暦ノ大意』や『詩文聞書記』で小川屋多左衛門と同じ「柳枝軒」という文号を名乗っていたこと、刊本『自然真営道』をその暖簾別けと思われる小川屋源兵衛から出版していたことである。もとより小川屋多左衛門と昌益との浅からぬ関係を否定するものではないが、そうなると夫婦二人とも縁もゆかりもない土地にきたことになり、それまでして八戸へ来なければならない動機がどうとも説明できない。

昌益の家族は八戸で持ち家に住んでいた。もし自前で購入したとすれば、それなりの資金を持参して八戸に来たということになる。昌益の生活ぶりについて、高弟の神山仙庵が「諂《へつら》わず、貪《むさぼ》らず、富まず」と記しているように、質素・実直・清貧で、八戸城下の一等地に土地と建物を手に入れるほどの「見栄っ張り」とも思われない。もし、八戸の医師の強い要請があり八戸へ来住したとしても、家族五人の旅籠代、食費、駕籠代などの路銀や住宅購入資金ともなれば、ちょっとやそっとの金額ではないだろう。一頃、「神山仙庵の父の仙益が招請した」という説も流れ、筆者も藩日記からそれを裏付ける資料を探し出し論考したことがあったが、思うような結論は得られなかった。

他方で、大商人がバックにいれば心配ないという見方もあるが、ことはそんなに単純ではない。昌益がもっとも嫌うところは他人から施しを受けることであり、人の道に反することを安易に受け入れるような昌益でもない。

それらの問題を解決させる方法は、昌益の妻が大坂屋の縁者で、大坂屋が「お抱え医師」として昌益を招き、持ち家を手当したとすること以外に残っていない。それなら、いかな昌益といえども逆らうことができなかったはずである。昌益は生涯にわたり多くの著作を物した。齷齪《あくせく》と働かずとも生活できるお抱え医師の身分ならば、それも可能である。それに八戸は昌益の故郷である比内・二井田村からそう遠くなく往来がある。そのことから、「妻の力になれば」という想いで納得して来八したのであろう。

診療に明け暮れ、病気で苦しむ領民のために身を粉にして働く姿を我々は昌益に期待し、そうあって欲しいという想いがあったはずである。昌益の著作から見える周囲の人々に対する慈悲深さからそう想うのも当然である。しかし、残念なことに現在明らかにされている資料からは、治療はしていたとしても不特定多数の病人を療治していた姿を想像することはできず、思弁に耽り著述に明け暮れる昌益の姿が浮かび上がってくるだけである。

大坂屋中村家は櫓横丁ではない

これまで、大坂屋中村忠兵衛家は、昌益と同じ「櫓横丁」にあったとされてきた。それは『宗門改帳』に「十三日町」の住人として記載されていたことによるが、実は十三日町と一口に言っても、表通り側かその奥、櫓横丁側か反対側の大塚屋横丁側の四箇所の可能性がある。

延享元（一七四四）年七月十五日の藩日記には、「藩の奥方が大坂屋忠兵衛宅から門火乗《かどひのり》を観覧した」という記述がある。お盆の七月十四日から三夜にわたり繰り広げられる勇壮な門火乗は、騎馬が許されている諸士と馬責役が数頭ずつ組になり着順を競ういわば競馬で、通りの両側には幾つもの大門火が赤々と焚かれ、鈴なりの領民がやんやの喝采を送るのである。

出走馬は、広小路を出発すると、上番丁の角を曲がり表通りに出て、十三日町、三日町と疾駆し、八日町角から下番丁に入り広小路で終着する。このため、十三日町側からは観覧できるが、櫓横丁側からは不可能である。ということは、大坂屋中村忠兵衛家は、十三日町の櫓横丁側ではなく、表通り側に面して建てられていたことになる。それは当時のものと思われる「八戸藩政時代市街図」の当該地に「忠兵衛　九間二尺」とあることからも裏付けられる。

文政十一（一八二八）年の藩日記にある、角力興《すもう》行時の間口当たりの貸付金一覧をみると、十三日町は表間口一間につき金五両と八戸一の地価となっている。大坂屋の間口は九間二尺とあるから、ざっと四十六両を貸し付けたことになり、何かと経費のかかる土地なのである。

住まいの謎

『宗門改帳』の記載は、右から左へ忠兵衛、忠平、昌益、涼庵の順になっている。しかしながら、十三日町の表通りに面してこの順序で居宅が並んでいたわけではない。通りに面した建物には表間口の広さに応じて税金がかけられる。そのことから富坂涼庵が住んでいた長屋が通りに面していることなどありえない。

貞享四（一六八七）年の藩日記には、「遊行上人の回国時、上人は天聖寺に、従者六十四人は十三日町忠兵衛裏町長屋に宿泊した」という記録がある。そのことから大坂屋は結構な収容力のある長屋を所有しており、富坂はその長屋の一角に住んでいたものと考えられる。

一方の昌益は持ち家に住んでいるから通りに面していたとも考えられるが、現代とは違い当時の町医者の治療は往診に限られ、診療室は不要だから何も表通りに面している必要はない。そのうえ、昌益にそれだけの間口税を払えるほどの財力があったかどうかも疑問である。恐らくなかったであろうし、何もわざわざそんな高価な土地に住まなければならない理由も見あたらない。

そうなれば、昌益の居宅は大坂屋の裏手で、現在櫓横丁に面して立てられている「安藤昌益居宅跡」標柱から奥に入った辺りということになり、『宗門改帳』の記載から昌益の居宅と富坂の長屋とは隣り合っていた可能性が高い。

涼庵の住居も持ち家だった

『宗門改帳』から浮かび上がる、一つの疑問がある。昌益の組・八戸は、総計欄では、「家数」六軒、「竈数」二軒となっている。「家数」とは「持家の数」で、「竈数」というのは「借屋の数」を示している。ところが、八戸の内訳欄は「持家数」五軒、「借家数」三軒と総計欄とは異なっている。

内訳を右から順に要点のみ記すと、「門徒願栄寺森岡本町太郎兵衛借家　吉右衛門」「浄土宗天聖寺　源兵衛」「同宗同寺　嘉七」「門徒願栄寺　忠兵衛」「門徒願栄寺　忠平」「同宗同寺　昌益」「同宗同寺　同組文次郎借家　涼庵」「浄土宗来迎寺　同町福松借家　吉三郎」となっている。

正確を期さなければならない『宗門改帳』のことであるから、記載に間違いがないとすれば、内訳で借家とされていたどこかの住居が、総計のときに持ち家に組み入れられたことになる。

すなわち借家に住んではいるが、持ち家扱いされ家賃を払っていないというややこしい話なのである。それがどの世帯かということになると、可能性として高いのは家主が大坂屋の手代である涼庵の長屋であろう。

なんとならば、涼庵は推円のお抱え医である。昌益が大坂屋忠兵衛のお抱え医で持ち家を宛てがわれていたように、涼庵の居宅も持ち家だったために、総計欄で持ち家が一軒増えたと考えられる。

「二軒長屋」に住んでいた

現代の私達は、江戸時代の持ち家といえば、松の木の一本も茂っているそれなりの庭がある一戸建てを思い浮かべる。しかしながら、昌益は他人からむさぼることをしない謙虚な人間であるから、持ち家といってもそんな邸宅ではないだろうと想像はつく。

これまで観てきたように、昌益の住居は通りに面してはおらず、涼庵の長屋と隣り合っている。そのことからして、昌益の持ち家も涼庵と同じ長屋を宛てがわれていたのではないかと思えてきた。確かに、昌益の質素な暮らしぶりをみると、涼庵と昌益の家族が二軒長屋の同じ一つ屋根の下で暮らしていたと想像する方が似合っているような気がするのである。

四、『昌益未刊資料』の発見

上杉修は、野田の新発見と藩日記から得た自らの知見をもとに、昭和二十七（一九五二）年八月十日付の地元紙『デーリー東北』に、「願栄寺と安藤昌益」を発表した。その発表で藩日記の研究に一区切りつけた上杉は、昌益に関係すると思われる家々を精力的に訪ねることにした。

その努力が実り、同年、ジャーナリスト中里進の紹介で訪ねた岩泉成家《いわいずみなり》から昌益に関する多数の資料を発見する。岩泉家では上杉の真摯な調査姿勢に心を動かされ、研究のためならとすべての資料を譲り渡したが、上杉の発見は「足で研究せよ！」という研究会の実践態度が骨の髄までしみ込んでいたからこそ成し得たといえる。それらの資料は、《岩泉正意》が、真法恵賢流の和算家・神山銀三の娘・豊《とよ》と結婚したために託されたのであったが、そのときの上杉は、その発見が後の昌益研究を揺るがすほど大きなものになるとは思ってもみなかった。

《正意》は通称「まさのり」と呼ばれ、他にも「まさもと」、「せいい」ともあり、定かでないが、慶応二（一八六六）年、採鉱冶金技術研究のため、盛岡藩校・日新堂に入学し、大島高平から英語を学ぶことにより藩随一の洋学者となった傑物である（『きたおうう人物伝』、八戸近代史研究会作成、デーリー東北新聞社発行、一九九五年、「岩泉正意」については渡部高明執筆）。

後に『昌益未刊資料』（以下『未刊資料』と略）と呼ばれるようになる古書は、『私法神書巻上』、『私法神書巻下』と思しき端本《はほん》、『和訓神語論』と呼ばれている端本、『博聞抜粋』、『転真敬会祭文』、『禽獣草木虫魚性弁』、『確龍先生韻経書　一』、『暦大意上』・『暦之大意中位下』（以下『暦ノ大意』と略）等である。

寺尾はこれらの資料について詳細な検討を加え、『私法神書巻上』については残存していた稿本『自然真営道』の第九巻（東大本）と比較検証したところ、「表紙と目次、冒頭の二葉と末尾の一葉を欠くだけで、ほぼ完本に近く鮮明な手稿本で」、「字句上の些末なことだけで、内容にかかわる異同はまったくない」とした。

『私法神書巻下』は、「表紙も裏表紙も欠き、内容の約半分を成すはずの第四十六代孝謙から第八十代高倉までの天皇紀と、末尾数葉が欠けており、中間にも二ヶ所でそれぞれ数丁と思われる欠落があり、その意味では端本である」とし、内容的に稿本『自然真営道』第九巻と連続していることから第十巻の一部を成すものと考えられている。

表紙も標題もないことから、寺尾が『和訓神語論』と名付けた端本は「稿本『自然真営道』の第五十五～五十七巻を構成している『万国気行論巻・日本国分・和訓神語論の一部』である」とした。

『博文抜粋』については、当時一橋大学大学院社会学研究科の助教授だった若尾政希《わかおまさき》による詳細な研究論文（『安藤昌益からみえる日本近世』所収、財団法人・

東京大学出版会、二〇〇四年）がある。その論考で若尾は、万治二（一六五九）年に刊行された全五十冊に及ぶ『太平記大全』から昌益自身が抜き書きしたものであることを明らかにした。

『転真敬会祭文』について寺尾の解説を要約すると、「昌益の死後、その遺訓を継ぐべく《転真敬会》の名のもとに、再結集をはかった」。そこで「その会の趣意書ともいうべき《祭文》の案文」を作成した。それに対して他の二人の弟子が注解を加えたもので、実体は《諺解《げんかい》・評注》であるから、『転真敬会祭文注解』と呼ぶべきであるとし、内容については、「そこには昌益思想が脈々と流れ、昌益理論が高々と鳴っているとは言い難いものがある。……。そもそも、《転真を敬う会》という発想、組織化の趣旨が、昌益思想の継承ないし門弟再結集の方針としてはあまり適切でない。天地自然の運動法則を探求するという（たとえそれが五行説・四行説の枠内においてであろうと）科学の問題が、何を尊ぶかという人生観・処世観の問題に下がってしまい、《土活真》の運動を基軸とする自然哲学が、生命を礼讃し《天真》を拝跪する《偈文《げぶん》》に変質してしまっている。……」と批評し、「これらのことは、昌益理論が内包していた弱点が露呈したと見るべきか、それとも昌益理論を理解できない弟子たちの低さや俗物性と見るべきか。……」と数々の疑問を投げ掛けて終わっている。

『禽獣草木虫魚性弁』についても、「これが昌益の旧稿であると判断できる確証はどこにもない。さりとて、これを昌益のものでないという断定できる確証もない」とし、「昌益の旧稿としても先初期に属したよほど若い時のもの」と結論づけた。

『確龍先生韻経書』についても同様で、「昌益の門弟である後人が、後に記し、昌益の『述作』であることを後から保証したものである」が、後の稿本『自然真営道』や『統道真伝』に見られる音韻論とは「いちじるしく違うところが多くあり、本資料もまた昌益のものとしては非常に若い時期の、つまり昌益思想形成以前の先初期に属するものである」とし、『暦ノ大意』についても「昌益思想形成以前の先初期に属するもので」、「……はるかに若い時期の習作である」とした。

このように、明治四十二（一九〇九）年に死没した岩泉正意が、昌益の初期から中期にかけての未成熟な昌益資料を捨てることなく保管していたことは、昌益思想の八戸での継承も思わせるが、それは考え過ぎであろう。

五、上杉の変節

昭和二十九（一九五四）年十二月二十一日、上杉は研究会総会での講演で「私のところへ各所から学者が来て、安藤昌益のことをたずねるが、何年もかかって調べたものを一時間ぐらいでメモをとり、わがもの顔をして発表されることは老郷土研究者として非常に痛いところである。知らないと言うと良心がとがめるし、かと言って本にすれば費用がかかる。所詮、田舎者だから仕方ないと諦めている」と苦しい胸の内を吐露した。

実は、「わがもの顔をして発表される」というのは、明治三十（一八九七）年四月、青森市寺町に生まれ、もともと童話作家で、このときジャーナリストだった川合勇太郎《かわいゆうたろう》が、昭和二十六（一九五一）年三月、『日本歴史』第三四号に「八戸藩と安藤昌益」として発表した論文のことを指している。その内容は研究会で発表された域を超えるものでなかったのに自らの業績のごとく中央で発表したのである。

以来、昌益の八戸在住説は、上杉・野田ではなく川合説として通るようになったことから、上杉は臍《ほぞ》をかんだのである。

川合論文発表後も、昭和三十（一九五五）年十一月、羽賀与七郎が『史学雑誌』に「和算家神山由助久品について　安藤昌益をめぐる人物」を川合説として発表したが、同三月、渡辺大濤が『三田学会雑誌』に「安藤昌益の身元と遺稿について」と題した論考のなかで、やっと「引用資料は野田・上杉の発見である」という断り書きを入れるところとなった。

同年、上杉は手持ちの『未刊資料』の写真九枚を目録とともに渡辺に郵送した。それは、『私法神書巻上』一枚、『暦大意上』『暦之大意中位下』『和訓神語論』の各々の最初と最後のページ一枚ずつ、『確龍先生韻経書』の表紙と最初のページ各一枚である。

そのところ、十月二日付けの渡辺の返書には、資料写真についてのコメントの後に『三田学会雑誌』での自らの配慮と資料の扱い方について次のように綴ってあった。

「今後こういう貴重な資料は八戸資料として立派にまとめなさるまでは一切他へ散らばさないようにして頂きたいものです。私はあなた方の発見資料に敬意を表して先般抜刷を差上げた一文にも小井川さんから頂いた御日記の写真か若しくは野田さんからいただいたものを一葉写真版にして挿もうかと思いましたが、野田さんより先に発表することになるので遠慮したわけです。私から未発表の秘密資料を他へ漏らすことはありませんが、あなた方の資料の取扱い方があまりに粗末すぎるので驚いたのです。たとえばこの前の藩庁日記からの御発見物の取扱いがあまりにも無茶でありました。大体あれほどの発見を茶話会程度の研究会などで発表すべきではなかったのです。それを敢えてなさったから川合勇太郎氏が先づ『日本歴史』に皆なをだしぬいて発表されたので今でもあの発見者を川合氏と思いこんでいるものが多いようです」

渡辺がこの書簡を出すに当たって歴史家・家永三郎に相談したところ「そんなことをしたら、資料は学界では奪い合いになり、実際の発見者はわからずじまいで、当事者が馬鹿を見るだろう」と、やはり同じ意見だったという。

渡辺の文面にある「茶話会程度の研究会」というのは「八戸郷土研究会」のことなので、さすがの上杉も苦笑したが、書簡を読み終えて脳裡をよぎったのが、最新で貴重な昌益史料を握っているのは自分であり、昌益研究の中心に今自分がいるのだという新たな認識だった。

上杉が、藩日記の消滅と拡散を必死に防いだのは、八戸市のためになるという一途な思いからであり、その底には史料は自分一人だけのものではない、皆の共有財産だという考えがあったからである。だからこそ、上杉は小井川と野田に解読を依頼したのである。しかし、渡辺の書簡に接したときから、中央の巨大な渦潮に巻き込まれていく自分を意識し、上杉の内部で何かが変わった。

「野田さんの原稿も、いずれ機会があるへで、すぐには発表しないでけんだ」と野田に釘を差すようになった。昭和二十九（一九五四）年八月に渡辺から『統道真伝』の原本を借り受け、翌年の四月まで八ヶ月かけて筆写するほど昌益研究に執念をみせていた野田にとって、それは思ってもみなかった発言であり、とつぜん頭を小突かれた想いがした。

六、「甘味諸薬自然之気行」の発見

上杉が南部家から買い取った、万延元（一八六〇）年十月の「御書籍目録」に、「自然真営道壱冊」とあるのを野田が目にしたのは昭和二十八（一九五三）年のことだった。それは御納戸に収蔵され医書として分類されていたもので、「甘味諸薬自然之気行」という外題であることが判明したのは、昭和三十二（一九五七）年七月二十二日になってからである。

その日、午前八時半、福田村（現青森県南部町）の田中藤次郎は野田を訪ねた。「本日、南部家の蔵を開けますので、おいで下さい」との誘いで、野田は支度を調え十時にでかけた。

南部家の留守を預かっていた福田剛三郎の案内で、薄暗い土蔵の中に通された野田は、そこで大きく息を吸い込んだ。というのは、妙な緊張感があったためか、知らず知らずのうちに呼吸が浅くなっていたからである。

次第に暗がりになれてくるにつれ、古文書類は壁に寄りかかるようにうず高く積まれていると分かったが、藩日記はすでに運び出されており、昌益関係のものがあるかどうかは一つひとつ丹念に時間をかけ調べていく以外に手立てはなかった。それゆえ野田は両腕で抱えられるほどに取り出して来ては手際良く目を通し、また元に戻すという作業を根気よく繰り返した。時間は瞬く間に過ぎ去り、正午になろうとしていた。

　土蔵の東南隅の壁に積み上げられた「尚書」（書経）を調べていた時である。その間に挟み込まれた冊子の表紙に『自然真営道　甘味諸薬自然之気行』という文字を読み取った。途端に、膝がガクガクし震えが止まらなくなった。その時、近くの市役所のサイレンが正午を告げ、けたたましく野田の頭蓋に響き渡った。

　後に、その『甘味諸薬自然之気行』は、稿本『自然真営道』「薬性紀巻」（第六十二巻〜第六十七巻）のどれかの一巻に相当することが寺尾により明らかにされた。野田はその発見について発表すべきかどうか迷った。それは渡辺大濤から「所有者の意志を尊重するように」と釘を刺されていたからである。

　後日、岩手大学の学芸学部長・森嘉兵衛《もりかへえ》が調査に来たとき、それに目に止めたので事情を説明したところ他言しないと約束してくれた。それから何年かして森は「自分が紹介者になるから論文を発表せよ」と野田に助言し、そばに居た小井川もそれに賛成した。

　それは藩日記から野田が発見した記録を含めての話だったが、野田は上杉の許可を得なければならないと思いその旨を伝えると、やはり返事は「いずれ好機の到来するまで待ってくれ、今は発表しないでくれ」と、上杉は頑なだった。その話を聞いた周りの人間は「ぐずぐずしていては馬鹿を見るだけだよ」と忠告した。

　板挟みになった野田は苦悩した。そうしている間にも、野田の業績を、昭和四十一（一九六六）年、尾藤正英が『近世思想家文集』に発表した。

　その秋、桑原武夫と奈良本辰也が上杉を来訪したとき、「甘味諸薬自然之気行」を二人に見せてあげたいというので上杉に返却した。記録にはないが、同書はおそらく財力のある上杉がすでに購入していたのであろう。

　発見から十年近く発表もできず、ただ「甘味諸薬自然之気行」と睨めっこしていた野田が不憫に思える。

※　　※　　※

野田による『甘味諸薬自然之気行』発見の翌年八月、渡辺大濤は七十九歳の生涯を閉じた。さすがの渡辺も、六、七年前から横にならなければ読書ができないほど体力に衰えを見せていた。そして四年前、血圧系統の大患に冒され歩行が覚束なくなった。しかし講演を頼まれると不自由な身体で遠路もいとわず出掛けていた。気力は少しも失われていなかったのである。

「一生の仕事を農村文化の開発と仏教の根本的改善と決めて最善の努力をした」と自ら語っているように、各地から農村の指導者が訪ねて来るたびに、自分の蒔いた種が芽を出しつつあることを我がことのように喜んでいた。

語学に堪能だった渡辺が、晩年に再びサンスクリットを学び返し、原典に戻るべく執筆した「梵文経典」は、ついに未完に終わった。そして最後まで心残りだったのは、「秋田関係と昌益一家の最後」についてであった。この世に数々の未練をとどめ、こよなく愛して止まなかった家族を遺し、渡辺大濤は大地に戻った。

第七話　渡辺没後の研究

一、新たな潮流

八戸の昌益研究は、それまでの上杉・野田ラインの業績に刺激されながらも、しがらみのない新感覚と幅広い歴史観で捉え直そうとする勢力を迎え新たな段階にはいった。それは、西村嘉、神山恵介《こうやまけいすけ》、工藤欣一《くどうきんいち》を中心とする新しい潮流の台頭であり、八中（八戸中学校・現県立八戸高校）の卒業年次で言えば、順に昭和十四（一九三九）年、二十三（一九四八）年、二十七（一九五二）年という関係になる。

神山と工藤の二人は、大学在学中に松田智雄のゼミを受けたことにより昌益の存在を知るところとなった。前述したように奈良本辰也やノーマンらとともに、『統道真伝』の勉強会を持ったほどであるから、松田は昌益思想についても一家言ある。その松田は、ノーマンと同じ長野県軽井沢町の出身であるが、東京帝国大学でドイツ経済史を専攻した後、東大教授として同僚の大塚久雄らとともに西欧社会近代化の歴史を比較研究するかたわら、立教大学の講師をも務めていた。

その立教大学在学中、神山は松田の薫陶を受け、やがて八戸に帰ると昭和二十五（一九五〇）年、二十代の青年達を集め同人誌『世代』を発行した。そのかたわら昌益研究を続け、昭和三十一（一九五六）年、『世代』十五号に「安藤昌益の社会思想」を特集するところとなった。

一方の工藤は、東京大学経済学部に在学中、大塚久雄主任教授の厳しい指導のもとドイツ経済史を学んだ。

帰郷した二人は意気投合し、昭和三十四（一九五九）年、すでにデーリー東北新聞社を辞し、「北方春秋社」を立ち上げていた中里進らとともに、「八戸社会経済史研究会」を発足させると、『概説・八戸の歴史』全六巻の出版に着手した。第六巻は神山の死去により未刊となったが、昭和三十六（一九六一）年七月、野田はその『中巻一〈八戸藩の建設と安藤昌益〉』（北方春秋社発行）に、「安藤昌益と彼をめぐる人々」「法世物語の土壌」を発表し、発売と同時に海外からの注文も相次ぐなど大きな反響を呼んだ。

その二年前の昭和三十四（一九五九）年十月、渡辺の墓参をかねて上京した野田が、すでに自らが書写した『統道真伝』を所有しているにも拘らず、渡辺の『統道真伝』をマイクロフィルムに収めたのは、誰でも閲覧できるようにと願ったからで、その後八戸市立図書館の所蔵となった。

それを機に、昭和三十五（一九六〇）年、八戸市立図書館に資料係が置かれ、ついで資料室が開設されると、中里進は一万点に及ぶ近代史料を寄贈し、その中には、山田鑑二の岳父・伊東喜平が青空文庫に売却し、後に「ほんの虫書店」を経営した中里進が購入した物も多数含まれていた。

さて、新潮流を築いたもう一人の西村は、大正十（一九二二）年六月、八戸市に生まれ、昭和二十四（一九四九）年に八戸市役所職員となって以来、農業畑を歩いてきたが、昭和三十八（一九六三）年四月に転じた図書館勤務が事宜《じぎ》を得た役職であったことは後の業績を見れば瞭然としている。

昭和四十一（一九六六）年五月、西村は野田とともに「上杉修氏所蔵郷土資料目録」を作成し、秘蔵されていた上杉資料の全容を明らかにすることにより昌益資料公開への準備を着々と整えた。

翌年、番町に発生した連続放火事件により上杉宅は類焼したが、上杉は危機に瀕した『日記』類を必死に運び出し守り通した。そして、野田は縁が焼けこげて判別しにくくなった『未刊資料』の復元原稿を作成した。この火災を契機に、上杉は『八戸藩日記』六百冊と『勤功帳』四十冊を八戸市に寄託し、公開に踏み切ることになる。

時の市長・岩岡徳兵衛が、八戸市史編纂を計画したのは昭和四十（一九六五）年のことで、開市三百年記念と銘打ったが、それは、寛文四（一六六四）年に八戸藩が創設されたことによっている。

市史編纂事業は、監修者を岩手大学名誉教授・森嘉兵衛、監修者顧問に小井川潤次郎、編纂委員長を青森大学教授・盛田稔とし、考古・古代史、中・近世史、近代史の三部会編成として四ヶ年の予定で始まった。上杉は顧問におさまり、野田は中里らとともに、中・近世史部会を担当した。そして、工藤、神山らは近世史部会に入った。

しかし、八戸の歴史全体を俯瞰し、個々の専門者に割り当てる大本がいなく、しかも行政には、昌益研究の中央とのパイプ役を務め、フランス文学者桑原武夫と親交のあった東大卒の《中野《なかの》清見《きよみ》》という目付役がいた。そのため初巻となる「史料編　近世一」が出版された時は、すでに昭和四十四（一九六九）年三月となり、市長も中村拓道《なかむらたくどう》に代わっていた。その後、順次刊行されたが、昭和四十八（一九七三）

年、「近世四」までできたところで野田が降りることになる。それを継いだ西村嘉は、「通史編」を執筆し、昭和五十一（一九七六）年三月に出版すると、翌年の「近世五」、翌々年の「近世六」をもって、「近代史」に到ることなく事業にピリオドが打たれる。

二、『詩文聞書記』をめぐって

発見の経緯とその意義

神代《かこみ》忠治と西村とは研究会の会員同士で、縁戚関係もあり懇意にしていたことから、神代は「実家は昔は医者をしていたので医書や医具が沢山あります。安藤昌益に関するものもあるかも知れません。いつか見に来てください」と口癖のように西村に伝えていた。

そして、昭和四十一（一九六六）年秋、西村は神代宅を訪ね、預かった古文書の中から『詩文聞書記《しぶんもんじょき》』を発見したのは翌年のことである。縦書きの表紙には、中央に『詩文聞書記』、その左下に二行にわたり「露擔堂」「夢遊」、表題の右側には一段下がって「延享甲子春」とある。そのことから編者は、露擔堂夢遊《ろたんどうむゆう》で、寛保四（一七四四）年は、二月二十一日をもって延享へと改元されることから表紙を作成したのはそれ以降ということになる。

表紙にもあるように、この年は干支《えと》の初めに当たる「甲子《きのえね》」で、陰陽道《おんみようどう》では「革令」と称し変乱が多いとされ改元が常であった。このことから『詩文聞書記』の編集は何となく思い立ったのではなく、一種の緊張感のもとに編まれたことが窺える。

『詩文聞書記』には、寛保四（一七四四）年の新年から延享五（一七四八）年までの自筆・他筆の漢詩・漢文他がほぼ年代順に筆録されている。そして、昌益の八戸来住初期の思想や交流などを経年的に知りうる貴重な資料ともなっている。

その『詩文聞書記』の重要性に鑑み、市史編纂室近世部会（会長・斎藤潔）では、『八戸市史　近世資料編Ⅲ』（八戸市、二〇一一年）第七章「安藤昌益」に、初めての試みとして全文の翻刻と写真版を掲載した。

露擔堂夢遊については、永いこと《守西上人》とされてきたが、本書一六五頁に掲げた書物で三宅正彦がいみじくも指摘したように、守西上人ではなく後住の《夢遊上人》である。三宅が挙げたいくつかの理由の中でも決定的なのは、『詩文聞書記』の漢詩に「現天聖　夢遊」という署名があることであるが、今でもなお守西上人としている文献を見るにつけ、この際その周辺にも触れておきたい。

後住を讃える年頭賀

『詩文聞書記』は、先代の住職・守西上人が後住の夢遊上人へ贈った年頭賀から始まるが、そこにはお世辞とはいえ最大限の讃辞が籠められている。

「甲子の年にめでたい祝いを履《ふ》み行うことにより、あなたの新しい年が安らかになるように祈念いたします。まことに王法と仏法とは鳥の両翼のようなものです。天聖寺の門に輔《たす》けること明らかな泰平の証しである鳳凰のようなあなたが現われました。あなたはまず新年の花を身に帯びて笑って頷かれます。幸いにもあなたはこの寺に住持してくださり立派な大臣のような悟りを開かれています。それを祝してその若い雄しべと雌しべを見ると、まるで王仏の両翼がおさまっているように見えるのです。あなたは私に古稀から何歳超えていらっしゃるのですかと幾度もお尋ねになります。私は笑いながら門松の枝の上を指してただ座禅を組むだけなのです。ひるがえって外は暖かい春の時節であなたはその陽春のような徳を兼ね備えておられます。ですから私はすっかり安心して知らず知らずの内に床の上で眠ってしまうのです。私は新年を迎え七十三歳になりました。これまでの私の人生は詩歌を詠《うた》わず禅を説くこともせず逆らうも従うも思いのまま心のおもむくまま、なんとなく鶯のさえずりを聞きシラミを捻りつぶしながら、またうとうとと眠るだけで心地よいこと限りなかったのです」〈訳は青森県立六ヶ所高校・柴垣博孝校長（平成二十五年度現在）による。以下も同じ〉

天聖寺の歴代住職

前掲の『八戸の神社寺院由来集』によると、判明している分の天聖寺の歴代住職は、二世・荘譽南甫愚心和尚、三世・心蓮社一譽上人存悦和尚、四世・親蓮社緑《（ママ）》譽良恩上人雲及和尚、五世・先蓮社初譽上人甫玄和尚、六世・終蓮社往譽圓應上人、七世・十蓮社声譽孤圓一形上人、八世・捜蓮社良玄則譽上人知聞上人、九世・雄蓮社延譽上人擔阿利含とあるが、残念なことに年紀は記されていない。

藩日記の元禄十四（一七〇一）年九月七日の条には、「来春天聖寺を普請するつもりだ。先年存悦の代に、門前道（参道）を新町から五間口お願いしたが、その年は凶年だった上、存悦は最上江師の後添えで罷り越した。後住・縁誉上人のときも凶年で普請ができなく代地も地主へ返却した。現在は町役もやっており、再度新町から五間口の参道普請をお願いしたところ許可された」という記録がある。

ということは、元禄十四（一七〇一）年以前の住職は、二世最上江師、三世存悦和尚、四世縁譽上人の順で、天聖寺の普請を再度願い出たのは五世と思われるので、おおよその年代区分もつく。

八世の良玄則譽上人は《守西上人》で、九世の雄蓮社延譽上人擔阿利含には、『詩文聞書記』の編者である露擔堂夢遊の「擔」の字が入っており、事実この九世が《夢遊上人》に外ならない。

守西上人と夢遊上人

守西上人については、藩日記の元文四（一七三九）年の年頭目録に、「天聖寺隠居江御扶持米被成下事」とある。そして、元文五（一七四〇）年の年頭目録にも、「天聖寺隠居から、老朽化した長者山地蔵堂を取り壊し、霊松院（初代八戸藩主南部直房の正室）の称号とともに念仏堂への合祀を天聖寺を通して藩に願い出」があり、合祀は認められなかったが六月七日に地蔵堂を移築している記録がある。これらのことから、守西上人は遅くとも元文三（一七三八）年には隠居していることが分かる。

夢遊上人については、藩日記の寛保三（一七四三）年九月二十四日の条に、入部した第五代藩主南部智信（後の信興）が菩提寺の南宗寺に仏参したときの様子が綴られている。すなわち、天聖寺の住職が献上した菊花は、「底板と文柱とを鋳物で一体にし柱が菊に隠れて見えないように工夫してあった。見苦しくなければ南宗寺から差し上げたことにして頂きたいというので、そのようにした。藩主は大変満足されたが、それが天聖寺の住職の造作であったことを後で知った藩主は大義に思し召され天聖寺住職にその旨を伝えた」という内容である。

守西上人が手放しで誉めた年頭賀とあわせ、夢遊上人は謙虚でしかも才気煥発な人物であったことが知れる。

夢遊上人と岡本高茂との交情

年頭賀の次に綴られているのは、正月行事が一段落した礼に、夢遊上人が筆頭総代である岡本高茂をはじめとする檀家衆を招いたときの様子で、酒や温かい鍋物を振る舞ってくれたことに対する岡本の感激が興奮的に述べられている。

「貴僧は私によしみを尽くしてくださります。あなたに会うとすぐに中国の酒泉郡へ行ってこんこんと湧き出るお酒を呑んだような気分になるのです。お酒の楽しみは自然の道に通じており、一斗も呑めば多くの客人は皆本来の姿になります。煮込んだ肉や野菜がいっぱい入ったスープの美味しさは多くの客人の健康を養い、さらに陶淵明が濁酒をこすために葛の布で作ったという頭巾の故事に背くことなく、いくらでもお酒を呑むことができました。誠に貴僧のこの上ないお心に対する感謝の気持ちは手紙だけではとうてい尽くせるものではございません。よってご自宅にお伺いしなければならないと思っております」

三月六日、暴風雨の中、岡本はお礼のために夢遊上人を訪ねる。文面から察するところ岡本が夢遊上人を訪問したのは初めてであるらしく、岡本に対する夢遊上人の感謝の想いが綴られている。

「あなたからのお手紙は私の手の中にありますが、あまりにも有り難いお手紙ゆえ置いておくわけにもいかず、ずっと手に持っておりましたので暗誦してしまいました。とうとう貴殿は風雨をもいとわず拙宅へいらっしゃいました。小生は喜びもいっぱいになり盃を浄め一献おすすめいたしました。とは言いましても本当は荒れた席から奇麗な席に移動して召し上がっていただきたかったのですが、ほとんど拙僧の思い通りにはなりませんでした。そのようなことで心残りが増すばかりですので、小生は勤めが暇になりましたら足労を惜しむことなくあなたの家を訪ねご恩に対しお礼を申し上げたく思っております」

岡本高茂

岡本高茂は、吉田一水軒印西《いんざい》が興した吉田印西流弓術の八戸藩七代目で、和歌の素養でも江戸堂上《どうじょう》派に連なる本格的なものである。昇殿を許される公家である堂上家に流布していた二条家歌学は、その一派である三条西実枝《さねき》から古今伝授を受けた細川幽斎が、信長・秀吉・家康の三代にわたり重用されるや、堂上家流派のなかでも抜きんでた隆盛を示した。

当時は、その門戸に学んだ京都の松永貞徳が町人や農民など地下《じげ》の人々に広めた貞門俳諧、江戸の田代松意や大坂の西山宗因の談林俳諧、そして松尾芭蕉の蕉風俳諧が興っていたが、岡本はそれらには目もくれず和歌の正統を守っていたのである。

信州松代（長野県長野市）出身の窪田半左衛門の息子として生まれた岡本高茂は、享保十三（一七二八）年五月、十五歳のとき七両二人扶持の御次見習いとして江戸表で出仕し、翌々年八月、三百石を食む岡本家の養子となった。家中で三百石以上の俸禄を賜っているのはわずか四人で、「家柄」と呼ばれる上士を形成している。養子となった経緯は、岡本家当主・斎宮正弘の嫡男が十三歳になっても御目見得もできないほど病弱だったためで、そこで七歳になる末娘に婿養子を迎えたのである。

岡本家は、織田信長を陰で支えた西美濃三人衆の一人、豊後国臼杵城主稲葉伊予守良通一鉄入道に繋がる。一鉄の嫡子が臼杵藩の藩祖で、その弟にあたる権左衛門通正の嫡子・稲葉源右衛門高通が岡本高茂の養父にあたる。その高通が、寛文年間（一六六一～七三）、片桐主膳正《しゅぜんのかみ》のもとに江戸預かりの身となっていたところ、寛文四（一六六四）年に開封した八戸藩に盛岡藩士・岸半九郎を寄親として二百石で召し抱えられた。

ところが、一鉄の孫娘にあたる春日局に林正成が婿入りし、その息子・正勝が将軍家光から譜代の稲葉家を立てさせてもらい父子二代にわたり老中を務めたのを境におかしな話になってきた。延宝五（一六七七）年、老中稲葉美濃守正則から改名せよとのお達しが稲葉家に舞い込んだのである。臼杵藩は稲葉の宗家にもかかわらず外様であったことから、致し方ないことと岡本に改姓した。

老中の立場を笠に着て外様を排斥し、譜代としての権力を振りかざす幕府に岡本高茂が潜在的な反抗心を秘めていたとしても不思議ではない。岡本の場合はそれが藩への抵抗となって後に顕われる。

姉の「見勢《みせ》」は、第四代八戸藩主南部広信の側室で、嫡子の弟を産みながら早世したため失意のどん底にあった。寛保元（一七四一）年五月二日、広信が没すると薙髪《ちはつ》して尼となり、慈照院と称し、しばらくは江戸にいたが、度重なる不幸をみかねた妙雲尼は、広信の遺児・鶴姫を見勢の養女とし国限り奥方とした。

妙雲尼は、第二代八戸藩主直政の正室（正確には継室）で、盛岡藩四代藩主南部信濃守行信《ゆきのぶ》の愛娘・志久姫である。直政が斃れた後、すぐさま薙髪したとのことで妻の鏡と後世に伝えられた。ところが寛保三（一七四三）年五月二日、妙雲尼は江戸で死去したことから見勢は身の置き場所を失い十月、鶴姫とともに帰国した。

このように岡本の周辺は名士で固められている。岡本が八戸に居を定めたのは寛保三（一七四三）年二月のことで者頭役を拝命している。その二年後に夢遊上人へ昌益を引き合わせたところをみると、在着まもなく昌益と知り合ったようである。そのことはまた、八戸在住が確認される延享元（一七四四）年以前から昌益は八戸に来ていたという説の裏付けともなりうるが、その機縁はひとえに岡本の備えている文武両道にわたる資質によるものが大きいであろう。

というのは、岡本は昌益の門弟ではないが、夢遊上人が「儒者」と一目置いたり、嫡子に「正苗」と命名したり、明和六（一七六九）年に、江戸詰側医に見放され下向した、清姫の乱心病をいとも簡単に治癒させるなど、日本精神医学の草分けとも目される昌益の影響を色濃く受け継いでいるからである。

岡本は、宝暦五（一七五五）年八月、者頭役一同が南大門の足軽門番に下座した事件の首魁とみなされ、名久井（青森県三戸郡名川町）への蟄居を命ぜられ、そのことにより昌益から遠ざかった。

「濡儒安先生」登場

延享元（一七四四）年十一月十七日、冬至の前日、総代とともに岡本家に招かれた夢遊上人は、かねてから岡本と親交のあった昌益を紹介される。夢遊上人の感激はこの上ないが、このことにより『詩文聞書記』は最初の意図とは予想もつかない展開を見せることになる。

夢遊上人の気持ちを現代語にして掲げる。

「昨日、あなたの家にお招きいただいたことを感謝いたします。もともと岡本氏に高茂という立派な儒士がおりまして、そのあなたは、上はお館様のお心と気持ちがぴったり合い、下も領民を充分に慰め労《いたわ》っております。あなたが天下の官民を助けていることは上下ともこの上なく誉め称えており、自他ともに認めるところです。それにあなたの友人で穏やかな儒者であります安藤昌益（濡儒安）先生も招きに応じてくれましたので、ともにゆったりと談論することができました。その内容は本当にあなたの真心を中心にして、あなたが誉め称えられていることを喜んだり官民を助けていることを慰労することばかりに走っていず、特に立場も同等でしたので同席した皆さんも満足いたしました。あなたがもてなしてくださいました野菜のたっぷり入ったスープは美味しくて心のこもった物だったので、本当に冬の夜長に朝の四時頃まで夢中で話し込み夜が明けたのも分からないくらいでした。皆さんもなんとまあ語り尽くせなかったことでしょう。感激のあまりに一連の飾り気のない漢詩で、あなたの打てば響くような真心に報いたいと存じます。一幸三笑（たくさん笑ってちょっぴり幸せ）を願うだけです。

日夜相ひ懐《おも》ふ信友の交はり　君《くん》ノ饗を為すや私神を忘る　寒気すら尚《な》ホ温《あたた》む　寝床《しんしょう》の裏《うち》　覚《さ》むる後《のち》明月の新しきを知らず　冬至ノ詩ナリ

〈日夜、信義を尽くしてくれている友との交わりを想います。君子のようなあなたは私心を忘れてもてなして下さいました。外は寒いのにやはり温めてくれます寝床の中。目覚めた後も日付が変わったことにさえ気づかなかったくらいでした。冬至の詩です〉

雪ハ白シ寒風堂中ニ震へる　後苑前池《こうえんぜんち》玉玲瓏《ぎょくれいろう》一陽来復《いちようらいふく》爐火《ろか》に在り　酒を暖め詩を吟じて万興《ばんきょう》濃」

〈〉内は現代語訳。以下の漢詩も同じ。

昌益の講話をめぐって

それから二日後、延享元（一七四四）年十一月十九日の雨の日、昌益は夢遊上人に請われ岡本を筆頭とする檀家衆へ講話する機会をもつ。その内容に感激した夢遊上人は、感想を「謙徳」と題する文章に記す。この時点での昌益の自然に対する立場は、まだ「五運・六気」説に立っている。そのことは昌益の思想形成過程を考えるうえで重要な視点を我々に与えてくれる。それに昌益が「旅人」として扱われているのも興味深い。

「世の中に良き謙譲の徳を注ぎ広めて苦しみや心配事を取り除こうと欲するならば、昌益先生のようにゆったりとした旅人でなければならず、それ（謙譲の徳）を守るために『泰』（泰然自若）をもってする人は栄えるものです。広大な土地を守るために『倹』（倹約）をもってする人はよく安定しているものです。地位を貴び俸禄を重んじ、それらを保持するために『得』（徳）をもって行う人は長く貴ばれるものです。兵卒が多く強いにもかかわらず、戦いを慎むために『恐』（恐懼《きょうく》＝おそれかしこまる）をもってするならば勝つことができるものです。聡明で叡智があるにもかかわらず、『愚』（愚懐＝自分の考えを謙遜した言葉、謙虚な姿勢）の態度で思考する人は本当の賢人です。博聞強記にもかかわらず、『浅』（きちんとした見識・考えの謙譲語）の態度で行う人は、それが外に現われないものです。『易経』の坤の巻にある『六二』とは、とりもなおさず自然のことで人倫にも感応するものでしょう。これに背いて自分に執着し妄《みだ》りな行いをするならば、獣のように飛んだり舞ったり衣掛けが衣を着て動き回ったり飯樽が飯を食ったり老猿が上に立って武力で無理矢理民衆を抑えつけたりするのと同じようなものです。ああ、戯《たわむ》れに自分のことに思いを馳せ、これを恥じて学をなし、聞を慮《おもんぱか》るならば、まさに古賢もただちに身を干すだけでしょう。

鮮言篤行ハ道ニ入るノ門　修シ得タリ風雨ノ輝を厭わズ　美酒珍味モ恥じテ自ラ苦し　邪を省き正を熟し徳を積むことのアヤトナルコトヲ〈鮮やかに言ってのけるならば、徳行を積むことは道に入るための最初の入り口です。風雨を厭わずに昌益先生の話を聴きに出掛けたお陰で、この世の輝《かがや》きを修得することができました。美酒や珍味を恥じるならば、それもただ苦いだけです。邪念を退け正を熟成させ徳を積むならば、心の中が美しい模様となることを信じ、その境地を目指したいものです〉」

講話を終えた昌益は二句の和歌を披露している。それに対し岡本は「奉酬　明師謙徳」の一文と返歌で応える。

「上流にある泉の水を汲んで良いお酒を造ろうとすることは誰しも考えることですが、わたしが考えるには当地は僻遠にあり庭の築山の水が激しく流れ落ちる時候にでもなれば、霜害で築山は崩れやすく氷害に伐《き》られあるいは寒雨にでもなればほとんど濁った水になります。そのためこの濁った水で清酒や濁酒を造ることになるのですが、清酒は聖なる酒と言えるでしょうか。濁酒は凡酒と言えるでしょうか。むしろ凡人と聖人とがともに手を携え、いささかなりとも荒れ狂った庭前の濁った山水に向かい、それにくじけることなくさらに酌んで、先生がおっしゃったようにこの厳しい自然環境に負けることなく対峙していくべきではありませんか。時雨して志《し》ばしは波の濁れども　ほどなく清流山川の水〈時雨になるとしばらくは波が立ち水は濁りますが、ほどなくして山川の水も清らかな流れとなるでしょう〉」

さあ、いよいよ次から延享二（一七四五）年の記録にはいり、神山仙庵による「求信交」「和鮫浦歌」、岡本高茂によるその返しである「鮫浦歌」が続き、昌益の数日間にわたる講演を讃えた、夢遊上人による「奉酬謙徳」となる。

講演は延享元年ではなかった

筆者が『詩文聞書記』に興味を持つようになったのは、前掲の安永寿延らによる『人間安藤昌益』によるものが大きい。一読して昌益の伝記と思想が理解できることから増補版が出たほどで入門書としても馴染みやすい一冊だった。そこには「八戸知識人との出会い――『詩文聞書記』の世界」と題して、昌益の講演に感激した夢遊上人による「奉酬謙徳」、神山仙庵が岡本高茂へ交際を申し込んだ「求信交」等の書き下し文や現代語訳、写真版が掲載されていた。

ところが筆者は、文中に昌益の講演が「延享元年の十二月中旬に開催された」とあるのを知り悔やんだ。というのは、後に昌益門下の高弟となった神山が入門を決意したのは〈昌益の講演を聴いて感動したからでないか〉と考えていたからである。実は、神山は延享元（一七四四）年八月二十四日に江戸に上り、翌年五月二十八日まで城下を留守にしていた。そのため、延享元年の十二月中旬の開催ではどうとも講演に参加することができなかったのである。

さらに安永は「江戸からの帰任の年、延享二年閏十二月、寿時は高茂、守西らとともに、鮫が浦で船遊びを楽しみ、詩文を詠んでいる。その時のことであろうか、高茂に一書を呈して熱烈な敬愛の念を吐露し、指導を乞うている」と神山仙庵寿時の行状について記していた。

筆者は、〈岡本高茂に弟子入りを求めているということは、延享二年閏十二月の時点でもまだ昌益に師事していない可能性があるなぁ〉と嘆息した。〈すると仙庵はいつ昌益の門下生になったのだろう〉と疑問がさらに湧き上がり気持ちが晴れることはなかった。それで、一度どうしても『詩文聞書記』を調べてみる必要に迫られたのである。

平成二十（二〇〇八）年盛夏、筆者は仕事の合間をみて八戸市立図書館に足を運ぶことにした。コピーした『詩文聞書記』を持ち帰り精読したところ、数日間にわたる昌益の講演を報じた夢遊上人による「奉酬謙徳」は、延享二（一七四五）年十一月十四日の神山が岡本へ贈った「和鮫浦歌」の返しである「鮫浦歌」と、十一月中に夢遊上人が岡本へ宛てた「北海山主見恵書」と題する書状との間に記載されていることが分かった。

すると、昌益の講演は延享元（一七四四）年ではなく、その翌年の十一月十五日以降の十一月中ということになる。であれば、神山は城下におり、講演会への参加は可能となる。なぜこのような錯誤が生じたのか。それは延享元（一七四四）年の講話と翌年の講演を一連の同時期のものと解釈したためで、本来は考えられないミスである。

講演後に夢遊上人が昌益へ捧げた漢詩には、「即今単的自然意」〈即今《そっこん》単《ひとえ》に的《あき》らかなり自然の意〉とある。このことから、昌益は講演で自然とは何たるかを語った。その講演を讃美して夢遊上人は、聴衆の誰もが幾重もの喜びに輝いている様子を伝え、世俗に惑わされず超越した徳を備えている昌益に感動したと述べており、次項に掲げる入門志願書の聴講随想からもその感激が伝わってくる。

ということは、当初の昌益は自然の道を説く有徳者として極めて感動的に八戸人に受け入れられたということで、その聴衆の中に神山がおり直ちに入門に至ったことは、神山の一門に対するその後の影響力を考えると当然の帰結であろう。

夢遊上人の入門願い

本項の書簡について、安永は前掲書で「昌益の講義を聴講して、だれよりも感銘を受けた守西上人の、いわば入門志願の願書である。おそらく彼の願書が第一号であったにちがいない」と述べている。

夢遊上人を守西上人とした間違いは措《お》くとしても、漢詩に「群哲少第《しょうだい》　先生の門」〈昌益先生の門下には群を抜いて道理に明るい年少の門弟がいらっしゃる〉とあることから、「第一号」というのは当たらない。「年少の門第」とは、前述の「年始状」で神山の前に挙げられている関立竹、上田祐専、福田六郎、中居伊勢守、高橋大和守の五人に他ならない。その中で年齢が判別できるのは、関の十七歳、上田もほぼ同年代、福田の二十七歳であるから確かに若年と言える。

さらに同氏は続けて「ところが、この書簡のあとに昌益の返書、つまり入門を認める旨の書簡が記されていない。多分漢詩の最後の行が、あるいは昌益の忌諱に触れたか、それとも単に老齢のせいであろうか。のちの昌益の門人のなかにも、宮司はいるが僧侶は一人もいない。いかなる理由にせよ、守西の入門は認められなかった」と述べている。「入門を認める旨の書簡が記されていない」、「昌益の門人のなかにも、宮司はいるが僧侶は一人もいない」のは確かであるが、入門を志願したのは夢遊上人である から老齢ではない。しかもこの「入門嘆願書」以降に夢遊上人による昌益思想の修学メモが随所に登場してくるのである。そのことは「昌益の忌諱に触れ」、「入門は認められなかった」という事実が存在しなかったことを示している。

昌益は「吾に師なし。弟子なし」(『大序巻』)と言っている。そのことから「確(葉)門」は昌益に教えを乞い、昌益を支えてゆく同志会のような存在であったと思われる。それゆえ、慕ってくる人を拒否することはなかったと思われる。

さて、この「入門嘆願書」には、宋学の別称である「理学」(性理学)や「文学」(儒学)、究極的宇宙普遍の理(格物)を知るために万物に内在する個別の理を極めること(致知)を目指す「格物致知」という文言も登場する。

後述するように『儒道統之図』の発見により、昌益儒学の道統は北宋の大儒《程伊川《ていいせん》》直伝の系譜にあることが判明した。「格物致知」は、儒教の経書で説かれていたものを朱熹(朱子)が『大学』の中に取り入れたとされているが、その理論に最初に注目し推重したのは、《程伊川》である。これらのことから、昌益の言う「格物致知」の源流は程伊川まで溯るといえよう。

また他にも、この時代の昌益がいかに「仁義礼智忠信和正の道」にこだわっていたのかについても語られ、内容的に重要な点も散見されるので、聴講随想の現代語訳を以下に掲げる。

「発言する時は内面を振り返り、行動する時も他人に篤く思慮深く処するならば悔いを残すことはないでしょう。学ぶ時は精一杯精進し従順になり気持ちを平静に保ち真面目にやっていれば大成するでしょう。かつて先生は『仁義礼智忠信和正の道は人間であれば誰でも学び、これに理学と文学を加えるならばなお宜しい』とおっしゃいました。その言葉は的を射ていると思います。先生は上は天の『理』に通じ、下も地の『気』を極め、『鬼神』の道を明らかにして、人・物にも広げられましたが、そのお蔭で格物と致知とが燦然と輝いてはっきりと目に見え、自らの学問を成就させるために必要で十分な手段を得ることができました。小生は明らかにこのことを悟り喜び勇んで改めようと念《おも》いましたが、悲しいことに何しろ生まれつき体が弱く多くの難治の持病を抱えておりますので真理を究め尽くそうにも尽くすことができず道の途中でやめざるを得ないのではないかと憂えているのです。すがってお願いします。先生！　この二つの重い持病を奥に押し挙げ私を救ってください。もし救われれば、本当は人間なのに堅い鎧《よろい》をまとった獣や、衣を着た猿のような人達の群れから逃れることができ、本文である『正』に到ることができると思います。書状で先生のお気持ちを推し量らせていただいておりますことから、先生が使われた脚韻を汚すことになるかも知れませんが、それを拝借いたし七言絶句をもって先生のご批評とご批判とをお待ちするだけです」

○漢詩の書き下し文と現代語訳

群哲少第先生の門〈群を抜き道理に明るい年若い門弟達が　先生の一門にはいらっしゃる〉

示憐一章　清論ヲ尽クス〈憐みを示しておられる

一章は　清々しく尊い所説に尽くされております〉
紳書膺附《ようふ》　徳ニ入《い》らんト欲ス〈入門願いが受け付けられ　徳のある先生の一門に入りたいと願うものです〉
杲然《こうぜん》とシテ日ならズ　教恩ヲ虚しフセン〈明らかに思った通り日ならずして　先生から教えていただいた恩を無にするかも知れませんが……〉

夢遊上人の修学メモをめぐって

あるとき、市史編纂室の斎藤潔《さいとうきよし》・近世部会長に「『詩文聞書記』の中に昌益思想と思われるメモ書きがあるんですが」と伝えると、軽く笑いながら「近藤さん、全体を見てから言わないと」と諌《いさ》められた。そのアドバイスを受け全文に目を通そうとしたことが、『詩文聞書記』の理解につながることになろうとはそのとき予想さえしていなかった。

また、「校倉『全集』に三宅正彦さんの解説がありそこにメモ書きについて述べてある」と教えられた。調べみると、それは「延誉篇『詩文聞書記』の思想分析―延享年間における八戸の儒教傾向と安藤昌益の思想―」の「八戸における儒教と医学思想」にあり、その中で三宅は朱子学的・後世方医学の観点からメモ書きを論考し、「朱子学の域を抜け出ていない」と片付けていた。

が、筆者はそのメモ書きにこそ、昌益の思想形成過程の謎を解明する鍵があるのではないかと考えた。調べて見ると、修学の成果も合わせ四箇所にわたっており、延享二（一七四五）年十一月十五日から翌年年始までの短期間に限定されていた。そのことからメモ書きは、延享二年（一七四五）五月に完成した安藤昌益と目される「安氏正信」作の『暦ノ大意』と、後に刊行される『自然真営道』三巻本（以下、『刊自』と略）の草稿との中間に位置することが分かった。

そこで、その三書を比較検討することにより、『暦ノ大意』以降の昌益思想がどのように変容して『刊自』の草稿に到ったのか、解明を試みることにした。

寺尾をして「延享二（一七四五）年のころ、すでに『自然真営道』の境地に近づき転換しはじめていた昌益が、それ以前のきわめて幼稚で通俗な水準にある若き日の《読書ノート》を取りだし、これを整理・再編し、わざわざ『自序』をつけて製本し、巻末に『柳枝軒確龍堂安氏正信制フ』と署名するなどは、やや大仰に過ぎる振舞いと思われるのだが、いったいどういうわけであろうか」（『全集』第十六巻下）と言わしめた『暦ノ大意』であるが、『詩文聞書記』のメモ書きと比較することにより、先初期と一蹴された『確龍先生韻経書』や『禽獣草木虫魚性弁』とともにその時点での昌益の最高の到達点を示していたことがよく理解でき、私は思わず身震いした。

最初のメモ書き

最初のメモ書きは昌益の講演を讃えた「奉酬謙徳」の余白に書かれており、走り書きなのは後学のため忘れぬうちに講演内容を書き留めておこうとしたためであろう。しかもそのメモ書きの次は、前項で取り上げた入門志願の一文なので、講演に感動した夢遊上人が弟子入りしてまで昌益思想を学ぼうとする意気込みが目に浮かぶようである。

○書き下し文と現代語訳（丸で囲んだ数字は説明の便宜上つけた。訳文は〈　〉内で筆者による。次項以下も同様）

①日輪ハ三才ヲ借リテ万物ヲ生ジ、其の内ニ、人其の秀でタルコトヲ得テ尊トシ、②四端ヲ借テ仁義礼智信万ヲ知学しテ善ヲ知リ、③人独り万物ヲ意ス。④故ニ日金烏三足三才ノタトへ、金ハ世ノ重宝ヲ知ル事ヲ、昭かニ日ニ顕シ見セタモウ也。〈①日輪は三才を借りて万物を生じ、その万物の内でも人間だけが秀でておりそのことを尊厳としている。②四端を借りて仁義礼智信のすべてを知り学び善を知るならば、③人間だけが独り万物を意すことができるだろう。④だから、日金烏を三足三才の喩えとして、金は世の重宝と知ることを、（昌益先生は）明らかに白日のもとに顕《あらわ》して下さったのだ〉

○『暦ノ大意』と『刊自』との思想的違い

①『暦ノ大意』では「万物を生じるもの」につい

て、「天」、「木」、あるいは「土」と一定していなかったものが、ここでは「日輪」であると明確に打ち出されており、そのことが後の『刊自』で「人・物生の統主は日輪であり」、「自然の進退が、通・横・逆に運回する『自《ひと》り然《す》る真の営み』により、転定・人・万物が連生する」のように展開していったものと考えられる。

②「四端《したん》」（仁・義・礼・智）とは、「仁・義・礼・智・信」（五常）の中の「信」が展開したものである。『暦ノ大意』では「五常には四端が備わっているといっても、信がなく偽嘘ならば戯れにしか過ぎない。信はもともと四端に含まれていてこそ正しい」と四端に「信」を包含させることにより五常より優位に措こうとしており、②との共通点が見られる。これらの記述から、『暦ノ大意』での昌益の雅号〝正信〟は、「信」に対する昌益の思い入れから使用するようになったものと考えられる。それは『詩文聞書記』にあるように昌益が数日間に及ぶ講演で「仁義礼智忠信和正の道」を唱導していたことからも窺い知ることができる。

③「人独り万物を意す」という発想は『暦ノ大意』には見られないが、『刊自』には「自然から生まれたのが男女だから自然の真道は人の身神に備わっており、転定・人・物の妙理をことごとく明らかに知ることができる」とあり、共通点がみられる。この発想が後に「備道」という昌益独自の言葉を生み出すのであるが、するとこの時点での昌益は、すでに「備道」につながる重要な視点を持っていたことになる。

④「日金鳥三足三才」については、『暦ノ大意』で「三才」を古説の通り「天・地・人」としているが、ここでは天を「日」に、地を「金」に、人を「鳥」に置き換えている。

「金《かね》」について『暦ノ大意』では、「金宝の上には、すべてに気が存在する」と重視しており、『刊自』では、「定《ち》の金気は転の外輪に退き、堅収して転外を包み運回の気を外らさず」と「金気」の役目を発展させている。このことから「地」の象徴として

「金」を代表させたものと考えられる。

「鳥」については、昌益の初期の作とされる『禽獣草木虫魚性弁』に、「天地・陰陽の二気は無量の気を備えており、（その内の）通気は人となり人に具わる。次の濁雑の二気の中の陽気凝《こ》りて鳥となる」と記され、さらに「陽気は火気である。火気の神は……礼である。だから（鳥は）自然と礼を乱さず飛び行く。……鳥にすら礼あり。人は礼を知りて居ながら無礼ならば鳥だも如《し》かず」とあり、「人」よりも「鳥」を優位に置いている点で④と共通点が見られる。このことから『禽獣草木虫魚性弁』はこのメモ書きと同じころの作品と思われ、鳥の世界の方がまだ増しだと人間世界を風刺した最晩期の『法世物語』の萌芽でもある。このようにこの時期の昌益は人間に尊厳を認めながらも、なぜ人間は礼を失し、信に応えられないのかという疑問を持ちつつその原因を探っており、人間でなく「鳥」を生物界の代表として考えていたのであろう。「三足」という文言は、昌益の著作のどこにも出てこない。しかし、天・地・人の「三才」に比肩していることは明らかであり、「三才」に換わるものとして「日・金・鳥」を当てはめ試行しているところに、古説から脱却しようと葛藤している昌益の様子がありありと窺える。

夢遊上人の修学ノート

このノートは、前出の「北海山主見恵書」と題する書簡に続く漢詩の直後に挿入されている。この後で日付が確認できるのは、閏十二月十五日に書かれた詩文であるから、このメモ書きは延享二（一七四五）年十一月十五日から閏十二月十四日まで間の某日に記録されたものである。

○書き下し文と現代語訳

①天　太極は無極にして二気生ず〈天について言えば、太極は無極で二気（陰陽）を生じる〉

②五運　天一水、地二火、天三木、地四金、天五土に二気あり。十干と成る〈五運（五行の運回）について言えば　天の水、地の火、天の木、地の金、天の土の五つで、それぞれに二気があるので十干と

なる〉

③六気　風　寒　暑　湿　燥　火　二気あり十二支也
　　木　水　火　土　金

〈六気について言えば、風は木、寒は水、暑は火、湿は土、燥は金、そして火で、各々に二気（陰陽）があるので十二支となる〉

④五行、一にまた五行あり、廿五なり〈五行の一行ごとにまた五行があるので二十五行となる〉

⑤性は内に衆理を借りいまだ動かず。心性は物に動を感じて、心は情を成し、心に誠を感《すす》める。これを情と言う。情は転性に入らざるも、心情に入る時、性に近きゆえに善心と言う。心が私に走るを悪心と言う〈転性は内部に衆理を備えており動くことはないが、心性は物に感動し心に情を起こし誠を促す。この動きを情と言う。情がまだ転性に達していない時でも心情に至る時は転性に近いので善心と言う。心が私欲に走る時は悪心と言う〉

⑥日は通気にして陰陽五行有り　月は逆気にして海水の情なり　大陰して陰陽五行有り

星は横気にして大陽なり　散火、たとえば常に用いる火を見るに火、土ごり出すが如き

〈日は通気で陰陽の五行がある。月は逆気でそれは海水の情と同じで、大陰して陰陽五行となる。星は横気で大陽である。散火、たとえば常に用いる火を見るに火、土に凝り出すごとき〉

⑦二十八宿―東西南北に回りて、聖天は金気を包みもつ地に石あるが如く、天に星あり。辰は土星は石の如く〈二十八宿し東西南北に廻りて、聖天は金気を包みもっている。地に石があるように天に星があるが、辰は土星で石のような作用をしている〉

⑧字ノ性　ハマは水、タラナ火にて、カは木なり。サンは金性、アワヤ土と知れ〈字ノ性について説明すれば、ハ行・マ行は水、タ行・ラ行・ナ行は火で、カ行は木である。サ行とンは金性で、ア行・ワ行・ヤ行は土であると知っておけばよい〉

○『暦ノ大意』と『刊自』との思想的違い

①『暦ノ大意』には「この妙霊なる天地は、太極より開けて、人・物を生じる」とあるが、『刊自』の第二巻では「『易』の太極・両儀はあやまりにして自然にあらず」と否定している。太極については第十五項で触れる。

②「五運・十干」について、『暦ノ大意』では「自然の一真気から生まれた天の五気が地上に降りて、木・火・土・金・水の陰陽・五行の形となり『五運』としてめぐる」。それを『十干』に配当すると、「甲・乙は木気、丙・丁は火気、戊・己は土気、庚・辛は金気、壬・癸は水気で、甲・丙・戊・庚・壬は陽、乙・丁・己・辛・癸は陰である」としている。ところが、②では、五行を「天」と「地」に分類・配当しており、思想の後退とも思える混乱はある。そして、後の『刊自』では「十干とは十気《とき》のことだ」とし、十干の陰陽区分に新たな理由付けをするようになる。

総じて、①、②については、『暦ノ大意』の域をそう超えるものではない。

③『暦ノ大意』での「六気・十二支」の概念は「五行の気が、地上に風・寒・暑・湿を起こし、火気だけが『君・臣』の二気を生じるので『六気』となり、各々が『陰・陽』に分かれて『十二支』となる」である。

③では「風・寒・暑・湿」に新たに「金・燥」を加えている。このことは、前項で「日金鳥」と「金」を別格に扱っていたものを、他の「木・火・土・水」と同列にしたということで一歩前進である。「火」だけを二度取り上げ、その二面性を強調したことについては、⑥の「常ニ用イル火ヲ見ルニ火」(原文)と考え合わせると、「火気」を「君火《くんか》」と「相火《しようか》」の二気としていた古説の過ちに気付き、君火を「太陽の火」、相火を「人間が用いる火」とする思想に大きく前進したものと考えられる。

そして、『刊自』では、新たに「用」と「性」を発案し、風は木気の用、寒は水の性、燥は金気の用とし、暑としていた火は火気の用では煖、性では熱とし、湿としていた土は土気の用では平、性では平気とし、「転定は……無干無支」、「転の五運、定の六気と二つに分けるのは、自然にはない誤りである」と、十干・十二支、五運・六気そのものを否定するようになるのである。

　昌益にとって、自らの思想を「五行・五気」で説く「自然真営道」に推し挙げるためには、「君《くん》・相《しょう》二火《にか》」の古説はどうしても乗り越えなければならない大山であった。

　それを越え向こう側の景色を目の当たりにした昌益は、古説を『刊自』の中で「利己の才知で、火だけを君・相として、万万人にして自り然る一般に、無上・無下・無二である世人をもってして、君臣・父子・夫婦・兄弟・朋友の五倫に分け、士・農・工・商の四民を立て、これは何事ぞと言うに、君相をもって自分が衆人の上に立ち、耕さず安食・安衣し、衆から敬われんがために日火を君火とし、定《ち》の物火を相火とし、陽儀をもって天は高く貴いものとし、陰儀をもって地は卑《ひく》く賤《いや》しいものとし、上下を決《さだ》めこれを法とし、君・相をもってして上に立とうとしたのである」と木っ端微塵に粉砕するのである。

　実はこの山越えは、晩期に「五行」から「四行」へ思想を整理した時よりも困難な道行《みちゆき》であった。それを踏破したからこそ、それが原始となって「四民制度」や「法世」への舌鋒鋭い批判となり、「互性」、「万万人にして一人なり。一人なれども万万人なり」、「不耕貪食」などの名言を残し、昌益独自の「直耕思想」を確立して行ったのである。
　④『暦ノ大意』に「五行、各々五行を生じて、大衍の数となる」とあり、『刊自』にも「一行毎に五行が備わっており、……」とあることから、首尾一貫した基本理論であることが分かる。
　⑤『暦ノ大意』では、（通・横・逆を）「心術に転ずると、性は通気、心は横気、情は逆気で、性は心情を内包してはいるが、心情に左右されず、心は性情の上下に応じて迷悟を司り、情は性・心の下賤ではあるが、性真に感じて情から性に至る」とある。
　このように昌益は人間の精神構造を「性」、「心」、「情」の三つに分け、各々を「通」、「横」、「逆」に配当させながら、性↓心↓情↓性と循環させており、当初から人間の精神構造に関心を示していたことを物語っている。

そのことを念頭に⑤を解釈すると、「性」が「転性」に置き換わり、転性↓心↓情↓善心・悪心↓転性のように「善・悪の心」をクローズアップさせており、『刊自』にある「性真は通気、情着は横気、欲悪は逆気なり」という思想へと一歩近づいたことを窺わせる。
⑥『暦ノ大意』では、十干、十二支、人・物の「通・横・逆」については論じているものの、「日・月・星」についての記述はない。しかしながら、星については「金の散気であり、その本は火である」、「星は太陽の散火であり、金気にかかって象をなす。火は金を得て精となり、金は火を得て妙用をなす。だから星の本は火なのである」とあり、主張に共通点がみられる。『刊自』以降の昌益の宇宙概念は、「天である転と、海である定との間に、地である央土がある」で、「通・横・逆」に配当すると「通回転・横回定・逆回央土」、「日・月・星」では「通回して日輪、横回して月輪、逆回して四星・列星」である。すると「月」と「海」とは、同じ横気ということになるが、如何せん、⑥では「月は海水の情」としながら逆気となっている。これが単なる夢遊上人の聴き間違いなのか、それともこのとき昌益の考えがまだ整理されていなかったのか、これらについては不明である。
⑦『暦ノ大意』に記載はないが、『刊自』の「転に剛健・堅包の金気、定澄み土石堅持の金」を想起させる。ここに登場する「辰」とは、北辰すなわち北極星のことであるが、後の昌益は「土」を北辰のように動かないものとしており、その原始であろうか。しかしながら後に「天」を「転」と言い換えた天は、いまだに「聖天」である。
⑧「字の性」については、暗号めいていて皆目見当がつかなかったが、『確龍先生韻経書一』に「天一・水音　ハヒフヘホ　□（筆者注：マミム）メモ　地二・火音　ナニヌネノ　……」の一文を見出すこ

とにより解明できた。すなわち、ハ行・マ行は「水性」で、タ行・ラ行・ナ行は「火性」で、カ行は「木性」、サ行・ンは「金性」、ア行・ワ行・ヤ行は「土」ということで、昌益は「性」について音韻学の分野まで踏み込んで講説していたことが分かる。

思想転回にヒントを与えた一言

延享三（一七四六）年の元日に作られた「丙寅元旦芳礎」と題する漢詩と、同日の「奉和　歳首次韻」と題する漢詩との間に挿入されている一文は、寺領七〇石、二五ヶ寺を支配する曹洞宗の名刹、白花山・法光寺の十七世貫主《かんじゅ》・充胤大東大和尚（胤禅師）が、延享二（一七四五）年閏十二月に行なった講説を夢遊上人が讃えたものである。

文中には「一不是・二不成」〈一是ならず、二成らず〉とあり、筆者は〈もしかしたら、この一言が昌益にとって思想を転回させるヒントになったのではないか〉という想いをめぐらせた。

というのは、昌益独自の標語「不住一・不出二」〈一に住《とど》まらず、二を出《い》でず〉を連想したからである。

「一不是・二不成」の直後には、「事跡演而大虚飛レ花ヲ之様　當誠ニ火龍取レ玉　昭嘯虎野ヲ如レ行可レ謂　玲瓏八面如レ晲二機変ヲ一」〈事跡演じテ大虚の花ヲ飛ばすノ様　當《まさ》に誠ニ火龍玉を取り　昭《あきら》かに嘯《うそぶ》き虎野ヲ行くが如しと謂うべき。玲瓏八面機変ヲ晲むが如し〉とある。

「大虚《たいきょ》」とは、北宋の張載が説いたもので「太虚が凝集され気や万物となり、それが分散を繰り返し太虚に帰する」という。その太虚を吹き飛ばすほど迫力のある胤禅師の講演だったというのである。一文からはそのあまりの迫力に度胆を抜かれた夢遊上人の仰天ぶりが伝わって来る。

○現代語訳要約

ああ、白花山貫主である貴僧は、尊位・重禄ながら奢ることなく仏に仕え、信義に篤く諸僧の教育にも携わっておられます。さらに品性の卑しい田舎者を見ても軽蔑などされず、能力がおありになりながら能力のない者を見捨てず、大義を論じながらも敢えて少数意見を遠ざけようともされないのです。止むことなく常に道を求められ、他人と寛ぎながら談話し広く情報を得ようとされるそのお姿は、まさに当代の「透関の納僧」とも言うべきです。

かつ去年の閏十二月、寒さが厳しい折り「一不是二不成」（一が正しいとは限らず、二だからといって成り立つ訳でもない）という事に関し講演された時、その様は大虚が花を飛ばすがごとく、まさに火龍が玉を銜《くわ》え、大きく一声吼《ほ》え虎野を行くようでした。火龍の玉は透明で曇りがなく、八方の機変を睨むようだと言いますが、正にそのような真に迫っていたのです。そこへゆくと私のような人間は、道端で辻説法をするしかない能のない賤しい僧侶ですので、貴方のように気のきいた大道に至ることができません。それどころか、いたずらに考えもなくあちこち走り回り、月日が過ぎ行くことにさえ気づかないのですから、あなたに備わった顕徳をみると羨ましくて仕様がないのです。この泰《やす》らかな年賀を祝し、これからもあなたの事跡が安泰でありますことを祈り、呈を奉り一絶歌だけですが捧げます。（漢詩省略）

「二別一真」に目覚める

○解説
前項の一文の後には、新年を祝する漢詩が続き、その後に挿入されている作者不明の長文には、『刊自』で提示された「二別一真」につながる萌芽が随所に見て取れ、高揚感に溢れている。

まさに『詩文聞書記』の眼目とでも言うべき一文で、成立したのは延享三（一七四六）年の正月である。

作者は昌益以外には考えられないが、そうだとすれば法光寺貫主の「一不是二不成」という言句が頂門の一針となって古説に対する疑問から解き放たれたものと考えられる。

一文は、人間讃美ではじまり、「昼・夜、暮・朔、晦・望、強荒・晴、寒・温、大・小、方・円、高・下、昇・降、左・右、……」という対義語が連綿と続く。そして「蜉蝣は一太極を分け、万の太極は子粒を包んでいる。蚊・虻・蚤・虱は人間の血を吸っていても、その目は天地を見るに人間と不足が無いではないか。だから秒一元は自ずと太極なのだ」と展開させ、「高物は陽だといっているが至高の山はいつも冬気ではないか。下物は陰だといっているが汚旱の地はいつも春気ではないか。水は陰だと言っているが温泉は熱いではないか。火は陽だといっているが粛丘嶋焰は寒ではないか。陰は暗だと言うが水中は自ずと明るいでないか。陽は明だと言うが、火の中は自ずと暗いではないか。……。夏至は盛陽だろうか。靡草は死ぬではないか。冬至は盛陰だろうか。麦が生育するではないか」と古説の陰陽区分(二別)を批判する文言が続き、『刊自』にある「粛丘嶋焰」、「靡草」などの文言も登場する。そして、「一気一二五三は同じ一つの根で、万物を生ずる」と結論づける。

『暦ノ大意』では「二五三」とあり、これに「一」を加えた発想は初登場で、明らかに陰陽の二気から一気への進展が見られる。そして、「帰于、左右は同じ一つのことで、これが道なのだという結論についに辿り着いた」という。「帰于」というのは「帰往」のことで、このくだりは、『刊自』にある「まったく進退一気なること、往来すれども一人はすなわち人なるがごとき」という文言に繫がる。

文末は「千百の則は陰陽に合致している。八百万神は二気の感である。一点の文句にも拘わらず、二五三の蒿を履いている。このことを知ったとき、諸天が私の脳裡にやってきた。万地がひれ伏し、私の足下《もと》を踏み付けたのだ。日用来格して、私に二目の先を授けたのだ。乾坤(天地)は、私に感じて男女を生じ、私を仰いで魂魄した。諸仏万神が私の胸中に恐れをなし、伏して私を敬守したのだ」と古説の過ちに気づいた時の感激を伝え、「わが一門は学に遊び、いたずらに何日か費やしたが、この是を覚り酔ったのだ」と結んでいる。

いまだすべてを「一気」で説明しているわけではなく、相変わらず「陰陽」を多用し、「天中皆地なり」といまだ「転定」の文言でなく、「大量れず、小測れず」であるが、すべてを陰と陽に分類し、陽が貴く陰が卑しいとしていた古説の過ちに気づいたことだけは確かであり、「一気の進退」思想に手が届くところまで来たことを窺わせる。

　時代を画する思想。それが生まれる局面に立ち会うことができた我々も感動せざるを得ない。

○原文

至哉人乎霊哉吾焉飛也非羽而不能鸞鳳也走也非四足而不及麒麟非介而寿亦不能亀龍遂也芝蘭香不能吾芳意及也松柏常名木秀無越吾毛髪也金玉名石悉具於吾也昼夜且暮朔晦望強荒晴寒温大小方円高下昇降左右先後言動語止呼吸表裏浮沈出入俯仰向背軽重粗細頭尾上下貴賎貧富賢愚利鈍幽顕盈虚消長声音律呂鬼神変化徴極此彼対待父母牝牡哉蜉蝣分於一太極万太極包於子粒矣蚊虻虱蚤血脈借乎蚊眼虱目見天地無不足也秒一元自太極也至高至広至真至偽至微至極至精至粗和気順聚機合生乎気離散死乎大小量小不量測天中皆地也地外皆天也高物雖陽乎至高之山冬気常也下物雖陰乎汚旱之地春気常也水陰乎温泉熱也火陽乎粛丘島焰寒也陰暗乎水中自明也陽明也火中自暗也西声則東応乎此形乎彼影也天光溶於水底乎地影涵於月宮也夏至盛陽乎靡草死乎冬至盛陰乎麦生育也一気一二五三同根一根出万又不測也有理有気先後誰乎分焉休用一源見微無問也因此知彼故以無心之心為無用之用也万化有於吾焉帰来左右一而頭頭是道也諸聖仏神伝真於歴世庶哲則祖賢浸面門出入之真人於古生也千百之則陰陽合也八百万神二気之感也一点不拘文句二五三之蒿履也所謂得之吾有則諸天来而吾頭衷乎万地伏而吾足下踏付乎日用来格而受於吾二目之先也乾坤感於吾而生男女仰於吾魂魄乎諸仏万神吾胸中恐伏而敬守於也吾門遊学徒何日覚二於此是酔矣

○書き下し文（筆者による）

至ルヤ人ヤ。霊カ吾ナリ。飛ブヤ羽非ラズシテ鸞鳳ニ能ハズ。走ルヤ四足ニ非ズシテ麒麟ニ及バズ。介ニ非ズシテ寿ナルコトマタ亀龍ニ能ハズ。遂ゲルヤ芝蘭ノ香《かお》リハ、吾ガ芳意ニ及ブコト能ハズ。松柏ハ常ニ名木ニシテ秀デタルモ、吾ガ毛髪ヲ越ヘルコトナシ。金玉名石、悉《ことごと》ク吾ニ具《そな》フ。昼・夜、カツ暮・朔、晦・望、強荒・晴、寒・温、大・小、方・円、高・下、昇・降、左・右、先・後、言動・語止、呼・吸、表・裏、浮・沈、出・入、俯・仰、向・背、軽・重、粗・細、頭・尾、上・下、貴・賎、貧・富、賢・愚、利・鈍、幽・顕、盈・虚、消・長、声・音、律・呂、鬼・神、変・化、微・極、此・彼、対・待、父・母、牝・牡。蜉蝣ハ一太極ヲ分ツ。万ノ太極ハ子粒ヲ包ム。蚊・虻・虱・蚤ハ血脈ヲ借リテ、蚊ノ眼・虱ノ目ハ天地ヲ見ルニ不足無シ。秒一元ハ自ズト太極ナリ。至高・至広、至真・至偽、至微・至極、至精・至粗、和気ガ順聚・機合スルハ生カ、気ガ離散スルハ死カ。大、量レズ、小、測レズ。天中ハ皆地ナリ。地ノ外ハ皆天ナリ。高物ハ陽ト雖モ、至高ノ山ハ冬気ガ常ナリ。下物ハ陰ト雖モ汚旱ノ地ハ春気ガ常ナリ。水ハ陰カ、温泉ハ熱ナリ。火ハ陽カ、粛丘島焰ハ寒ナリ。陰ハ暗カ、水ノ中ハ自ズト明ナリ、陽明ナリ。火ノ中ハ自ズト暗ナリ。西声ハ則チ東応カ、此ハ形カ、彼ハ影ナリ。天光ハ水底ニ溶ケルカ、地影ハ月宮ヲ涵《ひた》スナリ。夏至ハ盛陽カ、靡草ハ死ヌナリ。冬至ハ盛陰カ、麦ハ生育スルナリ。一気一二五三ハ同根ニシテ、一根ハ万ヲ出シ、マタ不測ナリ。有理・有気・先後、誰ガ分ツ。休用一ニシテ源《みなもと》見ルニ微《ひそ》カニテモ問フコト無シ。此ニ因リ彼ヲ知ル故、無心ノ心ヲ以テ無用ノ用ヲ為スナリ。万化ハ吾ニ有リ。帰于、左右ハ一ニシテ到頭是レ道ナリ。諸聖仏神ハ暦世ニ真ヲ伝ヘ、庶哲則チ祖賢、面門ヲ浸シ、出入ノ真人、古《いにしえ》ニ於イテ生ナリ。千百ノ則、陰陽ニ合フナリ。八百万神《やおよろずのかみ》ハ、二気ノ感ナリ。一点ノ文句ニ拘ワラズ、二五三ノ蒿履《こうは》クナリ。所謂、之ヲ得ル吾有ラバ、諸天来リテ吾ガ頭衷カナ。万地伏シテ吾ガ足下ヲ踏ミ付ケ、日用来格シテ吾ニ二目《にもく》ノ先《せん》ヲ受クナリ。乾坤《けんこん》ハ吾ニ感ジテ男女ヲ生ジ、吾ガ魂魄《こんぱく》ヲ仰グカナ。諸仏万神、吾ガ胸中ヲ恐レ伏シテ吾ヲ敬守スルナリ。吾ガ門、学ニ遊ビテ徒《いたず》ラニ何日、此ノ是ヲ覚リ酔フ。

○語釈

＊鸞鳳《らんぽう》―鸞鳥と鳳凰。どちらも中国の想像上の鳥。

＊芝蘭《しらん》―芝は瑞草、蘭は香草。どちらも香りがよい。

＊松柏―常緑樹である松と柏。

＊蜉蝣―カゲロウに例え一生の短いことであるが、こ

こでは「浮遊」のことでふわふわと漂っている物質のこと。
*秒一元―次項でこの説明が詳細に述べられる。
*粛丘島焰―海底火山の噴火焰。
*地影涵於月宮―月食のこと。
*靡草―なつめぐさ。「靡草千村死シテ枯レント欲ス」と『暦ノ大意』にある。
*万化《ばんか》―天地自然のこと。
*帰于―帰ることと往くこと。
*暦世―歴世で、代々とか歴代のこと。
*二五三―「二」は陰・陽、「五」は五行、「三」は通・横・逆。
*蒿―蓬《よもぎ》のことであるが、ここではそれで作った草履のことであろうか。
*来格―「格」は至るという意味で、祭祀などで神霊の降り来ること。
*乾坤―天地のこと。『暦ノ大意』に「其ノ天ノ性情ヲ指シテ乾ト名ヅク。地ハ之レヲ受ケテ、人・物ヲ載生シテ廃ルコト無シ。即チ其ノ地ノ性心ヲ指シテ坤ト名ヅク」ある。
*魂魄―本来は死者の魂としての精霊や霊魂のことであるが、昌益は「魂念と魄覚」の意味で使用している。
*敬守―稽首あるいは啓首のことで、首が地につくまで体を屈して拝すること。

「秒一元」を講釈する最後のメモ書き

○原文と現代語訳

①一三五七九天数　二四六八十地数・此一気動体スル負也

〈一・三・五・七・九は天の数、二・四・六・八・十は地の数で、この地の数は動体する一気の負である〉

②二六ハ陰陽之数　此通本休易　所謂一陰一陽謂之道此レ也

〈二・六の二は、陰・陽の数を示し、この通り本は休み易く、いわゆる一陰一陽というのはこのことである〉

③五六ハ天五行地五行数

〈五六の五は、天に五行、地に五行があるというこ

とを表わす数のことである〉
④六六ハ一陰六休一陽六動数子刻ヨリ巳マテ六動午ヨリ亥マテ六休也日モ年モ同シ
〈六・六の六は、一陰は六休で午の刻から亥の刻まで、一陽は六動で子の刻から巳の刻までを表わす数字である。一日も同じで、子の刻から巳の刻までは六動、午の刻から亥の刻までは六休である。一年も一月から六月までは六動、七月から十二月までは六休である〉
⑤四三ハ陰中二気陽中二気二二四也三ハ五六三十（の）三也
〈四・三の四は、陰中に二気があり、また陽中にも二気があるという意味で、二×二が四だから四なのである。四・三の三は、五×六が三十だから、その十を省いて三なのである〉
⑥一秒　・　此黒点是秒之数貌也此秒中自然二五六六四三ノ数具足而自感発一元之極数積窮如左指天理者ハ妙者此也即太極此ノ天元之一
〈一秒については、「・」という黒点は「秒」の数貌である。この秒の中には、自然を表わす「二五六六四三」の数が十分に具わっていて、自り感《はた》らき発して「一元」という極数まで積み窮まっている。左に指し示すように「天理」とか「妙」とかいうのはこのことであり、すなわち「太極」とは、この「天元の一」のことである〉
⑦一分　十二秒積成　十二秒方囲則方一分舒之則長四分。円レ之則其径一分径一囲三　○囲四・角半、天地自然ノ方円ノ数成於此乎舒レ之而日月行度算数妙術具足矣
〈一分は十二秒を積み成す。正方形の一辺を十二秒（一分）としてこれを延ばしてゆくと長さは四分となる。円で言えばその径一分で円周は三分となる。○正方形とその半分の直角二等辺三角形には、天地自然の正方形の四と円の三という数が表されている。これを延ばしてゆくところに日と月の運行の算数の妙術が十分に具わっている〉
一刻　三十分積成　三百六十秒
⑧一日　十二刻積成　三百六十分　四千三百秒　二

六五六二二五六於于此全則秒一元ノ妙理一日中明冥《めいあん》矣

〈……二六・五六・二二・五六はここに全うされることから「秒一元」の妙理は一日の明冥の中に存在する〉

⑨一月　三十日積成　三百六十刻　至于此五行先極故ニ小一元十二万九千六百秒尽也分数ハ一万八百分也

〈……ここに至り五行は先ず極まるゆえに「小一元」と呼ばれ、それは十二万九千六百秒となり、分に直すと一万八百分である〉

※この後に「一年」は十二か月、「一世」は三十年、「一運」は十二世、「一會」は三十運という説明が挿入されているが、読んだ通りなので省略。

⑩一元　十二曾積成　三百六十運ハ四千三百二十世也　十二万九千六百年数窮尽メ太極也此又天元之一

〈……十二万九千六百年の数を窮め尽くしめると太極である。これはまた「天元の一」である〉

仏氏所謂五十六億七千万歳此謂也弥勒一秒之異名也秒一元五五六七万歳一瞬之間也

〈仏僧が言う五十六億七千万歳とはこのことである。また「弥勒一秒」の異名でもある。このように「秒一元」である五六七万歳は一瞬の間なのであるから、「弥勒一秒」もまた一瞬なのである〉

○『暦ノ大意』と『刊自』との思想的違い

歴史は一定の周期で繰り返すという循環的歴史観を体系づけたのは、北宋の〝邵康節《しょうこうせつ》〟で「三十年を一世、十二世を一運、三十運を一会、十二会を一元とし、一元である十二万九千六百年を周期とし天地は開閉を繰り返す」(皇極経世書)という。

昌益は『暦ノ大意』で「……邵康子、其ノ数ヲ立テ、十二万九千六百年、之レヲ以テ天ノ一元ト為ル」と天地開閉説を肯定しており、この項でも同様に紹介している。それが『刊自』では、「邵子、又曰ク、『三百六十日ニ、三百六十歳ヲ掛ケ合ワセ、其ノ数十二万九千六百年ヲ以テ天ノ一元ト為ス』ト云ヘルコト、是レ甚ダ戯言ノ妄失ナリ」と全否定するようになる。

その話はそれとして、この項で昌益が伝えたかったことは、邵康節の「循環的歴史観」ではなく、前項で登場した「杪一元は自ずと太極なのだ」(杪一元自太極也)という自論を補完説明することにある。

その主張は、⑥に言い尽くされているが、この⑥について三宅が校倉『全集』の中で述べている「杪についての割注に『此の黒点は是れ杪の数貌也』と、あたかも黒点で杪を示した先行書より引用しているかのごとく思われる部分がある。……。その典拠については、まだあきらかにすることができない」は、「杪」の前の「・」を見逃しているためで、端《はな》から先行書なるものがあるのではない。

⑥で昌益は、「杪一元」について説明し、「太極」とは「天元の一」に外ならないとしている。それを解説するためには②から⑤までの「二五六六四三」の説明が必要で、その上に立って⑥「一杪」から⑩「一元」まで順々に取り上げたのである。

①では、自然数を、陽である天数(一三五七九)と、陰である地数(二四六八十)とに分けており、それは『易経』(繋辞上伝)からの引用そのものであるが、『刊自』では「一・三・七・九は五行の進氣。二・四・六・八は五行の退氣。五は中にして数列の五に非ず、自り然る真一の五。故に万数は一気の進退する行」と、「五」を独立させ「十」を削除し、それらを除いた奇数を「進気」、偶数を「退気」とするようになる。

①の後半では、陰である「偶数」を「動体する一気の負の動き」としており、②と④では「陰」の六気を「休」としている。これらは、『刊自』で「陰」を「退」へと発展させたことの原始と考えられ、この時点での昌益は、陰陽の進退に関しては陰を「負の動き」、六気の循環では陰を「休」とし、「負」と「休」を使い分けている。

ところで、『刊自』の第一巻には、「古説・転定の論、数品ありといえども、その根源は伏義の易に始まり、学問・文字・教道も易に起る。この易は自然にあらざる私の制法にして、ほとんどあやまりなり。……最第一に『易』にいわく、『太極動きて陽、静かにして陰、陽儀は天、陰儀は地』」とある。

昌益は伏義の易を参考に、「太極」を「動きて陽、静かにして陰」なるものと理解していた節がある。というのは「静かにして陰」を「休んでいる陰」と置き換えればまったく同じことだからである。

前出のメモ書には、他にも「天　太極は無極にして二気生ず」、「蜉蝣ハ一太極ヲ分ツ。万ノ太極ハ子粒ヲ包ム」とあるように、『詩文聞書記』での昌益は、宋学の宇宙理論で重視され万物生成の根源とされた「太極」にこだわっている。

しかしながら、『刊自』ではそれほど太極に執着していない。

「自然」と「五行」との関係については、『刊自』の冒頭で「自ハ即チ五ナリ。然ハ行ナリ。正ニ一《いっ》ニ五行ノ尊号ナリ」とし、「五＝中真」と「進退」との関係についても「……これ（五）転中の真なり。真なるゆえに雑《まじ》わること無く、また、妄りに離るること無し。ゆえに善く進退す。ゆえに五は中真にして、進退は真の感なり」と積極的に説明を尽くしていながら、自然と太極との関係については消極的である。

これはどうしたものかと思いながら『刊自』を読み進めると、第一巻の後半になってやっと、「太極とは終り無きの言なり。この無終・有終は私の妄論にして自然にあらず、自然は無始無終なり」と軽く触れ、第二巻で「最第一に『易』にいわく、『天地は太極より開け始まるとなす』……転定は無始無終に自《ひと》り然《す》る進退・退進して一気にして、太極あるいは細始という類にあらず。……ゆえに太極・無極・陰儀・陽儀と云えることとあることなし。このゆえに『易』の太極・両儀はあやまりにして自然にあらず。これ太極とは、無始無終の五行自り然る徳の名なり」とある。

要するに昌益は最初、易に書いてあるように「天地は太極から開け、陰陽がある」と信じていたが、実はそうではなく「転定は自り然る一気の進退・退進で、そこには陰陽はなく、太極は五行の徳の名だ」ということに気付いた」ということなのである。

思想を転回させた昌益は、新たに「自然真」「活真」を登場させ、それが進退・退進するところに五行が現われるとした。『詩文聞書記』と『刊自』を比較するところ、自然真、活真を太極とすれば、太極を「五行自り然る徳の名」としたことの意味が理解できるような気がする。

　昼夜については『暦ノ大意』に、「一昼・一夜、六陰・六陽、十二時なり」とあり、夜九ツ（子の時）は極陽で、八ツ、七ツと進み陽が極まり六ツになると陰となる。さらに五ツ、四ツと進み陰が極まり昼の九ツになると極陽となる。そのように陰陽を繰り返すことから、「一時、一刻の中に陰陽があり、陰陽の中に又十二時・五行・三気の陰陽がある」としている。また、『確龍先生韻経書　一』では「一陰六動・一陽六動、二六・十二、以テ年月日時ヲ尽ス」と、陰の六気はいまだに「動」となっていることから、同書がこの「最後のメモ書」以前に書かれたことを物語っている。が、同書の冒頭には「夫レ天理極妙ナリト雖モ、其ノ用ヲ為ルコト一〈六〉・三〈八〉・二〈七〉・五〈十〉ノ間ヲ出デズ。所謂一ヤ、無始無終ノ一〈ア〉ナリ。三ヤ、別ニ非ズ。即チ一ノ自動ナリ。二ヤ、一自動ノ発休ナリ。五ヤ、□。然モ一・三・二・五自《ヲノ》ヅカラ具ハル通・横・逆、以テ三才□無窮ナリ」（□は底本焼失部分）と「陰」は「休」であるが、「陽」を「発」としており、「陰陽」をどのように「自然」の実体に合わせて表現すべきか、様々な角度から検討を加えている様子が窺われる。

　このように、前項で「二別一真」を覚った昌益門下は、火を君火と相火に別けている過ちに気づき、試行錯誤を繰り返しながら、五運五気の思想、陰陽を「退進・進退」と位置づける進退五行説の開花へと一歩一歩前進させて行くのである。

　⑦の「一分」の説明は、一辺を一分とした正方形の四辺は、木・火・金・水に相当し、直径を一分とした円周の三は通・横・逆を表わすので、四・三という天地自然の数を具えているということであり、それは『統道真伝』（禽獣巻）の「四画ハ五行進退ス

ル妙用ノ論」とその続章「●径一・囲三、囲四・角半ノ論」に尽くされている。

そして⑧にあるように「一日」に到り、「秒一元の妙理」はひとまず全うされる。そのため次の⑨「一月」は「小一元」ということになる。そして最終である「一元」は数が窮め尽くされ「太極」となり、これはまた「天元の一」となるのである。

そしていよいよ纏めとなる。三宅は校倉『全集』の中で「仏氏所謂五十六億七千万歳此謂也弥勒一秒之異名也秒一元五六七万歳一瞬之間也」という肝心《かんじん》要《かなめ》の文節を削除している。その意図は不明であるが、実はこの箇所こそが昌益の伝えたかったことで、順を追って「一秒」から「一元」まで説明を加えたのも「弥勒一秒」を解説するためにこそあったのである。

釈迦入滅から五十六億七千万年後にこの世に現われ、済度されなかった人々を救うとされているのが弥勒菩薩である。では救われるまで「五十六億七千万年」も待たなければならないのか。もしそうだとすれば、現世の人間は当然のごとく救済されることはない。そこで昌益は、秒一元である五六七万年は一瞬だから、五十六億七千万年という弥勒一秒も一瞬で「すべての人々は今直ぐにでも涅槃に渡れますよ」と、必ず救済されることを衆生に確約したのである。

筆者はそこに、刊本『自然真営道』では感じ取ることのできない、仏僧としての昌益の慈悲深い一面を見るような気がして新鮮な歓びを得た。

『刊自』の原稿完成時期をめぐって

『自然真営道』の公刊計画がどのような契機でなされたのかについては、神山仙庵が同書の序文で昌益とその思想を熱烈に称揚していることから、出版を持ち掛けたのは神山であるとするのは衆目の一致するところであろう。

これまで解明してきたように、神山の入門時期は延享二（一七四五）年の年末前後であるから、昌益が『自然真営道』を書き始めたのはそれ以後ということになる。実は、その執筆時期を判断するために格好の史実がある。

八戸藩は、駿府（現静岡市）城外の警備という軍役（駿府御加番）を幕府から命ぜられ、神山は延享三（一七四六）年八月十四日に城下を発ち、一年間の勤番を経て翌延享四（一七四七）年十月二十六日に帰国した。すると神山が昌益に『自然真営道』の出版を勧めたのは、延享三（一七四六）年八月十四日以前か、延享四（一七四七）年十月二十六日以降かのどちらかということになる。

寺尾五郎は『全集』の『刊自』の解説で、蒔田稲城著『京阪書籍商史』から引用した「草稿が脱稿されてから刷り上がるまでには五年とか八年とかを要することも珍しくなかった」を挙げながら、「となると昌益の本書執筆の時期は早くて（筆写注―「遅くて」の間違いと思われる）延享年間、さかのぼれば元文・寛保年間であることになり、……」と述べている。

『刊自』の神山による序文は、宝暦二（一七五二）年十月にできあがっていることから、それまでには本文の板刻が終わっていたと考えられ、草稿の脱稿から刷り上がりまで五年かかったとすれば、延享四（一七四七）年九月までには昌益の原稿は完成していなければならないことになる。さらに延享四（一七四七）年十月二十六日以降だと、半年の執筆期間として出版元に原稿を出す時期は延享五（一七四八）年五月を過ぎることになり、延享年間は五（一七四八）年七月十二日から寛延と改元されることから、寛延年間までずれ込むこともありうる。

すると駿府御加番以降という可能性は低くなり、駿府御加番へ旅立つ延享三（一七四六）年八月十四日以前ということになる。『刊自』の神山の序文には「昌益は寝食を忘れて書き綴った」とあり、期日の迫った作業であることを窺わせる。なぜそれほどまでに切羽詰まった作業を強いられたのか疑問に思っていたが、駿府加番に間に合わせようとしたことで謎が解けたような気がする。

駿府は、版元小川屋源兵衛の居る京都と江戸との中間地点にある。検閲を通すために版元は行司仲間と草稿の文面を一、二年間調整する必要があり、原稿の内容に精通した担当者と連絡を取り合わなければならない。そのことから飛脚を使うにしても面談するにしても駿府はもってこいの場所だったのである。だから昌益は仙庵の出立前に原稿を完成させようと必死の念《おも》いで寝食を削らざるを得なかったのであろう。

また、藩日記の延享三（一七四六）年七月十七日の条には、「八月中に江戸へ出発するように言われていたが、江戸で準備したいこともある。（江戸発駕の）二十日ばかり前には到着したいので来月上旬に出発したい」と神山の願い出がある。藩命を変更させてまでやり遂げねばならなかった江戸での準備とは何だったのか。昌益の原稿が早く完成することを見越し、早目に八戸を発ち『自然真営道』の出版について江戸で打ち合わせをしたとも受け取れる。

これまで『詩文聞書記』から得てきたように昌益の思想転回は延享三（一七四六）年の正月である。とすると半年余の執筆期間しかないことになる。あれだけの原稿をいかな博聞強記の昌益であろうともそんなに短期間で書き上げることがはたして可能だったのだろうかという疑問が生じる。

しかしながら、思想転回後の昌益の著作は、進退五行説という定見を武器にして「自然の道にあらず」と、それまで積み上げてきた自らの血や肉となっていた知識を廃棄することで成り立っていることから、一端、神理に目覚めた昌益にとって『刊自』の草稿を書き綴ることはそう時間のかかることではなかったのかも知れない。

『詩文聞書記』の意義

『詩文聞書記』の筋書を観ると、昌益は自身の考えを受け止めてくれる良き理解者を得たことにより、自らも思索を深め、その結果、昌益をして「わが門は……、この是を覚り酔ったのだ」と言わしめたような成果を得たことを示している。その「悟った是」とは、他ならぬ古説の陰陽区分の無意味さと、一気一二五三は同じ一つの根で、万物を生ずるという発想であり、それは延享三（一七四六）年の新年のことである。

そこには、「進退」も「直耕」もいまだ存在していない。が、少なくとも古説に対する疑念の一角が切り崩され、「陰陽」ではなく、「進退」への突破口が開かれたことは確かであろう。『詩文聞書記』から我々は、日々思索を積み重ね真実を探求しようとする昌益のあくなき姿勢を読み取ることができる。それは直耕思想の力強い開花がそこまできていたことを予感させる。そしてそれから半年後に原稿を完成させたということは、昌益の頭脳の引き出しに見事に整理された教条的な知識が、いったん根本概念にたどり着いたとき、生きた思想へと変貌を遂げ清泉のごとく湧き出し、筆はあたかも鬼神が乗り移ったかのごとく動き始めたことを想像させる。

『詩文聞書記』の「謙徳」と題した書状の中で夢遊上人が「聡明叡智にして……。博聞弘記にして……」と昌益を誉め讃えたのも然りである。このように『詩文聞書記』は、安藤昌益の思想開花過程を物語る一大叙事詩であり、なおかつ夢遊上人の周りに集《つど》った俊英による叙情詩でもある。

そのような『詩文聞書記』に秘められた奥深い意義を知ったとき、私は『詩文聞書記』を捨て去ることなく後世に伝えた人々の琴線に触れたような気がした。『詩文聞書記』が、将来かならずや歴史を画する貴重な書物となることを予見し、保存していた神代家の念いがこの書物には籠められている。

三、司馬遼太郎

『街道をゆく』

「週刊朝日」に、昭和四十七（一九七二）年一月十一日から一〇回にわたり『街道をゆく』を連載した司馬《しば》遼太郎《りようたろう》は、シリーズ三回目として八戸から久慈（岩手県久慈市）へと辿ることにした。

その紀行文は、翌年二月、『街道をゆく』第三巻「陸奥のみち・肥薩のみちほか」として朝日新聞社から出版されたが、その久慈街道を選んだのは、「山間部の古怪なとしか言いようのない」街道と思い込んでいたこともある。ところが、東京から八戸まで東亜国内航空・YS11機の定期便が飛んでいると聞いて驚いた。「そんなににぎやかな町か」と、ちょっと裏切られた思いがして、さっそく戦友の山《やま》田隆之《だたかゆき》に電話で確認することにした。

故郷を離れて久しい山田の口ぶりは「八戸はもう新産業都市になっていて、だいぶにぎやからしいよ」と意外に冷静だったので出鼻をくじかれた思いがした。隆之は、前述した山田鑑二の配偶者・サトの長兄・文次郎の次男で、早稲田大学仏文科に在学中、兵隊にとられた。いわゆる学徒出陣であるが、出征に際し鑑二から『葉隠』を贈呈され感激したという。

司馬はモンゴルの戦車部隊で山田と初めて出会い寝起きを共にすることになるが、司馬をして「大げさにいえばこの地上で、才能というきらびやかなものを持った青年を目撃した最初の体験であった」と後に語らせように、クラスが一〇人前後という大阪地方の小さな学校で過ごした司馬にとってそれは衝撃以外の何物でもなかった。

戦後、八戸に帰還し演劇復興に骨身を削っていた山田は、昭和二十四（一九四九）年上京するとシナリオライターとしての道を歩むことになる。そしてラジオドラマを皮切りに、テレビ、映画の全盛時代になると「座頭市シリーズ」、「必殺仕置人」、「木枯し紋次郎」に代表される多くのヒット時代劇を手掛け、時代の寵児となった。

司馬にとって旅の楽しみは、誰にも知られないように単独で歩くことにあった。司馬ほどの著名人となれば、旅先の御仁《ごじん》が放っておく筈がなく、当然地元の知人や実力者やらが、上げ膳据え膳で接待することになる。しかし、そんな形式ばった肩苦しい旅は自分の感性を鈍らせるだけだという想いが司馬にはあった。

それなのに図書館に勤務していた西村嘉が案内役としてつくことになったのは、司馬の八戸行きを聞きつけた中央公論の岩田昦《いわたさやか》が「八戸へいらっしゃるなら連絡しておきましょう」と世話を焼いてきたからである。

岩田は、シリーズ「日本の名著」第十九巻「安藤昌益」（責任編集・訳―野口武彦）を担当し、その冒頭に掲載すべく、昌益の八戸在住時の街図を西村に依頼した。その街図には昌益の菩提寺である願栄寺や昌益思想発祥の地とされる天聖寺、それに昌益の門人の住んでいた場所などが大胆な推測も含めて書き込まれていた。

羽田空港まで見送りに出た岩田は、YS11機で飛び立とうとする司馬に「ちょうどできあがったばかりで書店にはまだ出ていませんが、せっかく八戸へいらっしゃるんですから、ぜひ」と刷り上がったばかりの「安藤昌益」を差し出した。

実のところ、司馬は昌益思想の信奉者ではない。が、『街道をゆく』には、八戸の宿で同書を読んだときの感想が綴られており、昌益思想のある一面を抽出しながら作家独特の嗅覚で論じている。

昌益の著作を〈この奇妙な独断家の思想書〉と評し、「私はことしで四十九歳になってしまったから、他人のドグマに感動するというほどの初々しさはなくなっている。昌益には奇怪な土俗神像を仰ぐような感じでの不気味さがある。しかし単に変な人にすぎないと言いすててしまってもかまわないような幼稚さもある。さらにひるがえっていえばそういう幼稚さこそ独創者の栄光であるともいえる」と記している。

司馬がまわりくどい言い方で述べようとしているのは、『統道真伝』の「人倫巻」にある、「五倫、各々夫婦となり、歳月を暦《ふ》るに随《したが》いて、五倫弥々《いよいよ》盛んに多くなる」という一文のことである。

昌益の謂う「五倫」の第一倫は夫婦で、親子が第二倫、第三倫は第一倫の孫、第二倫の兄弟・姉妹が第四倫、その子供が第五倫で、司馬はこの一文を「五倫」同士が結婚すれば、家族が益々増えて国力が盛んになると解釈した。

司馬は言う。「たとえばただの恋愛よりも近親相姦のほうがはるかに思想的だという立場が成り立つとすれば、それは安藤昌益の思想のきらびやかさに似ている。兄がごく手近の女である妹を犯す。妹と他の女は生理的に異るところが少しもない。である以上、恋愛という現象から刃傷沙汰などがうまれたりすることがしばしばであり、それからみれば恋愛こそ人倫の邪道であり、兄妹姦こそ人倫の大道である、と説けば堂々たる思想になりうる」と。

遺伝子学的に奇形児出産の可能性が高いことから、現代では直系血族および三親等内等の結婚は禁止されているが、江戸時代ではさすがに兄弟姉妹はないものの、養子をもらう場合は一族を最優先させる御《ご》法度《はっと》が存在していたのも事実である。それに宮廷では血族を拡散させないために三親等内の結婚も存在した。

思想を創った歴史と風土

『街道をゆく』の取材班は、他に挿絵担当の須田剋太画伯と編集員のHで、一行は、西村の案内で翌朝から根城、櫛引八幡宮とまわり久慈へと向かった。

司馬は道すがら、西村が植物学から自然科学にいたるまで精通し、確かな物の見方を持っていることに舌を巻いた。もともと植物形態学に興味を示していた西村は、若くして「八戸郷土研究会」に入会すると、植物には一家言ある主宰者・小井川からも一目置かれるようになる。

小井川は、最初の赴任先・湊高等小学校時代、鮫から種差《たねさし》の海岸線の魅力に取り憑《つ》かれた。そこはヤマセによる寒冷な気候にさらされ、春から夏にかけて高山植物の宝庫となる。小井川はその研究成果を「たねさしへの道」や「蕪島・白浜の岬」として残し、それが後押しとなって名勝・県立自然公園の指定となり、三・一一震災後、三陸復興国立公園への編入につながった。

チャーターしたタクシーのシートに身体を埋めた司馬は、しみだすような静かな語り口で西村に話しかけた。

「独創的な思想を作り出すという作業は、日本人のもっとも不得手なものだと、わたしは思っていました」

「そうですね。どちらかというと既存の思想を踏み台にして思想を作り出す方が、日本人には向いてますかね」

　西村はそう受けた。

「ところがどっこい、安藤昌益だけは違ってましたな」といいながら、司馬は指の間に挟んだタバコをくゆらせた。

「実は、私は若い頃から昌益の思想を育んだ南部の八戸という土地に興味がありまして……、もう、数年前にもなりますが、急に八戸へ行ってみたくなったことがあるんです」

　西村は、司馬の来八が二度目であることを初めて知った。

「すると、大阪を出たときからもう『八戸の風土』という文字が頭から離れないんですよ」

　西村の心の中に、その言葉が美しく響き渡った。

「私は、以前から『思想』と、それを生み出した『風土』というものに興味がありましてね。古代イラン地方のアーリア族の一派がインドに南下して、やがてインド思想を作りあげるのですが、この民族は独創的な思想の創造者を聖者とよび、食物を与え崇め奉る習慣を持っていたのです。こういった習慣の中から釈迦も出てくるのですが、そういう習慣が、イランやインドのどのような風土から出てきたのかと考えてみたことがあるんです。しかし、どうともわかりませんでした。なぜユダヤ人が絶対神を想定し、その本質を愛であるとしたのかも風土との関係で考えてみましたが、ほのかな想像は湧いてもそれはすぐにシャボン玉のように壊れてしまったのです」

　気持ちが昂《たかぶ》ってきたのか、司馬は思想と風土との関係に対する想いを一気呵成に吐露した。

アラキ畑とイノシシ飢渇

　久慈街道の山沿い一帯を雑木林が覆っている。

「西村さん、あれ、あそこに見えるのは原始に焼畑があったことを連想させるような山林ですね」

　司馬の指先の向こうに木立の低い地帯がのぞける。

「たしかに、この地方に特有の焼畑の名残りだなす」

　西村は即座に応えた。

「いままでも、こうしてその痕跡をとどめているので

司馬は妙に感心してみせながら、

「政治や経済の機構というのは、先進地帯ではゆるやかに進展し、矛盾がでれば反発と崩壊を繰り返し、いわば自然の作用に近いほどの自然さで手直しが行われるために、現実と調和して見えたり、容易にその矛盾に気付くことができなかったり、矛盾といってもやがては解消されたり、あるいは他の価値に置き換えられたりするような些少なものにすぎない場合が多いのですが……」と言いかけて黙った。そして、思い出したように、

「西村さん、江戸から八戸までの太平洋航路が確定したのは、いつ頃ですかね」と訊ねてきた。

「元禄の末頃ですかね」

「そうですか。元禄ね。少数が水田耕作をして、多数が古代以来の焼畑耕作をしていた農耕者にとって、それは大風で根まで掘り倒されるような新事態だったのでしょうね」

司馬は西村に目を向けた。

「多くの冒険商人が江戸から船に乗り込み、商業的処女地ともいうべき八戸で荒稼ぎをし、たちまち産をなして、金利資本になった。金を農民に貸しつけ、返せなければ土地や山林をとりあげ、それまで自然の中で自給自足していた農民を自分の支配下に置き、小作人としてその身分と労働力を縛りつけるという仕組みが、太平洋航路の確定後、八戸では暴《にわ》かにできあがったのでしょう」

「元禄といえば、八戸藩ができてからまだ二十数年しか経っていませんから……」

西村はそう加えた。

「それでは、なおさらのこと、藩そのものも対応しきれず、うろたえたのでしょうね」

同意を求めようとする司馬に、西村は頷いた。

八戸藩が創設されたのは、寛文四（一六六四）年のことである。開府以来、幕府は脅威の大藩をことあるごとに分割させその勢力を削《そ》いできた。しかし幕府ができて六十年も経った時代に、分封《ぶんぽう》ではなく新しい藩を創らせたということ自体、希有なことですね」

あった。

「藩は、あっというまに富を蓄積し、その金利資本の上に乗っかかった。藩は商人から税金をとりたてることによって、間接的に小作農民から搾りあげるという仕組みが、あっという間にできあがった。そのために官僚政治がまかり通ったのでしょう」

「畑作主体の八戸藩の場合は逆に、藩財政の窮乏化に従い官僚政治が登場してきます」

西村は持論を述べた。

「八戸の場合はそういう構図になりますか」

「年貢は別としても、諸役銭をはじめ賦課が次第に増え、農民は上納金をうむために、林を伐採して跡地に火入れをし、唯一の換金作物であった大豆を数ヶ年かけて作付けし、土地が痩せてくると、また別の土地に移るということを繰り返していたようです」と西村は説明した。

一反歩は三〇〇坪だが、山林の場合は九〇〇坪としていた。ということは畑作の実入りは三分の一ということである。

「それなら、百年、二百年経つ内に、アラキ畑は広大になり、それを目当てに動物も繁殖するわけだ」と、司馬は車窓からもう一度山肌に目をやった。

「おっしゃる通り、畑作放棄地は拡大していくのですが、その土地に急激に繁茂する植物には、イノシシにとって絶好の食用となるものが多く、食料の増加はイノシシの異常繁殖の引き金になったのです。増加したイノシシのために田畑の作物が食い荒らされ収穫がなくなり人間が飢餓に苦しむ。それが『イノシシ飢渇《けかつ》』です」

「そうなんですね。物事を根源的に見ようとする人間が、その当時の八戸に居れば、昌益ならずとも、この構造を驚きと憎しみの目で眺めることができたに違いありません」

司馬は黒ぶちの眼鏡を鼻梁に戻した。

イノシシ飢渇の周辺

昌益の著作にイノシシ飢渇という言葉は出てこない。が、イノシシ飢渇を含めた飢饉への特別な思いは著作から窺われる。

そこで（一）内に藩日記からの引用記録を掲げ、イノシシ飢渇の裏にある見逃してしまいそうな史実を取り上げておこうと思う。

飢饉になると人間が真っ先に山に入り、イノシシの食料となるクズやワラビの根まで食べてしまう。元々多産で繁殖力旺盛なイノシシにとってそれは生存を脅かされる異常事態であった。それで止むなく人間の作物を荒らすようになるのであった（寛延三年一月─是川村では近年イノシシ荒が続き、去秋は凶作で渇命者が多数に渡っていたが、なんとか生き延びてきた。今年も秋まで頑張りたいので葛打船を許可頂きたい）。焼畑農業により小松雑木等の繁茂する藪山や雑草の生い茂る荒れ地が増加したため、イノシシは餌を求めている内に里まで出てきて田畑を荒らすようになった（寛延二年四月─種市村に近年イノシシが多いのは草が生えすぎているためではないか。七月六日─近年イノシシが多く、近在まで徘徊しているので、小松雑木立等は切り取るよう指令を出す）。人間を襲うオオカミに怖れをなしオオカミを撲滅させたためにイノシシが増えた（延享四年五月─近年オオカミがいないのでイノシシ荒が多くなった。その証拠に軽米にはオオカミが出るのでイノシシはいない）。イノシシ退治に犬飼を奨励したが、凶作で犬の餌もなく、人間を襲うため犬に咬まれ狂犬病にかかる人が増えてきた（寛延元年十一月─イノシシ退治に犬飼奨励。近年在々イノシシ荒あり、特に一両年中はひどい。諸作が荒らされ百姓は困窮しているが犬がいないことには防ぎようがない。寛延四年十月─近年イノシシが出るので犬を多めに飼うように指示していたが、犬に咬まれ怪我人が出ているので家中、町中、在々で犬飼禁止）。

イノシシ退治に都合のいい時節は繁殖期に入る三月で、それも降雪直後である。その理由は雪により足跡が分かり容易に巣穴を焼き打ちできるからである（延享二年一月─在々イノシシ多し、積雪があるのでイノシシ狩りをするように）。捕獲・射殺したイノシシは藩から褒美金を出し、本人にやるようになった。このことから飢饉時の貴重な食料であったことが分かる（寛延三年一月─三十頭と大一頭を撃留めた者が居たので確認の上持ち帰らせる。同年二月―イノシシ狩の猟師へ三十疋、槍持ちへは二十疋を藩から拠出することになった）。

『続道真伝』には、「米穀を食せざるときは人衰えて、飢えて死ぬ。鳥獣虫魚の肉のみを食えば、奇怪の乱病発して死ぬ。今世にも、寒歳に耕穀実らず、米粒絶無なるときは、人は死を恐れて鳥獣虫魚の肉のみ食う者は数万人、三十日生きて怪病発して皆死ぬ」（要約）とある。「禽獣巻」には、イノシシの「肉は甘味にして冷なり。多食するときは異病を発して人を殺す」とある。ちなみにシカは「女人の血精を生ずる薬なり。……肉は甘味にして温、人の精血の気を発生する妙力の者なり」。クマは「……胆（くまのいのこと）は熱物にして甚だ苦し。……。この肉少しく食うべし。多食すべからず。かえって害をなす」。オオカミは、「すべての諸獣を襲って食う。中国のトラ、インドのシシと同じ日本の猛獣だ。これは自然のなすところで天の許すところだ。肉温で味は酸っぱい。人間は食ってはいけない。食うと老死する」。イヌは「辛味・温熱なり。人これを食うべからず。多食すると奇病を発する。剛気になって身をほろぼす」とある。

自然観が思想を創った

「しかし、昌益のような思想ができるためには、もう二つ三つの条件が要るかも知れません」

「むむ？　それは何ですか」

「当時唯一の自由な教養人である町医者という立場でなければならず、さらには他から移住して来なければ驚きという新鮮さが精神の中で成立しない。そして大切なことは昌益が生まれ育ったのは稲作地帯だったということです」

自分の口をついて出た言葉が的を射ていると思ったのか、司馬は自分を納得させるかのように何度も頷いた。

「さらには、昌益のような、人の世を根底からくつがえす思想を考えてゆく場合、その周りにごく秘密のうちながらも、私淑者や崇拝者をもたなければ、とても持続していけるものではありません。昌益はそれを持っていた」

「確かです」

「それを持つには、文化的に荒蕪《こうぶ》の地ではとても不可能で、八戸が南部氏の古い城下町であったために形而上的に物事を考えていく人間を尊敬する土壌があったのでしょう」

西村は、司馬の広い歴史観に驚いたが、自分の考えと同じだったので嬉しくなった。

「私は、昌益の封建批判が、支配階級に虐《しいた》げられた階級の視点からなされたものではなく、昌益独自の『自然観』から帰結されたものと思っています」

西村は自分の考えを述べた。

「それはどういうことですか?」

「昌益の考えは『自然はひとり感《はたら》いて他を俟《ま》つに非ず』ということで、『男女の生成にあたっても貴賎の区別ができるはずがない。従って男女は平等である』と、ご承知のように当時誰も疑うもののなかった男尊女卑論を否定するわけです。だからこれは心情的なものでなく、自然をどのように理解するかという『自然観』に基づいたものと考えるのです。この論は万人平等論にも適用され、当時の士農工商身分差別の否定、封建制そのものを否定することになり、封建制の存在を正当化している学問や宗教をも一切否定することになるんですね」

司馬は、形而上学的なところから昌益思想が生まれたという西村の論に共感を覚えた。

そして司馬はおもむろに口を開き、「むろん、その思索者が天才であるということは、抜きがたい条件です。これらの諸条件が奇蹟のように交わりあって、その交点に安藤昌益というきわめて日本離れした思想家が成立したと言えるでしょう」とつないだ。

山田隆之と種差海岸

久慈での取材を終えると、一行は引き返し午後二時、三陸リアス式海岸の北端に近い種差海岸まで来た。

現在、種差海岸は波しぶきのあがる岩場近くまで芝生で覆われ絶景をほしいままにしているが、司馬は「浜は断崖になっている。墨汁のように真黒な火山灰の土で、浜に接続して海中に地球の骨ともいうべき岩山があり、クリームをたっぷり入れたコーヒー色の岩肌のむこうに濃すぎるほどの海の色があって、ひどくあかるい」と記している。

司馬はその光景を見詰めながら、戦友の山田がしみじみと語っていたことを思い出した。

「その岩山に季節になるとウミネコがあつまってくる。その大群の啼き声が天に満ち海を圧してきこえてくると、この冬も生きてすごせるだろうかという荒涼たる心細さを感じる」

司馬はそのとき山田に沈鬱な想いを感じ取ったが、「この海岸の明るい陽光の中に立っていると、とてもそういうことが想像できなかった。むしろどこかの天体から人が来て地球の美しさを教えてやらねばならないはめになったとき、一番にこの種差海岸に案内してやろうとおもったりした」と記している。

すると、また思い出したことがある。

兵隊のころ、隣りのベッドで横になっていた山田が、「八戸には、村次郎《むらじろう》さんという大変な人がいて、ずいぶん怕《こわ》かった」と語っていたことである。さらに続けて山田は「村次郎（本名―石田實）さんは八戸随一の旅館の主人だが、慶応義塾大学・仏文科の古い卒業生なので、八戸の文学青年で石田さんを知らない者はむろんもぐりだし、みな大なり小なり世話になっている。いわば私設文学指南番で、やわな連中には大鉄槌をくらわせる」と首をすくめた。

だから、司馬は機会があればこの話を引き合いに出し、相手の反応を観察することにしていた。

「八戸出身の作家にはいちいち質問して、かれらがびくっとして愕《おどろ》いてくれる表情をみるのが好きであった。社会派作家の夏堀正元氏にもきいたし、芥川賞作家の三浦哲郎氏にもきいた。文藝春秋の竹内修司氏にもきいてやった。みななぜそんなことを知っているのだという顔をしてくれて、じつに楽しかった」。

取材予定も終わり、すっかり打ち解けた車内で、司馬がそんな話を披露していると、編集部のHがとつぜん、

「では、石田家で夕食をしましょう」と声をあげた。

客として行く分には、先方の迷惑にならないだろうと考えたのだ。

司馬には、石田への畏敬心が乗り移っていたのか、多少おっかなくもあった。

しかしその一方で、「八戸でなぜ安藤昌益のような独自の思想家、もしくは壮大なドグマが成立したのか、というただ一点が多年の関心事だっただけに、そのことを石田氏と結びつけて、ぜひ会ってみたいという欲求がやみがたかった」ので、それならと賛成した。

途中で編集部のHが電話をかけると、「支度をしておく」という返事だった。

昌益を彷彿とさせる〝村次郎〟

石田に会うなり、司馬は名刺を差し出した。しかし、石田は受け取ろうとしない。司馬に一瞬の緊張が走った。

が、「テレビで見ているから司馬さんかどうか分かります。名刺はいいでしょう」とボソッと言ったのには拍子抜けした。

「最初はかたくなに自分の位置に固執していたが、やがてサイダーを空けてしまい二本目にとりかかったころから石田の風韻が出てきた」

傾聴に値したのは、縄文式土器の縄目文様の切り込み方法で、日本語起源の話になると、「言語学の方程式などはふっとばすような壮烈果敢なドグマが展開されて」行く。

「イザナギ・イザナミノミコトの『ナ』は魚の『な』です。いいですか。日本語はみな魚の名前が起源なんです。魚の名前をカギにすれば日本語起源などはすぐ解ける」と威勢がいい。

そして、「金田一京助博士はけしからん」、と「南部の地が出した偉大な言語学者のアイヌ語の地名考を論難」すると、「東北の地名はみな日本語です。魚で解けます」と「説き去り説き来り」、さらには「安藤昌益もけしからん、『自然真営道』で農民だけを尊しとしたが、漁民をわすれている」と撃破した。

すると、にわかに話題を転じ、「いったい、たれがアイウエオを定めたんです？」」と詰問の視線を司馬に向け、「日本語の母音には、『アイウエオ』と『ヱ』と『ヲ』があってそれらが五十音として整理されたのは奈良朝か平安朝のはじめか、たれも明快にすることができないが、それはおそらく権力がやったに違いない」と睨み付け、「自分たち東北人は母音を五つも使ってない。三つだけでかなっている。だから、東北の発音はわかりにくいのだが、わかりにくいからといって東北地方をバカにするのは間違っている」と、とどまるところを知らない。「一体母音が五つだと決めたのはたれなんだ。そいつが悪いのだ。母音は五つというのを基準にすれば東北はなるほどまずい。しかし母音が三つだということを基準にすればどうだ。東北弁は正しい日本語になるではないか」と胸を張った。

司馬は、『街道をゆく』の中で、三時間半にわたる石田の日本語論について「その果敢さは、安藤昌益に通じるだけでなく、ある瞬間は昌益の印象そのものであり、しかしながら困ったことに昌益の文章が、漢文にまで東北音がまぎれこんでいて実に読みにくいように、石田氏のせっかくの日本語論もほとんど東北音で語られてしまったために、聴くことにひどく難渋した。ただ真夏の夕立のような壮快さはあった」と結んだ。

八戸ペンクラブ顧問の山根勢五《やまねせいご》が、「デーリー東北」に連載した、「はちのへ・るねさんす」（二〇一二年、デーリー東北新聞社から『〈はちのへ・るねさんす〉の風景』として出版）の中で、石田のエピソードを紹介している。戦後の荒廃期に八戸文化の発信基地となった若者の溜まり場「富士画廊」で開催された座談会でのことである。

発言者に頻繁に外来語を使う御仁がおり、小井川は眉をひそめた。

戦後の欧米文化の流入とともに、日本中にカタカナ語が氾濫し一種の流行ともなっていた風潮に対し、小井川は「日本には日本語という美しい言葉があるではないか。戦争に負けたからといって外来語にかぶれるとは何事だ」という持論を展開していた。

小井川のひきつった表情に気づかないのか、発言氏は調子に乗ってカタカナ語を連発してゆき、「道路」のことを「ロード」と言ったところでさすがの小井川も切れた。

「何々道路で十分に用が足りているのに、なんで『ロード』などと言わねばならんのだッ」

発言者はうろたえた。会場は静まり返り気まずい雰囲気が流れた。

誰にもその場をどう取り繕《つくろ》ったらいいのか咄嗟の判断がつかなかった。

その時である。石田が「小井川さん、こっちからあっちの方さ行ぐのが道路で、あっちがらこっちの方さ来るのがロードでないすか」と言ったので、一堂大爆笑となりことなきを得た。昌益の例を引くまでもなく、八戸人にはアカデミズムに背を向け、洒脱に切り返そうとする気質があるのかも知れない。

旅の終わりに、司馬は「今日は、八戸の町や海岸、街道筋の里山をご一緒させていただき、昌益の思想がその天才の中で成立してゆく風土的なにおいを、わずかに嗅《か》いだような気もしましたが、これは間違いであるかもしれません」とポツリと西村に伝えた。海に拓けた八戸は地方にありながら文化的なクロスポイントに位置する。そこに暮らす発想の豊かな人間たちの織りなす綾《あや》が、昌益思想を生んだとでも言いたげであった。

第八話　村上壽秋

一、世に出た『刊自』の初刷本

禁足令の二階にあった木箱

昭和四十七（一九七二）年初夏、診療を終えた村《むら》上壽一《かみとしかず》は、妻のチエと連れ立って近くの鷹巣《たかのす》川に涼を求めた。夕映えの清流に沿ってそぞろ歩く二人は、一夜限りの白い花を咲かせている月見草に思わず足を留めた。やがて、西に傾いた日差しが龍興山《りゆうこうざん》のシルエットを描き出す。

と、あたり一帯は夜のとばりに包まれ、蛍が飛び交い始める。無数のほのかな光が醸し出す幽玄な境地に、壽一は浸っていた。すると、同じ光景を見ていたであろう先祖への想いが、にわかに募り出した。

島守（旧南郷村、現八戸市）で、江戸時代から代々造り酒屋を営んでいた村上家には大きな内蔵と外蔵がある。ところが、なぜか使用人や農期に頻繁に出入りする小作人には「外蔵の二階だけには決して上がってはいけない」ときつく言い渡されてきたのである。

〈そろそろ二階を整理してもいいのではないか。自分の代でやらなければ永遠に機会を失ってしまうかも知れない〉と想いがめぐると、鷹巣川のせせらぎだったのだろうか、壽一の耳腔に光を求める先祖の叫び声が響いたような気がした。

「チエさん、いちど外蔵の二階を整理してみようと思うんだが……」

壽一は、思い詰めたように言った。

「私が戦地から無事に帰り、こうして村民のお役に立つことができるのも、ご先祖様のご加護ではないかとつらつら思うようになりましてね」

「お盆も近いことですし、それは何よりのご供養になりますわね」と、チエが外連味《けれんみ》なく頷くと、白いうなじが紺絣の浴衣の後襟から月の光に浮かび上がった。

「いやなに、人間だれしも自分には気づかない使命を帯び、その使命のために生かされているのではないか。そう思うような年齢《とし》に私もなりました」

「あなたは、その使命が蔵のことだとお思いなのですか？」

村上家の長男として生まれた壽一は、日支事変（日中戦争）、太平洋戦争と軍医として転戦した。復員後、島守の生家で村上医院を開業したが、五十歳で停年退職を迎える時代にあって、すでに五十八歳になっていた。

「いつごろから、あのままなのでしょうね」

チエは団扇で襟元に風を送りながら訊ねた。

「江戸時代に上方から船で松前（北海道）に渡り、兄は松前に残り、弟は島守に来たという言い伝えは聞いたことがありますが……」

壽一は思案顔でつぶやいた。

「どのような縁があってこちらに来られたのでしょうね」

「それが、良く分からないのです……」

翌日から、壽一は何かにせっつかれるように暇をみては蔵の中を片付け始めた。

数日後、興奮した面持ちで壽一は台所へ駆け込む。

「チエさん、古い木箱がいくつかありました。もし古文書なら私の手には負えませんが、壽秋《としあき》なら興味を持ってくれそうな気がします」

「お盆にはいらっしゃいますので、それまで一緒に降ろしておきましょうか」

とチエが屈託なく微笑むと、壽一は思わずチエの肩を抱いた。

壽秋に託された木箱

男兄弟の三番目として生まれた壽秋は、八中（八戸中学校・現県立八戸高校）時代から俊才の誉れ高く日大医学部に進学した。ところが、四年生の時に太平洋戦争に突入したため、卒業もそこそこに出兵を余儀なくされる。さらに不運なことに、対日参戦したソ連軍により生きることさえ拒む過酷なシベリアの地に強制抑留され、その死の淵から奇跡的に生還を果たしたのは、戦後五年も経った昭和二十五（一九五〇）年のことだった。

感涙にむせびながら日本の大地を踏み締めた壽秋は、秋田県県南の平鹿病院勤務を経て三戸町で開業した。壽秋は、失われた青春を取り戻そうとするかのように地域医療に身命《しんみょう》を賭《と》し、そのかたわら東北大学の黒川教室で学位を取得した。

黒川利雄教授は八戸市出身の西山正治とともに胃癌レントゲン診断装置を開発するとともに退官後、天皇陛下に胃ガンについて御進講したほどの消化器内科の権威で、壽秋の研究姿勢はその黒川から叩き込まれたものであった。

昭和四十七（一九七二）年八月十四日、壽秋は墓参りのため生家を訪れる。

「外蔵の二階から古い木箱が出てきてね」

焼香を終え仏壇の前に正座したままの壽秋に向かって長兄の壽一は口を開いた。

「二階のどこにあったのですか？」

「窓のうしろの棚の上だ」

「そんなのがあったとは気がつきませんでした」

真夏でもひんやりとした蔵の中は格好のくつろぎを用意していた。

壽秋は医学生時代、夏休みで帰郷するとそこに上がり込み、窓の下に置いた机に射し込む陽光をたよりに読書をしたり昼寝を楽しんだりしていた。だから内部のことは熟知しているつもりだったが、木箱のことにはまったく記憶がなかった。

「何か入っていましたか？」

「中は見てないが、古書の類《たぐい》らしいので降ろしたままにしてある」

「どんな本が入っているのか興味が湧きます」

予想した通りの返答に壽一は、あることを思い出した。

それは壽秋が最初に勤務した平鹿病院時代の話で、現在の金額にすると数十万円もする『臨床内科学体系』全三十巻をどうしても欲しくなり、自分の薄給では手が届かないことから壽一が買って上げたことである。それくらい壽秋は勉強熱心だった。

真夏でもヤマセの吹く八戸と違い、盆地のまんなかに開けた島守はいやになるほど蒸し暑くなる。壽秋と共に外蔵へ向かった壽一は、土蔵の前に着くや腰の手ぬぐいを引き抜き額に噴き出した汗を一拭きすると、重ねてあった三個の古い木箱を指差した。

「煤《すす》で、だいぶ黒ずんでますね」

壽秋はしげしげと見るばかりである。

「これでも運び出すとき、ほこりを取ったんだが……」

「永いことほったらかしになってたみたいですね」

と言いながら、壽秋は一番上の箱の蓋をおそるおそる開けてみた。しかし直ぐさま、「これは、すごい蜘蛛の巣だなぁ」と目をそむけ、「やはり本らしいものが沢山はいっているようです。野ざらしもなんですから中へ戻しますか」と蓋を閉じようとした。

そのときである。

『元に戻さないでくれ』という声が聞こえたような気がした。

途端にその声に全身を縛られ、思わず兄の顔を見ると、壽一は即座に「中を調べてくれたまえ」と命令した。

「はい、喜んで調べさせて頂きます」

戦後三十年近く経っても、軍人だった二人の会話には、なお緊張感が漂う。

「兄さん、この木箱をしばらく僕に貸してくれますか」

思った通りの展開に壽一は快諾した。

開けられた木箱

その日の夕方、壽秋は木箱を自家用車に積み込み三戸へ持ち帰った。しばらく家の中に置いたままにしていたのは、多忙な診療を抱えどうしたものかと考えあぐねていたからである。それに、いったん蓋を開けると他のことが手につかなくなる自分の性分を壽秋はよく知っていた。

しかし、気になって仕様がない。気持が固まったのは三日ほどしてからである。木箱の蓋を開けると今まで嗅いだことのない異常な臭気が鼻をついてきて、そのあまりのひどさに顔を歪《ゆが》めた。それは単なるカビの臭いではなく、長い間密封され暗所に放置されていたために発生する一種独特の強烈な臭気で、あっという間に部屋中に充満した。吐き気を抑え目をこらすと、表面を厚さ五、六センチほど蜘蛛の巣が覆っていた。必死の思いで取り除いてはみたが、悪臭のあまりのひどさに金槌で何度もぶたれるような頭痛まで覚えた。

すると今度は多量のネズミの排泄物に出くわし、時間をかけて取り除いて行くと、やがてぎっしり詰まった古書類が顔をのぞかせた。上から順に取り出すと底の片隅に何かを象徴するかのように骨と皮だけになったミイラ化したネズミの番《つがい》が折り重なるように埋まっていた。

「ははぁん、ここから入り込んだんだな」

それまでは箱の中ばかりに興味が向いて気づかなかったが、箱蓋を見るとネズミの歯形がはっきりと見て取れる鶏卵大の穴が開いていた。

もう一度、箱の中を見るとネズミの死体のわきに他と明らかに違う三冊の和綴《わと》じの古書があり、壽秋の眼はそこに釘付けになる。

手に取り開いてみると、字面《じづら》からして明らかに木《もく》版刷《はんずり》のように窺えた。

壽秋はどのように扱ったらいいものか逡巡していたが、まったく経験のないことなので得体の知れない巨大な渦の中に引き込まれていくようで気が遠くなった。が、やがて気を取り直すと〈念には念を入れて慎重に扱って、それにご先祖様の霊に失礼のないようにせねば〉と思案を巡らせた。

そこで、取り扱いについては専門家の指導を仰ぐことにし、壽一から新たに整理と保管を頼まれた数個の木箱とともに、全部で三百十冊にも及ぶ古書類すべてを親友の住職に頼み六か月間、懇《ねんご》ろに供養してもらった。

その間の十一月、八戸市立図書館では安藤昌益の資料展と講演会、そして座談会が開催されたが、壽秋には新発見の古文書の中に昌益関係のものがあるという予感があり、はやる気持ちを抑えながら供養が終わるのを待った。

翌昭和四十八(一九七三)年三月、自宅に戻ってきた資料を壽秋は毎日のように陰干しし、修復作業にとりかかったが、それは困難を極め、すべてが終わるまで結局二年有余を要した。

神山仙庵の蔵書

昭和四十八(一九七三)年六月三日、日曜日の昼下がり、冷雨がそぼ降っていた。壽秋は数冊の古書類を小脇に抱え、義妹から紹介してもらった県文化財専門委員の小井田幸哉《こいだゆきや》を訪ねる。

「先生、これが実家の土蔵から出てきたもので、医書が多いので三戸に持ち帰り調査しておりましたが、なぜ生家にこのようなものがあるのか不思議でならないのです」

それもその筈である。村上家から医者が出たのは壽一が初めてで、それまでは商家だったからである。

壽秋は風呂敷包みをほどき古書を取り出した。手に取り真顔で読み始めた小井田は、しばらくして「なんと！」と素っ頓狂な声を上げ絶句した。

「これは、かねてから一度は見たいと思っていた安藤昌益の刊本『自然真営道』に間違いありません」

小井田の息づかいはすっかり荒くなっている。昌益の現存している著作のうちで唯一公刊されながら、それまで一組（慶応本）しか発見されていなかったからである。

後に双方を比較研究したところ、慶応本では奥付の相役の一方の名が削り取られ、「暦道ノ自然論」が「国々自然ノ気行論」と改題され、その前半部分が全文にわたり書き改められていたことが判明した。つまり発見された刊本は、公刊された物とは違う前刷りだったのである。

「しかも昌益の高弟・神山仙庵の肉筆署名と捺印があるとは……。これは一大発見です」と声を絞り上げるや小井田は息を詰めた。

昌益の名がどこにも出てこないことから、同一書名の異本か、さてまた偽書かと懸念していた壽秋は、小井田のただならぬ形相に仰天するばかりだった。

すると小井田は興奮のあまり、「声に出して読んでみろ」と、いきなり命令してきた。

その気勢に蹴飛ばされるように、壽秋は鉛筆の先で字面《じづら》を追いながら声を上げ読み始めた。随所に神山仙庵によると思われる頭注や傍注が朱色で記されており、なお臭気の残る刊本『自然真営道』に二百年以上も前の人間と自分とを結ぶ歴史の流れを実感し感涙した。

壽秋は冷めやらぬ昂《たかぶ》りのまま、すぐさま長兄に経過報告する。

事の仔細を聴いた壽一は、電話口で「それにしても、世の中には不思議なことが起きるものですね」と首をかしげた。

「え？　何ですか」

「いやなに。医者の家系でもない私達兄弟三人が医の道を選び、父壽蔵の代から名前に『壽』を用いるようになったという偶然のことですよ」

刊本『自然真営道』の序文を記した仙庵の正式名には『神山仙庵壽時』と『壽』の一字が入り、しかも仙庵は医者だったのだ。

「それにしても、なぜ自分の命より大切な刊本や多くの医書を商人である村上家へ託したのかね」と壽一は疑問を投げ掛けた。

「神山家と村上家との間に切っても切れない縁と信頼関係があったとするのは想像に難くないですね」

壽秋は好奇心旺盛に応えた。

「このような遺産を残してくれた先祖についても調べてくれたまえ。それが先祖への何よりの感謝と供養になり、子々孫々の幸せにもつながると思う」と壽一が力を込めると、壽秋は生涯の仕事とすることを誓った。

この発見はマスコミ各社に大々的に取り上げられ、大きな反響を呼んだことは言うまでもない。

二、村上家の先祖をめぐって

江差に実在した兄

それ以来、壽秋は仕事の合間をみては、古書約二百冊、古医書約五十冊、古文書約千数百点の整理と解読に没頭することになる。その過程で、先祖が訪れた寺社が、北は北海道江差・松前から南は香川（金毘羅宮）・京都・奈良・和歌山（熊野那智神社）まで三十数社に及ぶことをつきとめ、まず最初にそこを訪ねることにした。が、診療をしながらであるから数年を要した。

先に生家から見つかった位牌には「前江差にて先祖村上弥惣兵衛並手廻四人前入二人前入」とあった。そして添えられた小紙二枚には、六人の法名、命日、享年が記されており、さらに享保十一（一七二六）年生まれの弥惣兵衛には、宝暦二（一七五二）年生まれの息子・弥市右衛門がいたが、父親より二ヶ月ほど早く亡くなったため、次子・弥太郎が継ぎ、弥惣兵衛を襲名したと綴られていた。

その記述が、江差から渡来したという先祖の家伝を裏付けるものではないかと考えた壽秋は、昭和五十六（一九八一）年八月二十八日、三戸を発ち江差へ向かう。

村上壽秋著『村上家先祖史物語』には「到々決心をして出かける」とあり、並々ならぬ決意を感じ取ることができる。実は数年にわたる寺社参りもこの江差行きを成功に導くための祖霊鎮魂の旅だったのだ。翌二十九日、東本願寺派の名刹・江差別院を訪れ、来訪の目的を告げながら竹田住職に位牌と小紙を見せた。

「残念ながら、寛延元（一七四八）年以前のものは焼失しましてな」と住職は無念さをにじませながらも、過去帳を取り出すとさっそく記録を目で追った。するとしばらくして、

「ああ、ここにありますね」と声を上げた。

壽秋の顔にポッと赤みが差す。住職は小紙と照合し間違いのないことを確かめると壽秋に見せた。壽秋は、そこにまったく同じ記録があることを認めた。

「ついに、発見することができた」と、その喜びは言葉に尽くすことができず、「これも仏縁なり。かつて先祖の住みし地なり」と感激した。

早速、用意してきた供物とお布施を手向け、懇《ねんご》ろに供養してもらうと、翌三十日、函館から連絡船に乗り、先祖への万感を胸に込めつつ、次第に遠ざかる函館山を背景に写真を撮った。帰郷してから現像した写真を見て壽秋はびっくりする。

壽秋の著書には、「冠か又は兜かと思われるものを頭に戴いた、立派な顔立ちをした霊が写っていた。江差別院で発見し、供養して貰った先祖の姿であるという。誠に不思議な現象である」とある。壽秋の先祖に対する敬虔な気持ちが霊を呼び込んだのであろうか。

さらに、江差別院の過去帳には、生年は不明ながら初代弥惣兵衛の妻は、宝暦十（一七六〇）年、二代目の妻は、安永二（一七七三）年に死去したと記されており、小紙にあった弥惣兵衛は三代目だということが明らかとなった。初代の妻は無論、島守村の初

代村上の兄の配偶者であるが、壽秋は島守の高松《こうしょう》寺《じ》に赴き、過去帳を調査することにより、島守・村上家の初代は、元禄十一（一六九八）年頃に生まれ、明和六（一七六九）年一月二十八日に七十二歳で死去したことを突き止めた。

島守の村上治五平

壽秋は、『自然真営道』とともに見出された古書を丹念に調査することにより、もう一つの重要な発見をした。それは、『新撰大日本図鑑』（古地図）にあった署名で、次に現代語になおして掲げる。

「この下の書付　当家開祖人の御直筆なり」とあり、書付には、

「明和三年
　戌の六月吉日に　　この主・村上治兵衛
　相改め申し候以上　　同治五兵衛」
　その裏面に、「八戸嶋森村　松前屋・村上治五平」とあった。

これを記したのが何代目の村上治五平かは不明だが、明和三（一七六六）年、村上家の開祖が〝治兵衛〟から〝治五兵衛〟へと改名したというのである。詳細は省くが、藩日記からもその改名を裏付けることができる。

初めて〝治兵衛〟の名が登場するのは、寛延二（一七四九）年十一月十三日、嶋守村の治兵衛が濁酒造酒願いを許可される記録で、明和元（一七六四）年六月十一日、島守村の〝治兵衛〟が大工町の宇兵衛に預けていた引酒箒を永預かりとした旨を申し出ている。その記録を最後に、明和九（一七七二）年六月十五日には、島守村〝治五平〟新造酒願い許可とあり、これ以降は〝治五平〟の名で出てくる。

ここに登場する〝治兵衛〟は初代で、明和六（一七六九）年に死去していることから、明和九（一七七二）年の島守村〝治五平〟は二代目と考えられるが、いずれにしても初代村上治兵衛（治五平）は島守に住み、昌益の八戸在住時代、松前屋という屋号で酒商売を営んでいたことが判明した。

託された多くの医書

村上治五平家には多くの医書が委託されていた。

壽秋が自著に記すところによると、神山仙庵の捺印がある書物は、『刊自』（村上本）の他、『医学正伝』一冊（巻之二）、『察病指南』一冊のみであるが、他の医書として曲直瀬《まなせ》道三《どうざん》著『切紙』二冊（乾、坤）、曲直瀬玄朔著『医方明鑑』、曲直瀬玄朔門下の逸材、土佐道壽の編録による『医方口訣集』三冊（上、中、下）、吉益東洞とともに天下の二名手と称せられた江戸の鹿門山人（望月三英）による『医官玄稿』三冊、産科の名手・賀川玄悦（子玄）の息子（養子）・玄迪（子啓）著『産論』二冊（巻一～四）、荻生徂徠門人による『徂徠先生素門評』一冊、『黄帝内経霊枢』五冊（巻二～九）、中国明時代の医書で天和年間（一六八一～四）に著わされた『万病回春』三冊（上、中、下）、その各論の『新刊万病回春』二冊（巻之一～八）、小児科の専門書『痘疹活用心法』一冊（上、下）、朱丹渓撰『局方発揮』一冊、小児の発疹性疾患の診断治療法を述べた『保赤全書』四冊、林道春著『新刊多識編』三冊（巻一～五）、『妙薬秘方集』、貝原益軒著『養生訓』等がある。

医書以外にも宮崎安貞著『農業全書』十一冊、『孟子』四冊、『論語』四冊、『中庸』一冊、『易経』二冊、『唐詩選』二冊、馬場信武著『梅花心易掌中指南』の文化二（一八〇五）年の新刻本・四冊、『新選八卦鈔』、宋の周濂渓《しゅうれんけい》による『大極図説』等がある。

商人の村上治五平家にこれだけの医書・易書等が託されたということは、神山仙庵家と村上家との深いつながりを想像させるが、ざっと俯瞰するところ昌益の手垢のついた書物もありそうだ。特に『孟子』、『論語』、『中庸』、『易経』、『大極図説』は昌益が思想を組み立てるときの参考書となっており、医学書で注目されるのは『万病回春』とその各論の『新刊万病回春』である。というのは後に、焼失した稿本『自然真営道』の医学部分を書き写した書物が発見され、その分析から昌益が『万病回春』を底本として使用していたことが分かってきたからである。

それ以外にも『黄帝内経霊枢』を下敷として、生薬の人体に対する作用と五行、春夏秋冬を対比させていることが、後に明らかにされた。このように見てくると神山仙庵の捺印のない書物の中には、昌益が八戸を離れるとき、あるいは周伯が父昌益から託されていて京都へ医学修行に出掛けるとき、仙庵に委託したものも含まれていると想像され、この方面での研究が進むことを期待する。

託されたのは三代目治五平の時

そこで、これだけの書物が村上家に預けられたのは何時頃で何故なのかということになるが、『神山家由緒書』の「三代神山仙益久典」の事跡には「文化二丑年江戸常府被仰付手廻引越」とあり、文化二（一八〇五）年に家族ともども江戸へ登り定府になったと記されている。蔵書を預けなければならないのは、このとき以外にはない。

「三代神山仙益久典」とは、神山仙庵の長男・勝五郎で、明和三（一七六六）年、十五歳の時に剃髪し、仙庵存命中の明和八（一七七一）年二月、京都へ上り「宗予」と号し、安永二（一七七三）年四月まで二年二か月にわたり医学を学んでいる。

そして、天明三（一七八三）年二月、父・仙庵の死去により跡を継ぎ、そのとき遺品として多くの書物も託されたのだろう。その後、天明八（一七八八）年正月、金成三十石を加増され百石二人扶持となると五月、祖父にあたる神山仙益の名前をいただき〝仙益久典〟と改名した。

そこで、江戸転居時の村上家当主は何代目かというと、壽秋が調べた高松寺の過去帳を参考に、単純に没年から享年を差し引きした村上家歴代当主の生没年は、初代―元禄十（一六九七）年〜明和六（一七六九）年。二代―元文四（一七三九）年〜安永六（一七七七）年。三代―明和二（一七六五）年〜文政十一（一八二八）年。四代―寛政六（一七九四）年〜嘉永六（一八五三）年。五代―文化八（一八一一）年〜明治五（一八七二）年（以下省略）となっているので、文化二（一八〇五）年の村上家の当主は、四十歳の三代目ということになる。

壽秋の前掲書には、江差の「四代目村上弥惣兵衛が三十歳の若さで夭折し、（江差）村上家の跡目断絶が確定した時、島守の治五平（三代目）は江差に渡り、当時の関係者と一緒にその後始末を行なった。此の時治五平は、自分の息子の嫁に弥惣兵衛の娘を連れて帰国している。後の四代目治五平（悦太郎）の妻となる」とある。他にも「二代目（村上治五平）が死亡した時僅か十三歳であったが、（三代目は）五十年間に数々の偉業を為し遂げ、生涯清貧を旨とし、一族にも此れを説き六十三歳で他界する」とある。

　これらのことから三代目・村上治五平は、部外者に見せてはいけない『刊自』を託すに足る信頼できる篤実者であったことが窺える。

神山家を襲った不幸とその後

　実は、江戸に居を構えたのも束の間、神山仙益一家を大変な不幸が襲う。『神山家由緒書』には、次男・寛平が文化二（一八〇五）年八月十四日、仙益自身が翌月の閏八月二十日、嫡子・仙庵（寛治）が同月二十三日、相次いで死去したことが赤裸々に綴られている。

　藩が示した憐憫についての記録は切迫感を伝えるかのように走り書きで、解読できない箇所もあるので要約すると「文化二年十月、親類へ仰せ渡す。神山仙庵は親・仙益の忌中、家督を継ぐ前に病死した。御家法では身帯取り上げになるところではあるが、早速御前に親類共が呼び出され、勝手次第にしてよいと仰せ付けられた」とある。

　その後に「文化三年寅四月、御在所エ手廻罷（り）下ル。仙庵病死後下リマデ、代々勤功ニ付、御内々ニテ御扶持是迄之通リ。月々三歩宛被成下。且ツ香代トメ《して》、殿様・大殿様・奥様、御銘々御目録被成下。手廻下リ之節、願（い）之上、道中駄賃・旅籠被下、中村岩次郎同道召連《めしつれ》留《る》様被仰付」〈（　）内は筆者による〉とあり、仙益の娘・於重の夫である中村岩次郎が女所帯の警護役となって文化三（一八〇六）年四月帰国したが、仙庵病死後から八戸に着くまで従前通りの扶持に加え駄賃・駕籠代までもらい、そのうえ藩主、先代藩主などから香典を戴くという破格の待遇を受けたというのである。

　さて、降って湧いたように親子三人が相次いで死亡した神山家は、その後どうなったのであろうか。

八戸に居た於重のすぐ下の弟・寛蔵は〝政治〟と名を改め、仙庵が急死した翌文化三（一八〇六）年八月、十二歳のとき三両二人扶持で番医としての出仕を許された。その後〝龍仙〟の号で斎藤曾仙から医学を学び藩医となったが、文政五（一八二二）年に病死した。

その翌年、遺された一人息子〝瓢仙〟は、わずか十歳で二両二人扶持の番医として召し出され、松山俊庵、西舘宗碩に医を学んだ。それから六年後の文政十二（一八二九）年、藩に願い出て江戸に上り〝多紀安良〟の下で医学を修めることになる。

〝多紀安良〟は、代々〝多紀氏〟が世襲していた「躋寿館《せいじゆかん》」の館長であろうか。躋寿館は、明和二（一七六五）年、奥医師の〝多紀玉池〟が神田佐久間町に設立した医学校で、寛政三（一七九一）年に幕府営となると、病院と寮を併設し幕藩に仕える医者を志す若者にその基礎と臨床を短期間で教授した。

さらに瓢仙は、天保元（一八三〇）年、小石川養生所の療治係〝井上玄丹〟に弟子入りした。

そのところ天保四（一八三三）年三月、蘭学を学ぶよう藩命を受け、その橋渡しで奥医師〝桂川甫賢〟法眼の私塾に入門し、このとき〝雲濤〟と改名した。桂川と言えば、奥医師桂川家四代の〝甫周〟（一七五一あるいは五四～一八〇九）が有名で、前野良沢・杉田玄白らとともに『解体新書』を翻訳した。おそらく甫賢もその系譜にあることから雲濤は当時一流の蘭学医に師事したことになる。

ところが、江戸屋敷の医療を受け持っていた高橋良庵の代わりを務めなければならなくなり天保七（一八三六）年五月、止むなく三年余で退塾した。翌天保八（一八三七）年九月、今度は支度ができ次第帰国するように言われ、十二月六日江戸を発つと二十三日八戸着、それ以来在所の医療に携わることになる。

すでに医療界は、いっせいに蘭学に突っ走っていた。その流れがやっと八戸藩にも到来した。おそらく昌益の医学理論は、はるか彼方に吹き飛ばされてしまっていたに違いない。それは、〝村上治五平〟のもとに付託された蔵書の数々が振り向きもされなくなったことを意味しており、それにも関わらず、代々の村上家当主は先祖の言い伝えを頑なに守ってきたのである。この村上家の揺るぎない忠誠心には畏れ入るばかりである。

三、神山仙庵と村上治五平を結ぶ糸

嶋守伊兵衛とは

神山仙庵と村上治五平との関係について語ろうとすれば、「年始状」に昌益の門弟として刻まれながら、いまもって正体不明の〝嶋守伊兵衛〟について言及せねばなるまい。伊兵衛は、「良演哲論」集会で慈風という号を名乗り、その皮切りで確門きっての高弟・神山仙確を紹介していることから神山につぐ地位であろうと推定されている人物である。

昌益の八戸在住時代、城下で伊兵衛を名乗る人物には、藩士の松原伊兵衛、目明かしの伊兵衛、商人関係では荒町の伊右エ門の倅・伊兵衛、近江の大溝から元禄十一（一六九八）年に来八し、三日町に大店を構えた大塚屋の村井伊兵衛などがいた。

他に、宝暦二（一七五二）年九月の藩日記に鍛冶丁の伊兵衛なる人物が出てくるが不明である。また、宝暦七（一七五七）年十月には滞りなく藩へ仕送りしたということで、御仕送り商人の近江屋市太郎、大塚屋伊兵衛、美濃屋三右衛門に羽二重と小袖、さらに手代の伊兵衛へ二百疋の目録が贈られている。この手代の伊兵衛がどこの商家なのかは不明であるが、嶋守伊兵衛が商人だとすれば一番近いようにも思われる。

『詩文聞書記』に登場する嶋森氏

唯一、手がかりとなりそうなのは、『詩文聞書記』にある、夢遊上人が「嶋森氏」へ送った延享四（一七四七）年の年頭賀である。そこには「近隣児童慕師範　東風祇在浮雲裏　一声情驚恤学人〈近隣の児童　師範を慕う。東風は祇《ただ》浮雲の裏《うち》に在り。一声の情、学人を恤《あわれ》むに驚く〉」とある。

現代語に訳してみると「近隣の児童は師範である

貴方を慕って集まって来ます。貴方の気持ちのあまりの温かさに冷たいヤマセもただ浮雲の上を吹き渡るだけです。あなたが子供たちにかける一声は情愛こまやかで、学童たちに気配りしているのは驚くばかりです」(書き下し文とも筆者)ということになろうか。

この漢詩から察するところ、「嶋森氏」は藩士ではなく天聖寺の寺子屋で子どもたちに学問を教える市井人と思われる。

天聖寺の墓石をみると嶋守姓のものが多いことから、伊兵衛はおそらく天聖寺の檀家で、「年始状」では神山仙庵の次に入門していることから、神山と同じように檀家衆の一人として昌益の講演を聴いて入門を決意したのだろうと想像はつく。子どもに学問を教えているということから、それほど高年齢とも思えず、神山の入門時の年齢である二十五歳と同じくらいであったろうか。

八戸藩士の嶋守家

伊兵衛の姓は嶋守なので、嶋守姓を持つ八戸藩士の線からも追ってみることにする。八戸藩士『系譜書上』には、寛文五(一六六五)年、八戸藩創設の翌年に八駄二人扶持で召し抱えられたとあるので、嶋守家は根城南部氏の代から島守村で農耕をしながら主君に仕えてきた豪族であろう。

初代の嶋守作蔵は、寛文七(一六六七)年八月に江戸登りを命じられたとき船旅を選んだ。盆地の生まれだけに一度船に乗ってみたかったのかもしれないが、九十九里浜沖で船は難波し溺死した。銚子沖は、ふだんでも親潮と黒潮がぶつかりあう難所ではあったが、折悪しく台風に遭遇したのだった。

その跡を継いだ甚内(作十郎)は鉄砲撃ちの名人で、鳥やイノシシ、シカ、オオカミ、なんでも狙ったものは一発でしとめるほどの腕をもっていた。寛文九(一六六九)年の蝦夷騒擾(シャクシャインの乱)のときは、藩命で銃弾の製造も手がけているほど鉄砲について蘊蓄のある人物だった。五戸街道での抜荷の取り締まりでは、無判の塩・米・小豆十一駄を所持していた一味を、正法寺村(現青森県八戸市尻内町）で得意の鉄砲により威嚇し取り押さえたほどの才があった。

しかし、藩の家法にはまったく無頓着であった。その奔放な家風を受け継いだ子どもが家族のなかに居たとしても不思議ではない。その心配が現実となった。

元禄三（一六九〇）年五月、御用の間で見習いをしていた嫡男の市良助が藩へ無届けでぶらっと藩境を越え遊びに出た。四、五日して帰って来たが、父親の甚内もさして咎《とが》めるわけでもなく放っておいた。案の定、元禄五（一六九二）年十一月になって藩の知れるところとなり、本来は死罪であるが領内追放となり、嶋守家は身帯改易という最悪の罪科を受けることになる。

嶋守治五平

宝永七（一七一〇）年九月二十日、甚内の三男・治五平は、弟の四郎兵衛とともに販馬十一頭の歩行役として江戸へ上った。『南部史稿』に特記されていることからしても重要な任務であったらしい。八戸藩の馬は中央で高値で売れ、藩に貴重な収入をもたらした。それも無事届いた時の話であり、道中は勿論のこと旅籠でも盗賊達に乗り逃げされれば一巻の終りである。それゆえ一時も気を抜くことなく、寝ずの番をしたはずである。

治五平は任務を無事に完遂させた。その功により、翌正徳元（一七一一）年六月、父親の存命中に限り一人扶持の足軽として召し抱えられる。ここに嶋守家はついに武士の身分を回復することができた。治五平が嶋守家再興の士であることは間違いない。ところが、不運なことに治五平はその年の冬、江戸表で病死する。

翌正徳二（一七一二）年正月、あまりの不幸を見兼ねた藩では、足軽の身分を弟の四郎兵衛に継がせ、遺された治五平の娘の面倒を実子同様にみるように申し渡した。

あくまでも推定の話になるが、私はこの嶋守治五平の遺児と初代の村上治兵衛とが結婚し、そのことにより両家に関係が生まれたのではないかと考えた。

その状況証拠がまったくないわけではない。

初代松前屋村上治五平の妻は、元禄十（一六九七）年生まれということが判明している。嶋守治五平が死没したとき、娘の年齢を十五歳とすると、治五平の妻の年齢と一致する。

初代松前屋村上治兵衛は〝治兵衛〟から〝治五平〟へと名を改めた。その必然性は那辺にあったのか。もとより、改名は勝手気ままに思いつきでなされるものではない。先代の徳を具現化させるための行為に外ならない。嶋守治五平の愛娘と結婚したために、村上治兵衛は義父の遺徳を讃え後世に遺すべく改名しようとしたのではないか。

由緒ある嶋守家から花嫁を迎えたことにより、村上家と嶋守家には姻戚関係が生まれ、村上治五平と嶋守伊兵衛とは縁類となった。貴重な書物の安全な秘蔵場所を探していた神山仙庵は、同門で自分に次ぐ地位にある嶋守伊兵衛の紹介により、いざというときの愛蔵書の保管場所として村上家の土蔵に見込みをつけておいた。そう考えれば話はつながる。

嶋守家のその後

遺された弟の四郎兵衛は、仕事もきちんとこなし、性格も温厚だったことから、次第に歩行組に信頼され藩の目にとまるようになる。正徳二（一七一二）年三月、預かり人・弓場弾衛門に付き添い帰国したが、城下に着くや再度上府を命ぜられ、五月、江戸表で組抜けを仰せ付けられると給人となり帰国した。正徳四（一七一四）年十二月には久慈御山奉行に推挙され、金五両二人扶持に加増となり、享保二（一七一七）年まで勤めた。

八戸藩士には、四郎兵衛の外にも嶋守一族がいる。いとこの嶋守佐太郎は藩から信頼されている。

久慈代官を務めた嶋守丈太夫は、寛延三（一七五〇）年三月から八戸廻代官に抜擢された。その養子である嶋守九太夫は同年、参勤の目付先立を命ぜられた。

延享二（一七四五）年、嶋守九太夫の後妻に嶋守丈太夫の妹が入っている。九太夫は勘定所勤務を皮切りに各検地帳の記録係、吟味所下役、配膳役、物書役、名久井通御山奉行を歴任し、御蔵奉行を四年間勤めたのを最後に、宝暦十三（一七六三）年に退役した。

正徳二（一七一二）年四月に御目見得を許された嶋守十太夫は治兵衛と改め、やがて大殿様（隠居した五代藩主・信興）の近習役を務めるようになる。

明和七（一七七〇）年二月、藩医の足立柳甫とともに藩士・奥谷治兵衛の治療をしている町医の嶋守伯仙は、嶋守治兵衛の弟・万之助である。他にも、無尽をやっている嶋守彦俊がいる。

島守村といえば、城下から人里離れた寒村と思っている人も多いかも知れぬが、『世紀を超えて』（八戸ガス興業株式会社、一九九九年）に、当時八戸工業大学第二高等学校教諭だった西野隆二が執筆した「豪農の財力と文化的教養」によると、「村上家は、酒造業や金融業を営み、名主を務めた豪農であったが、その蓄積した財力で江戸中期から明治初期まで周辺村々から莫大な土地を購入していた」という。

村上家が集約した土地は、十月の年貢上納期限前に売りに出されたり、借金返済不能となり質流れになったもので、土地証文や借用証文の総数は、田代村の十一件を抜いて、九十二件と他を断然引き離している。

嶋守彦俊が庶民金融業である無尽を営むことができたのも、村上家のこのような財力のバックがないことには到底無理なことで、このことからも村上家と嶋守家との強固な繋がりを窺うことができる。このように嶋守一族の係累は多方面に及んでおり、その中に嶋守伊兵衛がいたとしても何ら不思議はない。

四、「確龍先生自然数妙天地象図」

作成者は昌益ではない

平成十一（一九九九）年、青森県・県史編纂室が北海道で入手した古文書の中から、旧八戸藩士・接待家所蔵の「確龍先生自然数妙天地象図」（以下、「天地象図」と略）が発見された。

冒頭に示された図解は、伏義《ふっき》がそれをもとに「八卦」を創ったという伝説上の『河図《かと》』と一致しているが、違うのはそこに付されている○や●の意味が絵解きされていることである。

すなわち、初起之数から四までの数を足してゆくと六万四千七百三十里となり、その一万倍と五から総数までの合計二万八千一百九十里とを合算すると、昌益が『刊自』に記した宗動天までの距離六億四千七百三二万八千一百九十里とまったく同じ数値になる。さらにそこには、五を除いて一から九までの数値が配置されており、「自然数」がどのようにして成立したかを「陰陽五行」の立場から解き明かそうとするものでもあるかも知れない。これら『河図』の絵解きが昌益によりなされたものなのか、それとも別に原典があるのかについては、これからの研究に待たなければならないが、この「天地象図」の作者が「確龍先生」と冠しているところをみると、少なくともこの作者は昌益が○や●の謎を解明したものと思っているようだ。

『河図』について昌益は、『統道真伝』「糺仏失」で、「禹作ノ河図・洛書モ自然ニ非ズ、妄造ナリ」と全否定するようになるのであるが、極めつけは、「天地象図」の作者はそのことを知らない。「天地象図」には『刊自』に登場する「一気の進退」という昌益独自の文言が出てきながら、「此れ即ち天真一気の自然・自動・自休」と、昌益が進退理論に到る前の「動休理論」が平気で出てくることである。

その文言は、前述したように、本を正せば『易』にある「太極動きて陽、静かにして陰」あたりが昌益の頭の中にあったのであろうが、「天地象図」の作者は、昌益が〝確龍堂良中〟を名乗り始めた頃に書かれた『確龍先生韻経書　一』の「一ノ自動ナリ。二ヤ、一自動の発休ナリ」を参考にしている。

同書は、思い新たに〝正信〟から〝良中〟へ号名を改めながらも、思想がいまだ転回していない時期の著作で、昌益の思想形成過程を研究するためには打ってつけの書物である。そして「天地象図」の作者は続けて「名づけて此れを易に乾と云ふ。唯だ此の乾の妙用也。然して此の乾の一気中の主は誰ぞ。統道の伝に入る也」と述べる。

「乾《けん》」とは、『周易』「上経」の第一にある卦のことで、その経文には「元《おお》いに亨《とお》る、貞《ただ》しきに利《り》あり」とあり、狩野亨吉の祖父・良安が四人の孫に、元吉・亨吉・利吉・貞吉と与えたほど有名な文言である。

昌益が〝確龍堂正信〟を名乗っていた時期に書かれた『暦ノ大意』では、「八卦は両儀・四象より生じ、八将神は二気、木・火・土・水の四行の精、体・用の徳を為す者なり。是れ即ち元・亨・利・貞の天真、八方に運行して、年歳・主方を流れいで、人・物の刑《こらし》めを為して、災を除き福を授ける者なり」とあり、〝元亨利貞《げんこうりてい》〟を天真とまで言い切り肯定している。

が、『統道真伝』「糺聖失」では、『周易』について「一句も自然・真道に合うこと無し」、「先ず第一に乾は元亨利貞と云えること、是れ乾は転外を包む金気にして転真に非ず」と真っ向から否定するようになるのである。このように、「天地象図」の作者は『暦ノ大意』は読んではいるが、その後の昌益思想の転回についてはまったく知識がない。

では「統道の伝に入る也」の「統道の伝」とは何なのか。『統道真伝』「糺聖失」に「堯の曰く、『人心惟れ危ふく道心惟れ微《かすか》なり。允《まこと》に其《こ》の中を採れ』。是れを統道伝と為し舜に与ふると云へり」とあるように、堯王から舜王へ与えられたのが『統道伝』である。すなわち、間違いだらけの『統道伝』があったからこそ、昌益は『統道真伝』を著わそうとしたのである。

「天地象図」の作者は『統道真伝』を読んではいないが、『統道伝』の存在は知っている。

昌益の初期の作がまだ外にもあり、その中に記されていたと考えればいいのだろうか。「天地象図」が、昌益の八戸来住初期の陰陽五行説にどっぷり浸かっているのであれば、それはそれでさして問題ないのだが、以上に観てきたように思想転回以前の論と「一気の進退」を代表とする刊本『自然真営道』からの引用とが折衷され混成していることをどう解釈したらいいのかということである。

「天地象図」の作成者は昌益とは別人物であること

だけは間違いなく言える。第一によく考えてみると、自分が作成したものに「確龍先生」と冠すること自体おかしいのである。

仙庵の孫・神山由助が作成

そこで、平成十二（二〇〇〇）年十一月、前出の若尾政希が「青森県史研究」第五号に発表した解題では、「由助の思想的基盤と『自然数妙天地象図』のそれとは符合している」として、作成者は神山由助《かみやまゆうすけ》ではないかと推測した。〝由助〟の読みとして「よしすけ」とルビをふっているものも見かけるが、他の記録に〝祐助〟とあるので「ゆうすけ」が正しい。

現在のところ、若尾の推定をくつがえすほどの解釈は出ておらず、私も若尾の真摯で精細な研究態度から、その推定には信頼性があると考えるので、次に神山由助の事跡をたどることにより補完してみる。

由助は、前出した〝龍仙〟の直弟で、七人兄弟の四男にあたる。神山家が江戸定府となった時、由助は十一歳と年少だったため、三男の寛蔵と五男の伝次郎とともに八戸に残った。そのため一家全滅の危機を免れたのである。

文政元（一八一八）年三月、二十四歳になった由助は勘定方としてわずか一両の袴代だけで藩に雇われたが、文政五（一八二二）年に二歩加増され、同九（一八二六）年には一人扶持となった。検地御用をこなすかたわら、真法賢流算術の六代目・久保沢新之助を師として算術を学び、文政十二（一八二九）年二月、久保沢の死去により道統を継ぐと、その年の十月に開校した文武講習所で真法流算術の初代師範を務めた。そして、翌年には正式に勘定方常勤となり、玄米三駄二人扶持の禄を食み、真法流算術中興の士として、幕末の動乱期に入る安政六（一八五九）年まで活躍した。

真法賢流算術を創始した僧・恵賢（一六五七～一七五三）は、田子村（現三戸郡田子町）で生まれ、前出の法光寺で修行後、江戸に出て和算を学び、第四代藩主・南部広信に川杉流算法の師範として取り立てられた。そして宝暦の初め頃まで多くの弟子を養成し、宝暦三（一七五三）年九月の死去後は、真法賢流算術が八戸藩正統の算学となった。研究者によると、恵賢は正多面体は五つしかないことを日本で最初に明らかにしたり、理解の容易でなかった「解伏の題」(行列式)を解いてみせたという(斎藤潔「真法恵賢―八戸和算の開祖」『人づくり風土記』第二巻「青森」所収、農文協、一九九二年)。

接待家所蔵となった経緯

若尾は、「天地象図」が接待家に所蔵された経緯について、藩校のテキストとして由助が編んだ『真法賢流算法記』の奥書に、「『右壱冊は予カ師・神山由助丈ヨリ伝写置もの也』として接待源次郎の署名がある」ことから、「接待家と源次郎とのかかわりは分かっていない」ものの、「神山由助―接待源次郎の師弟関係が分かったことにより、接待家に『自然数妙天地象図』が所蔵されていたという謎を解く鍵が見つかったといえよう」と述べている。

ちなみに、由助に対して源次郎は長老に対する敬語である「丈」を使用していることから、書写したとき由助は高齢で、安政六(一八五九)年に他界したことからして書写の年代についてはおおよその察しがつく。その後、源次郎は元家老職・逸見《へんみ》家の養子となり、八戸市立図書館の前身で、明治七(一八七四)年六月十五日に開設された「八戸書籍縦覧所」の創設者となった。

神山由助の著作について、八戸市立図書館編『安藤昌益』の中で、野田は「上杉修先生所有の神山由助著『泰西流量地測量等巻之二』には『自然真之一気』について述べ、同『泰西流量地測量算術』には『自然真自感之気之事』と題した一章があり、いずれにしろ昌益の学説を祖述しようとしていたことは間違いない」と述べている。

この二つの書物は、前出の『未刊資料』とともに岩泉家から発見されたものである。

「天地象図」が、文武講習所での算術師範時代の使用テキストだったとすれば、昌益の「一気の進退」理論は埋もれることなく、師範・神山由助により藩校生の前で堂々と講義されていたということになる。無論、由助は昌益思想の継承者でも信奉者でもない。

自らの専門とする算術・測量の分野に昌益理論を擢《てき》用《よう》しただけである。

解明される謎

さらに野田は、神山由助の著書『泰西流量地測量測算別伝弧度術』の附言に、「余カ祖父医官仙庵寿時ハ自然真自感ノ一気ヲ確龍先生ニ学フ。其書僅ニ遺レリ。是ヲ読ミテ算数ノ術ニ非スンハ物ノ理ヲ尽ンコト能ハザルヲ知レリ。因テ真法賢ノ算数ヲ嗜ムコト多年」とあることを、三上義夫著『日本測量術史の研究』から見出した。

先述のように、由助が道統を継いだのは、文政十二(一八二九)年二月であるから、「真法賢の算数を嗜むこと多年」という記述からすると、文政年間初頭には算術を学び始めていたと考えられ、その動機が祖父の遺したわずかな書物により「算術によらなければ物理を尽くす事ができない」ことを知ったからだというのである。

翻せば、この時すでに祖父・神山仙庵が遺した多くの書物が他人に渡っていたということで、その多くの書物とは村上治五平家に寄託されたものであると想像することは容易である。

神山由助の手に渡った祖父・神山仙庵の「僅《わずか》に遺」った書物は、養子に入った武吉を経てやがて神山銀三の娘婿・岩泉正意へと引き継がれた。それが昭和二十七(一九五二)年、岩泉正意の子孫、岩泉成家から発見された『未刊資料』で、これについては前述した。

確かにその中には、『暦ノ大意』と『確龍先生韻経書　一』も含まれている。そのことから、神山由助が『未刊資料』を所有していたことは間違いない。このため、由助は昌益思想の転回や、手持ちの書物の成立年代の相違を知らずに、並立的・玉石混淆的に取り入れざるを得ず、「天地象図」に見られるような文章になったのである。

しかし、由助が「天地象図」に引用した刊本『自然真営道』は岩泉家からは発見されていない。このことから、村上本でない刊本『自然真営道』も八戸にあり、由助の没後流出した可能性も否定できない。

五、村上本『自然真営道』をめぐって

改刻に松葉清兵衛は関わっていたのか

刊本『自然真営道』の狩野本と村上本との間には相違する部分がある。それは前述したように、狩野本では奥付に「書林」(書店)としてあった相役の「江戸　松葉清兵衛」が削り取られ、標題が「暦道ノ自然論」から「国々自然ノ気行論」に換えられ、その本文の前半部分が新たに書き改められているということに尽きる。

後者の改刻については、寺尾が『全集』第十三巻で解説しているように「内容上はそれほど重要な改訂でもないのに、なぜわざわざ三葉五頁にもわたって版木を刻りなおしてまで文を改めたのか、その理由が定かでない」ということになるが、しいて挙げるとすれば、「転下一般ニ暦ヲ作ル則ハ、文通ノ日記、年号、例歳等ノ通用ニハ成レドモ、万国ニ於テ、其ノ国国ニ行ハレ来ル自然ノ気行、皆違フ。……故ニ今ノ暦ハ、国国・耕農・自然ノ気行ニ相合フコト無シ」という箇所が、幕府の専権事項である「暦本」に対する批判とみなされ、そのために改刻せざるを得なかったのであろう。

では改刻を促したのは一体誰なのか。その人物として考えられるのは相役の〝松葉清兵衛〟である。寺尾のこの解説によれば、松葉清兵衛は江戸書物仲間の行司役を永く務めていたというから、江戸での売り広めを依頼された時、行司役経験者としての自負と責任が頭を擡《もた》げ、版元の〝小川源兵衛〟にクレームをつけたことが改刻に繋がったとも考えられる。しかし、そうだとしても原稿は書き直されているわけだから、松葉清兵衛が相役から降りたことの理由にはならない。

ただし、『刊自』には、士農工商の身分制度を否定するなど危険思想とみなされる箇所も少なからずあり、京都と違い幕府のお膝元・江戸では出版物に対する監視の目が殊《こと》のほか厳しかったことから、「行司役」のときに培った嗅覚が働き、後々その責任が販売者としての自分に降りかかることを恐れた

ということもありうる。いずれにしても、当時の出版に対する事情が複雑に絡み合い難儀な局面があったことは容易に想像されるが、改刻理由についてはは依然として謎である。

なぜ秘匿されねばならなかったのか

村上家では、使用人や小作人に対し、木箱が置かれていた「二階には決して上がってはいけない」と代々きつく言い渡して来た。なぜ、それほど二階に上がられることを警戒していたのか。それは、木箱のなかにあった改版前の『刊自』以外に思い当たる物はない。

ということは、神山仙益久典が『自然真営道』を三代目村上治五平に付託したとき「誰にも見せてはいけない」ときつく申し渡したということであり、恐らく仙益は父・神山仙庵からそう厳命されていたのだろう。

京都での出版物が版刻に入るのは、開版願いを申し立て京都町奉行所の検閲が通ってからになる。その前に行司役は、出版元から提出された原稿が御法度や禁制に抵触していないか吟味する。開版願いを出すのはその作業が終わってからになる。村上本は、言うまでもなく版刻・印刷・製本までされているので、行司役の吟味を経て奉行所の検閲を通過したということになる。

検閲を通りながら、なぜ秘匿されなければならなかったのか。その理由は、内容に異議の出た村上本が製本までされていたことにあるとしか考えられない。源兵衛は、昌益や仙庵はじめ門人達の歓ぶ顔を早く見たかったのだろうか、それとも検閲に時間がかかり焦っていたのだろうか。いずれにしても村上本は検閲通過前に製本された。検閲が通ることを見越し版刻・印刷され早々と仙庵の元に届けられた。

ところが内容にクレームがつき、原稿の一部手直しを余儀なくされ、そのうえ江戸の販売元が降りるという不測の事態が起きた。検閲通過前の製本が表沙汰になり「お上」の知れるところとなれば重罪が待っている。当然、秘匿せざるを得ず「二階に上がるな」という厳命がくだされることになる。出版や販売時点でのいざこざに、神山仙庵は江戸での出版事情の厳しさを思い知ったに違いない。すると予定されていた続編が取り止めになったのも頷ける。

　宝暦三（一七五三）年三月に出版予定だった刊本『自然真営道』は時代に翻弄され発売がずれ込む。この前後に経験した昌益とその門下生の苦渋は、彼らに行動の変換を迫る。しかし彼らは思想を捨てようとはしなかった。昌益が八戸を離れるまで残り五年有余。昌益門下は一層の結束を固め〈百年後に理解してもらえばいいのだ〉と百巻本の完成に向けて走り出す。

　そして、藩にさとられぬように隠密の度を深めて行くのである。

　藩日記に記された神山仙庵、福田六郎、北田市右衛門（忠之丞）という門弟の行動からそのことが明らかに読み取れる。表面上は何食わぬ顔で律儀に藩の仕事をこなしながら重大局面にくると仮病を使って仕事を休んでいるのである。村上家に秘匿されていた初刷《しょさつ》の刊本『自然真営道』。昌益門下生の心意気や勇気を、この村上本から読み取ることができる。そして、村上壽一・壽秋兄弟、そして村上治五平や神山仙庵の熱い想いや願いがこの村上本には籠《こ》められている。

第九話　石垣忠吉

一、市史編纂事業

秋田県大館市の市史編纂事業が始まったのは、昭和四十五（一九七〇）年のことである。

　事業は順調に進み、資料収集の範囲も郊外に広がって来た昭和四十八（一九七三）年春、市史編纂調査員・小山純夫《おやますみお》は、信仰石の調査のため、犀川左岸沿いに広がる二井田村の館《たて》丁内に入った。

　そこには、村人から「安藤観音堂」と呼ばれている寄木堂の社地があり五基の石塔が建てられていた。春とは名のみの烈風に、小山は思わず身を屈《こご》めながらカメラに収めていると、背後から「何、撮ってらすな」と声がした。小山がギョッとして振り向くと、モンペに前掛け姿の主婦が立っていた。時間が止まっているかのようにのんびりしたところである。見知らぬ人が来るとすぐ分かる。

「実はいま市史を作っておりまして」

小山は不審者ではないと説明した。

「役所の人だが？　おらえ（家）には、昌益ず、偉いお医者さんが居だどいう言い伝えがあってすな」

その主婦は、隣地に住む安藤義雄の妻・キヌで、そのことを伝えたくて出て来たのだと小山は納得した。

小山は、安藤昌益が秋田と関係があることは知っていたが〈似たような名前の人がいるもんだな〉と思いながら撮影を続けた。すると、主婦はまだ言い足りないのか「あそごに墓があってすな」と差し出した指のはるか先に、こんもりとした杉林の間から曹洞宗・巌松山温泉寺の屋根が見えた。

役所に戻った小山は、さっそくそのことを編纂委員の奥山潤に報告したが、たまたま奥山は事故で足を傷めていたためそのままになってしまった。その時は、まさかその安藤家が、安藤昌益の生家だとは思ってもみなかった。というより、もともとの目的は、安藤昌益の足跡探しではなく市史編纂にあったのだから無理もない。

その年のことである。八月十六日から四日間、秋田近代史研究会の協力を得て、一関家古文書の調査が開始された。館丁に隣接する下村《したむら》丁内にある一関家は、宝暦年間（一七五一～一七六四）から大地主を務めた家柄である。先に述べたように、二井田村は戊辰戦争で旧幕軍である盛岡藩の進軍路に当たったため、ほとんどの家屋は焼け落ちた。が、一関家の土蔵のほか幾つかは奇跡的に戦禍を免れた。

いよいよ調査の日、土蔵に入ると歴史を刻んだ大量の古文書がそのまま残っており、調査員は咳《しわぶき》一つ立てず黙々と運び出した。

比内の夏の太陽はジリジリと照りつける。慎重に作業を進める調査員の耳腔に、周囲の杉木立の蝉の声が何かを予感させるかのようにひときわ響き渡り、達子森の向こうに遠く広がる蒼い空は光を放っていた。

その調査結果をもとに、千百点を越える文書類の目録が十二月に完成すると、さっそく解読作業にとりかかる。

大館市市史編纂委員石垣忠吉《いしがきちゆうきち》の分担に、「掠職《かすみしよく》手記《しゆき》」と「老の故言《おいふるごと》」があった。

彼は、明治三十八（一九〇五）年一月二十三日、比内町扇田で代々肝煎役などを務める有力な家柄に生まれた。大正九（一九二〇）年、郡立準教員準備場を卒業後、代用教員として採用され、やがて正教員となった。

その後、同僚の菅原ソノと純愛を育み、所帯を共にすると三人の娘をもうけたが、昭和三十五（一九六〇）年、退職勧奨が一年延びたにも関わらず、比内町立東館小学校校長を最後に教職を退いた。健康に自信がなかったこともあるが、教職に身を置きながらそこにおさまり切れない何かを感じ取っていたからで、読書をしたり郷土史のことを調べたりして自由に余生を楽しみたかったのである。

大館市神明町に土地付きの中古住宅を購入し、第二の人生のスタートを切ったのも束の間、昭和三十九（一九六四）年、最愛の妻・ソノが脳血栓で倒れる。それからの石垣は、病床にあるソノの世話を、同居していた娘夫婦に任せることなく自分独りで看た。

二、石碑銘に確龍堂良中

昭和四十九（一九七四）年の新年を迎えて間もなくのことである。「石碑銘」写しの解読作業をしていた石垣は、「確龍堂良中」という名に行き当たる。

〈はぁてなぁ、どごだったべが……〉

どっかで見たような……、聞いたような名前だったからである。妙にひっかかり、気になって仕様がない。そんなある晩、

「うんだ、うんだ、たしか『統道真伝』の中さ……」

石垣は、以前読んだ奈良本辰也による『統道真伝』に、「確龍堂は昌益の雅号、良中は字」とあっ

たのを思い出した。翌朝、そのことを委員会に報告すると事務局はどよめいた。

それから一ヶ月後、石垣は「願書稿」の中に「一当所孫左衛門と申者安藤昌益目迹御座候処　昌益午之年十月十四日病死仕候」という記録を見出す。すなわち孫左衛門という跡目のいた安藤昌益が午の年十月十四日、病死したというのである。石垣は、その年が宝暦十二（一七六二）年であることを確かめると、すぐさま温泉寺の住職・佐藤舜英に電話する。

「宝暦十二年十月十四日の過去帳があるすべが？」

「急に何ごとですか？」

「いや、安藤昌益の墓が、そごさあるず調べがついてすな」

住職はすぐさま奥に引っ込んだ。それから間もなく、バタバタと廊下を走る音が電話口に聞こえ、

「ありました。戒名は『昌安久益信士』。その下に『下村昌益老』」と叫んだ。

その当時、安藤家の屋敷は館と下村にまたがっていたが、地籍は下村であるから安藤昌益本人のものに間違いない。それを受けて石垣は、「昌益・二井田にねむる」と題する紹介原稿を書き始める。

三月二十四日、その記事は地元日刊紙『北鹿《ほくろく》新聞』のトップを飾った。

四月二十一日、雪融けを待っていた石垣は、市史専門委員・山田福男《やまだふくお》に電話をかけた。

「ちょっと二井田の温泉寺へ行かないか？」

女所帯の石垣にとって、三十歳も年が離れている山田は息子のように可愛くて仕様がない。すでに石垣の新聞記事を読んでいた山田は「昌益の過去帳が見つかったずな」と応じながら「先生！　本物だすか？」と、にわかには信じられない様子である。

石垣は子供をあやすかのように「うんだ、うんだ、カメラ……」とだけ言った。

二人の間には何も難しい言葉は要らない。写真屋を営んでいる山田は、後の昭和六十（一九八五）年、土門拳《どもんけん》記念館開館一周年記念全国写真フェスティバルで最優秀賞を受賞したほどだから撮影はお手の物

である。石垣宅に着くと、市史編纂委員会事務局主事の板橋範芳が待っていた。

温顔の石垣は、いつものように茶葉のたっぷりと入った小さな急須にお湯を注ぎ、山田に差し出すと、「じつは安藤昌益の墓があるらしいのすな」と控え目に言った。

山田が、なんともいえない味わいのある茶を喫し終わるや、三人は二井田へ向かう。

三、昌益の墓発見

最初に寺務所で過去帳を見ると、確かに「昌安久益信士　宝暦十二年十月　下村昌益老」とある。その時、石垣は、

「なんだ？　これは！」と思わず声を上げた。

張り紙に書かれた戒名を透かして見ると、その下に何やら別の文字が読み取れる。

「『聖勝道因士』かなぁ？」と石垣は『聖』の字の判読に自信がないのか、山田に顔を向け助言を求めた。

「『聖』でなく『堅』でながべが？」

後に、山田の読みが間違っていなかったと分かったが、昌益の門弟・安達家から発見された戒名にも、漢字こそ違うが同じ発音で「賢正道因禅定門」とあった。

寺務所を出た三人は、ひめやかに降る春雨の中を傘もささずに、住職の先導で裏手の墓地へと向かった。

やがて、眼の前に昌益の墓が姿を現わした。

本堂に背を向け西方を向いている。その墓石を茶目っ気たっぷりに山田が動かすとグラグラと揺れた。「おい、おい、無茶するなよ」と諫《いさ》める石垣の顔は、なんともいえない慈愛に満ちていた。

灰黒色をした墓石は、凝灰岩のためか風化しており、かろうじて中央に「空　昌安久益信士　位」、それを囲むように右に「宝暦十二年」、左に「十月十四日」と読めた。雨の微かな音だけが辺りを支配していた。

「よぐ、遺っていだもんだすな」

石垣は、ぽつりと感慨を込めながら言った。ただただ瞠目する三人を、二百十余年の悠久の流れが包み込んでゆく。風の日も、雨の日も、雪の日も、そして晴れの日も、みじろぎもせず昌益は待っていた。

石垣により今『自然真営道』に光が差し込んだ。そして、泉下の昌益が嬉しそうに微笑んだ。石垣にはそう感じた。

その後、石垣は、昭和六十（一九八五）年六月配本の『全集』第十四巻に、「二井田資料　解説」を書いた。編集・執筆代表、寺尾五郎は「今その関係資料のすべてを、発見者自身による綿密で滋味あふれ含蓄ある解説を付し、石垣翁八十一歳の年に公刊できることを喜びとする」と石垣を讃えた。

安藤昌益と出会ってから、石垣忠吉のもとを訪れた人は何百人にも及ぶ。石垣は、その一人ひとりに嫌な顔ひとつ見せずニコニコと応対した。

※　　※　　※

石垣の愛妻ソノが息を引き取ったのは、平成二（一九九〇）年五月のことである。翌平成三（一九九一）年十二月八日、石垣は突然意識不明となり救急車で運ばれた。石垣忠吉は病床で「もう年寄りの出番はなくなりましたな」と心静かに語った。

そして、十二月三十一日午前九時二〇分、引き潮とともに八十六年の生涯を閉じ、最愛の妻のもとに還《もど》った。

第十話　三宅正彦

一、昌益未刊資料

昭和九（一九三四）年、この世に生をうけた三宅正彦は、大阪府立豊中高校から東京教育大学（現筑波大学）文学部で漢文学、その後、大阪大学文学部で国史学を専攻し、同大学院へと進んだ。そのため、学業を了えた昭和三十八（一九六三）年には、すでに二十九歳になっていた。

筑摩書房刊「日本の思想」シリーズ全二十巻の十八巻目となる『安藤昌益・富永仲基・三浦梅園・石田梅岩・二宮尊徳・海保青陵』が発行されたのは、昭和四十五（一九七〇）年で、その「安藤昌益」を執筆した三宅は、同年十一月、その成果を『日本史研究』第一一五号に「安藤昌益の社会変革論」として発表した。

その三宅が八戸市を訪れたのは翌年二月二十二日のことである。その理由は昌益思想の特異性が凶作や飢饉という八戸特有の風土に関係するのではないかと考えたからで、その厳しさを肌で感じようとしたためだった。

街中に宿をとった三宅は図書館に足を運び昌益関係資料の収集に没頭した。その日も気がつくともう閉館の時刻となり、止むなく帰途につくことにした。

二月の八戸の外気は凛と張りつめ、冷気は足下から募って来る。帰り道を急ぐ三宅は、街燈の下でふと立ち止まると、身を屈めながら左手首にはめた時計を見た。

「まだ五時すぎやなぁ」と独りごち、また夜道を歩き始めた。

ふと見上げた天空には銀漢が蕭条と冴え渡っている。すると、なぜか〈上杉修さんを訪ねてみようかしら〉と思い立った。むろん面識はない。番町の上杉宅までは、ものの十分とかからない。しかし、冬のヤマセは雪も何もかも吹き飛ばすために路面は光沢をなし、ちょっと油断すると轍《わだち》に足元をすくわれそうになる。三宅は難渋しながら、やっとの思いで上杉宅にたどり着いた。

「ごめんください」と戸口で声をあげると、やがて品性をたたえた女性が出て来たので率直に来意を告げた。

「少々お待ちください」と女性は奥へ引っ込み何やら話し声が聞こえる。夕食中らしく、しばらくして上杉が出て来た。

「大阪産業大学で助教授をしております三宅です」と素性を明かすと、

「遠いどころ、よぐおんであんしたなす。寒がすべ。

さぁ、さぁ、ながさ」と親しみをこめて三宅を招き入れた。

突然のぶしつけな訪問にも快く応じてくれた温情が、見ず知らずの土地に初めて来た三宅には何よりも身に沁みた。三宅は灯りの下で、しげしげと上杉を見つめた。七十四歳を迎えるにしては皺のない艶《つや》やかな皮膚で、眼鏡の奥には子供のように優しい瞳をたたえていた。

三宅は昌益思想と八戸の風土や文化との関係について堰を切ったように質問したが、素人とも思える愚問にも上杉は嫌な顔一つせず懇切丁寧に教えてくれた。三宅はすっかり打ち解けた。

上杉の妻・テルは何度もお茶をかえ、地元の銘菓だという「鶴子まんじゅう」をしきりに勧めるが、話に夢中になっている三宅の眼中にはない。

やっとテルに目の届いた三宅は、お腹《なか》の空いていることに気づき、遠慮せずに茶菓子を頬ばった。するとその口元を見て、テルがクスッと笑った。まぶしてある粉砂糖がへばりつき、真っ白になっていたからである。大慌てで背広の袖で拭った三宅が夫妻には息子のように可愛らしく思えた。

夜も深まったころ、思いがはじけた三宅は「昌益未刊資料を拝見させていただけますか?」と切り出した。「昌益未刊資料」というのは、前述のように岩泉家から発見され、上杉が所有している資料のことである。

上杉はすぐさま立ち上がると隣室に消え、間もなく風呂敷包みを抱えて戻って来た。夢にまで見た「未刊資料」を目の当たりにし、三宅は感激のあまり言葉を呑んだ。

二、『安藤昌益全集』発行に意欲

翌昭和四十七(一九七二)年八月、三宅は夏のヤマセを体感しようと、三週間の予定で金浜(八戸市)で住民と寝起きをともにする。ところが八戸の風土と昌益思想との関係は、そんなに単純なものではないことを思い知らされた。

実はそのときすでに〈安藤昌益全集をぜひ自分の

手で出版したい〉という一心で三宅は奔走していた。幸いに東京大学の山口啓二、慶応大学の山田忠雄が賛意を示し資料の貸し出しを諒承してくれた。そのうち話を聞きつけた校倉《あぜくら》書房が「社運をかけてやりたい」といってきた。校倉は資本力には乏しいが、月刊誌『歴史評論』や良心的な歴史書を刊行している実績のある出版社なので三宅はお願いすることにした。その後、他にも全集発行に意欲を燃やしている二、三の大手出版社があることを知ったが、三宅の意志は変わることがなかった。

金浜での逗留中、三宅は上杉に会うことにし、番町の上杉駐車場の入り口にある事務所を訪ねた。上杉が、風呂屋をやめたのには訳がある。昭和四十二（一九六七）年、厳重な警戒をかいくぐり番町に頻発した放火で、上杉の経営する「亀の湯」は全焼した。それにもめげず〈そのうち、クルマを縦に置くような時代になる〉と立体駐車場の到来を予言した上杉は、立体ではなかったが、その焼跡に地域で最初の有料駐車場を手掛けた。

事務所の奥にある座敷に上がり込んだ三宅は「全集を出したいと思っているのですが……」とそれまでの活動の経緯を言葉を選びながら伝えた。すると上杉は怪訝《けげん》な顔をするどころか、いつもの人の好い温顔で応じてくれた。

脈があると踏んだ三宅はさらに「その中に『未刊資料』と『藩日記』を入れたいのですが……」と思い切ってお願いした。すると「全集のためなら、喜んで資料を提供させていただきやす」と答えたので、一瞬三宅はわが耳を疑いつつ、上杉もまた全集刊行への意欲を心に秘めていたことを知った。

三宅の構想は「未刊資料」をはじめとする昌益関係史料すべてを収録することにあり、上杉の快諾で全集発行に弾みがついた。

三、安藤昌益資料展開催

昭和四十七（一九七二）年、開館百周年を迎えた八戸市立図書館は「郷土の先人顕彰事業」第三回目として安藤昌益を取り上げることにし、資料展と並行して安永寿延に記念講演を依頼することにした。

安永に白羽の矢を立てたのは、名古屋大学文学部哲学科を卒業して以来、一貫して社会思想史を研究しており、ルソーとの関係で昌益思想を論じてもらえないかと思いついたからで、それは西村嘉の発案であった。

安永にとって安藤昌益はまったくの門外漢であったが、依頼された仕事を快く受け入れてくれた。その話を聞いて三宅にも講演させたらどうかと言って来たのが上杉で、三宅にとって三度目の来八となった。

十一月二日、安永と三宅による講演の後、岩手大学名誉教授・森嘉兵衛の司会による座談会が図書館ホールで開催され、市民も傍聴した。小瀬川充館長の挨拶で始まった座談会のメンバーは、上杉修、野田健次郎、月舘金治、神山恵介、稲葉克夫、西村嘉、そして昌益の門弟・神山仙庵、高橋大和守、中居伊勢守の各々の子孫、神山久興、高橋正勝、中居靖夫ら総勢二十二名であった。

資料展には、上杉修、野田健次郎、高橋正勝、中居靖夫、神代孝一郎の所蔵資料、他にも昌益に関する現存資料のほとんどが並べられ、それを目の当たりにした参加者の誰もが目を見張った。

その講演と座談会の模様は、昭和四十九（一九七四）年三月、『郷土の思想家・安藤昌益　その人と思想』としてまとめられ、次いで六月、多くの論考を追加して、今なお輝きを失わない圧巻『安藤昌益』が、八戸市立図書館の編集により地元の老舗伊吉書院から刊行された。その内容のうちでも、特に「安藤昌益全集関係資料目録」は、西村による畢生《ひっせい》の力作であり、地方図書館の力量を遥かに超えていたことから大学研究者を唸らせた。

その『安藤昌益』の巻頭を飾ったのが、作家・司馬遼太郎による「昌益雑感」で、それは思想形成過程を世界史的にたどり、時代的背景の中で昌益思想がどのように形成されたかに迫る貴重な一文となっている。

座談会終了後、三宅は上杉、野田、山田忠雄と会合を持ち、上杉を代表とする「安藤昌益全集刊行会」発足の約束を取りつけた。

三宅が全集の初巻に収録しようとしたのが、稿本『自然真営道』の「大序」と「私制字書巻」の第一、二巻である。しかしその「私制字書巻」の書き下し文の作成に難渋した。

昌益の論は「漢字は支配者が自分に都合のいいように作ったものだ。だからそれを否定し被支配者の側からの文字を作らなければならない」というところにある。それゆえ一つひとつに意味をこめ、思いをこめ、独自の文字を創作した。その集大成が「私制字書巻」なのである。

三宅は、原文の字体を忠実に再現しようと努めた。しかしその思いとは裏腹に、苦闘し時間がかかり過ぎた。それはまさに編集者泣かせ、校訂者泣かせで、ついに印刷所が音《ね》を上げた。それに昌益の本意を知るためには日本や中国の昔の辞書を紐《ひも》解かなければならない。想像を絶する作業だったのである。

三宅は多くの出版社がやろうとして取り止めたのも、もっともなことだと思い知った。その上、三宅は昌益が多用している方言を勉強しようと脇道に入りすぎ、読者が知りたい本道から次第に離れ、迷い子になっていくのだった。

四、泉博幸と西村嘉

その動きとは別に昭和四十八（一九七三）年十月、弱冠二十三歳の泉博幸《いずみひろゆき》は「安藤昌益研究会」を立ち上げ、季刊誌『昌益研究』を創刊した。それは八戸以外での新たな動きでもあったが、その伏線を敷いたのが図書館にいた西村である。

それまで全国から西村の元に寄せられた昌益関係の照会状は二百通にも及んでいたが、その中で一番多かったのが〝泉〟からのものだった。楷書で書かれた長文には質問が事細かに順序よく記載されており、添えられたユニークな見解とともに真摯な情熱を感じ取ることができた。

当然、西村は逐一返事をしたためた。その西村の誠意ある対応が、泉を新たな昌益研究へと駆り立てたのである。そのような独自の活動の中で泉がたどり着いたのは、後世に伝えるべき論文の再録とそこから生まれてきた新たな論文の紹介であり、その作業に心血を注ぐべく「季刊昌益研究」の創刊を決意したのである。敬服に値する。

昭和五十（一九七五）年四月、八戸市立図書館副館長となった西村は、執筆していた「八戸市史通史編」を脱稿させ、その成果を、昭和五十二（一九七七）年一月、地元の伊吉書院から『八戸の歴史』として刊行した。

古代社会の源流から昭和四十（一九六五）年代までの八戸の歴史をたどったその功績は、埋もれていた人物を発掘し、独自の視点で取り上げたところにあり、このことにより昌益八戸在住時代の人物群もくっきりと浮かび上がった。

資料展の成功以来、西村を訪ねる研究者は引きも切らなかったが、その多くが最初に訪ねたのは上杉だった。ところが上杉は誰に対しても手持ち資料の公開を拒んだ。それで仕方なく西村のところに来るのだった。

西村は、昌益研究のために役立つことがあればという一途な思いから真摯に対応した。しかし、資料展に合わせ一時的に借り出した物も多く、昌益関係資料のすべてが揃っていたわけではない。来館者は身銭を切り、期待を胸にはるばる八戸まで来て、何ひとつ得るものがないと分かり空しく帰って行く。

西村は、この状態を何とかしなければと思い、できうる限りの昌益資料を集めることとした。東大からは震災を免れた稿本『自然真営道』十二巻と刊本『自然真営道』三巻の写真本、京大からは『真斎謾筆』と『神医天真論』、野田が労をとった渡辺大濤所蔵『統道真伝』のマイクロフィルム、南郷・島守の村上家から発見された刊本『自然真営道』三巻など、ほとんどの資料を収集した。

その努力が「昌益研究のメッカ」と中央から評されるまでに八戸を押し上げたことは言うまでもない。

五、無断引用される『未刊資料』

昭和四十八（一九七三）年二月、三宅は全集の第一巻に収めるべく、「未刊資料」のうち、『私法神書巻上』、『私法神書巻下』、野田が南部家の土蔵から発見した『甘味諸薬自然之気行』のコピー許可を上杉から得た。八月、さらに『和訓神語論』のコピー許可を得た。ところがその翌年、想定外のことが起きる。

現代評論社の月刊誌『現代の眼』に掲載された、安永の「自然と政治―安藤昌益の自然弁証法」の中に、上杉が門外不出としていた『転真敬会祭文』が引用されていた。上杉がそれに気づいたのは一月のことで、正直、心臓が飛び出すのではないかと思うほど驚いた。

さらに論稿の最後に「本稿の執筆に際し、未公開の『転真敬会祭文』の利用を許していただいた上杉修……」とあったので二度びっくりした。無論、許可した憶えなどなく、しかも雑誌すら郵送されてこなかったため、上杉は二年間もその存在にすら気づかなかったのである。

昭和四十九（一九七四）年四月二十一日、昌益の墓が確認され、大館が安藤昌益ゆかりの地として新たな脚光を浴び始めた。昌益研究は八戸から大館へと新たな展開を見せようとしていたのだ。全集発行を急がなければと三宅と上杉は焦った。

昭和五十一（一九七六）年一月十五日、安永から「『昌益未刊資料』を送って下さい」という速達が上杉のもとに届いた。

「何をいまさら、おこがましい」と当然のごとく上杉は黙殺した。

同月二十七日、困った安永は西村とともに上杉を訪ねた。

「『確龍先生韻経書』を除いた『昌益未刊資料』を閲覧させてほしいのですが……」

と安永が懇願するも、上杉は頑として耳を貸さず、言下に月刊誌の件を問いただした。

「『転真敬会祭文』をお見せした憶えは、ながすが……」

安永は返答に窮し黙り込んだ。

「どごがら手に入れだすか？」

やはり、明確な返答はなかった。

上杉は、「今後一切、未刊資料を盗用しないように」と厳命した。

後日、その経緯を三宅に伝えると目を吊り上げ、「本当に『転真敬会祭文』を出したことはないんやね」と私憤をあらわにした。

全集発刊により華々しくベールを脱ぐはずの「未刊資料」が洩れたとなると一大事である。

「ないなす。いづも、手元に置いでいだすけ」と上杉は首を傾げるばかりであった。

「でも、こうして実際に使われているんやから、出したことがあるはずや」

「むむ。そう言えば、資料展のとぎに貸し出したことがあったなす」と上杉はやっと思い出した。

安藤昌益資料展が開催されたのは、もう四年も前の話である。

上杉の話を総合した三宅は「そのとき夜陰に乗じてコピーを取った」者がいると推測した。

六、後を引く引用事件

それから半年後の昭和五十一（一九七六）年七月、「平凡社選書四六」として安永による『安藤昌益』が出版された。それを読んだ三宅はまたもや驚愕した。

なんと、『転真敬会祭文』を含めて『甘味諸薬自然之気行』、『和訓神語論』、『確龍先生韻経書』の四点が盗用されていたのである。

三宅の怒りは、ついに心頭に発した。

〈未公開の史料を手にしていても、それが出版されるまでは、自分の論文に使用してはならないと考え、私は個人的利用を自戒してきた。それが研究者としての倫理である〉

所有している上杉も、野田もみなそれを守って来た。

〈それなのに、自分達を出し抜いて先に公開すると

は〉

その単行本の注記には「八戸市立図書館、……などから、貴重な資料その他の便宜を受けた。謝意を表したい」とあるだけで「上杉氏所蔵であり、それにもとづく」とは一言も触れていない。

三宅は上杉に訊いてみたが、それらのコピーを図書館に許可させた憶えはないと言う。

では、上杉に無断で「一体だれが、いつコピーしたのか」

全集そっちのけで犯人探しが始まった。

記憶をたどった三宅は図書館でのある出来事を思いだした。

〈そういえば、上杉さんの許可を得て、『甘味諸薬自然之気行』と『和訓神語論』をコピーしていたとき、西村さんが現われて自分用のコピーを取っていたなぁ。あのとき、止めさせるべきだった。自分がそばに居ながら迂闊だった〉

西村は上杉ともゆかりが深く、全集刊行会ともかかわりがあったので、三宅は制止することができなかったのだ。

『確龍先生韻経書』についても、思い当たる節《ふし》がないか上杉に訊いてみた。すると、

「昨年（昭和五十年十二月二十九日）、西村さんが来られて、『安永さんが熱心に日本の言語を研究しておられるので、ぜひ、一部分でもいいから写真を撮らせてください』と頼まれだごとがありあんして、たしか研究のためならど思い、数時間貸してあげだなす」と思い出し顔でのんびりと言った。

三宅はその話を聞いて、「どうも西村が臭いな」と憶測した。

上杉は黙っていなかった。時の市長・秋山皐二郎《あきやまこうじろう》に抗議文を出した。

三宅は、西村が訓戒されたと記しているが、問題にされるほどのことでもなかった。

七、校倉書房版『全集』と上杉の逝去

一方、校倉『全集』の作業は思うように進まなかった。三宅が大学に在籍したままということで動

きが制限されたこともあろう。三宅と出版社、八戸との連絡も思うに任せなかったこともあろう。それに編集方針も一定せず、写真版は使用しないという野田との最初の約束も反故にされた。野田は目に見えない巨大な手で鷲掴みにされ、奈落の底に引きずり込まれて行くような気がして「アホらしくて手を引きたい」気持ちにさえ包まれた。そうしているうちに時間だけがいたずらに過ぎ、上杉、三宅の二人と周囲の昌益研究者との間に不協和音が増幅されていった。

昭和五十三（一九七八）年十月、新書版として第三文明社から出版した『安藤昌益と中江兆民』に安永は記している。

「その企画（昌益全集）が成立したとたんに、ある個人の所有する資料などは、編集関係者以外には、コピーはもちろん、見ることさえもできないように、門外不出として封印されるにいたった。私的所有が肯定される社会では、学問的に貴重な資料もまた、個人の私的所有物として、秘蔵され、隠匿されることが認められ、研究の発展も阻害されることを如実にしめした。昌益研究の前進を期した、いくたの研究者が、すでに門前払いをくっている。それは、『天道は与うることをして取ることをせず』と喝破した、昌益の思想からはもっとも遠い行為であり、『昌益かくし』ともいうべき、現代の、今一つのスキャンダルである。昌益の不幸は、その著作が陽の目を見ることの許されなかった暗い時代だけの事態ではなく、発見されたために、かえって人間のあさましい心をかきたてるような、現代における昌益研究の暗い裏面史からも吐きだされている」と。

三宅は反論した。

「孟子は『羞悪の心は、義の端なり』といった。人がすべてもっている、自己の悪をはじる気持こそ、道義の素地であるという意味である。一片の『羞悪の心』を感ずることができるであろうか。自己の悪を飾るために上杉氏を逆に攻撃するとは、あきれかえった言動である」と。

いつの間にか、三宅と安永との間には埋めることのできない大きな溝ができていた。そして、その間に上杉修と西村嘉がいた。

※　※　※

昭和五十四（一九七九）年一月二日、上杉修は八十二歳の生涯を終え、すべてから解き放たれ天へ還るところとなった。そして、その後を追うようにテル夫人も十月九日、七十三歳の生涯を閉じた。

校倉書房版『全集』の初巻が刊行されたのは、昭和五十六（一九八一）年六月三十日のことで、計画立案から八年半が経過していた。その出版に心血を注いだ上杉が、その完成を見ることなく他界したことはまったく無念としか言いようがない。

その後の昭和六十一（一九八六）年四月、上杉家所蔵の諸資料は、長男・亨《とおる》の配偶者、雪子により八戸市に寄贈された。もし上杉が、反故紙となり消えゆく運命にあった藩日記を莫大な私費を投じて収集することがなかったならば、昌益はいまだ霧の中にあったであろう。上杉が藩日記の収集に奔走したからこそ、野田が安藤昌益の八戸在住記録を発見することができ、世界の目が八戸に注がれ、昌益研究は八戸抜きでは語ることができなくなったのである。上杉の先見の明と執念は歴史に刻まれてしかるべきであろう。

この姿勢からすると、端無くも騒動に巻き込まれた上杉の心の底にあったのは、全集発行により昌益研究を前進させたいという一途な念いであったのかも知れない。しかし、傍目には「未刊資料」の独り占めと映った。今となっては上杉の本心を確認する術はないが、上杉が心血を注いだ藩日記の解読は、今もなお森越良《もりこしただし》と、彼が主宰する「古文書勉強会」のメンバーとにより八戸市立図書館の一室で黙々と続けられている。

生前、上杉は三宅に自分の著作集を刊行してくれるように頼んでいたという。その遺稿は、昭和六十三（一九八八）年、三宅による上杉の業績を讃える追悼文を載せ、八戸市文化協会から『安藤昌益と八戸の文化史』として出版された。無論、そこには「未刊資料」をめぐるいざこざについて、三宅の立場と想いも綴られており、心中煮えたぎる遺恨の浅からぬものを感じ取ることができる。

八、西村の本意

西村が、図書館館長となったのは、上杉が他界する二ヶ月前、昭和五十三（一九七八）年十二月のことである。「未刊資料」に対する西村の基本的態度は「真理の門は広く開かれるべきである」ということに尽きる。上杉の根底にも、発見された資料は研究者共通の財産であるという想いはあったが、全集発行に足かせをはめられ、三宅以外に見せることを拒んだ。

問題の発端は、そこに生じた齟齬にしか過ぎなかったのかも知れないが、資料漏洩を執拗に追及しているうちに、三宅の敵対心はいつの間にか怨念へと変わっていった。上杉没後、その矛先は安永から西村へと向かい「議会で取り上げられることになり、（西村は）市役所を去る決意を固めた」と、ことさら西村に汚名を着せるまでになった。

筆者はその真偽を確かめるべく「議会一般質問書」に当たってみた。その結果、三宅の言う「議会」に該当するのは、秋山八戸市長に対する昭和五十四（一九七九）年六月定例会での小瀬川充議員の一般質問である。

「個人で所有しておられます貴重な資料、特に近世文書などについて、……今後の収集の御方針をお伺いしたいと思います」とあることから、何も西村に特定したものでない。

市長の答弁は「八戸藩日記を主体として、上杉氏がたくさんのそれに類する書類等を所有されておられました。いろいろ向こうさんの御都合もあり、また生存中のお考えもありまして、何とかして市の方でそれをいただきたいということで市の方に差し上げましょうということで、大筋は話は決まっておるんでありますが、どのような算定をして、どのような形でやるか、いまいろいろお話し合いの最中であります。……」であった。

小瀬川議員は再質問で「上杉先生がかつて個人的

に収集なさいました大変大切なものが、一部図書館に現在保管されておるわけでございますが、これは一日も早くその所有管理を明確にすべきではないかと考えておりますので……、特段の御配慮をお願い申し上げたいと思う次第でございます」と述べ市長答弁はなく終わっている。そこには、三宅が述べているようなことは微塵も見当たらない。

青年期に中国大陸に渡り、農民生活を目の当たりにした西村は、暇があれば植物採集にでかけ、金があれば山に登り、雪が降ればスキーを楽しみ自然に親しんで来た。すなわち「自然には争いがない。自然には上も下もない。自然は同じ一つの気で廻っている」という昌益の言う「自然」を西村はこよなく愛してきたのである。

そういった西村を野に放《ほお》っておくはずはなかった。農業畑から八戸市立図書館へ異動し、安藤昌益に出会った西村は、自然科学を学ぶなかで培った思考方法をもってして歴史を観察し、人間論や文明論にまで広げて行った。その洞察力は、余人をもっては代え難いものだった。

増えたイノシシが作物を襲うメカニズムを明らかにした「イノシシ飢渇」論は学界を席巻した。安永がそれに飛びついて、昌益思想の転回と結びつけた。西村は、イノシシ飢渇が昌益思想を大きく転回させたなどとは、一言も言っていないのである。西村が言ったのは、「自然に対する考えが昌益思想の転回点だ」ということである。しかし、西村は安永に異議を挟もうとはしない。笑って看過するだけなのだ。

西村とはそういう懐の深い謙虚な男なのである。西村は自らを述懐する。言うなれば「安藤昌益にゆかりの地の図書館を職場としているだけの」人間に過ぎないのだと。西村は誰を恨む訳でもなく、何も言わず静かに市役所を去った。

九、隠棲する西村

昭和五十六（一九八一）年、停年退職まで二ヶ月を残し、西村は市役所を退職することにした。「辞めて、どうするんだ」と秋山市長は心配した。

「陸前高田に転居します」

「なんでまた……」

「気候が温暖で、椿の北限で、日本で一番住みやすい所でがすんだ」

植物学者でもある西村らしい弁であった。西村が八戸を去った年の十月、その功績を継承すべく、薫陶を得た同志が集まり「八戸歴史研究会」が立ち上がった。初代会長に就任した工藤欣一の没後、三浦忠司が引き継ぎ現在に至っている。

平成二十二（二〇一〇）年十一月六日、筆者はその春まで青森県を代表する日刊紙『東奥日報』のジャーナリストだった吉田徳壽《よしだとくじゅ》とともに陸前高田市に西村を訪ねた。

吉田には輝かしい実績がある。それが時事通信社から出版された『米　飽食への警告』（昭和五十七年）で、黒柳徹子の『窓ぎわのトットちゃん』と共に新評賞を受賞した。その原稿は、デーリー東北新聞社の遊軍記者時代に執筆連載したもので、日本の農業が抱える幾多の問題を種々の角度から掘り下げ警告を発した秀作である。吉田の謙虚な取材態度には誰でも心を開きたくなるような不思議な魅力がある。東奥日報社に転じた後も彼の資質は遺憾なく発揮され紙面を飾った。

県内各地を歩き、全市町村の地元民との談論を「ろばた談議」として紙上連載し、それと同時進行で、昌益ゆかりの土地や人々を訪ね取材した。そして、その成果を「安藤昌益　直耕思想いま再び」と題して、平成二十一（二〇〇九）年四月から一年間、一面抜きで毎週連載し、終了後の平成二十二（二〇一〇）年六月、東奥日報社から同名で上梓の運びとなった。

その吉田と車中で語り合いながら、西村宅の近くまで来たとき、あたりは夜のとばりに包まれ、刈り取りの終わった田んぼの向こうから自宅の前で手招きしている西村の姿が月光に照らされていた。

型通りの挨拶を済ませ、場所を替え酒宴となったが、視力、聴力、体力、頭脳、どれをとっても、とても八十九歳には見えない。

翌日、再訪すると居間から望む三陸の浦々は小春日にキラキラと輝いていた。西村は庭前の陽当たりのよい丘陵地に畑を開き「直耕」しているという。日々これ好日で過去の多くを語ろうとはしなかったが、停年まで二ヶ月あまりを残し退職した理由について、三宅の弁の真偽を確かめるべく思い切って訊いてみた。

「当時は誕生日が来ると退職することになっていて……」

六月生まれの西村がそのまま職にとどまると、四月の人事異動で新しく配属された職員は、わずか二、三ヶ月で新任の館長に仕えなければならなくなる。そのような事態は避けなければならないと早目に退職したというのだ。

すると、「議会で取り上げられたので、市役所を去ることになった」という三宅の弁は当たらない。いつの場合でも話は両者の言い分を聞いてみないと真実は浮かび上がってこないと、筆者は改めて思い知った。

平成二十三（二〇一一）年三月十一日、その陸前高田市をマグニチュード九・〇という未曾有の大地震が襲い、その直後、怒濤のごとく押し寄せた巨大津波は市街地を跡形もなく押し流し、内陸の奥深くまで爪痕を残した。その後、一ヶ月近くも音信不通となり、安否が気づかわれたが、お元気と聞いてほっと胸をなで下ろした。

自然科学者として、西村の脳裡には様々な想いが去来しているはずである。西村は、おそらくその巨大津波を予見して、広田湾を望む高台に住居を構えたに違いないと確信していたが、震災の翌年、吉田とやっとの思いで陸前高田市に見舞ったときに訊ねてみた。するとその通りであった。

西村は「そこまで水が来てなす」と庭の向こうの畑の先を指差した。標高は三〇メートルは優にあろうか。そう言われても、俄には信じ難い自然の脅威を改めて思い知った。

第十一話　寺尾五郎

一、新たな『刊自』と『糺仏失』

昭和五十七（一九八二）年夏、『全集』執筆者の一人、和田耕作《わだこうさく》は、その作業の一環として、前掲の『安藤昌益』所収で西村嘉が作成した「安藤昌益関係資料目録」と岩波書店刊の『国書総目録』とを見比べていた。作業を進めるうち、和田は『国書総目録』だけに載っている書物があることに気づいた。さっそく同僚の石渡博明に連絡をとる。

「刊本『自然真営道』の写本が、北野天満宮にあるみたいだね」

石渡はギョッとした。初耳である。

「北野天満宮というと、学問の神様・菅原道真《すがわらみちざね》を祀っている……」と言いかけた石渡をさえぎるように和田は続けた。

「それに、竜谷大学に『糺仏失』という書物があるようだ」

「それって、『統道真伝』のですか？」と聞き返しながら、石渡はすっかり上気《じようき》している。

「書名だけなので、詳細はよく分からんが、……」

十二月三日、やっと時間をみつけて京都・北野天満宮へ飛んだ石渡は、実物を目の当たりにし思わず息を呑む。というのは、『国書総目録』に写本とあるのは間違いで、本物だったからである。十二月十八日、寺尾五郎と和田は、石渡の案内で北野天満宮を訪れ、北野天満宮の刊本『自然真営道』と狩野亨吉が発見した刊本『自然真営道』とが同じ物であることを再確認した。そして「当時、公刊された書籍は、北野天満宮に献本されるしきたりになっていたために所蔵されていたのであろう」と推測した。その足で、一行は竜谷大学図書館へと向かう。目の前に差し出された古書本をつぶさに検討していた寺尾の顔は次第に紅潮してくる。

「むむ、これは『統道真伝』の「糺仏失」に間違いないなぁ」

寺尾は感慨を込めた。表紙の破損はひどく、そこに貼り付けてあったと思われる題簽も存在しない。それに、狩野が発見した「確龍堂良中題」の署名も見当たらない。それなのに、寺尾は「紀仏失」と鑑定したのである。なにしろ、慶応本『統道真伝』のすべてを記憶している寺尾の発言であるから重みがある。

すると寺尾は、「しかも、昌益自筆の可能性があるなぁ」と感嘆の声を上げた。

その声音に石渡と和田は思わず顔を見合わせた。全集作業を続ける寺尾の脳裡にあったのは、原書の字体を比較することにより昌益の自筆本を明らかにしたいという好奇心である。

「なぜ自筆だと言えるんですか?」

石渡は寺尾に顔を寄せた。

「これ、ここにも、あっちにも。安藤昌益自身でないと書けないと思われる書き込みがあるんですよ」

確かに本文の上や脇の余白に小さな字で書き込みがある。

「慶応本がこれを写したとすると、なぜ慶応本にこの書き込みがないんですかね」

石渡が質問した。

「そこなんだよ石渡君。書き込みを省略したか……。でもその可能性は薄いねぇ。師が書いたものを省くことはまず考えられないから」

しばらく考え込んでいた寺尾は「この本にも最初は加筆がなく、書写させた後で昌益が筆を加えたのかも知れないなぁ。でもこれだけでは良く分からん。後世に託そう」と腰をあげた。

しかし、石渡は諦め切れず「京都で『統道真伝』を書いていたということですか?」と食い下がった。

「そうとも、言えないなぁ」

「でも、京都にあるということは……」

「書き上げた後、京都に運ばれたとも考えられる」

しつこく質問している石渡の頭に八戸と京都を結ぶ一本の線がくっきりと浮かび上がった。

「他の四冊もあったんですかね」

「その可能性も捨て切れない」

「紀仏失」から目を離さず質問に応じている寺尾は、表紙の右下とその裏面の右下横に行書体の文字を認め「ここに〝覚音〟という署名があるなぁ」と指差した。

覚音は、文政四（一八二一）年に生まれ、肥後（熊本県）の浄土真宗本願寺派正覚寺の学僧として多くの論著を残している。さらに、後表紙に目をやった寺尾は、そこに前田致遠《まえだちおん》という署名と、その下に「寄贈　昭和七年五月十八日」という記録、そして前田本人の押印を認めた。致遠は、東洋大学や竜谷大学で学長を務めた前田慧雲《まえだえうん》の次男である。

慧雲が、昭和五（一九三〇）年に七十三歳で没すると昭和七（一九三二）年、父の蔵書を竜谷大学に寄贈した。そのことから「紀仏失」はもともと慧雲が所持していたものであろうと寺尾は推定した。覚音は、明治四十（一九〇七）年に他界しており、そのとき前田慧雲は五十歳であるから年代的にみても、直接〝覚音〟から託されたと考えられ、この「紀仏失」が覚音へ渡ったのが、慧雲三十歳の時とすれば、嘉永四（一八五一）年ということになる。

寺尾が指摘したように、安藤昌益が『統道真伝』を著わしたのは、宝暦二（一七五二）、三（一七五三）年頃である。そう判断した根拠は、『統道真伝』の「漢土禅法ノ始マリノ論」の冒頭に「達摩、漢土ニ来タル、時ニ梁ノ武帝ノ治世ナリ。日本二十六代武烈帝ノ時ニ当ル宝暦二壬酉年漢土ノ教法ノ始マリハ後漢ノ明帝ノ治世、後漢ノ二代、日本ノ十一代垂仁帝ノ治世ニアタルナリ宝暦二壬酉年」という一文によっている。

すなわち、「宝暦二壬酉年」という細字の書き込みは、日本の武烈《ぶれつ》天皇と垂仁《すいにん》天皇の代が「宝暦二壬酉年」から溯ること何年前になるのかを後で計算して正確に記そうとしそのままになっていたのであろうと寺尾は推測した。ただし、宝暦二（一七五二）年は「壬申」であることから、翌年の干支である「癸酉」と昌益が勘違いしたのだろうとしたが、「酉」が正しければ、宝暦三（一七五三）年ということになるので、寺尾は宝暦二、三年頃としたのである。

いずれにしても、『統道真伝』が完成してからすでに百年は経っており、その間に何人かの人物が介在していることになるが、どのような経路で覚音へ渡ったのかは不明である。しかし、八戸から京都へ何らかの手段で運び込まれたのは動かし難い事実で、なぜ京都へ送らねばならなかったのかその必然性も今もって謎である。

「それにしても、あれほど激しく仏教を弾劾している書物が、なぜ僧侶の蔵書中にあったのかなぁ。あるいは、その仏教攻撃の激しさが、かえって覚音の興味をそそったのか、むむ、その辺りの事情が分からんなぁ」

寺尾にしては珍しく首をひねった。

二、二つの『全集』

校倉版『全集』

校倉版『全集』初巻は、昭和五十六(一九八一)年六月に発売された。筆者もさっそく購入し読んでみた。

しかし期待とは裏腹に昌益思想の神髄に迫るものがなかった。その読者理解を頑なに拒んでいる理由が一体何なのか考えてみたことはあったが、筆者には結局のところ分からなかった。それがはっきりしたのは、その翌年十月、農山漁村文化協会から刊行された安藤昌益研究会編『安藤昌益全集』初巻を手にしてからである。

校倉書房の発刊から遅れること一年三ヶ月だったが、読者は狩野亨吉以来の頭脳を有する〝寺尾五郎〟という巨星の存在を知ることになる。全集発行に際し、先陣争いがあったのは事実である。三宅は、誰も目にしていない「未刊資料」を世に先駆けて出すことにより自らの全集の意義を高めようとした。発売と同時に先を争って購入した読者が、初公開の資料が満載されている全集に歓喜し、その内容の素晴らしさに驚愕し、むさぼるように読み耽る。三宅はそのような光景を想像し、全集の一日も早い発売に血眼になっていたに違いない。

しかし、現実とは皮肉なものである。二つの全集が揃ったことにより、重要なのは後先ではなく内容だということを教えてくれる結果となった。その上、『私制字書巻』の表記に「誤謬がある」と石渡から指摘された。三宅は直ちに反論に出た。

そのやりとりについては、石渡博明著『昌益研究かけある記』（社会評論社、二〇〇三年）に詳しいが、実はその時、石渡は『全集』に収めるべく「私制字書巻」の基礎原稿を任され、暗闇のなかで格闘していたのである。それゆえ、石渡には三宅の「語釈」の間違いが手に取るように分かったのである。

確かにどの出版社が手掛けるにせよ全集発刊に対する読者の期待は大きかった。その期待が大きければ大きいほど、その構成と内容には周到な準備と配慮がなされなければならないことを校倉『全集』の失敗は如実に物語っていた。それは読者が受け入れ易い全集の体裁はどうあるべきかということに尽きる。

農文協版『全集』

農文協版『全集』は、解説が各巻ごとにもうけられ、全文にわたる書き下し文、その下段に現代語訳を対照させ、最後に詳細な注釈を載せるという構成を取っていた。この構成は初心者にも分かりやすく読者の昌益理解を高めたのである。しかしながら、その書き下し文と現代語訳の裏側にこそ、血の滲むような苦闘があったことを見逃してはならない。

昌益独特の難解な漢文体を書き下し文に改めるだけでも容易なことではない。さらに現代語訳となると気の遠くなるような作業だったのである。しかも、昌益関係資料のすべてを収録し解説を施すためには、かにもかくにも大変な能力と精力と出版社の心意気を必要とする。

明治三十二（一八九九）年、狩野亨吉が『自然真営道』と巡り遇ってから『全集』が発行されるまで八十有余年が過ぎた。その間、安藤昌益の発掘に携わった人々の胸中にそれぞれの想いと苦労と喜楽が、そしてさまざまな人間模様があった。安藤昌益に評価を与え、その思想に光を当てようと幾多の人間が血と涙と汗を流してきたのである。

農文協版『全集』は、その永年の昌益研究の上に立ってこそ成立したものではあるが、寺尾五郎をヘッドとする執筆陣の不眠不休の作業と、彼らの手足となった農文協スタッフの的確な仕事ぶりがなければ、完成に漕ぎ着けることは到底不可能だった。

農文協版『全集』はその後、続巻が順調に刊行され、全二十二巻二十三冊をなんとわずか四年半という、現実では考えられない、夢ではなかろうかとホッペタをつねってみたくなるほどの短期間で、昭和六十二（一九八七）年に配本を終えた。有り難いことに、第十七巻から二十一巻までは復刻篇を連ね、最後の別巻は資料と索引事典で飾り、昌益研究者のみならず昌益ファンにとっても待望の宝となった。

その農文協版『全集』が、その年の毎日出版文化賞特別賞に輝き、さらに別巻の『安藤昌益事典』が、東大教授を務め『群書索引』を編纂した国語学者・物集高見《もずめたかみ》の功績を讃えて設けられた「物集索引賞」という、索引事典の分野で最高の栄誉に浴したことは当然至極であった。

農文協版『全集』は、このように読者の立場を思いやった気持ちの結集であり、昌益思想を学ぼうとする人々や多くの昌益研究者に揺るぎない視座を与えた。そのため校倉書房の第二巻以降の刊行意義はすっかり凋《しぼ》んでしまった。『安藤昌益全集』という山の頂上を極めることは至難の技であった。筆舌に尽くせない労苦があったという言葉さえも拒み続ける険しさがあった。しかし、その頂きは農文協によって征服された。

無尽の意欲も遂に絶ゆ

農文協版『全集』の立役者となった寺尾五郎は、大正十（一九二一）年七月四日に生まれ、昭和十三（一九三八）年、早稲田大学哲学科を卒業した。寺尾には日本共産党での活動歴があり、それについては、野田健次郎著『安藤昌益と八戸藩の御日記』（岩田書院、一九九八年）の解説で、三宅が執拗に触れているが、昌益研究とはまったく関係のないことなので省く。

寺尾は昭和四十七（一九七二）年九月、『悪人親鸞

人間解放の思想と一向一揆』、そして翌年三月、『革命家吉田松陰　草莽掘起と共和制の展望』（翌年『草莽吉田松陰』と改題）を発表し、それと並行して高田馬場事務所での寺子屋教室の一環として「吉田松陰講座」を開くと、次の標的を安藤昌益に絞り『先駆安藤昌益』を書き進めた。

そのかたわら昭和五十（一九七五）年四月、「寺子屋安藤昌益研究講座」を発足させ、その後、独自に西新宿に借りた事務所で昌益原書の読み合わせを三年間にわたり続けた。そのことが、全集発行の足固めとなったことは言うまでもない。

その講座に最初に参加したのは前出の泉博幸で、二年目から石渡博明、三年目から新谷正道《しんたにまさみち》、和田耕作が加わり、その後東均《あずまひとし》が参じた。彼ら五人のメンバーは、寺尾から「素人のガラクタ集団」と揶揄《やゆ》されながらも、寺尾の強烈な個性と面倒見のよさに惹かれ、六人のスクラムは鉄壁となっていった。

そして『全集』の作業の月日を重ねるうち、寺尾のリーダーシップは遺憾なく発揮され、東均が専従として育ち、泉博幸は往復六時間もかけて千葉県勝浦市から現場まで日参する労を厭《いと》うことがなかった。

その最中の昭和五十一（一九七六）年二月、寺尾は『先駆安藤昌益』を世に贈り、「封建制下の革命思想家三部作」に終止符を打った。それはまた最終目的である全集発行への弾みともなった。同年七月、八戸を訪れた「寺子屋安藤昌益研究講座」の一行十二名は、西村嘉の案内で安藤昌益の足跡をめぐった。その間、上杉修を訪ね『昌益未刊資料』の公開を願い出たが叶わなかった。

昭和五十三（一九七八）年六月、寺尾は農文協の人間選書一五として『安藤昌益の闘い』を上梓し、想像の羽を思う存分に広げ初心者の昌益理解に寄与した。

そして、平成四（一九九二）年九月二十五日、『全集』の解説をまとめて『論考安藤昌益』を出版したのを皮切りに四部作の完成をめざした。

平成八（一九九六）年四月、『続 論考安藤昌益 上 安藤昌益の自然哲学と医学』、『続 論考安藤昌益 下

安藤昌益の社会思想』を立て続けに出版し、寺尾は最終刊に意欲を燃やしていた。

ところがその矢先、平成九（一九九七）年六月、食道と胃、十二指腸が〝ガン〟に冒されていることが発覚し、手術を余儀なくされ闘病生活に入った。

※　※　※

平成十一（一九九九）年八月二十一日、ついに再起むなしく寺尾五郎は尽きた。享年七十九歳。『論考安藤昌益』の最終刊は未完に終わった。寺尾の死後も昌益関係資料の新発見は続いた。もし寺尾あらば、その新資料をどのように読み解いたのかと筆者は自問自答する。そして寺尾の後に「道」のないことを知り独り佇むのである。惜しんでも惜しみ切れない寺尾の死であった。合掌。

第十二話　『全集』後の周辺

一、野田と校倉版『全集』続巻

一方で、校倉版『全集』の続巻は発行に向け作業が進んでいた。依頼していた野田と上杉の原稿だけは、三宅はどうしても出版しなければならないという責務を負っていた。

野田は、安藤昌益・安藤周伯・神山仙庵等の事跡について、昌益研究上重要と思われる藩日記の条文を一字一句たがわぬよう抜き書きし、さらに延享三（一七四六）年の『宗旨改組合書上申御帳』（抄）を再現し、その一つひとつに解説を施し、精緻な校正を三度にわたり繰り返したため、もともと不安のあった視力は増々低下した。

平成二（一九九〇）年三月、野田は千二百枚に及ぶ原稿を校了させた。しかし、野田は感激するどころか長嘆するのだった。

「全集刊行にいたずらに時を浪費したなぁ」

野田の脳裡を原稿の一枚いちまいが無限列となってヒラヒラと飛んで行った。

「他にやりたいことがあったのに……」

他人のことをとやかく言う野田ではない。ただ『御日記』をひもとき、藩の年中行事や神社仏閣史を研究したかっただけなのだ。それが、思わぬ方向に引っ張られた。

「自分は昌益の信奉者でもなんでもない。昌益に首を突っ込んだことは失敗だった」

やるせない想いだけが野田を包み込んだ。実直一途で駆け引きなど考えたこともない野田にとって、予想だにしなかった全集出版をめぐるいざこざなど、とても耐えられるものではなかった。

「心静かに、穏やかに暮らしていたかった。嗚呼、虚しい。ただ時の流れに弄《もてあそ》ばれただけだったのだ」と、想いはそれだけで「田舎者は何の役にもたたない」と自分を貶《おとし》めるのだった。

野田が謂わんとしているのは、「田舎者は能力がないから駄目だ」ということではない。田舎者の研究は、中央から「いいとこ取り」の「つまみ食い」状態におかれ、結局その動きに翻弄されるということであった。気持ちの整理のついた野田は、水晶体の手術に踏み切る。

しかし、眼底には出血痕がありありと認められ、困難が予想される手術で、不安は隠し切れなかった。結局、視力は回復することなくほぼ失明状態に陥った。それからの野田は不自由な日常生活を強いられた。そして抱いていた危惧が現実に起きた。不意の転倒で頭部を強打し意識を失い入院を余儀なくされた。

野田が昌益研究の総決算と心に決め、心血を注いだ第十巻が刊行されたのは、翌平成三（一九九一）年十月のことで、そのときすでに野田が原稿を書き始めてから十年の歳月が流れていた。校倉書房社長、石田亘が直接八戸を訪れ、病床の野田に手渡したところ、わずかに首を動かしたという。

初巻の次に第十巻が刊行された理由は、すでに提出されていた野田の労作を最優先させたためで、その後、空白の二巻から九巻まで順次、刊行されるかに見えたが事実上の最終巻となった。

二、「国際フェス」そして「資料館」

その頃、安藤昌益の国際シンポジウムを八戸で開催できないだろうかと考えていた人物が居た。全集完結の功績を引っ提げた農文協専務・坂本尚《たかし》と昌益研究に生涯を捧げてきた安永寿延の二人である。まず最初に八戸歴史研究会会長・工藤欣一に話を持ち掛けた。内外に多くの人脈を持っている工藤である。頭《かしら》としては申し分ない。

しかし工藤はためらった。

〈やるとすれば、昌益研究の粋を結集したものになるだろう。本当に地方の小都市でできることなのだろうか〉

資金は、講師は、組織はと次から次へと工藤の不安は増幅されていった。その一方で、開催に向けての気運は日に日に高まって行く。それを主導したのが、後に「名事務局長」と工藤が太鼓判を押した、当時青森県立西高等学校教師だった三浦忠司で、知らないうちに、八戸市、商工会議所、青年会議所を巻き込んだ組織ができ上がり資金集めの目処もついた。

「昌益・国際フェスティバル」は、工藤の心配をよそに、平成四（一九九二）年十月十七日～十八日、「安藤昌益没後二三〇年・生誕二九〇年記念」として開催に漕ぎ着け、延べ千二百人もの来会者を集めて成功裡に終わった。その様子は、農文協刊『現代農業』臨時増刊「安藤昌益　国際シンポジウム記録」（一九九三年）に余すところなく再現されている。

実行委員長の工藤は、大会の挨拶で「昌益が裃《かみしも》を脱ぎ、市民の間を歩き始めた」と賞し、「これこそ、県南八戸の持っている麗質だ」と語った。麗質というのは「生まれつき、容姿端麗になるようにできている」という意味であるが、八戸には、「いったん目標が定まり一同が納得すると、文句も言わず遮二無二走り出す市民性がもともと備わっている」ということを指している。歴史の節々にその麗質が顔を出しながら八戸は発展してきた。普段は地元民も気づかない地下を力強く流れる水脈、地域力とはそういうものだ。

※　※　※

国際シンポジウム成功の余韻いまだ冷めやらぬ十月二十二日、野田健次郎は眠るように息を引き取った。神となり天界へ昇ったのである。自らに課せられた運命から眼を背けることなく闘った八十六年の生涯であった。

※　※　※

そして、精力的な執筆活動で独自の昌益論を展開させ、「昌益・国際フェスティバル」を成功に導いた安永寿延は、それから三年後の平成七（一九九五）年夏に死去した。死後、遺族により八戸市立図書館に蔵書が寄贈され「安永文庫」としてその遺徳を偲ぶことができる。

八戸市での国際シンポジウムの開催時、八戸青年会議所の理事長だったのが、根城《ねじょう》秀峰《ひでみね》である。彼は、「八戸屋台村」を全国に広めた中居《なかい》雅博《まさひろ》とともに町おこしという切り口で、「安藤昌益資料館」（以下、「資料館」と略）を立ち上げようと思い立った。もともとの動機は国際シンポジウムで作家の〝井上ひさし〟が語った「八戸に昌益の大学を創ったら」という発言にある。

「資料館」は「八鶴」の酒蔵を改装し、国際奉仕団体の一つである八戸ライオンズクラブの五十周年事業の一環としてＤＶＤデッキ、液晶テレビの寄贈を受け、平成二十一（二〇〇九）年十月三日、開館された。コンセプトは中居が提言した「誰でも昌益の著書に直に手を触れることのできる資料館」にある。そのために絵画等美術品の高度な複製技術で世界的に有名な地元の帆風株式会社に、焼失を免れた稿本『自然真営道』十二巻の複製を依頼し、それらを陳列することによりその目的を果たした。

十二月六日、この民間有志による活動は高く評価され、東奥日報社主催の「東奥賞」を受賞するところとなった。

八戸市の第二次市史編纂事業がスタートしたのは、平成八（一九九六）年のことである。工藤欣一を委員長とした準備委員会で二年かけて方針を固め、平成十（一九九八）年四月から正式な委員会となった。そして『新編　八戸市史』として順次発刊され、『近世資料編Ⅲ』では安藤昌益が取り上げられた。

※　※　※

三宅正彦は、平成十九（二〇〇七）年三月二十三日、七十二歳で鬼籍にはいった。

野田の死去により八戸での活動に区切りをつけた三宅は、昌益思想の背景を探すべく軸足を大館に置き、その風土から紡ぎ出される歴史文化について執《しゅう》念《ねん》深く研究を続けていたが、その調査のため滞在していた椿旅館で入浴中に倒れたのであった。

生きとし生けるものに、死は平等にやってくる。それがいつどこでどのような形で訪れるのかは誰にも予測することはできない。正に非業の死だったが、自分の子どものように可愛くてしょうがなかった昌益の傍で死ねたことは、ある一面、幸せだったのかも知れない。

三宅が大館で積み重ねた地道な研究の成果が、そのうちどこかでつながり息を吹き込まれる時が必ず来ると筆者は信ずる。その時はじめて三宅は安らかな眠りにつくことができるのかも知れない。優れた研究の評価とはそういうものだ。後からやってくるものだ。

第十三話　『儒道統之図』をめぐって

一、発見の経緯と解題

平成三（一九九一）年、盛岡市在住の版画家・戸村茂樹は、八戸市にある土蔵を取り壊すことにし、旧八戸藩士の先祖が遺した収蔵物を岩手県立博物館に寄託した。

そのうちの柳行李には、約四百点に及ぶ古文書類があり、その一つひとつを丹念に調査していた学芸課長・鈴木《すずき》宏《ひろし》は、平成七（一九九五）年三月、ある和紙に目を止める。広げてみると、幅十五・六センチ、縦四十数センチほどの四枚の楮紙《こうぞがみ》が、三ヶ所で繋がれた縦長の系図で、最上部には右から左へ『儒《じゅ》道統之図《どうとうのず》』とあった。その下には、多くの人名が縦の朱線で繋がれており、次第に目を移していった鈴木は、下方に「安藤良中」とあったので思わず声をあげた。

〈「安藤良中」と言えば、たしか「安藤昌益」のことではないか〉

　鈴木は興奮した。しかも安藤良中は、「洛北堀河之住　阿字岡三泊」の「二世」とあることから、それが本当だとすれば、「安藤昌益は京都に居たことがあるだろう」という、それまでの推測に終止符が打たれることになる。さらに安藤良中の左下脇には、「真儒伝之一巻有師家二也」（真儒伝の一巻、師家にぁり）とあることから、鈴木は、安藤昌益の師家である阿字岡家が「真儒伝一巻」を所有していると読み取った。

〈すると、儒学を学び終えた時点で、師から与えられた『道統図』をもとに昌益自身が作成したものか、あるいはその写しなのだろう〉と鈴木は考えた。そして、〈まてよ。師から『道統図』が与えられていなくても、弟子であることを示すために、自分で作成する場合も考えられるなぁ〉と思い、〈もし、自分を誇示しようとして作成したとすれば、昌益の性格の一端を知ることになるかも知れない〉と唸《うな》った。

　図には、「伏義大王」を筆頭に、古代中国の伝説上の皇帝の名が縦に列記されている。それに連なる孔子については、その徳を讃え後世の弟子が贈った諡号《しごう》である「大成至聖文宣王」（大成し聖に至る文宣《ふみのたも》う王）とあり、系図の左脇下には「于今於中国代々伝之万々歳」（今に中国に代々これを伝ふる万々歳）とまである。

　しかしながら、昌益の著作では「伏義が文字や易をつくり、王となったばかりに、世の中は自然の道から離れて行った」とあり、孔子についても「不耕貪食の徒」とし、聖人は働かず講説ばかりたれて農民が汗水たらして得た米を横取りして食べているだけだと批判しているので鈴木は慎重に分析を進めた。

また、「程伊川門人　日本南都奥福寺住僧・円知」に連なる「藤原頼之」の肩書を「清和天皇十三世」と読み取った。そこで鈴木は、円知と藤原頼之について調べてみたが、皆目見当もつかず、〈作為的に書き加えられた可能性もあるのかなぁ〉と感じた。

藤原頼之に連なる阿字岡三泊について、『大日本人名辞書』の「医師派譜」で調べてみると、素霊派の医師・饗庭東庵《あえばとうあん》の弟子に「味岡三伯」という名があった。三代にわたり「三伯」という医号を継いでおり、二、三代目は他家から養子に入ったことも知れた。

そこで、昌益は何代目に師事したのかと思案した。初代三伯は、元禄十一（一六九八）年に死去しているので、元禄十六（一七〇三）年生まれの昌益は師事しようがない。京都医師会による『京都の医学史・資料編』所収の、正徳三（一七一三）年に刊行された『良医名鑑』に、二代目味岡三伯は、富小路三条上ル町住の「医学講説人」として掲げられている。実は、『儒道統之図』が発見される九年前の昭和六十一（一九八六）年、当時京都大学医学部名誉教授だった近藤鋭矢《こんどうえいし》が、京都医学史研究会の例会で、「味岡三伯とその周辺のことども」と題して講演し、その記録は、翌年『啓迪《けいてき》』第五号に掲載されたので、それが貴重な資料となり、味岡三伯の解明は大いに進んだ。

そこには、二代目は、享保十一（一七二六）年に六十二歳で死去したと記されてある。そこで鈴木は、「そのとき二十三歳になっていた昌益が師事したことも考えられなくもないが、（『啓迪』「素霊派系譜表一」の附言には—筆者註）『宝永・正徳年間、伊勢下中郷山田に住す。十六、七年後、京に帰って死去』とあることから、帰京後まもなく亡くなったようである」とし、その可能性には消極的な見方をした。

三代目についても『啓迪』には、「名古屋玄医の門人である(『良医名鑑』による―筆者註)、法眼下村玄寿(京、川原町二条下ル)の門下で医を学び、味岡淡水の養子となった。著書等はないようであるが、専ら臨床の術に秀で」、「膿み腫れものの名医」で、貞享三(一六八六)年に生まれ、元文三(一七三八)年に他界と記されていた。

鈴木は、様々に想像しながら、『儒道統之図』の裏付け調査と発見の意義について考察し、平成十一(一九九九)年一月、それまでの知見をまとめ「日本史研究」第四三七号に「『儒道統之図』―安藤昌益京都修学に関連する新資料について」と題して発表した。

二、解き明かされる数々の謎

延享二年末に作成

『儒道統之図』が書かれたのはいつなのか。重要な問題なので、前述の『詩文聞書記』から得られた知見と昌益の著作に記された署名とから、ある程度の絞り込みをしておきたい。

そこで、これまで昌益が使用してきた雅号と思想内容ごとに、掲載書物を推定も含めて年代別に当てはめてみると以下のようになる。

(一)「正信」と称し、陰陽五行に基づいて思想を組み立てた時期

○「確龍堂柳枝軒正信」(『詩文聞書記』)―延享元(一七四四)年十一月十九日に昌益が詠んだ「漢歌風雨ノ韻ヲ押」と題する漢歌と和歌にある署名。

○「安氏正信」(『暦ノ大意』上巻)―延享二(一七四五)年四月に書いた自序の署名。

○「安氏正信」(『暦ノ大意』中位下巻)―延享二(一七四五)年五月に完成した同書の署名。

○「柳枝軒確龍堂安氏正信」(前同巻末)―前同。

(二)「良中」と称し、陰陽五行に基づいて思想を組み立てた時期

○「安藤良中」(『儒道統之図』)。

○「確龍堂良中」(『確龍先生韻経書　一』)―『詩文聞書記』の記述と(一)との照合により延享二(一七四五)年六月から年内。

(三)「良中」と称し、進退五行（晩年は四行）に基づいて思想を組み立てた時期
○「確龍堂良中」（刊本『自然真営道』）—原稿は延享三（一七四六）年の遅くとも二月には書き始められ、八月にはでき上がっていたものと推定される。
○「確龍堂良中」（『統道真伝』、稿本『自然真営道』）—刊本『自然真営道』の脱稿以降晩年まで。

以上を見ると、最後に「正信」を名乗っていたのは延享二（一七四五）年五月であるから、「良中」を名乗り出したのは早くて延享二（一七四五）年六月以降ということになる。

そしてもう一つの判断材料として、筆者は『詩文聞書記』に興味をそそられる記述を認めた。それは、夢遊上人が昌益のことを「身は羅綾麗衣を触るといえども、これに恥じざる者は善中なり」と誉め称えている箇所である。この記事が成立したのは延享二（一七四五）年十一月十五日以降の月内であり、夢遊上人が昌益に対しいみじくも語った「善中」という言葉に我が意を得た昌益が、「正信」から「良中」という号に換えようと思い立ったと考えられる。

昌益が思想転回への機縁を得たのは、『詩文聞書記』の記述からすると延享三（一七四六）年の新年である。しかしながら、『儒道統之図』ではいまだに聖人を崇拝している。これらのことを勘案すると、『儒道統之図』は、延享二（一七四五）年十一月十五日以降の年内に成立したとするのが妥当であろう。

次に、安永が「良中」は「禅宗系の法名」であるとしていた点についてであるが、そうだとすれば昌益は八戸に来住した当初からその号を使用していなければならないことになる。ところが、八戸来住当初は「正信」を使用していることと、後述するように禅門修行説に対する疑問からその可能性は低いと考えられる。ちなみに「正信」は「せいしん」とでも読むのであろう。

伝説上に〝藤原頼之〟

四、五年前になるが、八戸藩の飛地領にあった志和代官屋敷跡（岩手県紫波郡紫波町）を訪ねた折、志賀理和気《かりわけ》神社に参拝した。その時、参道脇の説明板

に〝藤原頼之〟の名を認め驚いた。

解説によると、元弘（一三三一〜一三三四）の頃、京都から志和に下った藤原頼之と、北上川東部の領主・川村少将の娘・桃香《とうか》とが相思相愛の仲となり、社頭に桜の木を植えやがて来るであろう爛漫の春を夢見ていたという。ところが、頼之は都へ戻ることになり、二人は再会を固く誓い合い別れた。

歳月はめぐり桜花は見事に咲いた。しかし、頼之は還って来ることはなかった。桃香の和歌が添えられている。

「南面《みなおも》の桜の花は咲きにけり、都の麻呂《ひと》にかくとつげばや」〈将来を誓い合い一緒に植えた桜の木は美しい花を咲かせ、恋い焦がれるようにあなたの住む京都を向いておりますよ。あなたにそう伝えたいものですが、もう逢うことさえもできないのですね〉。

なんとも哀切に満ちた和歌ではないか。桜花が不思議にも南を向いて咲いているのは、桃香の想いが桜に宿ったからだというのである。その「南面の桜」縁起から類推するところ、藤原頼之は、元弘の頃に青年期を迎えた京人であることが分かる。

元弘年間（一三三一〜一三三四）は戦乱で始まった。鎌倉公方に抵抗し、公家の再興を企てた後醍醐天皇は戦い敗れ笠置山に逃れたが、大軍を発した北条氏により捕縛され隠岐に配流された。その二年後、隠岐を脱した後醍醐帝が足利尊氏・新田義貞らに蜂起を促したのが元弘の乱の始まりで、戦いは後醍醐帝勝利のうちに収束し、鎌倉時代の終焉を告げた。

志賀理和気神社に伝えられているのは、あくまでも伝説である。しかし、朝廷に仕えていた藤原頼之が、後醍醐天皇の敗北により、身の安全が保障される志和に逃れ、終戦とともに帰還したと考えれば辻褄は合う。では年代的にはどうであろうか。八戸に戻った筆者は、藤原頼之の年代を推定できないだろうかと、『儒道統之図』で調べることにした。

「清和天皇十三世」は頼之ではない

鈴木宏同様、他の研究者も、藤原頼之を「清和天皇十三世」としてきた。

清和天皇の崩御は、元慶《がんぎょう》四（八八〇）年であるから、一世を二十年とすれば、藤原頼之は清和天皇から約二百四十年後の一一二〇年に十三世を継いだことになり、「南面の桜」縁起の藤原頼之とは約二百年の開きがあることから同一人物とするわけにはいかなくなる。筆者も〈同姓同名だったのだな。仕方ない〉と諦めていた。

ところがその後、それまであまり意識することもなかった「阿宇岡三泊　頼之十五世正統」という肩書に目が止まった。

〈待てよ。阿宇岡三泊が、藤原頼之の十五世なら、味岡三伯を寛永六（一六二九）年生まれの初代とし、三十歳の時に「頼之十五世」の道統を継いだとすると一六五九年となる。先と同じように一世を二十年とすれば、藤原頼之はその二百八十年前、一三八九年に道統を譲ったことになり、その四十五～四十八年前に青年期を迎えていたとすると、それは元弘年間（一三三一～一三三四）と重なり、志賀理和気神社縁起の藤原頼之と年代的に符合する。

そこで筆者は〈なぜ「清和天皇十三世藤原頼之」と阿宇岡三泊から十四世前の藤原頼之との間にこのような年数差が生じたのか〉と考え込み、もう一度『儒道統之図』に目を凝らしてみた。すると、「日本南都奥福寺住僧●清和天皇十三世」という「円知」の肩書が長過ぎて、「清和天皇十三世」の部分が藤原頼之の肩書のように読み取れることが分かった。

そこで、〝円知〟の線からも、「清和天皇十三世」で間違いないか追ってみることにした。円知が師事した〝程伊川〟は長元六（一〇三三）年に生まれ、嘉承二（一一〇七）年に七十四歳で他界している。程伊川が五十七歳の時に円知が入門したとすると、その年は寛治四（一〇九〇）年。帰国して三十年後に「清和天皇十三世」を継いだとすると元永三（一一二〇）年となり、「清和天皇十三世」と合致する。ということは「清和天皇十三世」は藤原頼之ではなく、他ならぬ円知の肩書ということになる。

円知の出自は藤原氏北家

『儒道統之図』のそれまでの解釈に疑問を抱いた筆者は、他の箇所についても再度見直してみることにした。

円知の肩書にある「日本南都奥福寺」の「南都」については、正確には学派であった奈良朝の「南都六宗」を総称していう場合がある。各々の本寺は、昌益が『統道真伝』「糺仏失巻」に記しているように、三論宗・東大寺、法相宗・興福寺、華厳宗・大安寺、律宗・西大寺、成実宗・元興寺、倶舎宗・小円寺であり、「福」の文字が入っているのは「興福寺」だけである。

奈良朝末期の延暦七（七八八）年、最澄により比叡山（北嶺）に延暦寺が創建されると、「南都北嶺」と称され、「南都」といえば「興福寺」のことを指すようになる。これらのことから「日本南都奥福寺」とは、藤原氏の氏寺「興福寺」のことで間違いないであろう。

興福寺の起源は天智天皇六（六六九）年、鏡大王《かがみのおおきみ》が、夫・藤原鎌足（六一四～六六九）の病気平癒を祈願し、山階（京都市山科区）に創建した山階寺《やましなでら》に発する。

山階寺は壬申の乱により、一時、藤原京の厩坂（奈良県高市郡厩坂）へ逃れ、厩坂寺《うまやさかでら》と称したが、鎌足の子息・藤原不比等（六五九～七二〇）は、和銅三（七一〇）年の平城遷都にともない現在地（奈良市）へ移し、世の安福を願い「興福寺」と命名した。

その後同寺は、藤原不比等の息子が立てた藤原氏四家のなかでも、次男・房前《ふささき》の「北家《ほっけ》」との結びつきを強めた。同家は一時期衰退するも、第五十二代・嵯峨天皇（在位八〇九～八二三）の信任を得た藤原冬嗣《ふゆつぐ》（七七五～八二六）が、天皇の機密事項を独占する「蔵人頭《くろうどのとう》」に任じられたことにより急速に台頭する。

さらに、その次男・藤原良房《よしふさ》（八〇四～八七二）は、それまで皇族が継いでいた摂政を自らが務めるべく画策し、娘・藤原明子と第五十五代・文徳天皇との間に生まれた、後の第五十六代清和天皇をわずか九歳という幼少で即位させた。その清和天皇の「十三世」が〝円知〟だというのである。

ということは、円知は藤原氏北家の系譜にあることになるが、「清和天皇十三世」は、第六十八代・後一条天皇（在位一〇一六～一〇三六）であるから天皇の系譜ではない。では一体、何の系譜なのか。

実は、清和天皇には皇太后となった藤原高子以外に十三人の女御、十人の更衣がおり、その子供には親王となったり臣籍降下した者が多く源氏の姓を賜った者もいる。そのことから、円知は側室の系統に繋がると考えられる。

託されたメッセージの数々

『儒道統之図』は、藤原氏北家に代々伝わる儒道統の継承図である。そのことに留意しながら注意深く観てみると、それを裏付ける事実が次々と浮かび上がってきた。

第一に、朱色で塗りつぶされている●があるのは、「日本南都奥福寺住僧●清和天皇十三世」の一箇所だけである。私はその●は〈儒道統の継承者が、清和天皇の系譜にあることを強調するために付されたのではないのか〉と考えた。

第二に、系図に登場する日本人四人のうち、肩書がないのは藤原頼之だけである。〈藤原頼之は藤原姓であるから肩書がなくともその系譜にあると分かる。ところが他の人物は藤原姓でないので、藤原氏北家の家系にあることを明示するために、わざわざ肩書を入れたのではないのか〉

第三に、昌益は自分のことを、「確龍堂良中」ではなく、「安藤良中」と記している。〈自分が藤原氏の末流であることを示すために、「安藤」と記す必要があったのではないか〉

安藤氏は、確かに清和天皇を始祖とする秀郷《ひでさと》流奥州藤原氏の流れにある。それと関連して、もう一つ思い出したことがある。

昌益が著わした稿本『自然真営道』第二十五巻所収の「良演哲論」で、昌益門下の高弟・神山仙庵が「良中先生、氏ハ藤原、児屋根百四十三代ノ統胤ナリ」と記していることである。

昌益は自分のことを、藤原氏に連なると広言していたからこそ、神山は「氏ハ藤原」と記したのであろうが、〈なぜ、昌益が自らの姓を安藤ではなく、藤原と言っていたのか〉と、いささか奇異に思いずっと疑問を持っていた。

神山の記した児屋根《こやね》というのは「天児屋根命《あめのこやねのみこと》」のことで、天照大御神《あまてらすおおみかみ》が、天岩屋戸《あまのいわやと》に籠ったとき、高千穂の峰に降臨したニニギノミコトの随神である高天原の神々を代表して太祝詞《ふとのりと》を奏し、天照大御神の出来《しゅったい》に貢献した。そしてその子孫・中臣鎌足の時、邸宅が藤原（大和国高市郡）にあったことから、天智天皇より藤原姓を賜わり、宮中の祭祀を専らとするようになる。

このように児屋根は藤原氏の太祖であるから、それはまた安藤氏の始祖ということになる。ゆえに、確龍堂良中ではなく「安藤良中」と記したのであろうが、そこに〈自分は藤原氏、とりわけ清和源氏の流れにあり、円知を始祖とした藤原氏北家に伝わる儒学の道統を一族である自分が継いだのだ〉という自負を感じ取ることができる。

三、勧修寺宮御気色所をめぐって

前出の『啓迪』には、味岡三伯が拝命していた「勧修寺宮御気色所《かじゅうじのみやみけしきどころ》」という役所名が頻繁に登場する。藤原氏北家の冬嗣が、蔵人頭に任じられることにより同家が急速に台頭したことは前に触れたが、その役所である蔵人所《くろうどどころ》は、中央官庁がひしめく内裏にある。

その一方で、里内裏の親王家や摂関家には蔵人所の業務を補完する家司《けいし》がおり、後世の実務の参考とするために御意を書き留め日記として残す仕事を受け持っていた。その御意のことを御気色ということから、「御気色所」は御意に関する事務を司る役所のことであり、それを勧修寺宮家が担っていたため「勧修寺宮御気色所」（以下、「気色所」と略）と称したのであろう。

勧修寺宮家とは

「勧修寺」（別に、かんじゅじ、かんしゅうじとも）は、藤原氏北家ゆかりの寺院で、昌泰三（九〇〇）年、第六十代醍醐天皇（在位八九七～九三〇）の帰依により、実母・藤原胤子を追善するために京都山科に造立された。「勧修」という名号は、若くして死去した胤子の有徳を偲び、実父である〝藤原高藤〟が贈った諡《おくりな》で、藤原氏北家の嫡流良房の弟良門の息子高藤が新たな家系を立てたことから、「藤原氏北家高藤流」と称されるようになる。

『国史大辞典』第三巻（吉川弘文館、一九八三年）には、「藤原高藤の息子・定方が勧修寺に西堂を建て、ついでその息子・朝忠・朝成が相い議して、累代一門中官位第一の者を氏長者と定め、同寺を高藤流の氏寺として以来、勧修寺が一門の総称となった」とあり、勧修寺は藤原氏北家高藤流一門の総称名としても使用されるようになったことが分かる。

さらに、同辞典には「ついで院政時代（一〇八六年～──筆者註）、為房・顕隆父子が白河院の近臣として権勢をふるってから急速に繁栄し、以後一門の廷臣は多く弁官に任じ、蔵人頭に補される一方、弁官家とか名家とよばれる家柄を形成」したとある。

先に、円知はおおよその目安で寛治四（一〇九〇）年に〝程伊川〟の弟子になったと述べたが、この時代は白河上皇による院政開始の時期と重なる。すなわち、それまでの藤原氏北家による摂関政治が「ノー」を突き付けられた時代であり、高藤流は藤原氏北家の系譜にありながら時流の変化に巧《たく》みに乗ることができたことを物語っている。ちなみに、貴族のバックアップをうけ僧侶が頻繁に北宋に渡ったこの時代は、遣唐使が廃された寛平六（八九四）年以来の中国との交流再開で、恐らく円知も高藤流の隆盛という時代的趨勢の中で一族の期待を担い海を渡ったのであろう。

勧修寺が、宣下を受けた出家皇子（法親王）などが住む門跡寺院となったのは、第九十三代・後伏見天皇（在位一二九八～一三〇一）の第七皇子が寛胤法親王（一三〇九～一三七六）として入った時（鎌倉時代）である。その後、高藤流一門は、吉田・甘露寺・坊城・万里小路など数家に別れたが、「南北朝時代の内大臣経顕が勧修寺を称して以来、その家の号」となった。

このことから勧修寺家が成立したのは、南北朝時代（一二三六〜一三九二）の藤原経顕（一二九八〜一三七二）の時ということになり、第二節第三項で述べた〝藤原頼之〟は、元弘（一三三一〜一三三四）の頃に青年期を迎えたというから、この時代に活躍した人物と推定される。

円知から味岡三伯まで、おそらく三十人近い人物が藤原氏北家に伝わる儒道統を承け継ぎ護ってきた。その中から、なぜ藤原頼之だけが取り上げられたのか不思議に思っていたが、頼之が勧修寺宮家宗家の初代儒医であったとすれば納得がいく。

そして、「同家は経顕が北朝の重臣として活躍してから近世初頭にかけてもっとも栄える」ことになり、江戸幕府は門跡寺院を、宮門跡・摂家門跡・准門跡などに制度化し、手厚く保護したため、勧修寺は藤原氏北家ゆかりの宮門跡寺院として隆盛し、その勢いを背景として勧修寺家の「江戸時代の家禄は七百八石、家格は名家」だったという。

気色所拝命の継承

前出の『啓迪』には、気色所を拝命していた三代目・味岡三伯（玄二）の晩年について、「享保十七年、四十七歳の味岡玄二が法橋《ほうきょう》から法眼《ほうげん》に昇叙されたのに次いで、二年後享保十九年、近藤家医第二世の玄貞乗兼が六十九歳で法橋に叙せられると共に、山科の勧修寺宮御気色所を命ぜられているが、その間の詳しい事情については充分明らかになっていない。味岡玄二法眼がその四年後の元文三年に五十三歳で死去していることから想像されることは、玄二法眼が法橋から法眼へ昇叙された後、急に病に倒れたのではあるまいか。そしてそのために味岡玄二法眼に代って玄瑞乗福の父親近藤玄貞乗兼が勧修寺宮御気色所を拝命するという緊急の処置がとられたのではあるまいかと想像されないでもない」、「そして近藤家の『あるじ』は宮中から代々法橋または法眼に叙せられ、勧修寺宮御気色所を勤めつつ明治維新まで続いていた」とある。

法眼やその次位の法橋は、元をただせば僧侶に授けた位階であり、中世以来、宣叙により儒者や医師などにも授けられるようになったものである。

　気色所の拝命も宣叙によるもので、近藤家に伝わっている気色所の御教書《みぎようしよ》には、執達《しったつ》に仍《よ》る旨の「勧修寺宮御気色所也　仍執達如件」とある。執達とは、天皇の上意を奉書の形にして家司が下達《かたつ》することで、三位《さんみ》以上の公卿《くぎよう》から出されることから、気色所を拝命するということは、れっきとした朝官になるということである。

　このように気色所勤務は厳粛な宮廷の儀式に則って辞令されるもので軽々に成されるものではない。そのことを踏まえ、味岡玄二晩年以降のそれについて『啓迪』の要点を述べると、近藤乗兼が勧修寺宮御気色所を拝命する二年前の享保十七（一七三二）年に玄二は病いに伏したのではないか。乗兼の気色所拝命はそのための緊急処置ではなかったのか。その間の詳しい事情については不明だが、それ以降は明治維新まで途切れることなく拝命されたということになる。

儒道統の継承

一方、儒道統の継承については、味岡玄二、そしてその「二世」である昌益までは『儒道統之図』が示す通りであるが、玄二には医家となった息子玄伯がおり、宝暦五（一七五五）年に四十歳で他界した。そしてその翌年、弟も死去した。

　それで「味岡家の血統が断絶することになったので、門人である近藤玄瑞乗福が味岡家の学統を継ぐことになった……」、「このままでは味岡家の祭祀が途絶えてしまうので、奥方お八重の方の甥に当る久松能音（北野天満宮の社家光乗久松能慶の男）を近藤玄瑞乗福の娘於左江の夫として迎え、ちょうど近藤方に男の嗣子がなかったので、近藤家の医第四世として近藤玄貞乗輝と名を改めて近藤家の医統を継がせ、同時に味岡三伯夫妻を初め、味岡家の祭祀を絶やさぬようにさせた」と『啓迪』にはある。

　この書きぶりからすると、昌益の手を離れ味岡玄伯に帰着していたと思われる儒道統は、玄伯没後、近藤乗兼から乗福へそして乗輝へと承け継がれたことになる。

気色所拝命と儒道統との継承関係

そこで、味岡玄二以降の気色所拝命と道統継承との関係についてまとめてみると、次のようになる。

気色所拝命―味岡玄二↓（　？　）↓近藤乗兼↓近藤乗福↓近藤乗輝↓近藤乗邦↓近藤乗政↓近藤乗親

儒道統継承―味岡玄二↓安藤昌益↓味岡玄伯↓近藤乗福↓近藤乗輝↓近藤乗邦↓近藤乗政↓近藤乗親

これをみると、気色所拝命と儒道統継承との間で異同があるのは、（　？　）と安藤昌益、近藤乗兼と味岡玄伯の二箇所だけで、それ以外は一体である。

近藤乗兼が気色所を拝命していながら儒道統を継承していない理由をしいて挙げるとすれば、六十九歳と高齢であったためということになろう。

味岡玄伯について儒道統継承や気色所拝命の記録がないのは、父親玄二の死去時、まだ二十二歳と若かったためと考えられる。しかしながら、『啓迪』ではその辺の事について明確には語られてはおらず、儒道統に関しては玄伯が継いだとしても昌益との間に一人か二人くらいの継承者が介在しているものと想定される。

このように非常事態の発生時以外は気色所拝命と道統継承の関係は表裏一体だということである。

そこで、（　？　）の箇所であるが、『儒道統之図』に「味岡三伯二世」とまで記した安藤昌益であってみれば、当然、（　？　）は昌益でなければならないはずである。

その時期はと言えば、『啓迪』で不明な享保十七（一七三二）年から十九（一七三四）年までの間しかなく、この享保十七（一七三二）年にまた儒道統も継承したと考えてよいであろう。この時、昌益三十歳前後、年齢的には申し分ない。ところが、『啓迪』には、味岡玄二の次に昌益が気色所を拝命したとは一言も記されていない。〈このことを、どのように考えたらよいのだろうか〉。筆者は頭を抱え込んだ。

そこで筆者は〈味岡家→近藤家の流れとは別に、昌益は味岡三伯の在職中から気色所におり、そのころ道統継承に不測の事態が起きたために偶然ピンチヒッターとしての役が回って来たのではないか〉と考えた。すなわち、宣叙による拝命を受けることなく気色所で味岡三伯から儒学を学んでいたために道統継承を許されたと考えたのである。

その根拠の第一として、昌益には味岡三伯の市井の塾で学んでいる形跡がないことが挙げられる。『儒道統之図』では、味岡三伯の住所が「洛北堀河」となっている。しかしながら、近藤鋭矢によると味岡家は代々「富小路三条上ル町」に住んでいたという。

鈴木宏に、〈ただ筆者には一つだけ気になる点がある。それは師の味岡三伯の住居が『良医名鑑』でも近藤氏の論文でも、富小路三条上ル町であるのに、当資料では「洛北堀河之住」とあることである。もしかしたら本資料は、昌益が八戸の人々に自分の学歴を飾るために作り上げた道統図ではないのか、……〉と言わしめた問題の箇所である。

もし昌益が富小路の味岡三伯のもとで学んでいたとすれば住所を間違うはずがない。正確に憶えていなかったということは気色所で味岡三伯から学んでいたからだという考えが成り立つ。

昌益は乗福よりわずか二歳年長でほぼ同世代である。私塾で共に学んでいれば『啓迪』に何らかの記述があってしかるべきで、記述がないということは、昌益が味岡医塾での門下生ではなく気色所での弟子であったために二人の間には接点がなく、そのために近藤家の伝承から欠落したものと考えられる。なにせ朝廷の内部は御簾《みす》の隙間から垣間見でもするようにしか分からないのが実態である。史実を突き合わせて想定を繰り返していくしか外に手立てがなく立証には困難がつきまとう。

『啓迪』の冒頭で近藤をして「書物を調べてみても

味岡三伯に関する記述があまり見当たらない……」と言わしめた通りで、ましてや昌益については霧の中にあって当然である。

昌益が気色所で味岡三伯から学んでいたことの第二の根拠は、昌益が『儒道統之図』に「真儒伝之一巻有師家二也」と記していることにある。

〈昌益の師は明らかに味岡三伯であるから、師家とは味岡家のことだろう〉と筆者は思い込んでいた。

ところが、「真儒伝」は、味岡家では所有しておらず、それどころか近藤家にあった形跡もない。ではどこへ消えたのか。消えた訳ではない。『儒道統之図』を読み込むと、円知が著わした「真儒伝」は、代々の藤原氏北家、その後勧修寺家に付属され伝来してきたことが分かる。そのことから、師家とは取りも直さず勧修寺宮家であり、それゆえ味岡家や近藤家になくて当然なのである。

これまで観てきたように、「真儒伝」の道統を承け継ぐためには、まず勧修寺宮御気色所に勤務していることが前提条件となる。それは「真儒伝」が勧修寺宮家に付属されていることによる。そして当然、道統所有者の門人であること、藤原氏北家、とりわけ清和天皇の系譜にあることが必要となる。

昌益は気色所で藤原氏北家一族に伝えられた儒道統の継承者・味岡三伯の門人となり、なおかつ藤原氏、とりわけ清和源氏の子孫であった。だからこそ、大手を振って『儒道統之図』に「阿字岡三伯二世」と記すことができたのである。しかしそのことを昌益は自著では公にすることがなかった。どこまでも謙虚な昌益であったのか。あえて記すほどのことでもない周知のことだったのか、それとも正式な気色所の拝命ではなく中継ぎとして道統継承が回ってきたために公にすることをはばかったのか、宮中のことは伏すべきという不文律があったのか、その理由は定かではないが、そのことが『儒道統之図』を半ば得体の知れない漂流物にさせたともいえる。

北野天満宮所蔵『刊自』

前述したように昌益の著作で唯一出版された『自然真営道』全三巻は、北野天満宮に所蔵されている。

その経緯について、『全集』第十三巻の解説では「北野天満宮は菅原道真を祀る学問の神様ということになっていたので、江戸時代の出版元は新刊を必ず一冊献本することになって……」いたからとある。

その一方で「乗輝が北野天満宮と関係があったために献本されたのではないか」という論がある。『刊自』が出版されたのは、宝暦三（一七五三）、四（一七五四）年であるから、そのとき北野天満宮に献本されたとすると〝近藤乗輝〟が学統を継承する一、二年前のこととなる。この場合は『刊自』自体の存在さえ知らなかったことも考えられるので乗輝関与の可能性は低くなる。

継承後だとすれば乗輝と北野天満宮との縁で献本された可能性も否定できなくなるが、その場合は当然、昌益が道統継承者で『刊自』の出版者であるという事実を近藤家が把握していなければならないことになる。しかし『啓迪』ではそのことにはまったく触れられず、昌益についてさえ知らなかった節があることから、『全集』の解説の方が当を得ているような気はする。

師事したのは二代目味岡三伯

ところで、鈴木は、昌益が二代目味岡三伯に師事していたことに消極的な見方をした。それは、伊勢山田から京都に来て「まもなく亡くなったようであり、昌益が学んだとは思われない」と考えたからで、その論拠が、『啓迪』の「素霊派系譜表一」の附言にある「宝永、正徳年間、伊勢下中郷山田に住す。十六、七年後、京に帰って死去」という但し書にあることは先に述べた。

ところが、鈴木が調べているように二代目味岡三伯は、正徳三（一七一三）年刊行の『良医名鑑』に、「医学講説人」として「医学家・味岡三伯（富小路三条上ル町）」と記載されている。そのことから京都での活動期間は、正徳三（一七一三）年以前から享保十一（一七二六）年の死去まで最短でも十三年間となり、但し書とは異なることになる。

なぜ、このような錯誤が生じたのか。それは「十六、七年後、京に帰って死去」という文章の曖昧さによっている。すなわち「京に帰って十六、七年後、死去」というのが正確な記述であって、二代目味岡三伯は確かに正徳元（一七一一）年まで伊勢山田に居り、恐らくその年には京都に出て活躍し、正徳三（一七一三）年刊行の『良医名鑑』に「医学講説人」として掲載されることになったのであろう。そのように考えると、二代目味岡三伯の京都在住期間は、足かけ十六年ということになり但し書と一致する。二代目味岡三伯について『啓迪』の本文には「非凡な俊才といわれて、九々選方、薬性記、医教要訣等の著書を残した」とある。

東京都麻布開業の漢方医・中村篤彦《なかむらあつひこ》は、自ら解説・現代語訳・注解を施した秀作『全集』増補篇三の補注「三、味岡三伯とその医書」で「九々選方」にある自序を紹介している。

そこには、「享保丁酉、季秋日、味岡三伯、勢州山田之寓舎ニテ記ス」とあり、享保二（一七一七）年の秋に自序を伊勢山田の宿屋で書いたというのである。

ということは、このときすでに味岡三伯を名乗り、山田の出身でありながら実家ではなく旅籠に宿泊していたということは郷里を出ていたことの裏付けとなる。

初代味岡三伯は、元禄十一（一六九八）年に死去している。それ以前に二代目を継いだと考えると三十二歳以前である。思ったより若くして継いでおり、なるほど「非凡な俊才」と言われ多くの書物を残したのも頷ける。またその姿は多くの書物に接し多才な才能を発揮した昌益の姿に相通ずるものがある。

近藤が記した「著書等はないようであるが、専ら臨床の術に秀でた名医」で、「膿み腫れものの名医」でもあった外科医としての三代目味岡三伯よりも、内科医としての二代目の方が昌益の師としてはふさわしい気がする。

一方で筆者は『八戸藩日記』から、二十二、三歳で一本立ちしている医者が多いことを知った。中には関立竹のように二十歳で多くの藩士の治療に当たっている特殊な例もある。二代目味岡三伯が死去したとき、昌益は二十三歳。あれだけ広汎で深い医学知識を持っていた昌益が晩学であったとは常識では考えられない。むしろ二十三歳までに儒医としての素養を身に付けていたと考える方が妥当である。そして、この場合は「昌益」と命名したのは二代目味岡三伯ということになる。

『啓迪』には、近藤家医第六世以降について「近藤法橋は勧修寺宮御気色所を拝命してからも、郷里である遠江の森本（静岡県磐田郡豊田町）に住んでいて、必要に応じて京へ上って御門跡の宮の御機嫌を奉伺した。また宮様の側近の方より書状をもって絶えず御門跡の宮のご近況やご健康状態を報告して来るので、近藤法橋は京都に常駐せずとも、また京都に頻繁に出向せずとも済んだようである」とある。

この記述からすると、定期的な容態伺いや発病したときの療治に限られていたようで、常勤というわけでもなかったようである。ということは、昌益の場合も、時々において師の味岡に教えを乞い、余裕をもって実際の療治に立ち会ったのであろう。

そして何と言っても他家と違うのは、勧修寺宮家は儒学の宗家で書物に溢れていたということである。昌益が儒医として成長するための良好な環境が気色所には調っていたといえる。

過去完了か現在進行か

『儒道統之図』を昌益自身の過去の経歴を記したものと捉えるか、それとも現在進行中のものとするのか。前者だとすると、たとえそれが一年であろうと、二年であろうと、過去に道統を継いだことがあるという単なる既成事実でよいことになる。後者だとすれば、『儒道統之図』を作成した時点で、道統はまだ昌益の手の内にあったということになる。

先に観たように『儒道統之図』が作成されたのは、延享二（一七四五）年の年末近くである。実はこの年、味岡三伯の嫡子玄伯は三十歳を迎えている。もし、『儒道統之図』が現在進行形であれば、その後二、三年の内には昌益は玄伯に道統を譲ったものと考えられる。

しかしながら、これまで検証してきたように、

『啓迪』には昌益のことがまったく言及されていないことから、どう考えても現在進行形とするには無理がある。それに、前述したように、道統継承と気色所拝命は一体でなければならないこともその補強となる。

八戸に身を埋めている昌益であってみれば、気色所を辞した時点で道統を返却したと考えて差し支えないであろう。『儒道統之図』が、たとえ過去完了のものとしても、移譲直後の継承者ぐらい記載してもよさそうなものであるが、その点に関し昌益は実にそっけない。気色所を去った後のことについてはあまり触れたくない思いでもあったのか。その感さえ抱かせるが、そのことについては後述する。

四、勧修寺の仏僧だった

医学修得と仏門との整合性

ここまで論を進めてきて、筆者ははたと困った。というのは、昌益には仏門の経験があると言われているからである。

安永は、前掲の『人間安藤昌益』で、「江戸時代に僧になろうとすれば、ふつうではまず武士の元服の年とちょうど同じ、十五歳ころに出家するための、いわゆる得度といわれる剃髪と法名授与の儀式が行われて、正式の修行僧となる。それから早ければ約十年後の二十四、五歳ころ、ふつうはもっとおそく三十歳前後の時期に印可が授けられる」と述べている。

そしてこの節文の後に「医師確龍堂への転身」という一項があり、後に偽書と判明した『中居屋重兵衛とらい』（筆者注―「らい」はハンセン氏病のこと）の一文を引きながら「いずれにしても、良中はここで仏門に別れをつげて医学修行の道を歩むことになる。当時の通念としては医学、とくに針灸の治療をともなう後世方の修行にはすくなくとも十年は必要であると考えられていたから、彼がもし三十歳前後から医学の勉強を始めたとすると、きわめて晩学であり、四十歳近くまで医学の勉学にはげんでいたことになる。このようにみていくと、彼が八戸に姿を現わすまでのながい空白期間、これまで謎とされていた未知の部分はおおむね埋められることになる」と述べ、八戸に来住したとき、昌益は駆け出しの医者だったとしている。

この説を踏襲すると、気色所を拝命するどころか二代目味岡三伯に師事することさえ到底不可能なことになる。そこで筆者は〈昌益は勧修寺で修行をしながら医学を学んでいたのではないか〉と考えた。

つまり、学僧としての修行過程でその秀逸な才能が認められ、気色所で二代目・味岡三伯から医学を学ぶことが許された。そう考えれば医学修得と仏門との間に整合性が出てくる。

僧医制度が始まったのは奈良時代である。僧侶の中から適正な者を選抜し医者として養成していた。時代は下っても民間医療の嚆矢《こうし》となった田代三喜《たしろさんき》は、文明十二（一四八〇）年、十五歳の時に医を志し、妙心寺派の仏門で医者としての素養を積んだ。そしてその田代に学んだ日本医学中興の祖・曲直瀬道三《まなせどうざん》も、十歳のとき江州守山（滋賀県守山市）の天光寺で得度し、十三歳のとき京都の臨済宗相国寺《しょうこくじ》に移り、喝食《かつじき》となりながら素読を続けた。

さて、八戸の上田家に伝えられている『上田家図書』（以下『図書』と略）には、昌益の弟子・上田祐専の義父である上田祐廷についての記述がある。当時の八戸市史編纂室長・三浦忠司から「未解明のもの」として紹介してもらったもので、それによると、元禄十二（一六九九）年、昌益より四年早く生まれた祐廷は、宝永六（一七〇九）年四月、わずか十歳の時、盛岡の浄土宗・高台寺（光台寺）で得度し修行僧となり、同時に盛岡藩の家禄二百石、五人扶持の側医・上野祐達政及の門人になったという。

そして、二十五歳になった享保九（一七二四）年、住職の良業本端上人より受戒血脈《じゅかいけちみゃく》を得て、八戸城下で開業した。ここでいう受戒血脈とは、師が弟子に印可を与え法門を引き継いだ証《あかし》とすることで、それは医者としての徳性を認められたことに外ならない。以上のような史実は、江戸時代になっても僧医制度の名残りが存在していたことを物語っており、昌益の場合も決して珍しいことではなかったのである。

『儒道統之図』では、円知の肩書だけに「奥福寺住僧」と寺名の断り書きが入っている。なぜなのか疑問に思っていたが、この時すでに勧修寺が建立されていたため、勧修寺の住僧でないことを示すためにに肩書を入れる必要があったのであろう。そのことから、昌益のように勧修寺の学僧として気色所に勤めるという場合は稀としても、円知より後の道統継承者は勧修寺と何らかの縁があったと想像されるのである。

『儒道統之図』で昌益は、味岡三伯の姓を〝阿字岡〟と記している。「阿字」は梵語の第一字母で、真言密教では万物の根源を指している。味岡三伯家代々の菩提寺が浄土宗であるのに、なぜ人名にそのような宛て字を使用したのか妙に感じていた。しかし味岡三伯が真言宗・勧修寺と縁があったと知れば、逆にそこに昌益の師に対する思い入れを見るような気がする。

昌益が、このように早ければ十歳頃から概ね十年間、勧修寺の学僧として修行に励んでいたとすれば、将来を左右する考え方や生き方はそこで学んだというしかなく、昌益の唯物論的、弁証法的思考方法もそこで獲得したとしか考えられない。だとすれば、そのような思考方法が真言密教の教えの中にあったということになり、この面からの研究も課題となる。

修行したのは禅寺ではない

このように昌益が真言宗勧修寺の学僧として修行したとしても、いま一つの問題がある。というのは、昌益の経験した仏門は禅門だったという定説があるからである。本当に昌益は禅僧だったのか。次にそれを検証してみよう。

昌益禅僧説の根拠に挙げられるのが、「予も雨水の小溜して郎然たるに向かいて忽然として瓦解・氷消し、身心を有ることを知らず、此れ場を得。数十年来の禅修学の老僧、之れを聞きて是れ大悟の場なりと為して印可を出し如意・払子を授く」（『私法仏書巻』）というくだりである。実はこれには「之レヲ以テ之レヲ思フニ、場ヲ得テ大悟スト言ヘルコトハ気ノ映ヒニシテ、自然真・尽妙ノ義ニ非ズ。未ダ愚ノ病ナリ」という後段がある。

同様ではあるが『統道真伝』（「糺仏失」巻）にも、簡略化された記載で「話則（公案）の意に通じることを大悟と言うが」、禅法では、釈迦は暁の明星、迦葉は一枝の花、阿難は幡竿のように「皆場をもって悟る」、「予ハ雨水ノ転ヲ浸セルニ因リテ悟ル」とある。これにも後段があり、「場ヲ得ザル者ハ発明ト雖モ大悟ニ非ズ、私ノ推悟ナリ。推悟ヲ以テ説法スル者ハ皆魔王ナリ。是レ禅ノ所立ナリ。然シテ此ノ禅法ノ悟リト云ヘルコトハ、甚ダ私ノ妄失ナリ。自然ノ真道ニ非ズ」とある。

前段で述べているのは総じて〈天空を映した水たまりを見た時、忽然と迷いが消え去り生身の自分から解放された。その話を数十年にわたり禅を修めた老僧が耳にし、『それは悟りを開いたということだ』として印可を出し如意・払子を授けた〉ということである。

しかし、よく吟味してみると、昌益は「禅修行により悟りを開いた」とは一言も述べていない。記してあるのは「禅修学の老僧が昌益の話を聞き、それは悟りを開いたことに他ならないと認めてくれた」ということであり、それが曲解され昌益が禅門で修行したとされたことが分かる。

それに、もし昌益が禅寺で修行していれば、老僧が聞きつけるまでもなく管長である老師から直に悟りの証明書を授かるはずである。

また後段には、昌益特有の「自然真にあらず」、「自然の真道にあらず」という全否定常套句が並べられているが、禅門で学んだとするには他人行儀でそっけない。

そこで、勧修寺に「場をもって悟る」ような座禅らしき修行が果たしてあったのかどうかということになるが、けだし真言宗には万物の根源である「阿字」と修行者との一体を目指す「阿字観修行」という瞑想法がある。ちなみに印可とは、密教で秘法を伝授した証明として授ける書き物「印信許可《いんじんこか》」の略であり、禅宗では正式には「印可状」という。これらのことを勘案しても、昌益が勧修寺の修行僧として「阿字観修行」を通して悟りの境地に至ったことは充分に考えられるのである。

五、勧修寺流の周辺

小野流に属する勧修寺と醍醐寺

小野流の源は、貞観十六（八七四）年、醍醐山（京都市伏見区）に、上醍醐寺《かみだいごじ》を創建した〝聖宝《しょうぼう》〟に溯る。

聖宝は真言宗の教学を実践する「事相《じそう》」の一派にありながら、金峰山《きんぷせん》での山伏修行の経験を生かし、醍醐山に設けた行場に多くの修験者を擁するようになった。

その後、〝空海〟の再来とも称された仁海《にんがい》（九五一～一〇四六）が、正暦二（九九一）年、下醍醐寺近くの「小野」に曼荼羅寺（現在の随心院）を開き、易を用いて天皇の病因をさぐり、占筮《せんぜい》による雨乞いで名を馳せると、小野流と称せられその開祖となった。そして永久三（一一一五）年、〝勝覚〟が醍醐寺の本坊として創建したのが「三宝院」で、鳥羽天皇（在位一一〇七～二三）の御願寺となるに及び権勢をほしいままにした。

小野流に属する「勧修寺流」ができたのは、三宝院より早い天永元（一一一〇）年で、開祖は勧修寺の七世長吏（住職）・寛信（一〇八四～一一五三）である。その勧修寺流について、「加持世界支社」から発行された辞書（一九一一年刊行）には、「開祖・寛信法師の弟子に、行海・念範・仁済の三人がおり、住所も異なっていたため印信は別々に伝えられたが、寛信が聖教等を整理しまとめていたので異流を生じず、代々勧修寺門跡に受け継がれた」と記され、他に石山（真言宗）に伝わったものと、光明山（浄土宗西山深草派）に伝わったものとがあるという。

ここにいう門跡とは長吏（住職）を指すが、寛信は「一印一明」を最極とし、聖教《しょうぎょう》という経典の中に修法や儀法を纏めていたので、見苦しい混乱は生じなかったとされ、勧修寺密法のインテリジェンシーと団結心の高さが窺われる。

ちなみに光明山光明寺は味岡三伯家代々の菩提寺

であり、もとをたどれば勧修寺が源となっていることが分かる。そして後に小野流は、勧修寺を起源とする小野三流と、醍醐寺を緒とする醍醐三流の六流派となり口伝を重んじた。ちなみに、現在の上醍醐寺・下醍醐寺を中心とする醍醐山は京都市伏見区で、勧修寺は山科区と住所名を異にしているが、当時は同じ真言密教の一大聖地として一続きになり、荘厳華麗な堂宇伽藍が建ち並びその名をほしいままにしていた。

修験・当山派本山醍醐寺

修験道には当山派と本山派の二つの派があり、当山派の起源は、創建以来続いていた興福寺の大和地域寺院に対する強大な影響力に発している。

宮家準著『山伏』（「日本人の行動と思想」二九、評論社、一九七三年）には、当山派について「鎌倉時代末期には興福寺の東西両金堂を拠点とした興福寺修験を中心として、主として同寺末の諸寺院によった修験者が一つの集団をつくるようになっていた。この集団はこれら諸寺院が真言化していたこともあって真言系の修験・当山派と呼ばれ……全国各地を廻国し、各地に配下の山伏をつくっていった」と紹介されている。筆者は、山伏集団にも藤原氏北家ゆかりの興福寺が関係していることを知り驚きにも似たものを感じた。

室町時代に入り、藤原師冬の子・満済《まんさい》が足利義満の猶子となり、醍醐寺座主に就任すると、義満の威光を背に権勢をふるい、それ以降、醍醐寺は醍醐五門跡の中心として修験道当山派の本山となった。上醍醐寺を創建した聖宝、下醍醐寺近くに小野流の随心院を開いた仁海、醍醐寺の本坊・三宝院を創建した勝覚、醍醐寺を修験道当山派の本山とした藤原満済。これらはいずれも昌益が修行した勧修寺と同じ小野流に属している。

『統道真伝』（「糺仏失」巻）の「山伏の妄失」という一項の中で昌益は述べている。

『全集』の現代語訳を拝借すると〈修験、または山伏は、役小角《えんのおづの》によって始められた。小角は大和の国上郡《かみのごおり》茅原《ちはら》の里に生まれ、頭に小角があり、鼻が高く、眼光が鋭かった。……小角は、大峯山《おおみね》を開いて山伏の本拠地とし、皇室にゆかりの者を迎えて本院を建て三宝院と名づけ、本山の法とした。その後また本院を建てて正厳院と名づけ、当山の法とした〉とある。注釈にあるように「大峯山」は「奈良南部の山塊で、北を金峰山、南を大峰山といい修験者の根本道場」である。

このように昌益はまったく修験に興味がなかったわけではない。しかしながら、『全集』で触れられている通り「正厳院」については、「聖護《しょうご》院の誤り」ということになり、正厳院への昌益の記憶が曖昧なところをみると、昌益の「天台宗」に対する意識は薄かったようである。

ちなみに、聖護院は天台宗寺門派の〝増誉〟が白河上皇から賜って洛中に寛治四（一〇九〇）年に創立したことから、勧修寺流の創始より二十年も早く、後に熊野三山の別当を兼ねて熊野修験を統括すると「本山派」修験宗の総本山となり「当山派」と競い合うことになるのである。

勧修寺との機縁

筆者は考える。二井田村の親元で暮らしていた少年期の昌益が、まわりから奨《すす》められ、真言宗勧修寺の学僧として京に上った機縁は那辺にあったのかと。

秋田藩主・佐竹家は清和源氏の嫡流で、藩主代々の奥方を公卿から迎え入れているほど朝廷との繋がりは深く、その支藩領である比内・大館にもその影響が及んでいたことは、第一章で述べた通りである。しかし、ただそれだけのことで昌益の勧修寺への入山が可能だったのだろうか。それに、安藤家は肝煎を務めたことがあるとはいえ農民階級である。

しかしながら、朝廷は農耕文化を大切にしており、神に五穀を捧げる行事を絶やしたことはない。それゆえ、農民の子息でも見込みがあれば、武士や町人よりは勧奨し易かったかも知れないが、勧修寺の学僧になるためには当然、実力のある強力な推薦者を必要とするであろう。

そこで、気づいたことがある。それは、大館に昌益思想の背景となる歴史的風土を追い求めていた三宅正彦が、比内町扇田（現大館市）の長岡家から発見した文書のことで、昭和六十二（一九八七）年前後に相次いで報告された。

それによると、扇田にある「神明社」は修験宗で、伊藤家が代々継ぎ、「羽黒山派」を標榜していたという。ところが秋田藩は、幕府が修験宗を一本化せず各派を互いに牽制させたことに乗じて、藩内修験道を「当山派」へと改宗させる方策をとった。それは、関ヶ原の戦いで負け、秋田へ国替えさせられた佐竹家が、常陸国の時代から真言宗醍醐寺三宝院を本山とする当山派との結びつきが強固だったことに拠っている。

そのところ、秋田藩主・佐竹義宣の弟にあたる五代不動院〝伊藤宥昌〟が、藩内修験者の総録・今宮常蓮院から南比内・頭襟頭《ときんがしら》を命ぜられたことにより、神明社を羽黒山派から当山派へと改めた。そして、七代〝宥光〟の時、次男〝永全〟は、二井田村に別家し「三光院」を開基すると、二井田村ほか五ヶ村を掠所《かすみどころ》として支配することを許された。

永全は、寛延二（一七四九）年に没したというから、二井田で暮らしていた昌益の身近に小野流当山派の真言宗寺院があったことは確かで、後世の記録では手習所も有していたというから、恐らく昌益の時代にも存在していたのであろう。すると、そこに学んでいた幼少期の昌益が長ずるに及び、そのあまりの秀抜さに同じ小野流の勧修寺に推挙された可能性も高まってくる。

これまで観てきたように、修験宗の絶大な支配力は地域に張りついている。そのことは二井田村に永全が開いた修験宗三光院から、昌益も幼少年期にその感化を受けたであろうことを思わせる。しかしながら、三光院と勧修寺とのつながりは、これからの研究課題の一つに挙げられよう。実は、この永全の息子が〝聖道院〟で、二井田村「八幡神社」の別当に就くと、昌益を「守農太神」と崇めた石碑の破却と昌益の末裔に対する郷払いを命ずることになる。

その発端は、明和元（一七六四）年、温泉寺での昌益三回忌の法要に魚料理を出したことにあるが、その経緯が記された「掠所日記」には、昌益が日待、月待、幣白、神事、祭礼、伊勢講、愛宕講等を廃止したことによる収入減に対する怒りを背景に異常なまでの執拗な追及が綴られている。

なぜそれほどまでにと思われるのは、恐らく父親にあたる先代が、昌益をせっかく京都で勉学させるように取り計らったのに、恩を仇で返すとは何ごとかという恨みがあったからであろう。

ここで触れておきたいのは、石碑銘に「宝暦十一年　守農太神確龍堂良中先生　在霊　十月十四日」とあり、没年の一年前に石碑が建てられたようになっていることをして昌益の死去は偽装であるとの論があることである。

『全集』十四巻にある石垣忠吉の解説によれば、石碑本文は「昌益老が生前書いて置いたもの」で、「昌益の門弟衆が、師の昌益が亡くなって三回忌を迎える夏、師を偲ぶ記念に、銘を入れた石碑と石塔を建てた」という。

三回忌は満二年で営まれるから、その年は宝暦十四（一七六四）年で、そのことから単純に三年を差し引いたため石碑に「宝暦十一年」と記されたのであろう。それに死没の一年前に建てられたとすれば、そのとき命日を「十月十四日」と予知していたことになり、増々不可思議な話になる。

六、山科での生活の周辺

宮廷とのつながり

昌益が真言宗小野派の門跡寺院勧修寺の仏僧だったとすることにより、その著述の理解が容易になる事柄がある。まず第一に、真言宗の開祖・空海への批判（『統道真伝』他）に大部の紙面を割いている。なぜそれほどまでと思わせるほど異常なのは、同じ宗派にありながら、勧修寺は藤原氏を背景とする特別な歴史を有しており、そこに身を置いていたという意識が強かったからかも知れない。

また、『私法仏書巻』では、「阿字」は本来あるもので他から生じたものでないという密教の「阿字本不生」を取り上げているが、このような「阿字」に対するこだわりは著書のあちこちに見られる。

　これは、禅僧にはない発想であろう。そもそも鎌倉禅宗は密教の偶像崇拝や荘厳な仏閣を否定したために隆盛したという側面がありながら、昌益はそのことに一顧だにしない。

　また、『統道真伝』（「糺仏失」巻）では「予、亡命ヲ顧ミズ入唐ヲ願ヘドモ、今世厳シク入唐ヲ停止ス。誓ヒテ之レヲ望メド任セズ。嘆、空海・最澄等ガ時ニ生マレタル者ナレバ、入唐シテ儒・仏書ヲ之レヲ返戻シ、……」と中国への密航が叶わなかったことを昂奮気味に述べているが、禅僧でなく密教の空海や最澄を引き合いに出していることからもそれが窺える。

　一方、昌益が気色所を拝命していたとすることにより、納得できる事柄もある。

　昌益は「確龍先生韻鏡書　一」で、宮廷医・半井道三瑞策を称揚しており、昌益の生前、門人の高橋大和守は京都に上り、瑞策の子孫で宮廷医の半井出雲守に息子を入門させている。昌益が宮廷医と知己があったのも宮家に勤めていたればこそであろう。

　気色所は、暦や易・天文を司る「陰陽寮《おんみようりよう》」を有する中務省《なかつかさしよう》の里内裏である。ゆえに昌益が暦学や易学・天文学に幅広く深い知識を持ち陰陽五行ですべてを説明しようとしたことも頷ける。

　陰陽寮の歴史は長い。五行論・易・占術・天文術を中心とする「陰陽道」は、奈良朝以前から朝鮮半島を経由して天皇家に取り入れられ、天武天皇（在位六七三〜六八六）が陰陽寮を設けると官僚機構に吸い込まれることになる。その後平安朝初期に真言・天台の密教が興ると、本格的な仏教の到来を希求していた朝廷が真っ先に飛びつき、陰陽道と密教とは緊密に結びつくようになる。ところが律令体制の綻《ほころ》びにより、台頭してきた藤原氏北家は摂関政治により天皇家の専権事項を取り込み、醍醐・村上天皇による「延喜・天暦の治」、後醍醐・後村上天皇による「建武の中興」の親政以外は、武門が幕末まで朝政を掌握することになる。

　昌益は、『統道真伝』（「糺仏失」巻）の「神道、太子ノ失《あやま》リノ論」で述べている。

「自然ノ神道ハ五行、小大ニ進退スル一神」で、「太極・天・人・物、悉ク一神明ノ行フ所」なのに、「太子、……遠ク漢・竺ノ私法ノ妄失ナル儒・仏ヲ引キ入リ、五常ノ失言ニ因リテ武門威ヲ増シ、日本神胤ノ皇威衰ヒ、武門ハ日々ニ盛ンニ皇門ハ日々ニ衰ヒ、太子皇族ニ生マレテ、儒ヲ用ヒテ此ノ如キノ妄逆ニ至ラシム、是レ太子ノ大罪ナリ」と。

この一文に接した筆者は、昌益がなぜ聖徳太子による儒・仏の導入を、武門の興隆と皇門の衰微との関連で説明しようとしたのか理解できなかったが、『儒道統之図』を読み解くことによりその謎の一端が分かりかけてきたような気がした。

勧修寺は、儒仏にありながら真言宗小野流山階派の大本山である。その意味では特異的な寺院の学僧として、昌益は五行論・易・占・天文を学んだ。そして儒学を家学とし、北宋の大儒・程伊川直伝の「真儒伝一巻」を所有している勧修寺家というある意味で異色な気色所の儒医として医学を修めた。そのような環境で青年期を送ったために、はしなくも「武門の興隆と皇門の衰微」で世の中の動きを捉えるような記述になったとしか言いようがない。

昌益は、『暦ノ大意　上』で、「暦ハ即チ国政ナリ」、その自序の中で「暦は朝廷の故実・国政の大元」と述べている。幕府天文方として、貞享暦（一六八四年〜）を作成した渋川春海の例を引くまでもなく、暦の作成はすでに幕府の統制下にあった。しかもその貞享暦は、徳川吉宗の個人的な趣味で宝暦暦（一七五四年〜）に改暦されるというおまけまでつくのである。それにも拘らず昌益は改暦について、幕政でなく朝政にスポットを当てようとしている。さらに、昌益独自の「天譴（天罰）思想」を論ずるに、年代別でなくわざわざ歴代天皇別に記している（『私法神書巻』）。そうしてみると、どれもこれも昌益が真言宗の門跡寺院勧修寺で修行し、勧修寺宮御気色所で儒医学を学んだとすれば納得のいくことばかりである。

意外に狭い交際範囲

京都での昌益の生活範囲は以外と狭かったのではなかったかと思ったことがあった。昌益の時代、京都では色々な医論が飛び交い丁々発止とお互いの持論を戦わしていたはずであり、知識欲の旺盛な昌益であってみればそれらを看過することなどありえないはずである。しかし著作を見るにつけ、まわりの状況にはそれほどの反応を示すでもなく拍子抜けするくらい淡白である。

昌益は「確龍先生韻鏡書　一」のなかで、その謦《けい》咳《がい》に接することができたかどうか微妙な年齢差で、正徳五（一七一五）年に死没した〝馬場信武〟を二度にわたり批判している。

そのことも奇異には感じていたが、馬場が京都白川にある照光院という門跡寺院で仏僧として修行し、その後儒医になり易学や、暦学、兵学にも精通していたことを知れば、同じような経歴をたどった昌益が対抗意識をもっていたとしても不思議はない。

このように昌益と同時代に生きた人物について言及している箇所は思ったより少なく、その範囲も狭く、同時代の医者に限れば香川修徳だけである。それも香川の著作『薬撰』を通しての批判に終始しており現実感に乏しい。

まとめ

『儒道統之図』には、昌益のメッセージが随所に過不足なく鏤《ちりば》められている。昌益の著述をみるまでもなく、余計なことには目もくれず、直截《ちょくせつ》に真実を伝えようとする昌益という人物の頭脳明晰さを改めて思い知らされた。

神奈川県藤沢市在住のフリー・ジャーナリストで大館市出身の小林嬌一《こばやしきょういち》は、平成十六（二〇〇四）年十月十六日、「現代に甦る安藤昌益」と題する八戸講演で『儒道統之図』を解説しながら「昌益は内部告発者だ」と述べた。

そのときは〈そうなのかなぁ〉と半信半疑であった筆者も、今なら〈まさに至言であったなぁ〉と思える。

昌益は、字書、儒書、仏書、韻字、韻学、制法、

神書、運気、医、本草、易のすべてに接することのできる場所に居たからこそそれらすべてを学ぶことができ、医学は当然のこと、諸学万般についての知識を備えることができた。八戸来住時の昌益はそのことについて秘かな自負を持っていたはずである。

ところが陰陽の二別に区分されていた万象が、実は同じ一つのものであることを覚り、それまで自分が蓄えて来た医学をはじめ、儒仏老神すべての知識が、どれもこれも自然の理に叶っていない妄失であることを知るに到る。そこで、昌益は自分自身を全否定することにより新たな理論を構築する。そして、その成果を、『自然真営道』として出版することにより世に明らかにすることになる。その意味では昌益は「内部告発者」と言えるのである。

昌益は自らが所属した組織を自著で明らかにすることがなかった。自分が知り得た内部情報についての告発も名指しすることなく微妙に回避した。それは朝廷と密接な関係にある貴族の世界、ある意味では朝廷そのものの世界に居たためかも知れない。いずれにしてもそのために昌益の伝記は謎めいたものになったのである。

勧修寺の「氷室の池」には、季節になると蓮の花が美しく咲き誇る。昌益は『統道真伝』(「糺仏失」巻)の「妙法蓮華ノ失リノ論」で、蓮花をよく観察している。泥土は真の座であるからこそ、そこに咲く蓮花は泥土に染まらないのだという。このことを中真にある土気と関連づけて縷々述べ、釈迦を「自然ヲ知ラザル徒戯ノ輩ナリ」と退けている。池のほとりに佇み、美しい蓮の花に心を奪われながら思索に耽る昌益。勧修寺の庭園で昌益が観ていたそれと同じ蓮華を現代の我々も観ることができる。そう想像すると、もうそれだけでワクワクしてくるではないか。

安藤昌益資料館館長の任にある三浦忠司は、最近同所で開催されたセミナーで、『儒道統之図』が昌益の自筆である可能性を示唆した。昌益の自筆本にこだわっていたのは寺尾五郎で、可能性として挙げたのは、『博聞抜粋』と『確龍先生韻鏡律正』、「私法神書巻」八戸手稿本、「紀仏失」（竜谷本『統道真伝』の内）である。早速、筆者は字体の比較を試みた。すると、『博聞抜粋』の字体の癖と似ている部分があることが分かった。今後、この方面からの研究にも期待し、ここではそのことに触れるだけにしておく。

「御気色」は公文書の最後に用いた文言である。一方的に述べられたことは、必ずしも真実とは限らない。だから、たとえ勅旨と言えども、文末を「御気色にて候」と結ぶのである。

日本人の奥ゆかしさを表わすなんとも美しい言葉ではないか。

これまで垣間見た昌益の伝記は今もって霧の中にあり「気色にて候」なのだが、『儒道統之図』から広がる楽しい夢を見ることができた。

『儒道統之図』を大切に保存されていた戸村家、そしてそれを発見された今は亡き鈴木宏氏のお陰である。そして多くの貴重で的確な資料をご提供いただいた筑波常遍・勧修寺御住職に衷心より感謝申し上げる。

第十四話　還俗後の活動

一、還俗したのは二十五歳以前か

昌益には子どもが三人おり、長男・亨嘉《みちよし》は、享保二十（一七三五）年、昌益三十二歳の時に授かった。第一子だとすれば、遅くともその前年までには結婚していたことになる。

昌益は、延享元（一七四四）年八月九日に八戸に居住していたことが明らかとなっているが、『詩文聞書記』の記述からその年の三月には岡本高茂と親交を深めていることがはっきりしているので、その前に転居していたことになる。

他の二人の娘が、第二子、第三子だとすれば、八歳にも満たない亨嘉を頭に、さらに幼い子どもを連れて八戸に長旅をしてきたことになる。このことから、娘は享嘉より年長だったと思いたいが、だとすれば早ければ昌益が二十五歳（享保十三年）位の時には所帯を持っていた可能性も浮上する。

先に安永寿延が「十五歳ころに得度し、それから早ければ約十年後に印可が授けられる」と述べているることを挙げたが、それは禅寺での話であり、昌益が如意仏子を授かったのは勧修寺での修行後のことであるから、修法には十年もあれば十分であろう。また、曲直瀬道三や上田祐廷のように十歳で得度したとすれば、二十歳位の頃には修行を終えていたことも考えられる。

二、都市繁華ノ地ニ止マルベカラズ

昌益は、『統道真伝』（「糺聖失」巻）で、「悲シイカナ。都市ノ地ニ於テ道ニ志ス正人出ヅルコト能ハザル所以、是レナリ。故ニ道ニ志ス者ハ、都市繁華ノ地ニ止マルベカラズ」〈悲しいなぁ。都市の地から道に志す正人が出ない理由はこれだ。だから道に志す者は都市繁華の地に止まってはいけないのだ〉と記しているように、ある時期ある地との訣別を昂然と宣言した。

その理由を要約すると、「古代中国舜王は、尭王から二人の娘をもらいながら、一人は妻に一人は妾にした。このことが人倫が畜類となった始まりでそれ以来、王侯や大夫は妻の他に妾を置くようになり、その他にも官女・腰元と名をつけ一人の男で多女を犯すようになった。これを世俗も見倣い、正妻の他に妾、妾でなくとも隠し女を持ち、あるいは他妻と密通し、それに満足せず遊女・売女まで作りだし、そのために中国・印度・日本の『都市・津府』には売女がひしめき、上下主従ともに女色遊乱にひたり妄婬は日増しに盛んとなり昼夜をわかたず女交に溺れ、商人は利倍をたくらみ若年から女遊びに耽るようになった。まったく禽獣と同じこの妄婬乱狂で道に志す者は絶え、自然正道に生まれついた人間がそれを真似て畜業の世となったのだ」ということになる。

都市とは

この「都市繁華ノ地」の「都市」について筆者は、最初、「江戸」ではないかと推定しそのように発表したこともあった。しかし、その後『統道真伝』を精読したところ、「都市大府」という文言に接し、昌益は京都を「都市」、江戸を「大府」と厳密に別けていることを知った。

昌益は他にも江戸のことを「津府」とも記しており、「都市」を「人口集中地域」とするのは現代的解釈で、昌益の時代はと言うべきか、昌益は「都《みやこ》」すなわち「京都」を「都市」と表現していたのではないかと思うようになった。

繁華な気色所

では、都市繁華の「繁華」という文言に、昌益はどのようなメッセージを託そうとしたのであろうか。

繁華を「繁華街」というような現在的意味合いで捉えるとすれば、気色所を辞し京都市中の雑踏の中で生活しているような趣《おもむ》きを感じさせる。その場合は、京都という街自体との訣別を示し、当然京都を離れていなければならない。

昌益は、『統道真伝』（「糺仏失」巻）で「……精舎と名づけ寺を立て美をかざり、己は袈裟衣・美服をかざり、衆をたぶらかし心施を貪食し……」と記している。この記述を、昌益の生活空間であった豪奢な寺坊が建ち並びきらびやかな法衣をまとっている人々が行き交う山科の地と想定すれば、「繁華の地」を「繁く華美な地」と捉えることができる。

さらに気色所は、京のミヤコの繁華を象徴するような貴族社会である。気色所に出入りするようになってからは、なお一層「繁華」を意識するようになったことは間違いない。

二井田村と寺坊の生活しか知らなかった昌益にとって、そのきらびやかさは衝撃以外の何物でもなかったであろう。

昌益は『統道真伝』（「糺聖失」巻）で述べている。

聖人は「礼楽ト号シテ」楽器を作り「奢リ華美ヲ為ス」。それが日本にも伝わり「和国ノ大府ノ人倫、音楽・鳴器・女遊ニ泥《なず》ミ蕩《とろ》ケ迷ヒテ、本神ノ正体ナル者、僧俗・男女ニ一人モ之レ無キ世ト為ル」。また、博打は囲碁にはじまり、双六やサイコロ、軽多《カルタ》や将棋は、「是レ皆聖人、不耕シテ上ニ立チ、貪リ食ヒ衣テノ……『奢リ華美ヲ為シ』、夫レヨリ万国ノ乱事ト為ル」のように、中国の聖人が作った遊芸が日本に伝わり「繁く華やか」になり悪影響を与えたというのが昌益の主張である。

都市繁華の地を、昌益の生活の場合とすれば、都市（京都）繁華の地（山科）と訣別したということになり、生活の場を市中に移しただけで京都に滞在しているということもありえる。

さてどちらなのか。両者の違いは京都に留まって居るかどうかだけで、前者であればその後たとえば大阪や江戸へ、はたまた直接八戸に下ったということになり、後者であれば京都市中で所帯を持ち家族水入らずで生活していたということになる。

市中での生活

山科を離れた後、昌益がどこに居たかということに関し、筆者には気になっていることがあった。というのは、柳枝軒という号で、小川屋多左衛門一族と和歌に興じていた時期があることである。

書肆小川屋の初代小川多左衛門方淑《かたよし》は、丹波から青雲のこころざしを抱いて京に上り、京都市中の六角通りに面した御幸町西入南側に店を構えた。跡を継いだ二代目多左衛門は俳句の宗匠で、六角堂（頂法寺）の大きな柳の木の枝が小川屋の板木倉庫に翠《すい》条《じょう》を垂れていたところから〝柳枝軒〟と号したという。いきおい、柳枝軒といえば小川屋多左衛門の書肆を指すようになり、京人の信義は篤かった。

『全集』第十六巻下の解説には「小川屋一族の主だった者が、みな『柳枝軒』を号とし、正信もまた『柳枝軒』と号していること、名もなき東北の一介の町医の著述を、小川屋源兵衛が版元となり刊本『自然真営道』が出版されていること、その他諸々情況からして、若き日の昌益が京都で小川屋一族と密接な関係を持ち、ひょっとすると昌益の妻は、小川屋一族の女ではないかと推定しているのであるが、……」とある。

姻戚関係までいかなくても、少なくとも多左衛門の俳句仲間に加わっていた時期があったと考えても良さそうであり、医者と患者という関係が発端になっていたのかも知れない。そしてそのことは、取りも直さず昌益に気色所を辞し市中に留まっていた時期があったとするのが妥当であることを示している。

いずれにしても、〝柳枝軒〟と号したのはこの頃からであろうし、気色所を辞し、ひょっとすると小川屋の「お抱え医」として自適な生活をしていたのかも知れない。

前出の若尾政希が指摘したように、昌益には西川如見の『教童暦談』や、『太平記大全』という軍記物を読んだ時期があるという。しかも『太平記大全』は昌益がまとめた『博聞抜粋』の下敷になっているという。

仏教書は勧修寺での学僧時代、儒書は気色所での医学修行時代、このような一般書に目を通し『博聞抜粋』を書き上げた時期を山科時代というよりは小川屋時代と考えれば、シックリくるような気はする。他にも「良演哲論」集会に出席した京阪の四人のうち二人が京都市中の六角堂近隣に住んでいる。

それに、次節で触れるが、京都出身の門人である長崎商船奉行の下役人から中国・インドやオランダについての知識を得た時期があると思われることである。

これらは、いずれも昌益が山科の気色所を離れ、市中で生活していたからこそ可能だったのではなかったのか。そう考えると繁華の地を「気色所」と考えてもよさそうである。

三、長崎行をめぐる謎

『全集』第十二巻の解説には「三、昌益の長崎出向の有無」として様々な角度から検証が加えられている。かいつまんで述べると、昌益の長崎行は「状況証拠」にしか過ぎないが、「積極的に否定する確証がない以上、彼の思想態度と内容から推して、彼は闘志満々として長崎におもむいた『と見るのが至当のようである』」ということである。

筆者も、密航企図の一文に接し、夜陰に紛れた昌益が繋留ロープを必死の思いでよじ上り船内に身を隠す場面を想像し胸躍らせたものである。

『統道真伝』（「糺仏失」巻）では「予《われ》」と自分の意思であることを明確に強調し、「予、亡命ヲ顧ミズ入唐ヲ願ヘドモ、今世厳シク入唐ヲ停止ス。誓ヒテ之レヲ望メド任セズ。……」とある。

『統道真伝』（「万国巻」）にある、「万国ノ産物・為人《ひとがら》・言語ノ論」（以下、「万国論」と略）の冒頭で、昌益は「寛永の頃までは三国との行き来がありながら、入津させるだけで渡海させることがなくなったのは、日本の理解が足りなかったからで、それは中国やインドに恥をかかせ、日本が慢心して三国を軽蔑していることになる。それに気づかないのは恥るべきだ」と述べていることから、幕府への鎖国批判に話が向いていくものと思いきや、そうではなく中国・インドを批判し、オランダを称賛する方向に話は発展し、中国への密航話まで飛び出すのである。

万国ノ産物・為人・言語ノ論

「万国論」で述べられている、下役人にまつわる事柄を理解しやすく箇条書きにすると次のようになる。

（一）京都出身で、中国・インドやオランダからの渡来品を数十年にわたり検閲している、長崎商船奉行の下役人Aがいる。

（二）Aは通訳を通して、これら三国の人々と懇意になり万国の様子に精通している。

（三）Aは、その様子を詳細に書き留めている（記録B）。

（四）Aは、私の門人だ。

（五）私は、「之レヲ按ジテ之レヲ行ハシメ〈記録Bを調べて、Aに行わせて〉、密カニ計リテ三国ニ渡ラントスルニ〈秘かに計画して三国に航ろうとしたが〉、日本ノ法度厳重ニシテ渡ルコトヲ得ズ」

（六）「思慮ヲ止ムルニ余リ有リ〈どうしても諦め切れなかったので〉」、止むなく万国の気行・産物・為人・心術・学道・言語を書き留め、日本の後世の亀鑑としようと思う。

こうして観てみると昌益は「長崎へ行った」とは一言も記していないことが分かる。それどころか、門人である下役人Aが詳細に書き留めた記録Bを読み、三国に大いなる興味を示しながら、密航計画の段になるとAに任せ切りで、それでも何とか実行に移そうとしたのかと思いきや、「警備厳重」ではなく「法度厳重」という理由で、「行動」ではなく「思慮」を断念してこの一文に託して後世に残すことにしたと締めくくっている。

昌益が実際に長崎へ行っていないとすれば、下役人Aの記録Bを下敷にして昌益自身が長崎で見聞きしたことを後世の鑑《かがみ》として遺した可能性さえなくなる。それともう一つ、文章中では明確に綴られていないが、下役人Aは数十年にわたって検閲業務に携わっていたことから、昌益と出会ったときは高齢で退役隠居していたとも考えられる。このように、もし退役していたとすれば、連れ立って長崎へ行き、その案内でAが懇意になった三国の人々からさらに詳細な情報を昌益が得て、Aの手引きで密航を企てたという可能性はもっと低くなる。

このように、記録Bが好くできているためなのか、昌益が長崎へ出向いたかどうかという話は謎めいている。しかし、私がここで明確にさせておきたいのは、長崎へ行ったとしても行かなかったとしても、京都に門人がいて彼から詳細な三国の様子を手に入れていることから、それが京都在住時代のことかどうかという一点だけである。

牽強付会とも言うべき文章

『統道真伝』「糺仏失」巻には、「……、入唐シテ儒・仏書ヲ之レヲ返戻シ、聖・釈己レヲ利シ世ヲ誑カシ自然ノ真道ヲ盗ム其ノ大罪ヲ糺シ、……」と、密航の目的が記されている。「糺聖失」巻にも、「是レ漢土・天竺ニ送リ、聖・釈、自然ノ真道ヲ盗ミテ転下暗闇ト為ス其ノ妄失ヲ知ラシメント欲ス。……」とある。いずれにしても、中国に渡り儒・仏書を突き返し、中国とインドが自然真道を蔑《ないがし》ろにし、天下を暗闇にしてきた大罪を糺そうというのだ。

ところが、この文章には首を傾げたくなるような点がある。それは『詩文聞書記』や『儒道統之図』の発見されて以来、八戸来住以前の昌益は儒仏を棄却しようとまでは考えが及んでいなかったことが判明したことである。それどころか、まだ「自然真営道」を編み出していなかったことが明らかになった。

ゆえに、思想転回後に昌益が八戸から長崎へ赴き、そこで得た情報に基づき「万国論」を綴ったものとすれば辻褄が合う。しかしながら、昌益が八戸から出国したという記録は残っていない。では、出国せずに京都の門人との書状のやりとりだけで得た情報をもとに綴ったのだろうか。その可能性といえばもっと低くなる。というのは、あれだけ膨大で詳細なオランダ・中国・インド三国をはじめとする周辺諸国の資料である。しかも文章のあちらこちらでしつこいくらいにこの情報は通事から聞いたことだと述べている。

逆に、京都在住時に長崎に出向いた時の話とすれば、「万国論」に記された論評は思想転回後の儒仏の徹底批判であるから、どうとも時代設定にずれが出てくるのである。

そのことから、昌益は八戸で「万国論」を綴ろうとした時、儒仏の妄失について読者理解を深めるための題材と睨み、それを引用したとしか考えられない。昌益の思考回路の中に、このような牽強付会とでも称すべきパターンが存在していたとすれば、それはそれで昌益の書誌学的研究の一分野を拓くに足る課題となりうる。たとえば、刊本『自然真営道』にも同じような文章構造による理論展開がある。自序にある学者とのやり取りを綴った箇所は京都時代のものである。

しつこいようであるが再度繰り返すと、儒仏神老荘の教えにどっぷりと浸かっていた昌益が、八戸に来住し、永年培ってきたそれらの知識を半ば得意げに披瀝し議論する過程で、それまでの「自然」理解の誤りを悟り、新たに創り上げたのが「自然真」を中心に据えた「五行の進退」理論なのである。

ただし、誤解してもらって困るのは、すべての思想が八戸で開花したのではないということである。

	勧修寺時代、そして還俗からの時代	気色所時代
十歳	入山	
十五歳		二代目味岡三伯に師事し医学修行を始める。
二十二歳		三伯の死去により医学修行を終え正式勤務。
二十三歳	悟りを開いたと認められ如意・払子を授かる。還俗して市中に住み大坂屋縁者の娘と結婚する。	
二十九歳		三代目三伯の病気により儒道統を継ぐ。
三十一歳		気色所を辞し道統返上。
三十二歳	小川屋小川多左衛門家のお抱え医となる。	
四十歳	妻から八戸での医業を打診され承諾。	

当然、昌益は勧修寺での修行時代に、韻学・易学をも学びつつ、批判的態度で思索を深め、さまざまな疑問をもっていたからこそ、小大に進退する五行理論を手にした昌益は、直ちに壮大な思想を構築することができたのである。

ところが、第七話の二「『詩文聞書記』をめぐって」で縷々述べたように、新説を武器としてまわりの学者に論争を挑んでいる時間的余裕はまったくなく、昌益は「自然真」に目覚めて直ちに思想の再構築に取り掛かり草稿を書き始めたのである。それなのに昌益は「自然真営道」を唱導しても、まわりの学者は軽蔑して耳を傾けようとしないと綴っているのである。

同様に、刊本『自然真営道』の第三巻に盛られている儒者との問答も京都での経験でありながら、いつの間にか八戸にタイムスリップしている。「大序巻」では、神山仙庵が昌益には「師無ク弟子無シ」と述べている。ところが、「万国巻」では大胆にも昌益自身の言葉で「下役人ハ予ガ門人ナリ」

とある。ということは昌益は京都で門戸を張っていたということであろうか。それとも単なる個人的な師弟関係だったのだろうか。いずれにしても、昌益はある一定期間、京都の巷間で地道な活動をしていたと言えそうである。

まとめ

以上、ほとんど不明の昌益の京都時代について、推察、推定、想像を交え検討を加えてみた。昌益研究に取り組んでおられる先学諸氏のご叱責を覚悟の上で、それでもあえて切り込んでみたのは、一つの基準を提示しておけば、議論の判断材料となると考えたからである。そこで試みに、入山から気色所、還俗から市中での生活、そして結婚から八戸への転居までを昌益の年齢別に纏めてみたのが前掲の表である。

第十五話　昌益医学を継承する数々の医書

一、謎の医師・真斎

『真斎謾筆』

立正大学で経済学を専攻していた山崎庸男が、同大学院に進み国史学を修めようとしたのは、そのまま社会に飛び出すことに不安があったからで、明確な目的意識をもっていたわけではない。案の定、古文書の解読はおろか、仲間の話にさえついてゆけず、心配は増幅されるばかりだった。

最終学年になった昭和四十四（一九六九）年のことである。修士論文の研究テーマで悩んでいた山崎が、演習授業のとき〝本多利明〟について報告すると、担当の高島が「最近、安藤昌益という人物の研究がなされているみたいで……」と唐突に触れてきた。

「安藤昌益？」

初めて聞く名前だった。山崎はさっそく大学図書館で調べることにした。するとそこには「唯一の封建社会の批判者……」とあり、なぜか強く惹《ひ》かれた。安藤昌益を最初に発掘したのは狩野亨吉で、本多利明を歴史上に登場させたのも狩野本人であるが、山崎はそのことを知る由もない。

翌日から東大図書館に通い、稿本『自然真営道』を筆写したり関係論文を読みふけるうちに、昌益思想の理解には医学関係からのアプローチが必要と分かり、京大医学部図書館へと足を伸ばすことにした。そこには、前出の〝富士川游〟が寄贈した九千冊を越える「富士川文庫」があり、大変な作業になることが予想された。しかし、それを手当たり次第に読むという地道な作業が、大変な発見へと山崎を導くことになる。

その日も富士川本と首っ引きになっていた山崎は、白い表紙に『真斎謾筆』と標記された部厚い三巻本（天・地・人）を手にした。疲労した指で、パラパラとページをめくりながら〈なんてびっしり書かれた本なんだろう〉とうんざりしたが、気を入れ直し最初から目を通すことにした。すると、「進退」、「活真」、「互性」という昌益独自の造語が次から次へと出てくるではないか。

〈おや⁉　これは少しおかしいぞ〉と山崎の胸は高鳴り身体が熱くなった。

そのうち、文中に「良子云フ、……」という文言を見出したので、昌益とは別の〝真斎〟という人物が書いたものと知り、〈確か、昌益思想の継承者や、門人の資料は未発見のはずだ。これは大変な発見だ！　今まで医学関係に的を絞って読みあさってきたのは間違いじゃなかったんだ〉と自らを誉めた。『真斎謾筆』全文の翻刻は、『全集』の第十五巻（一九八六年六月三十日発行）に、寺尾五郎による解説・注解とともに収められた。寺尾はその解説で、発見の意義を高く評価し、「稿本『自然真営道』第七十三巻から百巻までの忠実な抄出・筆写」で、「昌益医学の……臨床医方・調薬処方は、現存する昌益の著作のどこにも見当たらないものであって、……これによって、稿本『自然真営道』の焼失した部分の大半の精髄が復原されるとともに、昌益医学の全貌がはじめて現代に甦ったと言えるであろう」、「『謾筆』があってはじめて、医者としての昌益を論ずることができるのである」と力をこめた。寺尾の思い入れはそれだけでは終わらない。ベタ書きのため分かりにくかった構成を整理することにより、稿本『自然真営道』の統目録と寸分たがわぬ順序となっていることを突き止めた。

その後、『真斎謾筆』を昌益思想とその医学の解明のために欠くことのできない貴重書とみた農文協では、前出の中村篤彦に現代語訳と解説を依頼し、平成十六（二〇〇四）年十二月、『安藤昌益全集』増補篇二、『安藤昌益全集』増補篇三として発刊するところとなった。中村はまず最初に昌益思想の根源となっている「陰陽五行説」から説き起こし「互性」との関連性を提示した。まさに卓見であり、それは昌益医学を説明する上にとっても避けては通れないものである。そして、両者の対比にのっとって各論を展開し、漢方医ならではの多くの示唆を与えた。

『神医天真論』『進退小録』『真斎方記』

山崎はその後まもなく『神医天真論』を見出し、新史料発見の醍醐味を独占するのだったが、同書について『全集』第十四巻で解説した寺尾は、「稿本『自然真営道』の第八十二巻から第九十巻までの内容概略である。言わば『昌益医学小辞典（前篇）』であり、当然、後篇があるはずである。筆者は真斎とは確定できないが、そのように推定するむきもある」とし、真斎の手になることを匂わせた。

そうこうするうち、山崎は〈門人の医書がまだどこかにあるはずだ〉と思うようになった。そこで、岩波書店発行の『国書総目録』で昌益特有の造語を冠した医学書を探すことにした。そのところ、国立博物館図書室の蔵書から徳川宗敬《とくがわむねよし》が寄贈した『進退小録』と『真斎方記』を発見した。徳川宗敬については後出する矢内信悟《やうちしんご》が、水戸徳川家第十二代当主・篤敬《あつよし》の次男で、一橋徳川家の養子に入り家督を相続したと述べている。

山崎が、期待と不安を胸に『進退小録』を手にしたのはその年の秋のことである。読み進むうち、筆蹟や文章が『真斎謾筆』と酷似しており、昌益の用語も「予、真営道ノ理ヲ以テ……」、「良云フ……」、「良曰ク……」と続々と登場し、『真斎謾筆』を発見したときと同じ感激に包まれた。

寺尾は同書について、『真斎謾筆』から、「病症・治方・処方などの臨床的な事項は除き、『進退・互性』の方法論の部分のみを摘出・筆写した」ものであるとした。

他方の『真斎方記』にも「良仲子曰ク……」と小文字で書かれた箇所を見出したので、山崎は思わず喜びの色を隠さず〈これも『真斎謾筆』と同一人物だ〉と確信した。

古医方へ傾倒する真斎

〝真斎〟とは一体どんな人物なのか、山崎は昌益との関係で想像をめぐらせた。その結果、「朱子学と老荘思想を濃厚に持った運気論医」である昌益の「老荘的な予防医学を根底にもつ運気医論を継承した」のが真斎で、二人の医号にも類似点が見て取れるとし、「良中」の「良」は「ほどよい・自然・ふかい」、「中」は「かたよらない」を示しており、「真斎」の「真」は「まこと・自然」であり、「斎」は「つつしむ」を示しているとした。

最初、山崎は『真斎方記』の各所に「東洞曰ク……」のように、古医方派の旗頭・吉益東洞（一七〇二～一七七三）の医説が引用され、内容も古方医論が展開されていたので〈この本は真斎とは違う人の書だな〉と考えていた。しかし、真斎の書と判明したことを踏まえ、後世派系の運気論医であった真斎が古方医へと変貌したのは、「宝暦以降の古方医学、さらには蘭医学の流入という近代医学の歴史的発展という時代の趨勢のなか、真斎は運気論医学を捨て、古方医・真斎として再出発した」からではないかと解釈した。

これに反し寺尾は「昌益は後世派系の教養の上に、

独自の真営道医学を創造したのであり、真斎は古方派系の教養に立って、昌益に接し、真営道医学に傾倒していったと見るべきではなかろうか」と別の見解を示した。

同様に、愛媛県宇和島市在住の医師・清水瑛《しみずすぐる》も、「古方派として出発し、……昌益の医学観に深く傾倒し……」と、寺尾の見解に従ったが、後に真斎は運気論医から古方医へと転じたことが明らかとなるにつれ、山崎の推定に間違いないことが証明された。

さらに、山崎は「昌益の医説がほとんどそのまま忠実に継承されているのは、単なる影響ではなく、昌益と〝真斎〟との媒介的人物が、昌益と相対で医説を伝授されたにちがいない」とし、その人物として昌益の息子・周（秀）伯か、昌益の高弟・仙確（神山仙庵）の息子・仙益が挙げられるとした。が、後にその「媒介的人物」は、周伯でも仙益でもないことが判明したので後述する。また媒介者が昌益から「相対で医説を伝授された」可能性については議論が続いており、そのことについても後に触れる。

続いて山崎は、同図書室の蔵書目録から徳川宗敬寄贈印のある、真斎以降に書かれた『真営堂雑記』を見出すことになるが、それについても新たに述べる。

二、謎の医師・錦城

『自然精道門』

山崎は相次ぐ貴重な発見により、論文発表や関連原稿の執筆に追われる多忙な日々を送っていた。が、やがて研究に一区切りつかせると高校生の教え子を相手に発見時の思い出話に花を咲かせるのだった。そうして山崎は十年近くも昌益研究から遠ざかり、昌益の墓や新史料が発見されたことにも気づかないくらいだった。その山崎が、思い新たに京大図書館を訪れたのは昭和五十七（一九八二）年のことで、それが『自然精道門』の発見につながる。

機を同じくして「安藤昌益研究会」の清水瑛、他二名も同書を発掘し、『真斎謾筆』や『進退小録』と比較したところ、筆跡がまったく異なっており

「筆写者は、真斎よりも一世代上で、昌益と真斎の中間を生きた人物と推定した方が自然なようである」とした。

寺尾も、同書は稿本『自然真営道』第八十一巻の「精道門巻」を底本とした「その要約・写本で……『真斎謾筆』と『進退小録』よりも底本原形に近いといえ」るとし、同様の見解を示した。

そこで寺尾は山崎の知見をまとめ、後述する『真営堂雑記』までの流れを「昌益→『自然精道門』の作者→真斎→『真営堂雑記』の著者という、四世代にわたる継承の流れが見られる。この流れが百年にわたることを考えれば、これを医学における「昌益学派」と呼んでさしつかえないであろう。とすれば昌益は、史上に孤立した存在ではなく、その理論学説においても、熱烈な支持者・後継者をもち、限定されながらも強い影響力を後世の一部に残したことになる」とした。

『医真天機』小判本

平成二（一九九〇）年七月、「史学雑誌」第九九編第七号に、「安藤昌益をめぐる人物—医者・錦城」と題して発表された山崎論文は、「最近、京都大学医学部図書館蔵の「富士川本」の中に、医者錦城の医説を弟子が筆録したものと思われる医書『医真天機』と、同書を後日に筆写した同名の医書、計二冊の『医真天機』を見いだした」という静かな語り口で始まる。

山崎が「医者錦城の医説を弟子が筆録したもの」としたのは、最初のページに「奥南部錦城先生口授」とあったからで、その錦城を「安藤昌益をめぐる人物」としたのは、文中に「良中」、「良中子」、「良中氏」という昌益の雅号が頻出するからである。

「奥南部」というのは「奥州・南部」の略称で、そのルーツである「甲州・南部（現山梨県南部町）」と区別するためのものであるが、山崎は「それが出身地を示すものか居住地か」について検討を加え、錦城が江戸に出ていた〝賀川子玄〟から直接教えを受けていること、錦城自身が目の当たりにした痘疹の流行実体が江戸のそれと類似していることを突き止めた。それにより「奥南部」を錦城の出身地としたが、後にその推定に狂いのないことが解った。

「計二冊の『医真天機』」とは、「原本と思われる小判本」と「原本の筆写本と思われる大判本」のことで、「小判本」の完成時期については、文中に「近読……」、「近有……」と宝暦・安永年間の刊行書物が引用されていたことから、安永八（一七七九）年以降のそれほど遠くない頃とした。

それから類推して、文中の「近時有良中氏者」の「近時」についても、他の箇所に登場する「八気」、「互性」という用語の成立年代と合わせ、「宝暦五（一七五五）年頃を中心とした宝暦期前半頃と推定したい」と昌益と相対した。

もう一冊の「大判本」については、作者を異にするので後述する。

三、『良中子神医天真』、『良中子自然真営道方』

「大序巻」類似の「良中子神医天真」

石渡博明が、平成十二（二〇〇〇）年の春分の日にかかる連休を利用し「内藤記念くすり博物館」（以下、「くすり博物館」と略）を訪れたのは、昌益関係資料の調査が目的である。エーザイ株式会社・川島工場（岐阜県羽島郡川島町、現各務原市）に併設されている同博物館は、木曾川上流の中州にある。そのため、交通の便が良いとは言えない。その日の早朝、東京を発った石渡は、新幹線・名古屋駅で東海道線に乗り換え、尾張一ノ宮駅から路線バスで二十分間揺られ終着のバス停に着くと、そこから二十五分も歩きやっとの思いで目的地に到着した。受付で用件を伝えると、「現在、創立三十周年記念事業に向けて蔵書目録を作成中で、来年の三月にならないと完成しない」と告げられ、重い足を引きずってしぶしぶ帰途についた。

石渡は止むなく一年間待つことにし、四月になってくすり博物館に問い合わせた。すると「薬剤を収録したものも合わせ目録の複写だけでも四万円かかる」ということだったので、とてもそれほどの出費は無理とコピーを諦めた。やっと暇を見つけた十一月の午後、最寄りの「都立中央図書館」に出向き、くすり博物館の蔵書目録を閲覧すると「大同薬室文庫目録」の中に『良中子神医天真』、「館蔵和漢古典籍目録」に『良中子自然真営道方』とあるのを認めた。

石渡は、〈おいおいマジかよ、ウソだろう。こんなことって本当にアリかよ〉と狐につままれたように驚く一方で、山崎が発見した『神医天真論』を思い出し〈その異本かも知れないな〉と思った。早速、くすり博物館に電話すると「複写には最低でもページ当たり二百五十円かかる」ということで、ざっと一〇万円にもなる。そこで、翌平成十三（二〇〇一）年十一月二十五日、再び足を運ぶことにした。

その調査で、他に『錦城先生経験方』、『真斎先生傷寒論』、『真斎聚方』という稿本も収蔵されていることが判明したが、お目当ての『良中子神医天真』は、全三十五章、九八ページにわたり、総論に始まり病論の薬能毒論で終わっていることから、一見して石渡は「大序巻」に類似していると思った。

しかし、「転定」が「天地」に改められていることから「原典から筆写した二次的な資料と思われる」としたが、「天体論や病論については『大序』で触れられていない記述もあり、『大序』巻を補うことのできる貴重な資料であることは間違いないと思われた」

後に全文を解読した「安藤昌益の会」の八重樫新治《やえがししんじ》は、稿本『自然真営道』の「大序巻」の第一～四段落、十七～二十二段落と近似していると報告した。

杉玄達による「良中子自然真営道方」

一方の『良中子自然真営道方』について石渡は、稿本『自然真営道』百巻本から抽出したと思われる三百七十四ページに及ぶ昌益の「真営道医学」の治験（処方）集だが、同様の『真斎謾筆』よりページ数は遥かに少なく、採録者は羽陽（おおよそ山形県と秋田県南部）の医師〝杉玄達〟（雅号―猛恭）であるとした。

その書物は元々、大阪市福島区「中之天神」宮司・故中野康章が収集した二万数千冊の蔵書の中に埋もれていたもので「京都産院文庫蔵書」という付票があったが、石渡により当文庫は京都初の産婆講習所を開いた〝佐伯理一郎〟によるものであることが明らかとなった。

『良中子神医天真』と『良中先生自然真営道方』が、昌益思想とその医学の解明に重要と見た農文協では、『全集』執筆・編集を担った新谷正道と東均に解読を依頼し、平成十六（二〇〇四）年十二月、『安藤昌益全集』増補篇一として発刊するところとなった。

『良中子神医天真』を担当した新谷は、その解説において「総論」部分は「大序」とほとんど重なっているが、文体上の違いが見られるとした。しかしその「総論」に続く四行八気説で語られた天体論や医学論は、稿本『自然真営道』の焼失した部分で「昌益の医学理論と自然哲学を復元するためには、きわめて貴重なものである」と石渡の解釈に従った。

北海道岩見沢市在住の心療内科医・三田村幌《みたむらあきら》は、その補注において文体上の違いを挙げながら、自らの専門の立場から昌益の精神医学分野を分かり易く解説し、その先駆けとしての昌益を高く評価したが、やんぬるかな、氏の絶筆となった。

一方『良中先生自然真営道方』を担当した東は「昌益独自の自然哲学部分と昌益医学の基礎理論部分をすべて割愛」しており、「『真斎謾筆』の縮小版であるかのような印象を与えるが、実はそうではない」と解説した。というのは『真斎謾筆』にはない文章が数多く見られる外、「天地」は「転定」とあり、「芍」を「芍薬」、「甘」を「甘草」と省略していないなど、「昌益の原典に忠実である」からである。

そのことから、杉玄達は『真斎謾筆』を筆写したのではなく、稿本『自然真営道』を底本として抄出した可能性を示唆しつつ「玄達も真斎もともに昌益医学に深く共感し、それを継承し後世に伝えようとしたことはまぎれもない事実である」とし、以後の研究により「玄達・真斎の志が真に実現されること」に期待を込めた。

四、『自然真営道』と千住をめぐって

「調べる会」の発足

「調べる会」の設立総会が、北千住(東京都足立区)で開催されたのは、平成十六(二〇〇四)年五月十六日のことである。その契機となったのが、一月に開催された前掲の石渡博明著『昌益研究かけある記』の出版記念講演会である。席上、昌益の大著・稿本『自然真営道』百一巻が、なぜ千住仲町の橋本律蔵家に秘匿されていたのか、その謎を解きながら千住の歴史の掘りおこしと、町おこしに繋げていこうという声が湧き上がり、あれよあれよという間に「調べる会」の発足となった。

相川謹之助《あいかわきんのすけ》を会長とする「調べる会」について、事務局長の矢内信悟は「ズブの素人集団」と謙遜して言うが、なんのなんの昌益については「安藤昌益の会」事務局長石渡を、千住の歴史については当時足立史談会会長の安藤義雄《あんどうよしお》を講師として地道な学習を続け、着々と研究態勢を調えた。そしてその活動の一部始終を、隔月の「調べる会通信」、年四回の小冊子『しらべるかい』、総会時の講演者の話をまとめた『昌益文庫』により、つぶさに発信したことから、実力を備えマンパワーを有した昌益研究の全国的中心組織として成長していくことになる。

活動を主導する矢内

活動を重ねるうち、矢内は橋本律蔵家の斜向いにある川魚問屋「鮒与」に生を受けた内田銀蔵と、渡辺大濤が「東京帝大の史料編纂掛にゐた」と伝えた謎の人物「内田天正堂」とが何らかの関係があるのではないかと睨み、それを突破口に据えることにした。

調査のため、平成十六(二〇〇四)年十一月から東京大学図書館へ通い始めた矢内は、内田銀蔵が明治三十四(一九〇一)年度の一年間だけ史料編纂所に勤務していたという知見は得たものの、内田天正

堂との関係に思うような成果が得られず、やむなく撤退した。しかしながら、内田銀蔵に焦点を絞ったことは間違ってはいなかった。

翌年六月、京都大学文学部古文書室に電話をかけた矢内は、未整理の「内田銀蔵関係資料」があることを知ったが、その閲覧方は整理が終わる一年後まで待たなければならなかった。そこで矢内は、既に作成されていた「内田銀蔵非公開資料目録」を先に調べることにし、七月、三名で京都大学を訪ねた。

案内された古文書室でパソコン画面を繰っていくと、『漫筆』、『雑記』などの標題が続出し、次第に矢内の胸は期待にときめいた。すると『老子弁』、『老子解真斎先生草稿』のタイトルも出てきたので思わず声を出したくなるほどの衝動にかられ、「もう間違いない。ついに『宝の山』にたどり着いた！」と、ほくそ笑むのだった。

明らかになる錦城と真斎の関係

一方、その年の十一月、岩手県花巻市立博物館が「盛岡藩の絵師たち」と銘打って開催した企画展展示物の中に、谷文晁（一七六三〜一八四〇）が著作出版しベストセラーとなった『日本名山図会《にほんめいざんずえ》』があった。何気なくその解説に目を通していた花巻市在住の八重樫は、そこに「盛岡出身で江戸に住む医師川村錦城の子、博が父の一〇〇点余の全国の名山図を三冊にまとめて発行した」とあるのを認め、〝錦城〟の姓が〝川村〟であることを知った。

実は、前出の『真斎謾筆』には、真斎の名は「博」との記述があり、記憶していた八重樫は、川村錦城と真斎とは親子ではないかと考えた。それを受けて、「調べる会」の東條《とうじょう》栄喜《えいき》と西根セイ子は、先に石渡により存在が確認されていた『錦城先生経験方』、『真斎先生傷寒論』、『真斎聚方』の中に真斎の姓についての記述がないか調査すべく翌平成十八（二〇〇六）年六月、くすり博物館へと飛んだ。が、目的を果たすことができなかった。

一方、整理の完了した「京都大学文学部古文書室内田銀蔵文庫」（以下、「内田文庫」と略）の本格調査のため、同年九月十二、十三日、矢内を先頭とする総勢十名が京都大学古文書室へ乗り込んだ。

その調査により、橋本律蔵著『雑記』という冊子の中に「奉贈　河郁老先生」という標題で「河村真斎先生ナリ　名博、字子良、寿庵先生ノ二男」という記述を発見することになる。遂にここに真斎の姓は〝川村〟で、錦城こと「川村寿庵」の息子であることが確定するに到り、一同は小躍りして喜んだ。

長い間、昌益研究者は錦城と真斎という二人の医者の正体を探していた。真斎は宇都宮在住の町医〝田中真斎〟ではないかと取り沙汰された時期もあった。しかし、ここに昌益医学継承について真斎までの系譜が確立することになる。

五、謎の医師・橋栄徳

橋栄徳蔵本『真営堂雑記』

ここで、後述するとしていた『真営堂雑記』について触れることにする。

寺尾は『全集』第十四巻で同書を解説して、文中に紹介された人物で最も若いのは「山崎美成」（一七九七〜一八五六）なので、執筆した時期は安政以降（一八五四年〜）と推定され、「真営堂」は「幕末の医者と考えられる」とした。そうなると『真営堂雑記』が書かれたのは、真斎が他界した嘉永五（一八五二）年以降ということになる。

発見者の山崎は、『真斎謾筆』、『進退小録』、『真斎方記』の著者は真斎であるとしていたが、『真営堂雑記』については真斎の弟子が著わしたと思われるとしていた。というのは、文中に「蠟石製造之法……右ハ天保甲辰年、真斎先生於日光考ニ作之一奇々妙々」とあり、真斎が、天保十五（一八四四）年に蠟石の製造方法を考案したことを、真斎を先生と慕う第三者が称揚しているからである。

そして、山崎は推測した。裏表紙にある「橋栄徳蔵本」の〝橋栄徳〟は、橋本律蔵かまたは何らかの関わりあいがある者ではないだろうか。真斎の弟子が「真営堂」と号していることから、橋本はこの系譜で引き継がれていったのではないだろうか。文中には「確龍堂ノ極秘ナリ、真斎先生曰ク」とあり、稿本『自然真営道』に見られる昌益の微細な医説を「良子曰ク」として引用していることから、この人物は稿本『自然真営道』に接しており、昌益の正統的な継承者だったのではないか等々である。

その後、平成十九（二〇〇七）年十月十三、十四日開催の「安藤昌益全国フェスティバルin千住」（以下、「全国フェス」と略）で、石渡博明の立場は、橋栄徳＝橋本律蔵＝真営堂。それに反し矢内は、橋栄徳＝橋本玄益とした。

石渡説の根拠の一つに、橋本律蔵の公文書に『栄徳』印が押されていたことがあったが、その後、岩手県立博物館主任専門学芸員の斎藤由香《さいとうゆか》が、橋本律蔵著『雑記』に挟まれていた領収書を見つけ、律蔵の息子〝知宜〟の署名にも同じ『栄徳』印が押されていたことを発見した。そのことから矢内は、橋栄徳が使用した『栄徳』印は代々使われている世襲印である可能性があり、橋本律蔵個人の印ではないことを示唆し、『諸問屋名前帳』、『江戸諸問屋印鑑』に藁屋橋本家の屋号印の記載がみられないことからもその推定を補強した。

一方、「全国フェス」の前から矢内には、『真営堂雑記』について気になっていたことがあった。それはあちこちに「文章が二重に見えたり、裏の文字が透けて見える」箇所のあることだった。大会成功の余韻いまだ覚めやらぬ十一月、国立東京博物館資料室所蔵のマイクロフィルムで再点検していた矢内は、現物にあたってみる必要性を感じた。そこで翌年一月八日、実地調査をすると「多数の修正箇所、改竄されたと思しき箇所」を明らかに認めた。

それから四年後の平成二十三（二〇一一）年、「調べる会」は年次活動の一つに『真営堂雑記』の全文翻刻と解読を据えることにし、新谷の協力を得て音読による「読み合わせ会」を組織すると、翌年六月から八ヶ月の血の滲むような作業を経て発刊に漕ぎ着けた。

その研究成果として矢内は、「川村真斎の医塾『真営堂』で学ぶ、少なくとも九名ほどの弟子たちによって書かれた雑記帳を、蔵本者である静谿こと橋栄徳が寄せ集めて一書にまとめたもので、『蔵本』とは必ずしも筆者を表わすものではない」とし、それを裏付ける事実として、引用されている書目の年次が一七〇〇年代、一八一〇年前後と多年にわたっていることを挙げた。となると「真営堂」は「真斎の弟子の号名」ではなく、「真斎が創始した塾名」で、そこに集う塾生達の雑記を橋栄徳が編集し、自分の蔵本としたということになろうか。

静谿橋栄徳蔵本『医真天機』大判本

さらに、後述するとしていた『医真天機』の「大判本」についてであるが、余白に「虫損難読今抄愚見後覧之君子夫正之」〈筆者現代語訳要約―虫食いがあり判読が難しいのですが、今ざっと私の拙い読解を書いておきましたので、後にご覧になった方から正しく改めていただければ幸いです〉とあった。そのことから、山崎は「大判本」が成立したのは、かなり後の「天保期以降」(一八三〇年〜)とし、「かなりの年月を経た後に原本の小判本を前にして大判本が成立したと思われる」とした。

「大判本」の表紙には「医真天機　全」とあり、「医」の右横に「真営堂」という楕円形捺印、最初のページには「蒼藁庵」と捺印があった。その「蒼藁庵」について山崎は論文の注釈で、橋本律蔵の先祖の屋号「米屋藁屋」の「藁屋」と関係があるのだろうかとした。

裏表紙には「静谿橋栄徳蔵本」とあり、その筆跡が本文の字体と酷似していたことから「大判本」の作成者を〝橋栄徳〟と推定し、さらにその字体は、前出の『真営堂雑記』の裏表紙にあった「橋栄徳蔵本」とも同じだったので、『真営堂雑記』も橋栄徳の作とした。

『静谿謾筆』

前出の平成十八(二〇〇六)年九月の調査で、「調べる会」は内田文庫から『静谿謾筆』という雑記帳を見出した。

「静谿《せいけい》」という号名には、道家にあこがれを持つ著者の〈渓谷のように静かな人生を送りたいという希い〉が籠められており、昌益の互性論に基づき、蘭学や水素や酸素ガス等についての記述とともに、「栄徳云」、「栄徳按ズルニ」等とあった。

その成立年代については、「弘化五年……年号改元アリ、嘉永トナル」とあることから、嘉永元（一八四八）年以降の「それほど遠くないころ」と推定され、著者は幕末から明治時代にかけての人物と受け取れた。また文中に「真斎先生、話」とあることから作者は真斎に直接師事していたと推察された。

また、「堂前ニ梅ノ古木アリ梅実四時青シテ落ズ……」という『摂津名所図会』からの引用文に続き、「静谿云、予ガ庭中ニ四時青々タル梅実アリ」という記述があり、『真営堂雑記』の「予ガ庭前ノ青梅冬月迄不落不変モノアリ」と類似していることから、『静谿譾筆』の著者は『真営堂雑記』と同じと推定された。

筆者も、「良中」は「良中子」、「真斎」は「真斎先生」と敬称が付けられているにも関わらず、「栄徳」の箇所にはそのような配慮が見られないことから、その通りだと思ったが、矢内は、「静谿云」「栄徳云」のように両者を書き分けていることからも速断できないとした。さらに、『医真天機』に付されていた「静谿橋栄徳蔵本」は、必ずしも橋栄徳を著者と特定するものではなく、第一に自著に「蔵本」と記すことがあるのだろうかと疑問を投げ掛けた。この場合は「静谿」と「橋栄徳」が異なる人物である可能性があるということになろうか。

そこで、「調べる会」では『静谿譾筆』を全国フェスの記念号として提出し、その後、さらに詳細な検討のもとに、平成二十四（二〇一二）年、全文翻刻解読文を発刊した。その結果、『静谿譾筆』は静谿なる号（名）を持つ人物（橋栄徳）による読書ノート・備忘録であろうとした。

『静谿譾筆』、『真営堂雑記』、『医真天機』「大判本」の著者である橋栄徳が、どのような人物であるかについては、『自然真営道』を秘匿していた橋本律蔵へ昌益医学がどのように継承されていったのかという重要な視点を秘めている。そしてそれがその後、様々な議論を呼ぶことになる。

六、藁屋橋本家の当主をめぐって

系譜の謎

「調べる会」では、橋栄徳と橋本律蔵との関係を探るために、橋本家の菩提寺である新義真言宗・千龍山妙智院慈眼寺の墓碑と過去帳を調査することにした。そこから得られた藁屋橋本家の成人男子の享年を年代順に番号を付して掲げてみる。

①藁屋米屋兵右衛門―明和八（一七七一）年、②藁屋兵右衛門―寛政三（一七九一）年、③藁屋兵右衛門―文化十（一八一三）年、④藁屋彦右ヱ門―文政十二（一八二九）年、⑤中組橋本律蔵―明治十五（一八八二）年、⑥千住町長橋本知宜―明治二十七（一八九四）年。

一見して気づくことは、④と⑤の間が年代的に開いていることで、その間に一人あるいは二人の当主が介在していそうである。

②以降、屋号が藁屋米屋から藁屋となっていることについて、「長谷川金物店」を営んでいる「調べる会」の長谷川浩平会員によると、その場所には享保十九（一七三四）年以前、藁屋米屋橋本家があったが、事業に失敗し売りに出されたために先祖が購入したという。

筆者は八戸の郷土史家・正部家種康《しょうぶけたねやす》から、生前、史実の裏を読み解くことの大切さを教えてもらった。その一つに「昔は凶作になると分かっていながらも作付けはしたものだ」ということがある。氏に言わせるとその理由は、「藩の強圧や相場の価格変動に振り回される米に較べ、藁の方が実入りが確実だった」からという。確かに藁は、家畜の飼料や俵、ムシロ、草履、ワラ縄など生活必需品の材料として欠かせないことから凶作に左右されることはない。このように米屋を止めても藁屋として、稲藁や麦藁を近郷近在から一手に集め、それを加工へ回すことにより十分な生計が成り立っていたのであろう。

『佐藤元萇日記』

矢内が、佐藤家との度重なる交渉の末、『佐藤元萇《さとうげんちょう》日記』（以下『日記』と略）と、遺稿書『応渠詩文集』閲覧の了解を得たのは、平成二十一（二〇〇九）年のことである。

『日記』は、嘉永四（一八五一）年二月十六日から明治四（一八七一）年十一月二十一日までの二十ヶ年にわたっており、〝佐藤元萇〟が橋本玄益を訪ねている記事が見え始めるのは、起筆から二ヶ月経った四月二十三日からである。

文久元（一八六一）年四月十四日には、〝脩〟という名の人物を「藁屋米屋橋本家」の養子にしているという記述がある。さらに、文久三（一八六三）年九月二十六日には「玄益養三又又村（為とも読める）婿行賀」という記述があるという。

矢内はその「玄益」を、当時の橋本家の当主的存在であった橋本玄益、「養三又又」を三度目の養子とし、橋本玄益が脩を藁屋橋本家に婿養子として迎え入れたとした。また『日記』には脩が「壮年ニテ死」んだ記事があることから、盛岡藩士で若き医者である〝丹野玄達〟を養子とし、その後、橋本玄益が死去する前年に橋本律蔵と想定できる婿を養子として迎えたとした。これにより橋本玄益は三組の養子縁組を成立させたことになる。

それらの推論をもとに矢内は、「川村真斎と橋栄徳の関係は師弟関係でなく、一家を成している真斎から自立した医師栄徳が教えを受けている関係であり、栄徳に橋本玄益を、真営堂に大村脩・住谷恕真を想定して調査を進めたい」とした。

橋本玄益の事跡

それから三年後の平成二十四（二〇一二）年春、矢内は橋本玄益の曾孫・橋本淳二と出合い、遺されていた「橋本家系図と伝記」から玄益の実体を明らかにする。玄益は、秋田藩六郷家の家人・橋本の娘、〝かね〟と養子縁組したことにより橋本姓となり、禄高二万五千石の譜代・高取藩（現奈良県中部）に御殿医として仕えていたが、家督を娘婿・俊益に譲り、千住で町医を営むことになったという。

『日記』から推察するところ、玄益が千住に現われたのは、四十七歳になった嘉永四（一八五一）年以前である。娘が生まれた年を玄益二十歳の時とすると、嘉永四年の時点で娘は二十七歳。その年齢に釣り合った娘婿の年齢となると三十歳前後ということになるので、藩医を継ぐ適齢を三十歳以上とすれば、玄益が嘉永四（一八五一）年には千住に来ていなければ、藩医の継承が次第に難しくなる。実は、嘉永五（一八五二）年は、川村真斎が死去した年である。玄益は川村真斎に少なくとも十年は師事していたと思いたいが、橋栄徳を橋本玄益とすれば、玄益の事歴からは五年の師事といえども難しくなる。

では、橋栄徳を橋本律蔵にすればどうかというと、川村真斎の晩年十年間の律蔵の年齢は十八〜二十八歳であるから、もっと厳しくなる。一方、『応渠詩文集』に収録されていた「晩成堂日記」と「晩成堂記」の記載とにより、玄益は「子謙を号とし晩成堂を医院名とし」た儒医だったことが判明した。すると、玄益は静谿以外にも子謙という号を持っていたことになり、それはそれで問題はないが、ならばなぜ静谿という号を併記しなかったのかどうも腑に落ちない。

以上から推定できることは、橋本玄益の旧姓は橋本ではなく、婿養子となることにより橋本姓となったこと、養家は医家である可能性があること、藁屋橋本家との縁は養子関係ではなく、妻の姻戚関係によると思われるが、これらのことから、あるいはお抱え医であった可能性が出てくるのである。

橋本律蔵著『雑記』

「調べる会」が、平成十九（二〇〇七）年、内田文庫未公開資料から発見した橋本律蔵著『雑記』は、明治八（一八七五）年〜十四（一八八一）年に執筆されたと考えられている。内容的には、全体の約半分を仏教関係が占めており、そこに記された交際関係から察するところ粋な風流人を思わせるという。そのことから、橋栄徳の人物像と律蔵のそれとは異なるとし、新谷正道もその立場を追認した。しかしながら、文中に「律蔵云……進退説ハ良中子四行八気ノ論ナリ」とあることから、真斎の説く進退説が昌益の四行八気説によることを理解していたことは確かなようである。

他に明らかになったことは、橋本律蔵の祖父の名が〝信好〟ということである。藁屋橋本家には該当者らしき者がいないようなので、橋本律蔵は養子ということになるが、すると信好は律蔵の実家の祖父名であろうか。それ以外にも橋本律蔵の息子の名は〝知宜〟で千住町長をしていたという。すると、律蔵の死後、財産争いが起き、稿本『自然真営道』（以下『稿自』と略）が売りに出されたという伝聞は事実と反していることになる。

また、同書から真斎がたびたび水戸藩主徳川斉昭《なりあき》（一八〇〇～一八六〇）の療治について相談に乗っていたことも判明した。秋田に移封された佐竹氏が培った歴史的土壌の上に成立したのが水戸藩で、昌益が修行した勧修寺の書院前庭の石灯籠は、徳川光圀（水戸黄門）が寄進したと伝えられているなど、水戸藩と勧修寺との関係や真言密教と橋本一族とのそれなど解明されなければならない課題は他にもある。

橋本徳君吉著「雑記」

橋本徳君吉著「雑記」も、平成十九（二〇〇七）年に内田文庫より「調べる会」が発掘したものの一つである。「千住宿・米屋橋本家の家人と推定される」〝橋本徳君吉〟が、享和元（一八〇一）年～文化四（一八〇七）年頃に書き残した日記風の雑記である。〝徳君吉〟は「とくよし」とでも読むのであろうか、薬剤処方の記述が多いことから医師と思われ、『真営堂雑記』にある「健歩散」と同じ「健歩膏」の処方も見られる。「橋本家と昌益思想との繋がりが一八〇一～七年ごろまで溯る」とされたのは、昌益の多くの処方が収録されている『真営堂雑記』と「雑記」記載の処方とを比較した結果であり、そのことが明らかになったのは平成二十四（二〇一二）年のことである。

その一方で、米穀商を思わせる米相場にも一部で触れており、真言密教への傾倒振りを示しているのであろうか、占術に関係する記述も多い。

いずれにしても、橋本徳君吉はすぐれた医者であり、しかも多方面に発言力のある大人《たいじん》であったと想像される。そして何よりも筆者は「徳君吉」の「徳」という字に惹かれるのである。というのは徳の字を引用して「栄徳」と号したのではないかと。もしその代に栄徳印が作成されたとすれば、かなり以前から使用され、橋栄徳という名称はその遺徳を讃え、代々通称として用いられてきたということになる。そして静谿橋栄徳のように他にも号名を冠して○○橋栄徳というように使用していたのかも知れない。すると、矢内が指摘したように『静谿謾筆』で「静谿云」「栄徳云」のように両者が書き分けてあったのも納得がゆくことになるが、これはあくまでも筆者の勝手な想像に過ぎず裏付けは何もない。

「調べる会」活動の意義と私見

研究者は、『稿自』を最終的に橋本律蔵に帰着させなければ話が完結しないと考えてきた節がある。そのため昌益医学の継承をなんとか橋本律蔵まで結びつけようとしてきた。後述するが、晩年の寿庵は古医方を学んでいた。その息子真斎は父寿庵から昌益の運気医論を学びながら、その後、古医派の吉益東洞に傾注していった。時代の流れは親試実験にみるような実証的医学へと向かっていた。そして、そのすぐ後から蘭学の大きな波が迫ってきていた。ましてや橋本律蔵の時代には運気医論は主流とはなりえなかったはずである。とうの昔にお蔵入りとなっていたとしても不思議ではない。そのことを考えると橋本律蔵を昌益医学の継承者としての地位に立たせることは酷であり、『稿自』はそれ以前に藁屋橋本家の土蔵に秘匿されていたと考えても良いのかも知れない。『刊自』の村上本が、昌益と直接的な関係を持たない村上治五平家の土蔵に秘匿されたようにである。

「調べる会」の活動は、『稿自』が、どのような過程を経て橋本律蔵の元に落ち着いたのかについて色々な仮説の下に徐々に明らかにしつつある。その業績とともに見過ごしてはならないことは、焼失した昌益の医学部分を発掘し、時代時代の継承者がどのような評価を与えてきたのかを明らかにしてきたことである。昌益研究史上、これだけ多彩な顔触れを持つ圧倒的マンパワーで組織的調査に当たるということは例をみなかったことであり、それだけに一個人のチカラでは成し遂げることのできない多くの業績を挙げてきた。今後の活動に期待するところ大なるものがある。

七、発掘される川村寿庵の事跡

上田永久に弟子入り

平成十八（二〇〇六）年、岩手県立図書館で「医家略伝」に目を通していた斎藤由香は、寿庵の出身地が盛岡藩領三戸という記録を目にし、三戸町立図書館の相馬英生《そうまえいせい》主査に調査協力を依頼する。相馬は、八戸市立図書館所蔵の「御家中並五御代官所願書」、盛岡市中央公民館蔵の「諸士由緒帳」により、寿庵が三戸給人・川村又左衛門の孫で、文化十二（一八一五）年に死没したことを明らかにし、翌年秋の発表となった。

斎藤はその後、盛岡市の郷土史家・工藤利悦《くどうとしよし》が、享保十五（一七三〇）年としていた寿庵の生年を追認した。実は、又左衛門の妻は、盛岡藩医〝上田永宅〟の娘である。享保二十（一七三五）年、永宅は三戸で死去するが、その後、寿庵は永宅の息子で盛岡藩側医となった〝上田永久〟に、宝暦八（一七五八）年、弟子入りすることになる。

京都で古医方を学ぶ

上田永久に弟子入りしてから三年後の宝暦十一（一七六一）年春、三十一歳の寿庵は藩の許しを得て京都の香川修徳（一六八二〜一七五四）の医系譜にある医者に師事し、十年間の予定で医学を学ぶことになる（「しらべるかい」第七号、二〇一一年二月、相馬英生）。川村又右衛門が四月二十八日に出した願い出には「弟友達」とあることから、この時点でもまだ寿庵を名乗っていなかったのか、それとも身内だからそう記載したのか定かではない。もし寿庵が十年もの永きにわたり修行したとすれば、明和七（一七七〇）年の春までということになり、藩命であるから終了後ただちに盛岡に帰国したものと思われる。

曲直瀬門下から出た名古屋玄医（一六二八〜一六九六）は、「古代医学の精神に基づき、経験と実証を重んずる治療にかえれ」と主張したため、古方派と称され、本草に頼る臨床を重視した。その後その本草学は、後藤艮山《こんざん》（一六五九〜一七三三）により確立され、香川修徳（一六八三〜一七五五）らに受け継がれると、運気説を極力排するようになり、思弁的観念的傾向を深めた後世派に対抗した。

京都時代の昌益は、四、五百人ともいわれる門弟を擁し隆盛を極めていた香川修庵を批判的に見ていたが、それは次第に副作用の強い薬を多用するようになっていたからである。寿庵はその医系譜に入門したというのである。このように、昌益の京都時代はその地で後世派と古方派の医論が競い合っていたが、歴史は次の時代を担う人物を用意していた。

元禄十五（一七〇二）年、安芸（広島県）に生まれた吉益東洞は、独力で古方医学を大成させ「眼に見えるもの、手でつかむことのできるものでなければ相手にしない」という実証主義に立った。翌、元禄十六（一七〇三）年、秋田に生まれた安藤昌益は、八戸に転居後、劇薬により「非命にして死せる者」に捧げるべく『自然真営道』を出版する。

そして、元禄十八（一七〇五）年、京都に生まれた山脇東洋は、東洞と親交を深め、古方・後世医学双方の影響を受けると、宝暦四（一七五四）年、京都六角獄舎において刑屍体の解剖に立ち合い日本で初めて観臓を行ない、『蔵志』として著わすことになる。その息子山脇東門に入門したのが昌益の息子周伯である。

謎の医師・安藤昌益

平成十九（二〇〇七）年春、盛岡藩家老の業務日誌である「雑書」を精査していた斎藤由香は、安永四（一七七五）年四月二日の条に、川村寿庵が、師の上田永久に連れられて江戸に上り、「江戸の安藤昌益のもとで稽古した」という記録を発見し、安永二（一七七三）年のおそらく春頃からあしかけ三ヶ年にわたり医学を学んでいたことが判明した。

寿庵は安藤昌益のもとに随身のうえ師事しながら、

昌益の師である江戸の町医〝川村快庵〟からも医学を学んでいたが、安永四（一七七五）年正月、快庵は病死する。そこで寿庵は婿養子に入り、跡目を相続することになる。

〈江戸にもう一人の安藤昌益現わる〉の情報は丁度、十月の「全国フェス」に向けて準備中の「調べる会」へもたらされ、矢内はじめ一同は狂喜乱舞し意気軒昂となった。平成十九（二〇〇七）年十月十三、十四日、「調べる会」主催による「全国フェス」が、東京都足立区千住東京芸術センターで開催され、斎藤から調査結果が発表されるや当然のごとく会場は色めき立った。

八戸で纏められた大著『稿自』百一巻九十三冊がなぜ江戸へ運ばれたのか、他の昌益研究者同様に興味を持っていた筆者は、この情報を歓迎し「ついに、江戸移送の謎を解明する糸口を摑まえることができた」と喜びを隠し切れなかった。

大館の昌益はすでに他界していることから、その「江戸の安藤昌益」とは息子の〝周伯〟以外には考えられず、二代目安藤昌益を名乗っていたのだろうと私は単純に考えた。が、その一方で研究者には慎重な態度も見られ、弾圧を受け命が危うくなった昌益を死没したことにして、一族や弟子達が江戸に逃亡させたのではないかという憶測も生んだ。

さて、安永二（一七七三）年に寿庵が安藤昌益へ弟子入りしたことについて筆者は最初から奇異に感じていた。その理由は、寿庵は周伯よりも五歳も年上で、しかも周伯宅に寄宿しながら川村快庵からも医学を学んでいたからである。そこで筆者は、寿庵が師事したかったのは川村快庵の方で、昌益へ弟子入りしたのは、『稿自』を閲覧し学ぶことにあったのではないかと考えた。

『稿自』が江戸に存在していたのは明らかな事実である。なぜ八戸で完成させたものをわざわざ江戸へ運ばねばならなかったのか。それは昌益の息子が江戸に居たからであり、それ以外の理由は見つけるべくもない。当時の医系譜は、親から息子へ、息子がいない場合は養子へと当然のごとく承け継がれた。

昌益医学思想の正統な継承者は息子の周伯以外には考えられず、最終的に『稿自』は彼のもとに帰すべきものであったろう。

昌益に師事していたか

斎藤は「江戸の町医者　川村寿庵」(『岩手県立博物館研究報告』第二七号、二〇一〇年三月)の中で、上田永久に弟子入りする宝暦八(一七五八)年までの寿庵の医学修行について、「それまで生家で厄介になっていたものだろうが、この間の事情は不明である」としながら、寿庵と昌益との関係については「知っていたかもしれないし、出会っていた可能性も否定しないが、弟子として親しく教えを受けたことはなかったのではないか。永久への入門以前に長期間に渡って三戸を離れていた形跡は見当たらない し、『医真天機』においても〝良中子〟と敬い、その医論に傾倒している様子はみてとれるものの、身近で学んだとまでは読みとれない」とし、「新たな資料の出現を待つこととしたい」と冷静に結んだ。

筆者が〈寿庵が昌益のもとで学んでいたと思いたい〉という衝動にかられていたのは事実である。というのは、〈直接、昌益の治療に接していない人物が、あれほど昌益に傾倒できるものだろうか〉、〈宝暦八(一七五八)年に永久に師事したのは、昌益がその年に八戸を去ったことと関係があるのではないか〉と考えていたからである。

実は、昌益との関係については、『真斎謾筆』に「予ガ家君マノアタリニ之レヲ見ル故ニ」とあることから、寿庵が昌益の治療を見学していた可能性が浮上しており、平成二十一(二〇〇九)年二月、それを補完するかのように八重樫新治は、「『医真天機』について」(『安藤昌益研究発表会記録集』所収、調べる会)という論考を発表していた。その中で、「胎産論」の末尾にある「医有大体　体宏而治明矣。其智能及　其術有余　天下一人耳不易得也。是以事方薬之徒　雖踰旧轍終在籠内　固己不適其数也。夫惟正奇出入兼解而倶通者乃医之神也」(一部句点を筆者が勝手に改めた)という記事を現代文に訳して〈ある医者がいて人となりは大きく心も広く治療は明快である。その智識はよく及び治療の手腕には余裕がありこのような医者は天下にこの人一人だけで得易いものではない。私は彼に方薬の徒として仕え旧轍を超えたとは思うがそれでもなお籠の中に在り、もとより私がかなわないと思うことはしばしばである。思うに正奇、出入どちらも理解しいずれにも通ずるのは、すなわち神医と称すべきほどだ〉（筆者注―一部接続語並びに句読点を勝手に改めた）とし、「ある医者」とは、安藤昌益しか当てはまる人物はいないと提起した。

その証左として、『医真天機』では「良中子に対して最大の評価をし、自然真営道医学理論を自己の理論として、正確に論述している」。師と仰いだ「上田永宅や二代目安藤昌益、川村快庵の名前も出てこず」、著作を通して昌益に傾倒したとすれば著作名が登場するはずだが、それも出てこないことなどを挙げ、「以上のことは状況証拠ではあるが、川村錦城と安藤昌益父子の間には、現実として医学修行の場面でかなり密接な関係があったと説明できる根拠になり得るのではなかろうか」と持論を展開した。

もし、川村寿庵が昌益の下で医学を学んでいたとすれば、宝暦八（一七五八）年の二十八歳までということになり極めて晩学である。寿庵は山の絵を描いているくらいの風流人であるから、医学修行も根を詰めてなされたというより感性を大切にした余裕のあるものであったのかも知れない。

八戸の種差海岸を借景に階上岳を写生した絵画でも見つかれば申し分ないのだが……。

寿庵と周伯は八戸で知り合っていた

寿庵が昌益の下で学んでいたとすることにより、説明がつきやすくなることは他にもある。その一つには、周伯が古方医・山脇東門に師事したことであり、二つ目には寿庵が周伯に弟子入りしたことである。というのは、寿庵が昌益のもとで見習い修行をしていたとすれば、当然、昌益の息子である周伯とも交遊があったと考えられるからである。しかも寿庵は昌益をこの上なく尊敬していることから、その息子である周伯に対しても実直に接し、昌益の死後は親代わりとなって面倒をみたであろうことも容易に想像できる。

周伯が父・昌益の死後、対立していた古医方の山脇東門に師事したことに関し、安永寿延は、前掲『人間安藤昌益』の「わが子に背かれた昌益」の中で、「……周伯は、父昌益の医学や思想を十分理解しえなかったし、ついていけなかったのであろうか。昌益存命中は、父とその門人たちの手前、望みを口にすることははばかられたが、父親の死亡によってもはや彼を拘束する枷はなくなった。こうして以前からの志望を達するために、没後わずか四ヶ月には八戸をあとにして、古医方の山脇東門に師事することになる。……しかし、そのことが確門（昌益一門）との絶縁を意味していることは、周伯としても百も承知のはずである」と述べている。

しかしながら、その後に判明した史実は必ずしもこのことを支持するに至っていない。周伯が父亡き後の相談相手として寿庵を頼っていたとすれば、すでに古方医への修学に先鞭をつけていた寿庵の助言により古医方の山脇東門下で学んだことも考えられる。二つ目の、寿庵が周伯に弟子入りしたことについても、『稿自』の存在と内容を熟知していたからこそ、周伯に託されたと聞き、江戸まで上る労を厭わなかったのであろう。

周伯について私達は思い違いしていたような気がする。昌益没後の翌宝暦十三（一七六三）年、母とともに医学の勉強に京都に上ったことから、周伯はまだ医者として未熟だと思い込んでいた節がある。しかし、宝暦八（一七五八）年七月二十七日の藩日記には、周伯と想定される町医の安藤秀伯が昌益門下の北田忠之丞を治療したという記述があり、後述するように往診にかこつけ、『稿自』についての謀議をこらしたとも推定されるのである。

このとき周伯は二十三歳。ひとかどの医者として一本立ちし、『稿自』の編集に携わっていたとしても年齢的にはおかしくない。寿庵は昌益が八戸を去る宝暦八（一七五八）年まで八戸におり、昌益や周伯と交流しながら、『稿自』の完成に向けての作業をつぶさに観ていた。だからこそ昌益医学の後世への橋渡し役を務めることができたとするのは考え過ぎだろうか。

八、八戸藩の川村家をめぐって

川村氏の出自は藤原氏

『八戸藩士系譜書上』（以下、『書上』と略）によると、川村家は、相模国（神奈川県の大部分）川村の川村山城権守・藤原秀高の次男川村治郎秀清が、源頼朝の平泉・藤原泰衡退治で勲功を立て、志波郡（岩手県紫波郡）の内を拝領したのに始まるという。このように、川村家の出自は藤原氏で、朝官として地方を治めていたという史実により、これまで解明の糸口さえ摑めなかった川村一族をめぐる謎に、一筋の光明が差し込んできたような気はする。

一つには、なぜ藤原頼之が他ならぬ志和へ疎開して来たのかということである。頼之と相思相愛となった桃香の父親川村氏は近衛府の次官・少将で、しかも藤原氏に連なるということは、頼之が川村氏の手引きで疎開したということも考えられる。さらに『儒道統之図』に示されたように、藤原氏北家の系譜で承け継がれてきた儒医学の流れの中に頼之と昌益がいたわけで、寿庵の出自が藤原氏ということは昌益と寿庵の距離をグッと縮めることにもなる。

そして、いまだ不明の江戸の川村快庵に寿庵が師事したことを取ってみても、快庵が一流の医者であることは容易に想像がつき、南部地方の川村一族には医者が多いことを見ても、私達が考えた以上に川村一族の医系譜の幹は太く枝葉も多方面に広がっていたのではないかと想像できるのである。

三戸川村家と縁戚関係

初代八戸藩主・南部直房の正室、盛岡藩士川口源之丞の娘も、実は川村氏の主流である。川口源之丞の娘は、直房亡き後、霊松院と称し二代直政の母堂として隠然たる力を発揮した。また、代々家老を務め、昌益の時代に多くの改革を断行した紫波源之丞は川口家の係累でもある。

川口氏に改姓した経緯については、応永十七（一四一〇）年、刈和野合戦で南部が取った領地が侵略されたことに端を発している。それを阻止すべく三戸南部勢として参陣した川村の一軍はめざましい戦功をあげた。それが南部守行公の感賞するところとなり参礼を許され、岩手郡川口（岩手県岩手町）に在住していたところから川口姓を賜り、志和にあった領地の安堵を受けたのである。

八戸藩の川村家について『書上』には、「八戸藩開封のとき、盛岡藩の川村伊右衛門秀易の息子・仁左衛門（小左衛門）秀明が二十一人の他に、二十駄二人扶持の切米取りとして取り立てられた」とあり、工藤祐董《くどうすけただ》著『八戸藩の歴史』（八戸市、一九九九年）には「二十一人は五十石以上の家禄で召し抱えられ、その他の七人とあわせ八戸藩の基幹となったが、同時に三十一人の給人《きゅうにん》が配属された。盛岡藩の給人は在郷に居住し農業を営むことを許され、代官の管轄下で代官下役なども勤める土着性の強い武士であるので、三十一人の大半が在地に居住していたものと考えられるが、八戸藩に抱えられた直後にこれらの給人は切米取の武士となり八戸に居住することになったので土着性を失った」とある。このことから、八戸藩・川村家と、盛岡藩三戸給人・川村家とは縁戚関係にあったことが分かる。

ちなみに八戸藩川村家の二代目与次右衛門秀好は、北田嘉左衛門の次男であったが、川村家の養子に入り、享保十七（一七三二）年に家督を継いだ。北田と聞いて想起されるのは、昌益の門人で静可と号した北田市右衛門のことで、北田嘉左衛門家との関係は定かではないが、両家とも初代の本名は細川で、志和領北田村の生まれであることから極めて色の濃い血筋にあったものと考えられる。

以上のように、寿庵の縁類が八戸城下にいたということは、三戸との往来について藩の許可も容易に得ることができ、親戚宅に寄宿しながら昌益医学を学ぶこともできたのであろう。

類似性が見られる医号

前述したように、川村寿庵の祖母は上田永宅の娘である。斎藤の調査によると、永宅は盛岡藩士・荒木田次郎右衛門の二男として生まれ、元禄年間（一六八八～一七〇四）に藩医〝岡友怡《ゆうい》〟の養子となったが、嫡子が生まれたために養母の上田家を継ぎ上田姓に改めたという。寿庵はその縁故関係で祖母の弟である上田永久に師事し、その時〝友達〟と改名した。

前出した八戸の上田家に伝えられている先祖の来歴を記した『図書』によると、八戸・上田家は、津藩（伊勢）藤堂家に仕えていた〝上田宗太夫〟まで遡り、明確には記されていないが、宗太夫は藩医だったようである。ところが、どんな因縁があったのかは定かでないが、解冠の憂き目に遭い、止むなく「内田」と名を改め、宝永五（一七〇八）年、息子とともに江戸へ出ると、〝宗休〟と号し町医としての道を歩むことになる。

そして、父親の跡を継いだ息子の〝寿玄〟は、享保二（一七一七）年、おそらく妻の出身地であろう八戸に下ったが、藤堂家や紀州徳川家に仕えていた親族に義理を欠かさない人物であったらしく、律儀に書状を送り江戸勤番中も付け届けを欠かさなかったという。その〝寿玄〟の長男が、昌益の門人である上田祐専の養父・上田祐廷である。

前述したように、祐廷は、元禄二（一六八九）年に生まれ、わずか十歳の時、盛岡南部藩の家禄二百石・五人扶持の側医である〝上野祐達政及〟の門人となり〝祐怡〟と改名し、享保十（一七二五）年、二十六歳のとき八戸城下で開業した。後に藩医となり「内田」から「上田」に復し、上田家中興の祖となった。

このように、幼少から盛岡藩の高名な医師に師事するためには、かなりのコネクションがなければ不可能なことと思うが、それもさることながら、祐廷関係の医号である〝寿玄〟、〝祐達〟、〝祐怡〟と、〝寿庵〟関係の〝友達〟、〝友怡〟との間に類似性が見られることは妙な感じさえ覚える。

それは偶然と言ってしまえばそれまでであるが、斎藤の調査により盛岡藩川村寿庵と上田永宅との関係が明らかにされた今、連綿と続く「川村」という医者一族の強い絆と広がりを感じざるをえず、今後の実証史料の発見が待たれる。

九、神山仙庵の一族をめぐって

江戸に移る活動の場

神山仙庵の江戸上りの時期や滞在期間については興味深い史実がある。昌益の門弟となってから十七年間は、駿府加番は入門前から予定されていたもので致し方ないとして、それ以外に江戸へ上ったのは宝暦四（一七五四）年と宝暦十二（一七六二）年の各々四月から一年余の二回だけであった。

それが昌益の死後十七年間では、明和三（一七六六）年五月～翌年九月、明和九（一七七二）年八月二十七日～翌年四月二十五日、安永三（一七七四）年四月～翌年四月二十六日、安永七（一七七八）年十月中旬～九年四月と頻繁に江戸へ上るようになる。なぜこれほどまでに仙庵は頻繁に江戸へ上るようになったのか。昌益の没後、昌益医学継承発揚の場が八戸から江戸へ移ったために、神山の興味が八戸城下にはなくなったとしか考えようがない。

周伯は、宝暦十三（一七六三）年の年内は母とともに江戸に滞在しており、翌年京都に上り、山脇東門のもとで勤学に励むことになるが、その期間を三年とすれば、明和四（一七六七）年には江戸に出ていたはずである。そのとき周伯は三十二歳になっていた。その年は、神山が昌益没後初めて江戸へ上り滞在した期間と重なる。では、『稿自』はいつ誰がどのようにして江戸へ運んだのか。

あれだけの大部であるから、船旅あるいは馬でとも考えたが、船は難破、馬は盗難の危険性があることから、ここは陸路で百一巻を振り分けにして運ぶというのが手間はかかるが一番安全な方法であろう。

その重要な役割を担いうる、すなわち体力と責任感があり、周囲へも目が行き届き、『稿自』が命よりも大切なことを自覚している、打ってつけの人物がいる。それは、昌益の一番弟子で、確門の秘蔵っ子、この年三十九歳の関立竹である。

立竹は、明和七（一七七〇）年三月、参勤で江戸へ上ったが、勤番中の九月二十五日、藩に無断で外泊した廉《かど》で逼塞《ひっそく》一ヶ月を命ぜられ、翌年三月には五日間の閉門を命ぜられ三両減給となった。藩に内緒で夜を徹してまで成し遂げねばならなかった用事とは一体何だったのか。単なる無断外泊にしては罪が重過ぎる。

翌明和九（一七七二）年十月二十日、「立ち帰り」で再び江戸へ上った立竹には、橋山清太夫と松岡官蔵が道中の添立についている。十二月晦日に帰国している。ひょっとしたら、このとき稿本『自然真営道』百一巻九十三冊は江戸に運ばれたのではないかと思わないでもない。というのは、この翌年の安永二（一七七三）年、恐らく春頃、寿庵が江戸の安藤昌益に弟子入りしているからである。

それにしても、安永二（一七七三）年という年は妙な年である。斎藤が『しらべるかい』第三号に示したように、仙庵の三男・和助が同じころ江戸に出て、これまた養子とはいえ仙庵の長兄にあたる〝古川宗民〟方に逗留しながら医学を学び始めたという。その最中の四月二十四日、仙庵の嫡子・宗予が京都での勤学を終え江戸屋敷に到着すると参勤下向を翌日に控えた仙庵と一日だけの対面を果たした。

このように安藤昌益、川村寿庵、古川宗民、神山仙庵、そしてその息子二人、計六人が同時期に江戸に集結している。それはまったく偶然のことだったのか、それとも示し合わせたものだったのか、それは定かではないが興味をそそられる。

古川宗民のこと

神山仙益には跡継ぎがいなかった。そこで、享保四（一七一九）年十月十七日、長女〝林〟の聟養子に、三戸の松尾十郎兵衛の息子で十歳になる右市（丑）之助を迎え〝仙悦〟と改名する。享保十二（一七二七）年六月二十七日、仙悦は藩から扶持をもらい、藩の期待を一身に背負い江戸へ上ると、幕府出入り医で藩主主治医の一人である外科医・堀宗与に弟子入りする。そして、翌年の四月、藩へ改名を申し出、願いの通り〝宗仙（泉）〟となった。

享保十四（一七二九）年、仙益は宗仙を親元に帰して欲しい旨の下り願いを藩に出すが叶わないでいたところ、翌年五月十一日、「宗仙、四月二十三日宗与方を出奔」という知らせが国元に届く。困惑した仙益は、藩に番医を辞退する旨の伺いを立てたが、遠方ゆえ了見の及ばぬこととお咎めなしとなった。

宗仙出奔の知らせ直後の七月、仙益に対し家督相続について藩からの申し渡しが出ている。要約すると、「いままで一人で家中の病用を勤めてきた。そのことを藩主が聞き及び特に思し召しがあった。聞くところによると幼少の実子がいるそうで家業見習いをさせ、そのうち家督を嗣がせなければならないだろう。いま家督養子願いの申し立てをしないのは遠慮があるからだろうと藩主が思っているところである」という内容である。この書状にある「実子」とは、他ならぬ後の神山仙庵のことで、右市之助を聟養子として迎えた後に生まれた。

享保十八（一七三三）年十月、堀宗与はわざわざ八戸藩の江戸の菩提寺である金地院南院へ出向き、真西堂に面会すると、宗仙の赦免を八戸藩第二代藩主南部直政の正室・妙雲院から藩へ出していただくよう願い出る。

その願い書には、「藩主から頼まれ宗仙を弟子にしていたが、拙宅を立ち退き行方知れずになっていた。最近、遠所に隠れていることがわかり、当方に来て嘆くには『若気の至りで心にもなく出奔し、今は路頭に迷い悔いている』ということなので、なにとぞご慈悲を持って江戸で療治ができるようお願いしたい」と綴られている。

江戸での療治許可はそう簡単には下りなかったようで、元文年間（一七三六〜一七四〇）に入っても、堀宗与から再三にわたり屋敷出入りご免の願い出があり、元文二（一七三七）年五月、やっと江戸徘徊ご免となる。その記録に、深川辺りにおり〝古川宗銭〟と名乗っているとある。古川姓にかわっているということは古川家へ養子に入ったと考えられる。

宗仙はやっと寛保三（一七四三）年に召し出され、〝宗民〟という医号で藩医として活躍することになる。すでに結婚し子どもがいたとみえ、寛延二（一七四九）年十二月七日、宗民の娘は深川の山田清兵衛の養女となっている。

宝暦二（一七五二）年十一月、留守居役の中嶋武兵衛から宗民の縁者で藩医の〝清野玄周〟へ申し渡しが出ている。そこには、「宗民は八戸から引っ越しするように仰せ付けられていたが、江戸表でも引き立て（側医などの役職のことか）かねており、そこで本人から『永のお暇』のお願いが出ていた。藩主の思し召しもあったが、ご慈悲を持ってお屋敷や他家への出入りは構わないということで許可された」とある。

しかしながら、その後の記録には出入りは認め難しともあり、宝暦五（一七五五）年九月には金地院から使僧松月庵が来て「御屋敷の出入り」を認めてほしい旨の願いが出ている。

このように神山仙庵の義兄・宗民は、藩の意向にそぐわないやっかいな藩医であったらしく、あちこちに出入りしては不可解な挙動をしていたのであろう。実は、宗民は「調べる会」の松尾政重会員の御先祖にあたる。そのことから、以前昌益との関係で一緒に調査したことがあったが、めぼしい知見を得ることはできなかった。

今こうして宗民の事跡を改めて観てみると、宗民が八戸居住にこだわった宝暦二（一七五二）年は昌益思想が充実期に入った年代と重なる。そのことをして宗民が昌益思想に興味を抱き学んでいたとまでは言わないが、仙庵の三男・和助が宗民から医学を学んでいたという斎藤由香の知見に接するにつけ、少しはその「匂い」はあるのかなと思う。

宗民と深川、そして山田清兵衛との関係、宝暦元（一七五一）年八月に江戸深川「蛤丁二丁目」の伊勢屋六次郎が、八戸十六日町寺横丁の丹治の家に泊まっていることなど興味をそそられる課題はたしかにある。

一戸道貞・道達父子のこと

古川宗民の叔父に、三戸出身の一戸道貞がいる。八戸城下で町医をしていたところ藩の目にとまり、享保四（一七一九）年正月、外科医として三人扶持で召し抱えられた。藩主への独礼を許されているほどであるから側医の筆頭として藩の信頼は篤かったといえる。そして、享保二十（一七三五）年には精勤が認められ、金一枚（一両）加増となり、元文元（一七三六）年七月には、三戸の〝一戸金左衛門〟の病気治療のため六日間のお暇を貰っている。

ところが、元文五（一七四〇）年二月、嫡子〝道達〟の無調法により、とつぜん「領内構え」を言い渡され、責任を感じた道貞は二十四日、「永のお暇」を願い出る。その理由は、道達が藩の許可なしに数年間も藩境を越え、道貞の兄である三戸の〝三五兵衛〟との往来を繰り返していたことにある。これだけの理由で、道貞が「永のお暇」を願い出なければならないほど追い込まれたということは、追い落とし以外の何物でもないであろう。

藩史料には、「永のお暇」を願い出た直後の緊迫した様子が描かれている。翌日には、早くも家屋敷お取揚げになり、当晩中に引き払うように藩命が下されているのである。道貞・道達父子はどのような想いで城下を後にしたのだろうか。心中を推し量るに余りあるものがある。

道達については、翌寛保元（一七四一）年六月、旦那寺の長流寺から出入り赦免願いが出て、江戸表でのお伺いの結果、八月十九日、出入りご免となった。以後、町医として活躍している。

父親の道貞についても寛保三（一七四三）年正月、「御構え」ご免となり、六月に生存中に限り三人扶持が与えられた。その記録には「先のことは無調法不届き千万であったが、高齢で（生活に）難儀していると思うので、前藩主の三回忌に当たりご慈悲をもって成し下す」ともったいをつけている。

一戸道悦のこと

道達の実弟にあたる〝道悦〟は、享保十八（一七三三）年三月、医学修行のため江戸に登っているが、父親の道貞は息子の勤学中、自分の三人扶持から二人扶持を分け与えてくれるよう藩に願い出ている。自分の生活が苦しくなることも顧みず息子の勉学のことを真っ先に考える姿は涙ぐましいばかりである。

その勤学は、三、四年にわたる本格的なもので、元文五（一七四〇）年、道悦は〝清野玄眠〟の養子に入り〝玄周〟と改名した。玄眠は江戸で生まれ、幕府出入り医で藩主の主治医の一人である岡本玄治に弟子入りし、享保十五（一七三〇）年、二十両六人扶持で召し抱えられ内科の側医となっている。

玄周は、寛保元（一七四一）年四月に家督を継ぎ、宝暦十（一七六〇）年に他界するまで側医として勤続した。

昌益と同時代を八戸で過ごしていることから、両者には医学面での交流があったと考えられ、当時は自分の息子に医者の手ほどきをすることはなく他医に預けたことから、昌益の息子周伯は清野玄周の弟子だった可能性もある。すると周伯が、江戸に係累のある師の玄周を通して、江戸との機縁を持ったとも考えられる。また、兄・道達への藩の仕打ちに対し、清野玄周が猜疑心を抱いていたとすれば、現状の政治形態への不満があったとも想像される。

十、関淳甫

『四書五経』

関淳甫は、寛文二（一六六二）年、盛岡藩領・上《かみ》斗米《とまい》（岩手県二戸市）の岩館家に生を受け、八戸城下で町医者として生計を立てていた。享保十一（一七二六）年、六十四歳のとき上意をうけ、第四代藩主南部広信に、『大学』を皮切りに「四書五経」を講釈することになる。それ以来登城を許され、翌年三人扶持で〝関〟を拝名すると番医ながら上座に昇った。

淳甫には産科の技倆があったようで、藩主の側室〝見勢〟の分娩に立ち会い、後に円姫となる長女を首尾よく出産させることができた。それで五両加増となり、年が明けた享保十三（一七二八）年正月、参勤お供を命じられ、さらに三両加増となり、さらに二月、病気に伏した藩主を側医同様に診察するようにと頼まれ、お灸治療をしたところ回復に向かった。翌年十月、参勤お供で江戸へ上ると上屋敷で二両加増となり、翌々年、忠勤が認められ側医格となると二人扶持加増、都合十両五人扶持となった。

この経歴が物語るように、淳甫は出仕以来わずか三年間で側医まで昇り詰めた。それは特異的なことで、医学のレベルも可成りなものであったことが分かる。特に藩主の大向こうをうならせた「四書五経」については、新藩主信興になってからも、合計十八回にわたり講義している。

淳甫はその漢籍についての素養を一体どこで身に付けたのか。中央の門戸をたたき本格的に学んだであろうことは想像に難くない。一方、初期の昌益が「四書五経」はすべての基本であると述べ、『禽獣草木虫魚性弁』に『大学』や『中庸』からの引用が多く見られる。このように、昌益が学んだ学派にそのような教えがあったことが窺われ、淳甫と昌益との接点の一つにあげてよいといえる。

実子・関立竹

昌益の一番弟子は、享保十三（一七二八）年に生まれた関淳甫の実子立竹である。

高橋大和守が五番目の弟子として入門したのは、前述のように延享元（一七四四）年八月の昌益による遠野武士の治療の前であるから、立竹の入門はそれ以前の十五歳前後の若年ということになり、自分の意思で昌益に師事しようとしたというより第三者の介入が想定される。実は、二番弟子は立竹と同世代の上田祐専で、関淳甫から医学を学んでいた。このように関立竹と上田祐専の二人は、淳甫と親子関係、あるいは師弟関係にある。このことからして、入門を勧めたのは関淳甫で、二人は同時に入門したと考えてよいであろう。

それにしても、八戸城下に現われた昌益に、淳甫は「待ってました」とばかりに立竹を弟子入りさせている。それは、以前から昌益と淳甫との間には何らかの接点があり、淳甫自身が昌益の医者としての力量を高く評価していたからであろう。

立竹が番医として出仕することになったのは寛延二（一七四九）年、弱冠二十歳の時である。

八戸藩だけではないと思うが、医者の道を志すとまず身近な医者、それは町医者であったり藩医であったりするが、そこに弟子入りし見習い修行をする。当時は資格試験などない時代であるから医者としてやっていけると認められれば、それで一端の医者となる。そしてその後、頃合いをみて、他地で普通二、三ヶ年の稽古に励むのが通例である。ところが、立竹の場合は、他地で修行した記録がない。ということは昌益について学びそれで十分に事足りたということである。

ところで「立竹」は「りっちく」と読むのか、それとも「りゅうちく」かということについては、藩日記に藩医の〝立庵〟が別に〝柳庵〟ともあることから、「りゅうちく」と読むと考えられる。それにしても最初その名を目にしたときは、〈珍しい名だなぁ〉というのが正直な気持ちで、昌益の一番弟子ということを知るにつけ、「りゅう」は昌益の「確龍堂」の「龍」に、「竹」は昌益が国々固有の農耕に役立つとした「竹灰の法」に通じるのではないかと勝手に想像し、「立竹」という名には昌益の念いが籠められているような気がした。

立竹の初出仕の年の症例数は百二十七例で、翌年は四百十三例と、足立栄庵の四百八十四例に次いで二番目に多いことから、出仕して二年足らずで多くの臨床例をこなしていたことが分かる。

ここで気になるのは、いかに立竹が優秀であろうとも、わずか四年の修行で医者になり、これだけの症例をこなすことができるのかということで、それはまた昌益の八戸来住時期がもっと早かったのではないかと私が思う根拠になっているのであるが、いずれにしても昌益の医者としての指導力の優秀さを垣間見ることができる。

その立竹が、関伯元の跡を継ぎ、十両三人扶持で関伯元行忠を名乗ったのは、昌益の死去から四年後の明和三（一七六六）年二月のことで、側医役にいたってはさらに十年後の安永五（一七七六）年七月になる。

弟子・上田祐専

子どもに恵まれなかった上田祐廷は、遠類にあたる鍛冶棟梁・小笠原忠治の三男を幼年の頃から引き取り、関淳甫に弟子入りさせ、儒書の素読をさせていた。その後、次女が産まれたため十三歳になった延享元（一七四四）年、婿養子として迎え入れた。それが上田祐専である。

祐廷の妻はその後、上田家を離れ、大坂屋目方伊兵衛の妻となり、昌益の門弟となる〝右助〟の父親〝忠兵衛〟と〝忠平〟を産むことになる。

上田祐専の名が藩史料に出てくるのは、関立竹と同じ寛延二（一七四九）年の薬種代の記録のなかで、その年は二貫九百十六文と立竹を八百文も上回っている。そして、翌寛延三（一七五〇）年の薬種代は症例数七十九例・七百文、翌々年宝暦元（一七五一）年は六百六十九文であった。この二ヶ年の症例数が少ないのは医学修行に出ていたためである。

この修学先については、曰くがあった。

上田祐廷から「息子祐専を勤学のため京都へ登らせたいので来夏までお暇をいただきたい」という口上書が出されたのは、寛延三（一七五〇）年四月二十九日のことである。その後、八戸を出立し京都への途次、上屋敷に滞在していた上田は、「仲間達から（京都よりも）江戸の方がよい」と勧められる。そこで、前出の幕府出入り医で八戸藩主の主治医の一人でもある岡本玄治の門弟となり、翌年の夏まで江戸藩邸の長屋に住み込み通学することになる。

初代の岡本玄治（一五八七〜一六四五）は、玄治《げんや》とも呼ばれ、曲直瀬玄朔（一五四九〜一六三一）の女婿である。玄朔は日本医学の中興の祖と目され、後世派の端緒を開いた曲直瀬道三（一五〇七〜一五九四）の妹の息子で、啓迪院《けいてきいん》の学頭として多くの門弟の指導にあたり、宮廷医としても信頼があった。

玄朔の次代から曲直瀬家は、後陽成天皇から下賜されていた今大路を名乗るようになり、初代味岡三伯（一六二九〜一六九八）は、曲直瀬一門から派生した饗庭《あえば》東庵《とうあん》の弟子となる前、初代、今大路玄鑑の弟子だったため、味岡三伯の「三」を玄鑑の字〝道三〟から拝名したとも言われており、味岡家が曲直瀬家とも直接的な繋がりがあったことは注目されてよい。

一方、岡本玄治は、曲直瀬道三を継いでいた玄朔の跡に入ることがなく、やがてその実力が、徳川三代家光（一六〇四〜一六五一年、在位一六二三〜一六五一）に特徴され、奥医師の筆頭である典薬頭に任命されると、爾来一年ごとに江戸と京都を往還するようになる。いわゆる「東下り」の嚆矢となった岡本は、拝領した人形町の広大な土地に、後に通称「切られ与三」の戯曲にも登場する「源氏（玄治）店」としても有名な「長屋」を建て庶民へ開放する。

上田祐専が師事した岡本玄治が何代目かは定かでないが、岡本家は九代にわたり幕府に仕えたことから、八戸藩の医療が、後世派と極めて近いところにあったということは言えるであろう。

養子・関伯元

浄法寺（現岩手県二戸市）には、淳甫の娘婿にあたる勝又嘉兵衛（善助）が、盛岡藩福岡（現二戸市福岡）城の給人として住んでいた。

享保十三（一七二八）年、淳甫は勝又の次男で、おそらく医者を営んでいたと思われる二十九歳になる男を先妻の娘婿に迎え、それから四年後、養子縁組を藩に願い出、〝関伯元〟を名乗ることを許される。

養子縁組を藩に願い出たのは、淳甫が「癪」により死線をさまよい、跡目を定める必要に迫られたにも拘らず、後妻との間に生まれた林弥（後の関立竹）がまだ五歳と幼かったためである。

伯元は、元文元（一七三六）年四月、藩医の種市春庵とともに京都に上ると足掛け三年にわたり医学を学び、二年後の十一月に帰国した。春庵の願書に「父・種市徳庵が先年上京し名古屋玄医（一六二八〜一六九六）のもとで学ばせてもらったので自分にもお願いしたい」とあり、古医方の先駆者・玄医は、元禄九（一六九六）年に他界していることから二人が教えを乞うことは不可能ではあるが、三代目味岡三伯は名古屋玄医の晩年の門弟でもあるから、伯元の京都勤学にはどことなく味岡三伯の匂いがするのである。

実は、淳甫と同様に伯元も「四書五経」に通じており、度重なる名講義により藩主から褒美まで貰っていることから、伯元の京都勤学は、淳甫の仲介による可能性もある。ちなみに三代目味岡三伯の字《あざな》は、〃順甫〃であり、関の〃淳甫〃という医号とも類似性がある。

このように、伯元が京都の何という医者のもとで学んだのか興味のあるところだが、もし三代目味岡三伯に学んだとすれば、伯元は元文三（一七三八）年十一月に帰国していることから、その年の七月二十日の味岡三伯の他界が帰国の契機となったとも考えられる。

関伯元と同じ浄法寺の出身で、一世代前に藩に仕えた駒嶺伯林という側医がいる。

駒嶺は、昌益と同じ農民階級の出身で、第二代藩主南部直政に二十人扶持（本田五十石）で召しだされ、藩史料では貞享四（一六八七）年の預かり人、伊東淡路守基祐の治療で初めて登場する。

淳甫の出身地は上斗米で、伯元と駒嶺の出身地・浄法寺とは近隣である。三人は目に見えない線で繋がれているような気がし、盛岡藩領二戸近辺にはひょっとしたら味岡三伯家への入門ルートが存在していたとも考えられるが、関淳甫と味岡三伯との関係は新たな史実に待たなければ確実なことは言えず、これからの研究課題ではある。

第十六話　稿本『自然真営道』の完成に向けて

昌益が八戸を去ったのは宝暦八（一七五八）年である。八幡神社社司・聖道院が遺した「掠職手記」に「近年昌益当所へ罷出た五年之間ニ……」とあることから、「五年之間」を足かけ五年とし、昌益が死去した宝暦十二（一七六二）年から差し引くことにより三宅正彦が推定した（『安藤昌益と地域文化の伝統』雄山閣、一九九六年）。

思想転回後の昌益の著作で年月が記載されている

のは、『刊自』に神山仙庵が自序を書いた時の「宝暦二年十月」、その刊行予定日と思われる「宝暦三年三月」、『統道真伝』についてはその記述から寺尾が推定した完成間近と思われる「宝暦二、三年」、『稿自』の第一巻にある、昌益による序文が書かれた「宝暦五年二月」の四箇所だけである。

前述のように、昌益は『刊自』三巻の草稿を延享三（一七四六）年に書き始めた。その後『統道真伝』五巻、『稿自』百巻を宝暦五（一七五五）年までに完成させたとすれば、ちょうど一ヶ月に一巻の割合で書き進めたことになる。

これを驚異的なスピードとみるかどうかは別にして、『稿自』に昌益が自序をしたためた宝暦五（一七五五）年二月以降についても議論のある幾つかの課題がある。

第一に、開催されたとすれば宝暦七（一七五七）、八（一七五八）年頃とされている「良演哲論」集会は本当に開かれたのか。第二に、神山仙庵が書き継いだとされている「大序巻」は、本当に昌益没後に完成したのか。それはまた『稿自』の完成時期とも関連してくる。第三に、一説には昌益が所払いにより八戸を去ったとされているのは本当なのか、それはいつのことだったのか等である。

以上については明確な記録が遺されていないことから、持論を展開しようとすれば、どうしても推定に頼らざるをえなくなり、そのために議論百出するのもやむを得ない。その一方で筆者は、宝暦五（一七五五）年から八（一七五八）年までの藩日記の掘り起こしが手薄になっていることに気づいた。その責任は、ひとえに八戸の昌益研究者にある。そこで、本書を締めくくるに当たり、この間の記録を藩日記などの八戸資料から抽出し、筆者なりの解釈を加え、今後の議論の踏台とさせていただくことも決して無駄なことではないと考え、以下、筆を進めてみたい。

一、「良演哲論」集会をめぐって

「良演哲論」集会というのは、昌益と門人達が集まり、人間としての生き方や世の中のあり方について議論した集会のことである。

その模様は、『稿自』第二十五巻の「良演哲論巻」に「良子門人　問答語論」として収録されており、その解説によると、「良演哲論」の意味するところは、確龍堂「良」中が「演《の》」べ、門人が師意を「哲《さと》」り「論」ずるということに尽きる。

この巻が研究者の間で重要視されているのは、統目録に一回り小さい文字で「真営道書中眼灯此巻也」〈真営道の眼灯はこの巻である〉という注釈が付されているからで、「眼灯の巻」という文言からは、『稿自』百一巻を編んだとされる神山の、この巻こそ昌益門下の総力を結集させた特別な巻であるという熱い思いが伝わってくる。

その「良子門人　問答語論」で注目されるのは、発言内容も然《さ》る事ながら発言者の号名と住所が示されていることである。

昌益を除いて紹介順に記すと、神山仙確（奥州南部八戸県、確門の高弟）、嶋盛慈風（奥州南部八戸県）、北田静可（良子の門人）、高橋栄沢（奥南部、良家の門人）、中村信風（奥南部八戸）、明石龍映（倭国帝都、京三条柳の馬場上ル）、有来静香（帝都、京富ノ小路）、志津貞中（摂州大坂西横堀）、森映確（摂州大坂道修町）、村井中香（武州江戸本町二丁目）、福田定幸（八戸）、渡辺湛香（奥州須加河）、葛原堅衛（松前城下、確門人）の十三人である。

一方、先に述べたように『稿自』第三十六巻の表紙の裏張りから狩野亨吉が発見した昌益宛て年始状の列名と比較することにより、神山仙確は神山仙庵、嶋盛慈風は嶋守伊兵衛、北田静可は北田忠之丞、高橋栄沢は高橋大和守、中村信風は中邑忠平か中村右助、福田定幸は福田六郎と同定された。

しかしながら、その「良子門人　問答語論」をめぐっては、今でも様々な議論がある。

第一の議論は、問答集作成の基礎となる集会について、昌益の弟子達が実際に集まったとする一方で、集会は開催されず、『論語』のように長期にわたる師弟問答を、後人があたかも集会のように仕立て上げたとするものである。

第二は、集会が実際に開催された場合でも、その開催地については江戸もしくは八戸という二つの説がある。

第三は、開催時期について、その内容の完成度からして昌益の晩年であろうとはされているが、宝暦七（一七五七）年もしくは八（一七五八）年という二つの説に分かれている。

しかしながら、以上の各説とも確たる根拠に基づいているわけではなく、それらについては今もって不明である。そして、この議論をさらに複雑にしているのは、集会が開催されたとしても昌益の八戸在住時かどうかという問題である。

宝暦七年、福田六郎動く

筆者は、最初〈「良演哲論」集会は、江戸はおろか八戸でも開催されなかったであろう〉と思っていた。というのは、参加している八戸の門人が揃って八戸を出た形跡がないうえ、八戸城下でさえ宝暦七（一七五七）、八（一七五八）年には全員がそろっていなかったからである。

高橋大和守は、宝暦七（一七五七）年九月に八戸を出奔したまま帰国せず、宝暦六（一七五六）年に八戸藩飛び地領の志和代官に拝命された福田は、その年の十一月五日から宝暦九（一七五九）年六月二十七日まで二年八ヶ月近くも八戸を離れていた。

筆者は、〈やはり、「良子門人　問答語論」は、神山があたかも集会のように仕立て上げたものだったのか〉と嘆息した。しかし、その一方で筆者には、〈ありもしない集会をでっちあげ、「眼灯の巻」とまでぶちあげるという、そのような読者を欺く大嘘つきの神山仙庵だったのだろうか〉という疑問は残った。

そして〈ひょっとしたら神山は、「問答語論」をまとめる段階で、『論語』を気取って、そのように仕立て上げたのではないだろうか〉という想いを抱いたのも事実である。

〈もし福田六郎が八戸に居れば、高橋が八戸を去る宝暦七（一七五七）年九月以前に開催された可能性は少しは出てくるのになぁ〉という淡い希望を持っていた筆者は、福田が志和から八戸に舞い戻っていた時期があることを「勤功帳」に見出し急に色めき立った。その時期とは、宝暦七（一七五七）年七月十一日～八月二十五日と、宝暦八（一七五八）年七月九日～十月六日である。そこで藩日記でその期間の動きを調べた筆者は、宝暦七（一七五七）年と八（一七五八）年の二ヶ年だけ〈昌益の門人達に一体何が起ったのか〉と思わせるほど際立った動きがあることを知り驚いた。

連動する北田

福田が城下に着いた七月十一日、北田市右衛門（忠之丞）は願書を目付所に提出する。それは、「生まれつきの持病である痞《ひ》があるうえ根気が続かなくなり、去年お役御免を願い出たが養生して勤めるようにということであった。その後治療してきたが生来の持病なので治らず、物書の仕事中は特に発作が起りまわりにも大変な迷惑をかけ、そのうえ体動があると手も震えて用向きも粗末なのでお役を御免願いたい」という内容である。

「痞」というのは、胃疾からくる胸部や腹部の痛み（つっかえ）と考えられるが、なぜ今この時期になって持病を持ち出しお役御免を藩に訴えたのか。どう考えても怪しい行動である。

二人の行動は偶然といってしまえばそれまでであるが、あらかじめ示し合わせたかのように七月十一日に符合しており、北田の願い出が福田の動きに呼応していると想像するのは容易であろう。

北田の申し立ては「まだ年が若いのだから養生し、もうしばらくは勤めるように」と二十三日に差し留められるが、それは折り込み済みで、「体調が勝れないので欠勤することもあるが大目にみてくれ」ということを暗に藩に覚らせせようとする行作と筆者は読み取った。

集合は七月十一日か

二人の行動が「良演哲論」集会に合わせたものであるとすれば、集合予定日は七月十一日と考えられる。それにしても、なぜその日に設定したのか。十四日からお盆にはいるため、先祖の霊を弔う帰省客で、このあたりから城下の往来は繁くなる。他地からの門弟も墓参を口実にできることから、本来の目的を押し隠すためには好都合なのである。しかも、お盆にあたる十四日から十六日までの三夜、馬術を競う「門火乗」があり、中心街はごった返す。いきおい七月十一日は、藩をあげてその準備にかかり切りになっている最中で警備は手薄になる。藩に怪しまれずに開催するためには願ってもない時期なのである。

だとすれば、「良演哲論」集会開催に向けての準備は綿密な計画のもとに、しかも隠密裡に進められたといえる。

高橋の不可解な動き

高橋大和守は、十三日になり不可解な行動に出る。「息子の式太夫を連れて、仙台領亀岡八幡神主山田土佐守のもとで勤学させたい」と藩へ願い出るのである。許可は、翌日に「勝手にしてよい」と、ことのほか容易に下りた。

実はこの旅立にはいわくがあった。翌年二月になっても帰国しないことから親類縁者が探したところ、亀岡八幡には立ち寄っていなかった。それどころか、いっさい行方が知れないことが判明した。

そして、十四年後の明和八（一七七一）年、式太夫は旧庵という医号で京都の〝半井出雲守〟の門弟となっていたことが、高橋玄通が藩へ提出した出入り御免願いから確認された。

高橋玄通は山田家から迎えた養子で、高橋大和守の父・玄亭の医業を継いだ。玄亭は本来であれば宮司を継ぐべき立場にあったが、医の道を歩んだため高橋大和守が祖父の正久から白山宮宮司を継ぐことになったのである。それは享保十二（一七二七）年のことである。

さて、事ここに至り、高橋父子の亀岡八幡宮での修学は口実で、最初から京都定住を目的とした出奔を意図したものであったことが歴然とした。そんなことを言っても、京都までの通行手形はどうするのだという疑問が生ずる。そのことに関して、前出八戸の郷土史家、故・正部家種康に言わせれば「白山信仰をもってすれば、手形などどうにでもなりあすんだ」ということになる。すなわち、山岳信仰による修験者の強力な組織が全国に網の目のように張り巡らされており、通行手形など容易に手に入ると言うのだ。

七月十一日に、全国からの門弟が集結しているとすれば、この十三日という日は「良演哲論」集会の真っ最中であろう。ところが、七月十九日の記録には「用事ができたので勤学を延期した」とあり、高橋父子は出立を延期し城下に留まっているのである。

結局、城下をあとにしたのは九月七日になってからである。高橋が罪科を覚悟した出奔を延期してまでやらなければならない大切な用事とは、「良演哲論」集会以外にはありえない。そうであればなおさらのこと、なぜ高橋はいきなり七月十三日になって八戸を去ろうとしたのであろうか。

その理由を考えてみるに、「良演哲論」集会を区切りとして昌益は二井田村へ帰郷する覚悟を固め、あらかじめ門弟にもそのことを伝えていたのではないだろうか。それゆえ高橋は昌益のいない八戸に希望を見出せず、「良演哲論」集会終了後、新天地での生活を意図したのではないか。実は、この前年の宝暦六（一七五六）年九月二日、実家を継いでいた実兄の〝孫左衛門〟が死去する。弟である昌益には跡取りを探さなければならない責務があり、そのために八戸を離れなければならなかったのではないか。

事実、昌益は大館に帰り、とりあえず実家を継ぎ、その後、養子に迎えた若勢《わかぜ》を跡目に据えている。

集会後に八戸を離れる昌益。ところが集合予定の七月十一日を過ぎても他地の参加者は誰も到着せず、その集会の開催さえも怪しくなる。高橋はしびれを切らし、十三日になってかねてから予定していたように八戸を後にしようとする。ところが、そこに最初の参加者がひょっこりと到着した。そのため高橋は思い留まったのではないか。

すると、「良演哲論」集会は、結集の期日は定められてはいたものの、その日を過ぎても杳として開催の目途が立たず、疑心暗鬼に陥った八戸の門弟達の間には動揺が広がっていたとも受け取れる。

このように、「良演哲論」集会は、交通事情や本人の都合などで、いつだれが到着するのか、本当に開催できるのか、皆目見当のつかない状況を乗り越え開催にこぎ着けたものと考えられる。

増穂残口と半井出雲守

高橋大和守が京へ登り、吉田家から正一位の神階をいただき、従一位大和守に任じられたのは二十六年前の享保十六（一七三一）年のことである。そのとき、洛東神明宮大宮司増穂大和守最仲・増穂《ますほ》残口《ざんこう》に初めて会い、白山宮にまつわる縁起跋（あとがき）を書いてもらった。それが可能だったのも、諸国を旅していた残口が八戸の高橋宅に身を寄せていたことがあり、祖父久方と以前から親しかったためである。

残口の持論は「およそ人の道の起こりは夫婦より始まる。それゆえ夫婦和せざれば道はなく、道なければ誠なく、誠なければ世界は立たぬ。日本は神代より和を本《もと》として夫婦せり。今様の欲に卑しき思惑に満ちあふれた世は懲らさなければならぬ」というところにあり、神社が民衆にとって身近になることを願い、その生涯を神道の教化に捧げた大人《たいじん》である。

残口は、寛保二（一七四二）年、八十八歳で他界したことから、高橋大和守が京都で出会って以来十年近く経っており、その間やりとりがあったとしてもおかしくない。そこで、残口の遺族に息子を半井出雲守へ弟子入りさせてくれるよう依頼したことも考えられるが、なにせ相手は畑違いの医者である。その可能性は低いと考えてよいであろう。

では、誰だったのか。半井出雲守と聞いて、想い起こされる人物がいる。それは、前出の〝半井道三瑞策〟である。昌益は、「確龍先生韻鏡書　一」のなかで、「まだ発病していないのに、その声を聞いてその死生を弁ずる者が近世にいた。それは半井道三である」と半井を称揚している。その後に続き昌益は自らのことを、「庭の松の木を吹き抜ける風や、板屋根をたたく雨の音を聴いただけで翌日の晴荒を判断し、馬牛のいななきを聞いただけで淫声なのか空腹なのかが分かり、カラスの鳴き声を聞いただけで天災が来るかどうかを察知し、患者の病声だけでその死生、虚実、不治かを判断した」と述べていることから、半井を意識していたことが窺える。

半井は、宮廷の医薬を司った典薬寮の長官（典薬頭）を務め、慶長元（一五九六）年に没しているので、昌益はその謦咳に接することはなかったが、わざわざ取り上げているところをみるとその遺徳について知りうる環境にいたことは確かであり、それはまた昌益の気色所勤務の傍証となりえる。このように、昌益が代々の半井家と親交を保っていれば、式太夫の弟子入りを仲介したことも考えられる。

また先述した上田祐専が最初に紹介してもらった京都の医家が昌益の伝手によるものだとすれば、その医者は半井出雲守であった可能性も浮上する。

半井は、もともと医家の名門丹波家の出身であるが、これまた名だたる医家の名門和気家を継ぎ、中国の明（一三六八〜一六四四）に渡り、金元医学を学び帰国した。すると医名にわかに高まり、正親町天皇に特徴され、通仙院の称号とともに半井という家名をいただいた。そして、典薬頭として竹田定加・祐乗坊・上池院などの宮廷医を向こうにまわし、抜きんでた才を発揮した。この功績により、正親町天皇は半井を重用し、禁闕の秘本であった『医心方』を託した。それ以来『医心方』は、半井家が護持し代々承け継ぐことになる。このことから、筆者は昌益は『医心方』を目にする機会もあったのではないかと思い研究したこともあったが思うような成果を見出すことができなかった。

『医心方』は、円融帝（在位九六九〜八四）に仕えた丹波康頼《たんばやすより》が、天元五（九八二）年に完成させ、永観二（九八四）年に献呈した三十巻三十一冊にも及ぶ医学の体系書で、わが国最古のものである。

これには後世談があり、当時の幕府と朝廷との医療における力関係を読み取ることができるので取り上げてみる。実は、この『医心方』を幕府は喉から手が出るほど欲しがった。

幕府では、仁和寺文庫にあった別の『医心方』をガラス謄板で書写させ躋寿館《せいじゅかん》の所蔵としていたが、これには脱簡がきわめて多く用をなさなかったため、寛政二（一七九〇）年、原典を手にいれたく典薬頭半井大和守成美へ幕命を伝えた。が、体よく断られた。

修理大夫清雅に代がわりしても果たせず、嘉永六（一八五三）年、清雅の子・出雲守広明の代に至った。執拗な幕府の要求に対し、広明は「天明八（一七八八）年の火事で京都に於て焼失した」という嘘までつき拒否した。その火事とは、正月晦日、洛東団栗辻から出火し全都が灰燼と化した大火のことである。

幕府はこの返答に満足せず「似寄の品でもよいから出せ」と談求した。広明はやむをえず、「手元に同じ外題のものはあるが筆者が別々で誤脱が多く、はなはだ疑わしき麤巻《そかん》である。とても御用には立つまいが所望に任せて内覧に供する」ともったいぶった理由をつけてやっと差し出したのである。こうして『医心方』は、幕府の手にわたり躋寿館に交付された。

その後、微に入り細をうがち検討を加えたところ、その『医心方』は巣元方の『病源候論』を経とし、その隋唐の方書、百余家を緯として作成しており、その引用しているところをみると、中国においてすでに佚亡したものが少なくないため、期待にそむかぬ善本であることがわかり、躋寿館の学者たちは、欣喜雀躍したのであった。

以上のことは、半井家が幕府の威光を向こうに回し、宮廷医としての矜恃を江戸時代後期まで保っていたことを物語っている。半井家はその後、成信の代から徳川家に仕えると、代々従五位下典薬頭に叙任され、八省大輔等を兼官する特殊な家格と、山城・相模で千五百石を与えられるなど、同様に幕下となった今大路家とともに大名並の待遇を受けた。

福田の奇妙な行動

八月十日になって、福田は理解できない行動に出る。「勘定役の勤めもあるので、さっそく志和に出立しなければならないが」と藩に気づかいながらも、「拝地にススキ（雑草）が生い茂っているため、自ら出向いて指図しなければならず、往来に四日かかるので勝手次第に出かける」と言って行方をくらますのである。

志和代官の仕事をそれほど気にかけているのであれば、むしろ「拝地の草刈りも気になるところだが、仕事があるので志和へ帰る」と願い出なければならないところであり、用件は草刈りであるから慌てふためいて出向かなければならないほど切羽詰まった状況とも思われない。

それでなくとも福田の拝地は、杉沢村（青森県三戸郡南部町、旧福地村）にあり、八戸からそう遠くはない。往来に四日かかるというのは草刈りの作業も含めてのことであろうが、百石取りの武士がつきっきりで指図しなければならないほどのことではない。

この奇妙な行状を「良演哲論」集会と関連づけて考えるならば、全国から参集した門弟が勢ぞろいし、いよいよこの日、決行の時を迎えたと推定される。

福田が八戸に滞在した七月十一日から八月二十五日までの目付所の出勤簿で、福田と北田が揃って四日以上欠勤しているのは、七月二十六日〜二十九日、八月三日〜八日、八月十日〜十四日（十一日は北田のみ出勤）である。

そのいずれかの期間に「良演哲論」集会が開催されたとすれば、福田の行状から考え、八月十日から十四日までの五日間であった可能性は高く、四日間の暇をとりながら結局、五日間欠勤したのは談論風発したためと推測される。

開催期間の裏付け

「良演哲論」集会が、一日や二日では終わらなかったことを裏づけるもう一つの理由がある。

実は、『稿自』第二十五巻「真道哲論巻」には、「〇良演哲論巻目録」が記載されており、「良子門人問答語論」、「私法盗乱の世に在りながら自然活真の世に契う論」、「炉をもって転下一般の備わりを知る論」、「音声韻の所以論」、「古説『韻鏡』妄失の論」と五つの論が順に縦書きで列記されている。

そして、『稿自』百一巻の総見出しである「統目録」には、「良演哲論巻及法世政事並真韻論」〈良演哲論巻及び法世政事論並びに真韻論〉とあることから、「〇良演哲論巻目録」と対比させると、「良子門人問答語論」は『良演哲論巻』、「私法盗乱の世に在りながら自然活真の世に契う論」と「炉をもって転下一般の備わりを知る論」は『法世政事論』、「音声韻の所以論」と「古説『韻鏡』妄失の論」は『真韻論』ということになる。

このように、外題の「真道哲論巻」、内題の「良演哲論巻」、統目録の「良演哲論巻及法世政事並真韻論」と、同じ内容でありながら、標題が三者三様となっている。このことをどのように理解したらよいのだろうか。そのことに明解な答を出そうとすれば、「良演哲論」集会は「良子門人問答語論」に示されたことに留まらず、「法世政事」や「韻鏡」についても昌益が述べ、門人が議論したということになろう。

すなわち、外題にいみじくも「真道哲論巻」と記したように、真道全般についてセクションごとに昌益の基調講演が最初にあり、その後のシンポジウムで議論した。それが「良演哲論」集会の実態であったと考えるのが妥当ではないだろうか。「良演哲論」集会が「良子門人問答」だけで了わったとすれば一日か二日で事足りたであろう。福田が、なぜ四日間の暇をとろうとしたのか、そのことは集会があらかじめ法世の政治論や音声韻論まで踏み込んで企画されていたことを物語っているのではないか。

その結果、昌益思想の到達点が明らかにされた。そのゆえに第二十五巻は自負をもって「眼灯の書」と称され、大序巻と並ぶ特出した巻となったのではないだろうか。すると、「良演哲論」集会は、そこに参集した十三人の門弟だけで細々と開催されたものではなく、多くの門弟の代表者であるという気概を胸に熱気を帯びた討論になったと想定される。

八戸を離れる前に開催

昌益が大館へ帰郷した後に「良演哲論」集会が開催されたという説がある。その最大の論拠は、「良子門人問答語論」にある「良中先生、氏ハ藤原、児屋根百四十三代ノ統胤ナリ。倭国羽州秋田城都ノ住ナリ」という記述にある。この記述を鵜呑みにすれば、昌益は確かに八戸を離れ大館二井田村に居住していたことになる。すると、昌益が八戸を離れたのは、宝暦七（一七五七）年八月十日から開催された集会の前で、昌益が八戸を去った時期を宝暦八（一七五八）年とする「掠職手記」の記述は信用できないということになる。

いずれにしても、昌益は集会に合わせ大館から八戸へ舞い戻ったということになる。集会は、北は松前から南は京都・大坂まで、各地から門弟が参集して開催されただけに、それに向けて昌益は自らの思想を整理し、さらに高めるために血のにじむような準備をしたはずであり、そのためには神山をはじめとする門弟との連絡も密でなければならなかったであろう。

そして、集会運営についても用意周到な計画や準備がなされたはずであり、それは昌益がそばに居て直接指示できたからこそ可能だったと考えられる。ところが、「良演哲論」集会という確門あげての一大事業を前に、扇の要とでもいうべき昌益が八戸を離れていた。どうも、すっきりしない。

もし、昌益が大館に居れば、連絡は書簡に頼らざるを得ず、開催自体が危ぶまれたであろう。そうなると、昌益の八戸在住時に「良演哲論」集会が開催されたと考える方が妥当と思われる。しかしながら、その説にこれまで一種の呪縛のような足枷を嵌めてきたのが、前出の「倭国羽州秋田城都ノ住ナリ」という十二文字なのである。そこで、この呪縛を解き放す視座として、筆者は以下のように考えた。

『良演哲論巻』が神山の手により纏められたのは、昌益が八戸を去ってからである。

ということは、集会が開催された時は八戸に居たが、『良演哲論巻』が綴られた時はすでに秋田に住んでいた。そのため「倭国羽州秋田城都ノ住ナリ」と記述せざるを得なかったということである。その証拠に、会議中に実際に紹介されているのは『慈風ガ曰ク、「仙、氏ハ神山、名ハ仙確ナリ。奥州・南部八戸県ノ住、乃イ確門ノ高弟ナリ』……」とある神山だけである。

一方、神山以外の出席者は、昌益を筆頭にみな地の文であることから、後に「良子門人問答語論」をまとめた神山が、その時に書き加えたものと推測してよいであろう。

「良中先生、……倭国羽州秋田城都ノ住ナリ」と綴った時、神山の胸に去来したのは、昌益とともに思想を語り合い、高めあった過ぎ去った日々への熱き想いであったろう。

それは『自然真営道』を育んだのは、他ならぬ自分達八戸の門人であり、この八戸の地であるという念いである。どれだけ「良中先生、倭国奥州南部八戸県ノ住ナリ」と誇らしげに綴りたかったことか。しかし、そのときすでに師昌益の姿は八戸にはなかったのである。それゆえ、そのように記すことはできなかったのである。「倭国羽州秋田城都ノ住ナリ」という文字に、神山の律儀な性格と心の葛藤を読み取ることができる。このように「良演哲論」集会に記されて参加者の住所が、記録を纏めたときのものだとすれば、「年始状」にあった村井彦兵衛が、村井中香である可能性も浮上する。

前掲の『概説・八戸の歴史』に、大塚屋の弥助という者が分家し、宝暦年間に〝彦兵衛〟を名乗っているという記録がある。また、宝暦七年十一月二十三日の藩日記には、大塚屋彦兵衛の商売が立ちいかなくなり勝手仕送を辞退している記録があることから、村井彦兵衛とは大塚屋彦兵衛のことだろうと早くから注目はされていた。が、その推測を一歩前進させたのは、「資料館」の功績でもある。

複製本作製のため「大序巻」の表紙を写真に撮っていたところ、裏ばりにあった「大塚屋彦兵衛」という文字がくっきりと浮かび上がり、確門の関係者であることが分かったのである。

そうなると、「良演哲論」集会終了後に、彦兵衛は大塚屋の江戸店に回され、「良演哲論」集会の記録に「村井中香、住所・武州江戸本町二丁目」として記録されたということもありうる。

それにしても、昌益を支え「良演哲論」集会を成功させた門弟達の見事な配役には今さらながら恐れ入る。表面には立たず、緻密な計画を張り巡らせながら冷静沈着に事を運ぶ三十七歳の神山。志和から新米を持参し藩の機嫌をとりながら、いざとなると白を切り大胆な行動に出る三十九歳の福田のしたたかさ。持病をさも重病人のように演技する北田二十八歳の剽軽さ。集会に対する思い入れゆえにいらだつ高橋大和守の生真面目さ。五十四歳の昌益の指揮と弟子の見事な配役のもとに「良演哲論」集会は成し遂げられた。

そのことは、「良演哲論」集会が「確門」の総力を結集した緊張感あふれる一大事業であったことを示しており、「良演哲論」集会の成功により、昌益思想は確固とした高みに昇ったのである。こうしてみると、神山が『真道哲論巻』を評して、「真営道中、眼灯此ノ書ナリ」と誇らしげに記した意味が分かりかけてきたような気がする。

二、宝暦八年、再結集する門人

福田の不可思議な行動

翌宝暦八（一七五八）年七月九日、福田は再び志和から舞い戻り、翌日家老へ御目見得する。しかし、志和米の収穫と移送の繁忙期にはいる八月に入っても志和へ旅立つ素振りはまったくない。結局、福田が八戸を離れたのは、十月六日になってからで三ヶ月近くの長滞在になった。

実は、その年の二月三日、福田は「石巻へ出立するように」と言い渡されていた。石巻（宮城県石巻市）で志和米の船積みに立ち会う仙台藩の役人への付け届けは志和代官の重要な任務である。が、どうも福田は付け届けを軽視していたようで、この藩命を放置しておいたらしい。

それは三月二十七日、福田から出された「この度、石巻御用を仰せつかったが、高齢になってきたので山駕籠をご許可いただきたい。実は二月中旬から痔疾を煩い、志和の医者・倉館祐悦から治療してもらい快方へ向かってはいるものの、今もって平癒していない。重病ではないので歩行には差し支えないが、座ることができないため馬にも乗れない」という願い出から分かる。

このことから、ああいえばこう言って藩命に服さない福田に対し、藩の顕官の間に不信感が潜在していたことは想像に難くない。しかも、ここにきて志和代官の仕事をサボり、城下に居ながら出座もせず、何をしているかも藩にもさっぱり分からない状態が続いているのである。

呼応する北田

北田の不可思議な動きが、宝暦八（一七五八）年七月二十七日の藩日記に再度登場してくる。

「先月の始め頃から時々吐瀉があり持病の痞が再発し奉公を控えて町医の安藤秀伯から治療してもらったところ、ひとまず快方に向かった。しかし、月末頃より再発し、今度は神山仙庵から診てもらったら好くなったが、今月に入ってどうも調子が悪く出勤できるような体調でないので暫く欠勤する」という届けを目付所へ出している。

北田の一月からの出勤状況は、一月は十一日間、二月は二十七日のみ、三月は九日間、四月は八日間、五月は十日間だったものが、六月は一日のみ、七月は全欠勤で届け出を裏づけている。福田が城下に帰ってくると、北田の持病が再発し欠勤するという図式は、宝暦七（一七五七）年の場合とよく似ているが、今回はお役御免願いではなく、あからさまな欠勤届けである。〈よくも虚弱体質な北田であることよ〉と思わないでもないが、それにしてもこの欠勤届の内容は不可解なことだらけである。

まず第一に、最初に療治を受けた安藤秀伯は昌益の息子に間違いないであろうが、町医でしかも弱冠二十三歳の駆け出しの医師である。なぜ、名医の父昌益でなく息子だったのか。第二には、神山は昌益の高弟ではあるが、なにせ外科医である。内科の疾患であるのに外科医を頼むということはどうしたことだろうか。

福田が理由もなしに城下にとどまろうとし、北田も欠勤してまでやり遂げなければならなかったことは、一体何だったのか。昌益が八戸を離れる前に、百巻にわたる『稿自』の原稿の整理・清書など最後の詰めをしようとしたことしか、思い当たるふしがない。

「確門の達人」と賞された福田であったればこそ、昌益の考えを確認しながら神山をはじめとする門弟達との間を取り持とうとしたのであろう。そして北田も居ても立ってもいられなくなり欠勤届を出し、外出を控え、昌益の息子や神山と打ち合わせを急いでいたものと考えられる。ということは、集会終了時点において、『稿自』は未完だったということになる。

三、福田六郎事件

家禄百石を食む上級藩士でありながら、昌益門下の影の実力者と目される福田六郎ほど謎に包まれた人物はいない。初弟子である関立竹・上田祐専の次に入門しており、昌益とどのような機縁で知遇を得たのかもまったくの謎ではある。が、福田の才覚に起因していることだけは間違いあるまい。奇しくも藩日記に遺された史実から、福田の「凄さ」を追ってみることにする。

福田にかかる嫌疑

飛地の八戸藩領・志和の年貢米の例年実入りは五千石はある。北上川沿いの盛岡藩領郡山（日詰）から積み出されると、石鳥谷、花巻、黒沢尻の各河岸を経由し、仙台藩領石巻港まで川下げされる。そのため郡山には俵仕方が常駐し、石巻には為登米《のぼせまい》御用役所があった。

その御用米（年貢米）は、江戸へ配送され、藩邸の勤番藩士に供される「本石」と、地元で売り払い為替に換えられる「売石」とに二分される。

確門一同が、『稿自』の完成に向けて一斉に隠密裡に行動していた宝暦八（一七五八）年。城下に滞在していた福田に降って湧いたように嫌疑がかかる。発端は、宝暦八（一七五八）年八月十七日、石巻為登米御用役・山本万右衛門へ出された質問状である。

「石巻で雇い船に、本石でなく売石を積み、銚子へ登らせたと聞いたが、それはどこに伺いを立て、どのような事情でやったことなのか詳しいことを報告せよ」

山本の返答は、「宝暦七（一七五七）年は志和年貢米の川下げが遅延したため、江戸へ上った新井田村孫助の手船・忠正丸が帰港できず、不測の事態に備え代船として神力丸を待機させていた。しかし船主の岩城屋儀兵衛から『経費が嵩むため、神力丸にひとまず暇を与えてほしい』と何度か石巻の為登米役所へ申し出があった。そのところ志和表から『今春は八戸表より船賃の三分の二が到着するまでそのまま待機させるように』という指示があったため、『それまで暇は与えられない』と申し付けた。その後も再三願い出があったので、止むを得ず志和表へ伝えたところ、『忠正丸が四月十日までに帰ってくる見込みがあれば暇を与える』という返事であった。数日後、『忠正丸は近々到着するに違いない』と岩城屋が言うので、『海上のことなので日限までに船が到着するのか心もとない。本当に大丈夫か』と尋ねたところ、『もし日限までに入津しなければ代船を雇ってでも必ず間に合わせたい』ということだったので、その旨の証文を受け取り、志和表からの指示の通り神力丸へ暇をやった。その用状と証文は私が所持しているのでお尋ねがあれば差し上げる」という内容である。そして、この後のやりとりを見ると、神力丸は福田の指示により売石を積み出港したことが分かる。

陽動作戦に出る福田

二日後の八月十九日、福田は「志和代官の相役を就けてほしい」と藩に願い出る。実は、相役の稲垣弥三郎が前年の七月十五日で退役した。そのため福田は新たに選任してくれるよう藩に頼んでいた。にもかかわらず、そのまま一人で勤めるように言われていた。

そこで、福田は「かなり長い間、一人で勤めてきたが、志和は遠いうえ役所の仕事にも不案内なので御用にも差し障り周りに迷惑至極である」と異議を申し出たのである。何も今になってと思わなくもないが、その割には「ついでの時でよいからお願いする」と福田には珍しく低姿勢である。そのことから、藩の目先をかわそうとしていると考えられなくもない。あるいは、相役を就けてもらい城下にもう少し滞在したいとでもいうのだろうか。いずれにしても、藩の追及が始まってからの願い出であるから、そこには福田の魂胆がありありと窺える。

福田への尋問

山本の返書により、暇を与えられた神力丸が本石を差しおき売石を積み銚子へ登ったのは、志和代官・福田六郎の勝手な所業だという嫌疑が生じ、二十四日になって福田へお尋ねがあった。

「売石を二番立の雇い船（忠正丸）に積んだのはどのような筋からなのか。かねてから江戸表の米商人・楠後文蔵への借金を二番船の米で返済する手筈になっていたのにできなくなり、その方へ吟味取り調べがあったとも聞いており不義筋と思われる。佐藤屋源兵衛へ売った米を積んでいいかどうか山本万右衛門はその方に伺い出たそうだが、その方の一存で許可したことなのか、それとも八戸表の役人に伺いを立てて決めたことなのか、書状で回答をよこせ」

福田の弁明　その一

福田はなぜか返書をしたためず、翌日、さっそく目付役の佐々木新六と吉岡権兵衛へ口頭で申し開きをした。藩に抵抗したのか、それとも直接伝えた方が早いと思ったのか定かではないが、動揺した様子はなく、肝っ魂はどっしりと座っている。

長文の反論には、細かい数値が並べられており、福田の頭脳明晰さと強《したた》かさが見て取れる。そのことは取りも直さず、なぜ福田が「確門の達人」と門下生から一目おかれていたのかという謎解明の一端にもつながる。長くなるが要約のうえ紹介してみる。

「二番立と言われる船は、実は今年の川下げの一番立で、忠正丸に二千百俵を積んで登らせた。忠正丸の石巻港への入津も遅れたうえに、川が凍結する時期に入り、仕方なく仙台領下河原に留置きしたため遅くなったのだが、これは郡山御俵仕方・小山田嘉兵衛のときの去冬の川下げ分四千俵の残りなのだ。今年に入って久保九兵衛に交代したときも約四千俵ほどあったが、八戸表で御用金に差し障りが出たため、その内の千駄（二千俵）余りを地払いするよう吟味所並びに勘定所から命令があった。そこで御仕送り支配が、志和の酒屋・五兵衛へ米を買ってくれないかと話を持ちかけたが、盛岡・郡山諸所の相場が、百石につき五十一両だったにもかかわらず、仕送り支配が提示したのは五十四、五両だったので商売が成立しなかった。そのところ兼々為登米を扱っていた仙台の佐藤屋が川通礼金と川下げ御入方と合わせ五十九両二歩で買い入れてもいいというので売った。その代金はなるべく早く八戸表へよこすようにというので、前金として受け取った四百両から志和の仕送り方が百両を差し引き、残り三百両を直々飛脚で八戸表へ納めた。そのとき佐藤屋は『前金を渡す代わりに川下げ一番の米をお渡しいただきたい』というので、その旨を藩へ申し出ておくということで前金を受け取ったのである。残りの二百四十七両余りは払い米を渡したとき受け取り、盛岡で川勝丈右衛門と長内源太夫へ参勤の路銀として渡した。藩へのお伺いなしに佐藤屋へ米を売り払ったのは、直取引の米価を見極める際に、足穀《たしこく》並みであれば指示がなくても払い切りにしてよいという決まりがあったからである。佐藤屋の購入価格は相場よりも七両から八両も高かったため、異議はないものと考え、藩へのお伺いなしに決済した。もっとも、この顚末については、すでに吟味所や勘定所からも聴取され片付いていることだ。しかも、本石八千俵（二千八百石）のうちから払い米にしたことだ。今春の足穀について吟味所並びに勘定所より言われていたのは、何とか二千俵まで売るようにということだったので二千百二十五俵を売り、川通礼金二十七両二歩余りを取り立て、志和の勘定に用立てたではないないか。なおまた志和から案詞帳を持参していないので正確なことは述べることはできないが、大体記憶しているところによると、去年の暮れから今年の春にかけての川下げ一万俵の証文の内訳は、忠正丸に積んだ俵数二千百俵、神力丸に積んだ俵数、佐藤屋へ売り払った俵数の合計を差し引くと二千俵であり、書付をもって伝えているので勘定所から受け取り、一読のうえ佐藤屋の米も足穀と同じだということを家老席へ伝え、疑いを晴らしてほしい」

福田の弁明　その二

「『御用米を差し置き、売石をなぜ積んだのかと』いうお尋ねに対しては、申し上げたように佐藤屋の米は積まなかった。当春に郡山俵仕方・久保九兵衛が仕切った分については、千五百俵余りを残し、七百石を神力丸で積み出し、残りはすべて仰せ付けられたように平田舟で川下げし佐藤屋へ売り払った。そのうえ千九百俵ほどの足穀を本石と積み合わせ、川下げするように仰せ付けられていたが、それは定目（藩の決まり）と承知している。たとえ神力丸を留め置いても、川下げの総仕廻りは四月末ではないので、神力丸にすべての御用米を積み立てすることは不可能だったことをこのさい報告しておく。

『去冬と今年の川下げが遅くなった理由』については、干水のためではなく、黒沢尻に繋留している平田舟が、先年は十一艘だったのに、近年は十艘に減らされ、さらに宝暦五（一七五五）年以来修復していないため大破したものもあり、去年修理はしたものの現在は新旧七艘だけになっているためである。

盛岡藩では川底の浅い郡山から黒沢尻までは小型の小繰船、その先は大型の平田船だが、輸送量の少ない八戸藩では小型の平田舟なので積み替えなくてよいが、舟が不足しているため、何度も往復しなければならず川下げに時間がかかったのだ。

『神力丸へ売石を積むことに対し山本からお伺いがあったのかどうか』については、たしか、今年の三月十九日かと思うが、山本から言ってきたのは、『数日間、神力丸が留め置かれたので、船頭や水主の賄い等がかかり迷惑しており、四月十日以降はお暇をいただきたいと度々願い出があった』ということであった。そのところ願いの通り許可を出したのは、佐藤屋の米を銚子浦まで一賦したいと岩城屋が申し出たからである。

そこで私は、『四月十日までに忠正丸が戻って来たら神力丸を差し向ける』と返事した。かさねて山本から岩城屋へこのことを伝えさせたが、『どうしても暇を欲しい』と言うので、『こちらで御用米を揃えて待っていても、海上のことなので万が一船が難破して神力丸が戻ってこない時はどうするのか』と尋ねたところ、『そのときは自分で船を雇ってでも滞りのないようにし本石を粗末にしない』と言うので岩城屋から差しだされた印紙の文面に、一札入れさせた。これは私も確認した。

『神力丸を銚子浦まで向かわせるに当たって役人へ伺いを立てたのか』ということについては、『私一人で申し渡したことである。ついては少々仔細もあるが、恐れ多くて詳しくは申し上げられない』」としたが、このことが藩を逆なですることになる。

怒りを露わにする藩

この回答に藩の立腹は甚《はなは》だしい。

「『岩城屋からの願い出により神力丸へ暇を出した』と言っておるが、それは名掛手船（藩船）と同様に処理しなければならないことで、どんなに延びても暇を出すなどとはとんでもないことだ。海上難船による遅滞は予測できないことなので、万一難船等があり、下りが遅くなった場合はどのように間に合わせるつもりだったのか。御用米は遅滞なく配送しなければならないので、たとえ名掛けしていない雇い船の場合でも勝手なことは許されず突っぱねるべきだった。

名掛は願い出たうえで許可が与えられる厳格なものであり、雇い船の場合もそれと同様であるから、お上《かみ》に御用を報告して安堵を受けるべきだ。自分勝手にやって万が一、御用が難渋したときはどのように対処するつもりだったのか。すべての質問事項に対する回答を即刻申し出よ。それと請書の末尾に『少々仔細もあるが恐れ多くて委しくは申し上げられない』とあるが、申し立て難い筋があっても請書に書き出すのが当然だ。今後は委細も隠し立てすることなく申し出るべきで、佐藤屋へ売り払った米の価格は足穀並だと言っているが、役人どもへ伺いを立てたのかどうかについても答えよ」と藩の定規を盾に押しまくっている。

仮病を使う福田

これらの質問に対して福田は、なぜか沈黙を保つ。

そして、九月五日になって、「八月二十七日から風邪をひいているのに無理を押して申し開きをしてきた。二十九日に目付役の佐々木新六宅へ弁明に出向いたところ、帰りに悪寒がして歩くのもやっとで、その後高熱が出て身体の自由が利かなくなった。湿風疝があるので治療については神山仙庵に診てもらっているが、左脚から足の甲にかけて腫れて歩行に難儀し出勤もままならない」と欠勤を藩に伝えている。

九月五日といえば、福田が志和へ旅発つ予定の日である。

福田の動きは、どう考えても怪しい。病気を盾に志和への出立を延期し、城下にまだ留まっていたいのである。そして見逃してならないことは、神山に往診を仰いでいることである。前述のケースと同じように、往診を理由に周りに怪しまれず二人だけで大っぴらに会談できるということである。相手が医者だからこそできることでこんな好都合なことはない。

仙庵と今やっておかなければならない重要な用事とは、『稿自』に目処をつけること以外にない。そして、やっと九月十六日になって福田は、家老の船越清右衛門へ回答書を提出し、差控（待機）を申し出る。それを受けて藩ではさっそく志和へ飛脚を送り、「福田の差控により用向は勘定頭へ申し出るよう」に伝える。

福田の最終回答

福田の回答はこれもまた長文である。

「岩城屋からの願いにより神力丸に暇を与えたことは、私の一存で申し渡したことなので、お尋ねの件の委細を拝聞したところ、その通り受け入れるしかなく、不念至極恐れ入る次第だ。仔細を報告しなかった理由は弁明が長くなるためだ。先のお尋ねのときに申し上げるべきであったが、いずれも私が志和に勤務する以前のことで、確かな証拠もなく申し上げるのは恐れ入ると思ったからだ。神力丸は前金船と申し付けられており、名掛け船と同じ扱いだと承知していたので前金は渡さなかった。しかしながら前金船なのに前金を渡さなかったことは今となっては遺憾なことだと反省している。一言言わせてもらえば、石巻川口出帆の場合はその時々で積荷が重なるため、石巻で三分の二、残りは江戸着時に渡す決まりであるが、神力丸はこれまで運賃の全額を江戸渡しとしており石巻で払ったことはなかった。有り難いことに、それでも滞り無く運送してもらっていた。それは船中では金銭の入用がないためだ。なお住所地の港から出帆した場合は、乗り合い船頭水主それぞれの妻子へ相応の扶持を払ってから出帆しなければならないためこのようにはできない。運賃の三分の二の前金が藩から貰えない時は、船主岩城屋が自分で用立て、そのうえ塩・味噌・薪等の支度までしたと聞いている。去年の暮れの輸送のときなどは、岩城屋は大変難儀したそうだが、ようやくオ覚金（工面して集めた資金）の目処が立ち、滞りなく御用を務めることができたと聞いている。このような事情があるので、石巻近郊の湊の者へは慈悲をもってお暇も与えてやるべきだと私が心得違いした結果こうなったのだ。佐藤屋へ売り払った米の価格を足穀並として役人へ伺いを立てなかったのは、志和御納米を地払いするように言われたとき、相場が下がっていて莫大な損金を生ずることが予想されたためで、損得を考え仙台払い石巻渡しにした。もっとも郡山俵仕方、同所川下げ、並びに黒沢尻川下げは、お上が物入りだったので為登米同様にした。その旨を吟味所・勘定所へ報告し、お上で見極めるようお願いした。その後、黒沢尻の忠兵衛から願い出があり、足穀について説明した時、盛岡からの川通り証文一万俵の内、神力丸に去年と今年の二度に渡り積み立てした俵数、忠正丸に積み立てした俵数、佐藤屋に売った俵数を差し引くと九百石ほど残った。それで、忠兵衛から願い出のあった足穀を許可いただくようにと吟味所・勘定所へ申し上げたところ、二千俵（七百石）までは良いということだったので、そのむね忠兵衛へ申し渡すよう伝えた。このようなこともその時に申し上げるべきであったが、お尋ねがあったのでこの際やむを得ず各様までこの旨申し上げる。しからばお取り成し下さるようお願いする」

以上の福田の弁明に登場した俵数・石高などの数値は、綿密に計算すると実数と合致しないところもあるが、藩の強制には何とも遣り切れないものを感じる。

逼塞の罪科を受ける福田

このような誠意ある回答にもかかわらず九月二十日、福田は逼塞《ひっそく》（自宅謹慎）となった。その罪状書には、「御用金にも差し支え難儀している折にもかかわらず、雇い船に売石を積み銚子浦まで輸送させたことは無念至極で、先頃のお尋ねにも申し開きが立っていないので、これより逼塞を仰せ付ける」とある。それと同時に、九項目にも及ぶ罪状の書き付けが手渡される。

福田の政治姿勢は藩の言いなりではなく、商人や船乗りに対する慈愛に満ちあふれている。明治維新まで残り百十年。福田のこの姿勢は、確門一同の処世態度を象徴していたのではないか。そしてその生き方が藩の逆鱗に触れ始めていた。

福田事件の顚末は、すでに片づいた事をぶり返され揚げ足を取られたということに尽きる。しかしながら、ことここに及んで藩が厳しく糾弾してきたということは、福田の何らかの行動に対する妨害行為と考えられなくもない。福田の何らかの行動とは、もちろん『稿自』の完成に向けての作業である。

その書物の中に過激で封建制度を真っ向から批判している部分があることを、藩は薄々察知していたのではないか。それを福田への迫害をもってして確門に暗に覚らせようとしたのではないか。福田を逼塞に追い込むことが、確門の機能マヒに繋がることを藩は知っていたのであろう。『稿自』の編集作業が隠密裏に行われ、その最中に福田事件が起きたことを勘案すると、あながち見当はずれでもないような気がする。

八戸を去った理由

志和へ戻りたいと願い出た福田は、九月二十九日になって藩から「もっともであり、近い内に志和へ出立すべきだ」という回答を得た。それを受けて翌日、福田は「十月六日に志和へ発つ」と申し出、許可される。

ここに七月九日から続いた福田の城下への長滞在はついに終止符が打たれることになる。福田が八戸を離れる旨を藩に届け出たということは、『稿自』の完成に目処が立ったということである。

北田の出勤状況もそれを裏付けている。八月は二十三日のみ、九月は四日間と欠勤が目立っていたものが、十月からは十二日間、十一月は八日間、十二月は十五日間と平常に復している。このことからも稿本『自然真営道』に一区切りついたことが分かる。そして、『稿自』の完成に目処が立ったということは、昌益も門弟から八戸を去る許しを得たということに外ならない。

福田に対する藩の執拗な追及と昌益の八戸退去とを関連づけて考えるならば、昌益は藩の圧力により去らなければならなくなった、あるいは昌益に危害が及ぶことを恐れ、門人が国外に逃亡させようとしたとも推定できる。

しかしながら、その可能性は極めて低いと言わざるをえない。

三宅正彦は、昌益は実家の跡を継ぐために八戸を離れたのではないかと言う。

前段の説明を省くが、「このように考えると、宝暦八年、昌益が突然、どうして八戸の医業を息子周伯に譲って二井田に移住し、孫左衛門と名乗ったのか説明がつく。本家の当主である兄が死んで跡取りがなかったために、この三回忌を前にして本家を継ぐために昌益は二井田に帰ったのである」（前掲、『安藤昌益と地域文化の伝統』）

前述したように、実家の当主であった〝孫左衛門〟が他界したのは、宝暦六（一七五六）年九月二日のことである。そのことから三回忌は宝暦八（一七五八）年九月二日で、昌益が実家に着いたのは同年十月七日のことであろうから、三回忌が終わった後になる。

これまで藩日記で観てきたように、跡取り問題解決のために直ぐにでも帰郷したい気持ちでいっぱいであった昌益は『稿自』の画竜点睛となる「良演哲論」集会の開催をせがまれることになる。集会が終わると今度は「『稿自』が完成するまでは」と足止めされた。そのため帰郷が延び延びになった。それゆえ昌益は必ずしも三回忌にこだわったわけではなく、門弟との仕事を最優先にしていたといえる。

実家を護るために妻子を捨て帰郷するという昌益の態度について、鬼子のように時代に逆らった昌益にしては似つかないという意見もある。しかしながら、跡継ぎを立てた後、八戸に戻るつもりだったとすれば、妻子を置いて帰郷したことも納得がゆく。他にも、「昌益は故郷で自然世を創ろうとし、それに妻子を巻き込むことが耐え難かったのではないか。だから妻子を置いて行ったのではないか」という声もある。

そして昌益没後、息子周伯が母を連れて八戸を離れたことについても、「当時は他地での医学修行が定石となっていたから、昌益の生死にかかわらず兼ねてから予定されていた行動だったのではないか」、「ではなぜ妻も一緒に八戸を離れたのか。城下には娘もいたろうに」、「娘を置いて行ったということは、結婚して家庭があったからではないか」、「じゃぁ、八戸にも昌益の子孫がいるということか」など話は尽きなくなる。事実、前出の八戸歴史研究会会員によると「小中野の小柳に昌益の娘が嫁に入った」という言い伝えがあるという。

そういった井戸端論議が出るのも確定資料が見つからないからであるが、そのお蔭で私のような「昌益探偵」が現われることになる。昌益は死してなお様々な話題を提供してくれる。想像を掻き立ててくれる。昌益先生！ ありがたや、アリガタヤである。

四、完成したのはいつか

「大序巻」をめぐって

昌益最晩年の作とされる「大序巻」には、昌益思想最高の到達点が示されている。それゆえ、昌益単独で書いたものと思いきや、全二十五段落のうち昌益が作成したのは前半の第一から第十五までで、後半の第十六、二十二、および最後の第二十五段落は、明らかに仙確（神山仙庵）が筆を執っている。

そのことについて寺尾五郎は、『全集』第一巻に解説して、「その他の後半の部分は、残された昌益の遺稿を仙確がそのまま編入したものか、または若干の省略や整理を加えたものか、あるいは生前の昌益の講述を仙確が再現したものか、それらが混在しているものかは判然としないが、いずれにしても仙確の手が加わったものである。つまり昌益は、この『大序巻』を書いている途中で殪《たお》れた。『自然真営道』という百巻の巨龍に、確龍堂良中は、最後の点睛を書きこみつつ世を去ったのである。後半を書き継いでいるのは仙確であり、それは師昌益への『送葬の辞』ともいうべきものをふくんでいる」とした。

これをこのまま踏襲すると、昌益は前半部分を書き終えた宝暦十二（一七六二）年十月十四日に息絶え、やがて八戸に送られてきた遺稿を仙確が書き継いだということになる。昌益がいつから「大序巻」を書き始めたのかは定かでないが、仮に帰郷後だとしても筆が立つ昌益にしては、足掛け五年という年月は長過ぎる。

しかも頭の中に入っている思想のゴールを纏めるだけであるから著述に難儀したとも思えず、どうも理解に苦しむ。「大序巻」の字数は、『刊自』三巻の高々四、五割である。その『刊自』の草稿を、昌益は半年弱で書き上げている。

昌益が死去したとき神山は江戸にいたが、とり急ぎ下向するでもなく翌年五月、八戸に帰ってくる。そして、翌年の明和元（一七六四）年正月、病身という理由で退役願いを出したところ、翌二月、番医座上に昇格し現場から離れる。

神山が「大序巻」を書き継いだのは帰国後であろうから、そうなれば、その完成時期は明和年間まで下るということもありうる。

別にあった「大序巻」

前出の『良中子神医天真』の解説（『全集』増補篇二）を担当した新谷正道は、『良中子神医天真』と「大序巻」とをその字句や文体・内容について比較検討したところ、昌益自身による「大序」が別に存在していたとしか考えられないと、巻末の「附録―新資料をめぐる論考（二）」で述べている。

そのことから「昌益の遺稿を高弟神山仙確が加筆して完成させたとする仮説を検証するうえでも、大きな推定材料を提供するものとなろう」と、寺尾仮説を一歩前進させた。

神山が昌益自筆の「大序巻」に手を加えた可能性がある三段落の内、第十六段落は、昌益の人となりについて「その人相、高からず卑《ひく》からず、面貌、不美・不醜にして、……。常の業行は薄貧にして、朝夕の飯汁の外、すべて別物を食わず、酒を飲まず、他女を犯さず。……人を誉めず、他を誹《そし》らず、おのれを慢せず、みずから卑しとせず。……」と、神山が師の横顔を紹介するために加筆したものである。

第二十二段落についても、食物は「天が恵んだものか、天から貰っているものなのか」という昌益の原テキストを師弟問答形式にアレンジしたとも考えられ、「良演哲論」集会の模様を記した「良子門人問答語論」に類似した体裁をとっている。

問題は最後の第二十五段落である。

そこには、「この『自然真営道』を読み、直耕・活真の妙道を貴ぶ者が現われたならば、その人こそ昌益の再来である。なぜなら昌益が常に誓って言っていたのは『私は死んでも、穀物の中に休んでいるだけで、それを食べた人の中に現われる。幾年経ようとも誓って自然活真の世にしてみせよう』と言って天に還ったのだから」〈人在リテ、『真営道』ノ書ヲ誦シ、直耕・活真ノ妙道ヲ貴ブ者之レ在ル則ハ、是レ乃イ『真営道』ノ書、作者ノ再来ナリ。此ノ作者、常ニ誓ツテ曰ク、「吾レ転ニ死シ、穀ニ休シ、人ニ来ル、幾幾トシテ経歳スト雖モ、誓ツテ自然活真ノ世ト為サン」ト言ヒテ転ニ帰ス〉とある。

この文を一読して不自然なことに気づかないだろうか。

本来は「此ノ作者、常ニ誓ツテ曰ク、『……』ト」か、あるいは「此ノ作者、『……』ト言ヒテ転ニ帰ス」でなければならないはずである。

すなわち、「この作者が常日頃誓っていたこと」を紹介したかったのか。それとも、「作者が臨終間際に遺した言句」を伝えたかったのか、述語が途中ですり替わっているために、はっきりしなくなっているのである。

これをどのように解釈したらよいのであろうか。考えるに、「此ノ作者、……、『……自然活真ノ世ト為サン』ト」と書き綴り、しばらく筆を休めている間に昌益の訃報に接し、「言ヒテ転ニ帰ス」と書き足したのではないだろうか。

「大序巻」に宝暦五年の気象状況

「大序巻」には、興味をそそられる記述がある。

それは「あるいは、六月寒冷して諸穀実らず」という文言で、昌益には珍しく「六月」と特定している。

藩日記にその記述と類似の気象状況がないかと思い調べてみると、宝暦五（一七五五）年の条に「六月上旬より雨が激しく冷気があり稲作も畑作もうまくない」という記録が、十月二十三日に出した幕府への申報としてあった。

そして、「大序巻」の「六月寒冷して諸穀実らず」に続く「あるいは旱魃して衆穀不熟・焦枯し……」は、宝暦八（一七五八）年五月八日の藩日記にある「打ち続く旱魃で田畑ともに宜しくないので雨乞いをさせた」と符合することも分かった。

これらのことから「大序巻」は、昌益が八戸城下で経験した異常気象の印象をもとに、宝暦八（一七五八）年六月以降に書かれたと考えられる。だから と言って「大序巻」が明和年間（一七六四〜一七七二）に完成したことと矛盾することにはならないが、筆者には「大序巻」の「六月寒冷して諸穀実らず」

という記述に、遠い過去の出来事の単なる回想ではなく、直今の異常気象を体験したものにしか理解できない感情の高ぶりを感じるのである。

すなわち、十年も前のことをわざわざ引き合いに出してきたというより、まだ生々しく辛く悲しい思いを民衆とともに共有したいという切なる気持ちがあり、その衝動により図らずも「六月」と吐露せざるを得なかったのではないかと思うのである。

そこで筆者は、ひょっとしたら「大序巻」は、昌益の八戸在住時に完成していたのではないかと思うようになった。宝暦五（一七五五）年の凶作は、昌益が八戸で経験したうちでも、最悪で悲惨極まりないものであった。表高二万石の八戸藩で、損耗は約一万八千五百石にも達した。

五月二十日から四日間降り続いた大雨で川は氾濫し、山は崩落し死者も出た。六月上旬からまた雨が続き、寒冷となり田畑に被害が出た。それが「六月寒冷して諸穀実らず」である。さらに七月上旬から八月中旬までまた雨が降り続き、ヤマセで冷気が募っていたところ、八月十六日から大降霜が襲ってきた。

神山はこの年の五月十日、参勤下向で帰国したばかりなので、昌益とともにこの様子はつぶさに観ている。九月十八日、検見役人の報告に、「畑作は所により例年の作柄。稲は皆無でまれに実入れもあるが、いまだ青立ちで刈り取るべきか判断がつかない。さらに夜陰にまぎれ切荒しも横行しており百姓はその対策に手を焼いている。いま刈り取れば、種もみに使える物もあるやに思えるので、一両日にご指示願いたい」と、暗に早目の刈り取りを促した。

ところが藩は、九月二十日、八戸廻・長苗代・名久井の三代官へ、「凶作であるが、種もみになる稲もあるやに聞き及ぶのでまだ刈り取らなくてよい」と、正反対の指示を出す。

これが最悪の結果を招くこととなる。十月一日、にわかに黒雲たちこめると横なぐりの大風雨が襲って来る。地引き船二十艘と積分け船十六艘にわかれ、鰯漁をしていた湊村や白金村の漁民約六百人は、突然襲ってきた大風と高波で市川沖へ流され、水夫九人が行方不明となった。記録には「東風猛烈にて海上怒濤奔雷」とある。

陸上では、沢里と売市溜池の堤防が決壊し、上組丁・町組丁から禅源寺、畷手《なわて》、山伏小路にかけての水田は、あっという間に一面の大河となり、水声あたかも奔雷のごとく鍛冶町にそそいだ。領民は先を争って長者山に避難する。馬淵川と新井田川は約六メートルも水かさが増し、濁水が沼館・前左比代の田畑を埋没させると下組丁まで一面の川となり白浪が立った。新井田川河口にある窪地の小中野新町はまったくの海と化し多くの人家や牛馬が流失した。

城下では、博打、夜盗、盗賊、強盗、そして米雑穀の高騰による不正売買、抜け荷が横行し、そのうえ狂犬病が増え飢えた野犬は人々を襲った。藩では雑穀・材木・薪の他領払い禁止と倹約奨励の触れ書を出し監視を強化せざるをえなかった。

八戸藩での博打には「三笠」が多い。もともと俳諧稽古の一手法に、お題として出された上の句に、点者《てんじゃ》や連衆《れんじゅ》が、中の句や下の句をつけて点を競う、冠《かぶり》付《づけ》というものがあった。その背景には、江戸にでた松尾芭蕉が文芸性の高い俳風を確立し、瞬く間にあらゆる階層に広まったことがある。

それまでの談林風を超えた蕉風俳諧は、元禄好況を追い風に金銭や家財、揚げ句の果ては不動産までを賭けるようになり、高得点の句を当てた者に敗者が褒美として差出すという三笠付けが流行りだした。これは明らかに博奕であるが、文芸と通じているため罪悪感はなく、とくに八戸藩では俳句の盛んな土地柄を反映し、必死の取り締まりにもかかわらず抜参りとならんで対策に手を焼いていた。

統目録に宝暦六年の飢餓状況

凶作の年は、前年に収穫した食糧があるからまだ好い。しかし、翌年には必ず大飢饉がやってくる。

宝暦六(一七五六)年の領内人口は、六万五千人から四万五千三百六十五人に激減し、藩財政はさらに窮乏を極める。

一月、盗賊が横行し、寒さで餓死者多数。無慈悲に川へ捨てられた多くの死体を引き揚げ、上ノ山に穴を掘り弔う。三月、雑穀の値段高騰。在郷各村は藩へ粟借り要求。他領への持ち出しも原因とみて、抜荷の取り締まり強化。その二十五日に天聖寺の先住・守西上人は長病のすえ息を引き取った。享年八十六歳。四月に入り、食糧（大豆）の盗みが増え、領民は藩へ味噌の拝借願い。泊めてもいいが食事は出せないと無宿者に言ったところ放火される。五月も盗み放火が多い。その二十六日、八戸廻代官を務めていた福田は、勘定の報告が遅れた廉で、逼塞を喰らい六月五日、辞職する。二十五日には大坂屋中村忠兵衛が仕送り御用を辞退したのを皮切りに、仕送り御免が相次いだ。八月に入り、斬取り（穂切り）が多発したため見回りが強化され、大豆は豊作であったが、今度は秋台風がやってきた。十月七日、大坂屋中村忠平は造酒業を始め、十一月五日、福田は志和代官となり八戸を後にするが、城下にあふれた乞食に対し、藩は路銀を与え郷里へ帰すという措置をとった。

四月六日の藩日記には、その窮状を称して「世上一等の困窮……金銭不通用」とある。

この記録を含め、宝暦六（一七五六）年の藩日記の記述は、統目録の最後に神山が記した「金・銀・銭、無益ノ事　○凶年ニ転下諸穀実ラズ、衆人飢死スル者多シ。強気ノ者、飢ヱニ迫ラレテ斬取リ・盗賊ス」に通ずる。

「斬取リ」とは殺人のことではなく、飢えをしのぐために夜陰にまぎれ稲を斬り取る「切荒し」に外ならないが、神山は天明大飢饉の前年に死去しているので、統目録の記述は天明のそれではない。

筆者は、統目録の「金・銀・銭、無益ノ事……」という記述も、「大序巻」の「六月寒冷して諸穀実らず」という文言と同様、それから十年も経ってから記したものでないと考える。十年前のことを、わざわざここで取り上げる必然性はない。そこで統目録が成立した時期も、昌益が八戸を離れる前ではなかったかと考えるようになった。

「大序」を書き上げ、統目録の巻立てと文面を確認した昌益は、門弟に見送られ八戸を後にした。後を託された神山は、昌益の遺した「大序」を土台にして「大序巻」を自分の想いも込めて纏めた。そして、「良演哲論」集会の昌益と門人との問答を『論語』風に仕立て上げ、『法世物語巻』を清書し、それらを製本した。

「大序巻」「法世物語巻」「真道哲演論巻」の三巻だけが、他の巻と違い、縦長で表紙が渋色になっているのはそのためである。

昌益の天譴思想

昌益は、飢饉は人間の心が邪《よこしま》だから起きるのだという。

「大序巻」には、聖人と釈迦が「上下ノ私法ヲ立テ、欲情盛ンニシテ教へヲ為シ、不耕貪食シテ下衆人ヲ苦シム」、だから、下は上を羨《うらや》み、上は下を貪り、その邪情・迷欲・怨恨という邪気が、毛穴から抜け、呼息から発し、「其ノ近証ヲ謂フ則ハ、大乱・大軍シテ人多ク殺シ殺サレ、万人手足ヲ安《お》ク所無ク、患《うれ》ヒ悲シム其ノ邪汚ノ人気、転定・活真ノ気ヲ汚シ、故ニ不正ノ気行ト成リテ、必ズ凶年シテ実ラズ、多ク餓死シ、疫癘シテ病死ス、近ク世人ノ知ル所ナリ」とある。

ここにある「其ノ近証」とは、島原の乱に外ならない。なぜ、そう言えるかというと、『私法神書巻』下巻の「百十、女帝」（百十代明正天皇）時代の事件について、織田信長が広めた切支丹宗旨を豊臣秀吉が潰したために、その宗主である舞羅天《フラテン》の落し子が肥前の天草に逃げ隠れ、寛永十四（一六三七）年、「是レガ島原ニ起テ、又、切支丹ヲ弘メント為ス。此ニ於テ家光、諸将ニ命ジテ之レヲ征ス。三万七千人之レヲ誅ス。同ジク十九（筆者注―寛永十九）、転下飢饉シテ人多ク死ス」と島原の乱と飢饉との関係が明確に記されているからである。

これらには、昌益の謂わんとする「天罰思想」が象徴的に描かれており、要するに「邪汚の人気が、転定の気を汚すから気候が不正となり凶作となる」と言うのだ。

現代では、台風、地震、津波、落雷、竜巻、洪水、火山噴火など、天災の成因はすべてとは言えないが解明されてきている。それは自然の異変であり、人智の及ばないものがほとんどであることを現代人は知っている。ただし、いつ、どこに、どのような規模でやってくるのか正確に予知できないだけである。

が、昌益はそれを人間の心が汚れているところに起きるとしているのである。どう考えても、昌益の考えには組みすることができないと筆者は思ってきた。しかし、悲惨な原発事故を経験するにつけ、昌益が謂わんとしているのは、「『邪汚ノ人気』に満ち満ちているから利得に走り天災に対する備えがおろそかになる」ということだと手前勝手に拡大解釈することにした。

昌益は『暦ノ大意』のなかで記している。

「天運は三十年で一度小変し、百年にして中変し、五百年にして大変す。三たび大変して一記し、三記して大いに備わる。これその大数なり。国をおさむる者、必ず三五を貴ぶなり」と。すなわち五百年ごとに大きな震災がやってきて、それが九度繰り返すというのである。そのことを為政者は肝に銘じなければならないというのである。

そして、昌益はまたこうも言う。政治の本質は「愚」であると。だから昌益は「自然世」を目指そうとした。

城下を後にする昌益

福田は十月六日の前日になって「志和役所へ出立するように仰せつかったが、持病の痔疾が再発し、はばかりながら馬に乗ることができない身体になって迷惑をおかけする。恐れ多く思っているところであるが、駕籠にしていただきたい」と願い出て許可される。

福田が十月まで滞在を延ばしに延ばし、駕籠で志和へ戻るということは、大仕事を終えた昌益とともに城下を出たということである。秋田街道と登り街道との分岐点である鹿角まで福田と昌益の旅程は同じで、そこまで同行した。

馬を引きながらであれば、おちおち話もできない。駕籠は城下を区切る沢里惣門までてよく、その後は駕籠を捨てゆっくりと積もる話に別れを惜しむことができる。だから理由を付けて駕籠に換えたのである。

「確門」の総員が沢里惣門まで二人を見送る。その中には昌益の妻と息子周伯の姿もある。『稿自』は苦労をともにした八戸の門弟へ贈られた昌益の惜別の書となった。しかしながら、この旅立ちが、はかなくも永遠の別れになるとは誰も予想していなかった。

確龍堂良中の「確龍」は、『周易上経　乾の巻』にある「確乎《かくこ》としてそれ抜くべからざるは潜龍《せんりよう》なり」から拝借したものだといわれている。

「世の喧騒に巻き込まれず　沼の淵に身を潜め　どんな圧力にも屈することなく　時節の到来をじっと待つ　不抜の潜龍でありたい」

昌益が、その一文に出会ったとき、自分の生き方はそうありたいと希ったことであろう。

門弟の熱き思いに支えられ、『自然真営道』百一巻を完結させた確龍は、八方機変を睨む火龍となり、大地を揺るがす雷鳴とともに天へ駆け昇った。

（文中敬称略）

『安藤昌益に魅せられた人びと
――みちのく八戸からの発信』完

亡夫のライフワークに寄せて

夫がライフワークにしていた本書が、吉田德壽様他、色々な方のお世話で発刊の運びになりましたこと、とてもうれしく、本当に有り難うございました。

最期の日々も、ベッドサイドの息子とあれこれ打ち合わせをしておりました。

版元の編集者から「あとがき」をお願いしますと言われ、

「それは明日にしよう」

と言って、そのまま旅立つことになってしまいましたが、さぞ喜んでいることでしょう。

紫波町や大館など安藤昌益ゆかりの地への取材旅行にも連れて行ってもらいました。わたしは温泉旅行気分でついて行ったのですが、今となっては懐かしい思い出です。

夫が最後の力を振り絞ってまとめ上げたこの本を、皆様のお目に止めていただければ幸甚です。

思い返すと涙が出てきてしまいますが、彼が遺した物をこのように形にできたことは、何よりの供養になったのではないかと思っております。

有り難うございました。

二〇一四年九月十三日

近藤俊子

あとがき――父のことども

遺稿となってしまいましたが、父が晩年本業の傍ら心血を注いだ本作を無事に出版することができました。本作の編集から装丁に至るまで御尽力下さった泉博幸様はじめ農文協の皆様、序文をお寄せ頂いた吉田徳壽先生ほか、父の取材にご協力頂いた全ての方々に、まずは深く御礼を申し上げます。本文にもありますが、泉様は「安藤昌益全集」（農文協刊）の刊行に携わった方、吉田様は昌益のほか、芥川賞作家『三浦哲郎―作風と文学への旅』の著者でございます。

臨終の一週間前、やせ細った父がそれでも病床で気にしていたのが本作の出版のことでした。キーボードを打つのもままならない父に代わり私がメールでやり取りを行ない、出版に向けての最後の段取りがついたのが三日前。その時に父は深く深く息を吐き、掠れた、しかし心底安堵した声で良かった、と呟きました。今思えばあの時に、父の生に対して張りつめていた執着の糸が切れたのであろうと感じます。

その後「あとがき」が必要ですというメールを農文協さんから受けたことを父に伝えると、「よし、明日やろう」と父は笑っていました。それが父と私の最後の会話になりましたが、最後まで明日は何をしようかと前向きに考えていたのが大変父らしいと思います。

父がいつ安藤昌益と出会い、何故その思想と生涯に惹かれたのか私は知りません。ですが本業が歯科医師であった父は、同じく歯科医師を志した私にいつも「額に汗をして働きなさい。人に何かをしてもらうのではなく、人に何かをしてあげられる人間になりなさい」と言っていました。事実、父は休む間もなく懸命に働き、自己の利益ではなく社会に貢献することこそを至上の喜びとしているようでした。またその姿勢は、葬儀・弔問に訪れた方も口々に語っておられました。こういった父の考え方が安藤昌益の提唱した「直耕」、「自然の世」という概念に相感ずるところがあったのでしょう。私が小学生の頃に父が突然市議会議員に立候補し、二度の落選を経て議員を二期務めたことがありました。当時、私を含め家族は大変驚きましたが、それも世の中を少しでもいい方向に変えたい、もっとふるさとをいい街にしたいという強い思いの表われだったのではないでしょうか。

父が安藤昌益の名を口にしだしたのも、ちょうどこの頃だったと思います。ふるさと八戸をより良くしたいと願いつつも、父は問題の山積する市政の現実に行き詰まりを感じていました。強い情熱に反して一市議会議員の力の限界を感じていた時、三百年前の八戸に居を構え、自分とまったく同じような思いを抱いていた「安藤昌益」と巡り合った。そして彼が遺した〝自然真営道〟という当時としては非常に進歩的な、しかし人類普遍の自然観に触れたとき、父が感じた昂揚感は想像に難くありません。

それから父はまさに憑りつかれたように昌益思想の研究と資料の掘り起こしに没頭したようです。父の医院の院長室は今でもそのまま残しておりますが、そこからはみ出るほどに関連資料や父の原稿がうず高く積まれており、本業であるはずの歯科雑誌は隅におかれておりました。〝郷土思想研究家〟として新聞の取材を受けるだけでは飽き足らず、『デーリー東北』にも連載を持ち、精力的に文筆業に取り組みました。「資料をもって理論的に仮説を組み立てる理系の考え方が歴史研究にも必要だ」とは父がよく私に漏らしていた弁です。

父として、歯科医師として、市会議員として、歴史研究家として、他にも挙げればきりがない程の貌を父は持っていました。そしてそのどれも私は詳しくを知らず、葬儀に訪れた方々の口から生前の話として聞くのみでありました。父が体調を崩したことを聞いて大阪から八戸に戻ってきて以後、最後の一年間を父とともに過ごしましたが、あまりにも短い一年間でした。今となってはもう少し、色んな話が聞きたかった。そう後悔するのみです。

父にとっても同じく、六十五年間の人生ではやりたいことの半分もできなかったに違いありません。子供三人を育て、地域社会に奉仕し、やっとこれから自分のためにも少しは時間を使える段になって、父はあっという間に逝ってしまいました。非常に父らしい、せっかちで勢いのある最後であったと思います。

父は死の間際、二週間前まで、抗がん剤とモルヒネを服用しながらも診療を続けました。仕事を辞めての入院・延命治療を勧めても頑なに拒みました。それが使命感ゆえか、諦観ゆえだったのかは私には知る由もありません。しかしそれが父の生き方であり、また昌益研究家として、命の極限においてなお世に伝えたかったことなのかも知れないと思います。本作を読んでいただいた方々に、その一端でも伝われば息子として幸甚に存じます。

天国で昌益と思想談義に花を咲かす父に盃を献じて

二〇一四年九月十三日

故近藤悦夫　長男　**近藤重悟**

著者略歴

近藤　悦夫（こんどう　えつお）

昭和23年8月、八戸市青葉に生まれる。青森県立八戸高等学校卒業後、歯科医を志し大阪大学歯学部へ入学。卒業後八戸に戻り、昭和52年、近藤歯科医院を開業、妻・俊子とともに地域医療の発展に貢献する。青森県歯科医師会内では学術担当理事や八戸支部会副会長などを歴任する。
昭和57年、八戸中央ライオンズクラブ入会。平成10年７月より１年間会長を務め、また平成18年にはライオンズ国際協会の地区ガバナーとして国際交流にも尽力する。
平成７年には市議会議員に当選し、歯科医業の傍ら２期８年を務めた。この頃、安藤昌益の思想に感銘を受け、在野の郷土歴史研究家として関連資料の精査・考察を行なう。その精力的な活動が結実し、平成21年から平成22年の間は地方紙にて「光とらえて―安藤昌益に魅せられた人々」の連載を持った。
平成26年６月、膵臓がんにて65歳で病没。

〈ルーラルブックス〉

安藤昌益に魅せられた人びと

――みちのく八戸からの発信

2014年10月14日　第１刷発行

著　者　近藤 悦夫

発行所　一般社団法人　農山漁村文化協会

住　所／107-8668　東京都港区赤坂7丁目6-1
電　話／03(3585)1141（営業）　03(3585)1145（編集）
ＦＡＸ／03(3585)3668　　振替／00120-3-144478
ＵＲＬ／http://www.ruralnet.or.jp/

ISBN978-4-540-14213-0
〈検印廃止〉

制作／(株)農文協プロダクション
印刷・製本／(株)杏花印刷
定価はカバーに表示

安藤昌益は、一七〇三（元禄十六）年、現在の秋田県大館市二井田に生まれた。医学を修め、医業を生業としたが、人体の歪みを見つめるその視線は、社会、環境の歪みへと広がり、独自の思想を形成。それは、当時の封建体制のみならず、孔子、孟子、孫子ら先哲の教え、仏教思想など戦闘的に批判、自然と人間の調和を基本とした、万人平等のコミューンを構想するという、日本思想史上破格のものとされる。

《安藤昌益全集各巻の構成》

■現代語訳篇

第1巻『稿本自然真営道』（大序巻・真道哲論巻）　●本体4000円＋税

自然とは何か、人間と社会はいかにあるべきかという根本問題に挑む安藤昌益。あらゆる先行思想を「不耕貪食」と否定し、「直耕」つまり農業こそ自然と人間の調和する唯一・真正の道であると喝破する昌益思想の真髄。

第2巻『稿本自然真営道』（私制字書巻一・二・三）　●本体5905円＋税

「文字ハ天道ヲ盗ムノ道具ナリ」と文字・学問の利己性・階級性を暴露した昌益。最高最良の漢和辞典である『字彙』批判を通じて独自の文字論・文明論を展開。ユニークな理想社会を描いた「自然世論」もこの巻にある。

第3巻『稿本自然真営道』（私法儒書巻一・二）　●本体4762円＋税

「聖人ノ教ヒハ、衆人ヲ誑カシ、天下ヲ盗ミ、己レヲ利スル大偽ナリ」。儒教を始め、現実に背を向け私的世界への逃避をこととする道教など、中国思想における欺瞞と作為、階級性を完膚なきまでに暴いた書。

第4巻『稿本自然真営道』（私法儒書巻三・私法仏書巻）　●本体4476円＋税

「釈迦、不耕ニシテ衆ヲ誑カシ、心施ヲ貪リ食フテ、自然・直耕ノ転定ノ真道ヲ盗ム」。釈迦にはじまる仏教の東遷をたどり、その支配イデオロギーとしての性格を指摘。徹底的な経典、諸宗派批判を展開した排仏毀釈論。

第5巻『稿本自然真営道』（私制韻鏡巻・私法神書巻上）　●本体4381円＋税

「『韻鏡』、一句トシテ人倫ノ立用為ル所無キ迷器ナリ」。音韻学の古典『韻鏡』を否定し、昌益独自の言語論・音韻論・仮名論を展開する「私制韻鏡巻」。天地開闢や国造り神話などに徹底批判を加えた「私法神書巻」。

第6巻『稿本自然真営道』（私法世物語巻・人相視表知裏巻一）　●本体4476円＋税

昌益の発見者・狩野亨吉に「読む者をして抱腹絶倒、快哉を叫ばしむ」と感嘆させたユニークな動物譚「法世物語」。鳥・獣・虫・魚の動物たちが会合して法世の人間どもを風刺した愉快痛快奇々怪々の和製イソップ物語。

第7巻『稿本自然真営道』（人相視表知裏巻二・三）　●本体4000円＋税

「面部八門ノ具ハリヲ以テ府蔵附着ノ八序ヲ知ル、其ノ病根ノ成ル所ヲ察シ」治療をする昌益の望診論「人相視表知裏巻」。予防医学の提唱や精神分析・夢判断・精神病者への対話療法などを展開した卓抜な心身医学論。

第8巻『統道真伝一』（糺聖失）　●本体4095円＋税

「聖人世ニ出デテ上ニ立チ、王トシテ教ヘヲ建ツルト云フコト、甚ダ世界ノ大害ナリ」。三皇五帝から孔子にいたる聖人やその教えを信奉する儒者たちは、衆人の直耕を掠め取る階級支配を正当化するものと徹底的に批判。

第9巻『統道真伝二』（糺仏失）　●本体4000円＋税

「仏法有リテ後、転下ニ微益有ルコト無ク、逆倒・迷乱ノミナリ」と仏教を根底から否定。経典・宗派ごとに徹底的に批判し、食の生産が基本であることを説く。自然な男女の性愛を謳歌する「華情」論を展開。

第10巻『統道真伝三』（人倫巻）　●本体4000円＋税

自然と人間の調和をめざした昌益の人体論と医学論。転定に対して人体を小転定と位置づけた昌益は、両者を媒介する食を重視する。農耕とならぶ人間の直耕である出産を重視し、注目すべき卓抜な産婦人科学を展開した。

第11巻『統道真伝四』（禽獣巻）　●本体4286円＋税

宇宙論、本草学、動物学など昌益の自然学と博物学を展開。幽霊など「自然ニ毛頭之レ無キコトナリ」と喝破する合理主義、この世界のほかに別の世界があるかという「転定ノ外、亦有リ無シノ論」など興味津々の世界。

第12巻『統道真伝五』（万国巻）　●本体4286円＋税

世界各国・各民族の自然・習俗・民族的記述を集成。鎖国下において可能な限りの国際性を追究した万国論。土と米の唯物論を基盤とする自然論・人体論を展開。万物の有機的連関を強調し、人間もその一部であると主張。

第13巻『刊本自然真営道』（『自然真営道』巻一・巻二・巻三）　●本体4762円＋税

昌益の自然哲学を体系的に展開した唯一の公刊本。自然とは何か、人間とは何か、自然と人間を貫く原理は何か、自然と人間の関係はいかにあるべきか、こうしたラジカルな思索が現代に厳しく迫る社会思想を生み出した。

■資料篇

第14巻『資料篇一』（二井田資料・医学関係資料一）　●本体4762円＋税

昌益は晩年、生誕の地・二井田に帰り、その思想を実践。昌益の死後、その門人と権力との闘いを記録した「二井田資料」。卓抜な医学的手腕を物語る後人による昌益医学の抜き書きは医学史の書換えを迫る画期的なもの。

第15巻『資料篇二』（医学関係資料二）　●本体5048円＋税

安藤昌益の主著・稿本『自然真営道』は、その大部分が関東大震災で灰塵に帰した。本書は焼失した昌益の医学論を忠実に再現した後人による写本である。予防医学と自然治癒力を前提とする「真営道医学」の全貌を再現。

第16巻上『資料篇三上』（八戸関係資料一）　●本体4476円＋税

神社縁起と記紀の虚偽、仏教諸派の起源と批判を展開した「私法神書巻」下、漢字の和訓を論じた「和訓神語論」、本草・薬物学書である「甘味ノ諸薬・自然ノ気行」の三種は焼失した稿本の内容を推測させる貴重な資料。

第16巻下『資料篇三下』（八戸関係資料二・自然真営道残簡・他）　●本体4762円＋税

八戸藩日記や初期の習作・読書ノートなど、昌益思想の初期的段階や思想形成、日常生活をうかがわせる貴重な八戸資料。稿本『自然真営道』の表紙から発見された断簡や書簡断片などを細大漏らさず影印版とともに収録。

■復刻篇

第17巻『**復刻一**』（『稿本自然真営道』大序巻、私制字書巻一・二・三、私法儒書巻一）　●本体5905円＋税

昌益思想の真髄・総括である「大序巻」、『字彙』批判を通じて独自の文学論・文明論を展開した「私制字書巻一〜三」、中国思想の欺瞞と作為、階級性を完膚なきまでに暴くした「私法儒書巻一」の各巻を写真版で再現。

第18巻『**復刻二**』（『稿本自然真営道』私法儒書巻二・三、私法仏書巻、私制韻鏡巻、私法神書巻）　●本体5905円＋税

儒教・道教などの中国思想や仏教の支配イデオロギーとしての性格を批判した「私法儒書巻二、三」「私法仏書巻」、独自の言語論・音韻論・仮名論「私制韻鏡巻」、神道の欺瞞性を暴いた「私法神書巻」を写真版で復刻。

第19巻『**復刻三**』（『稿本自然真営道』私法世物語巻、真道哲論巻、人相視表知裏巻一・二・三）　●本体5905円＋税

動物が人間社会を風刺する「私法世物語巻」、昌益と門人の討論集会の記録と過渡期社会論をまとめた「真道哲論巻」、精神分析や夢判断、対面療法など破格の医学論を展開した昌益の望診論「人相視表知裏巻」の写真版。

第20巻『**復刻四**』（『統道真伝』糺聖失、糺仏失、人倫巻の各巻を、異本部分も含めて再現）　●本体5905円＋税

聖人やその教えを信奉する儒者と儒教を弾劾した「糺聖失」、仏教を根底から否定・糾弾した「糺仏失」、自然と人間の調和をめざした昌益の人体論と医学論である「人倫巻」を、異本部分もふくめて写真版で忠実に再現。

第21巻『**復刻五**』（『統道真伝』禽獣巻、万国巻、高弟神山仙確所蔵の刊本『自然真営道』を再現）　●本体5905円＋税

宇宙論、本草学、動物学など昌益の自然学と博物学を展開した「禽獣巻」、世界各国・各民族の自然・習俗・民族的記述を集成した「万国巻」、昌益の自然哲学を体系的に展開した刊本『自然真営道』を写真版で再現。

■別巻

『**安藤昌益事典**』（著作目録、年譜、門人伝記、用語解説、研究史、参考文献、索引、図表による昌益思想の集大成）　●本体4000円＋税

昌益はいかに生き、いかに考え、いかに行動したか。昌益の思索と営為のすべてがたちどころにわかり、全集における昌益の文言の所在を素早く検索できる。全集を有機的に活用し、昌益の全体像を知るための必携の資料。